अपने अपने

राम

डॉ. संदीप कुमार शर्मा

डायमंड बुक्स

www.diamondbook.in

प्रकाशक : डायमंड पॉकेट बुक्स (प्रा.) लि.
X-30 ओखला इंडस्ट्रियल एरिया, फेज-II
नई दिल्ली-110020
फोन : 011-40712200
ई-मेल : wecare@diamondbooks.in
वेबसाइट : www.diamondbooks.in
संस्करण : 2025
मुद्रक : रेप्रो (इंडिया)

Mere Aaradhya RAM

by *Dr. Sandeep Kumar Sharma*

समर्पण

एक महान् आत्मा जिसने ब्रह्मा, विष्णु और शिव के ऐश्वर्य को मनुष्य रूप में फलीभूत करने की प्रेरणा मानव जगत को दी और दशग्रीव का स्मरण इसलिए कि उस प्रकांड पंडित ज्योतिषाचार्य वनस्पतियों का मर्मज्ञ ने एक संदेश दिया कि आतंकवाद समस्त मानव जगत के लिए दुर्भिक्ष है इसे समूल नष्ट करना होगा। हमारे ऋषियों ने उऋण होने के उद्देश्य से दोनों को ग्रंथों में समुचित स्थान देकर यह सिद्ध किया कि मनुष्य ही मनुष्य के काम आएगा आतंकवाद नहीं राम को मर्यादा पुरुषोत्तम की उपाधि सुशोभित कर महर्षियों ने राम को ईश्वरत्व प्रदान किया।

श्री रामचन्द्र कृपालु भजुमन, हरण भवभय दारुणं।
नव कंज लोचन कंज मुख, कर कंज पद कंजारुणं।।

कन्दर्प अगणित अमित छवि, नव नील नीरद सुन्दरं ।
पटपीत मानहुँ तडित रुचि शुचि, नोमि जनक सुतावरं।।

भजु दीनबन्धु दिनेश दानव, दैत्य वंश निकन्दनं।
रघुनन्द आनन्द कन्द कोशल, चन्द दशरथ नन्दनं।।

शिर मुकुट कुंडल तिलक, चारु उदारु अङ्ग विभूषणं।
आजानु भुज शर चाप धर, संग्राम जित खरदूषणं।।

इति वदति तुलसीदास शंकर, शेष मुनि मन रंजनं।
मम् हृदय कंज निवास कुरु, कामादि खलदल गंजनं।।

मन जाहि राच्यो मिलहि सो, वर सहज सुन्दर सांवरो।
करुणा निधान सुजान शील, स्नेह जानत रावरो।।

एहि भांति गौरी असीस सुन सिय, सहित हिय हरषित अली।
तुलसी भवानिहि पूजी पुनि-पुनि, मुदित मन मन्दिर चली।।

।।सोरठा।।

जानी गौरी अनुकूल सिय, हिय हरषु न जाइ कहि ।
मंजुल मंगल मूल वाम, अङ्ग फरकन लगे।

-रचयिता : ***गोस्वामी तुलसीदास***

विषय क्रम

प्राक्कथन

प्राचीन काल में हमारे पूर्वजों ने अपने वर्तमान को लिखित रूप में रखने की परंपरा विकसित नहीं की थी। ऐसा कथन तथाकथित पाश्चात्य इतिहासकारों ने समय-समय पर दिया और कभी-कभार आज भी कह देते हैं। अपने वर्तमान को लिपिबद्ध करने से इन पाश्चात्य इतिहासकारों का अभिप्राय क्या है इस पर चर्चा करना व्यर्थ है क्योंकि आर्यावर्त के बाहर किसी भी भूखंड के निवासियों का लिखित इतिहास नहीं मिलता है। पश्चिमी देशों का प्राचीन इतिहास तो कहीं भी लिपिबद्ध और प्रमाणिक नहीं है। यहां तक कि पश्चिमी देशों में कोई भी अतिप्राचीन ग्रंथ तक नहीं मिला है जबकि आर्यावर्त में पौराणिक ग्रंथों का अंबार मिलता है। आर्यावर्त से संबंधित इतिहास को जानने और समझने के लिए वेद अत्यंत महत्वपूर्ण ग्रंथ हैं। इसके बाद वाल्मीकि कृत रामायण एक ऐसा ग्रंथ है जो न केवल आर्यवर्त बल्कि संपूर्ण विश्व के भौगौलिक स्थिति का विस्तृत ज्ञान देता है। इसके बाद ग्रंथों की श्रृंखला हमारे पास उपलब्ध हैं।

वाल्मीकि कृत रामायण केवल धार्मिक ग्रंथ नहीं है। रामायण में वर्णित संदर्भ और प्रसंग तत्कालीन समाज, संस्कार, संस्कृति, सभ्यता, पर्यावरण, प्राकृतिक संरचना, वनस्पति, विश्व भूखंड,आदि के अतिरिक्त अन्य विषयों की विस्तृत जानकारी उपलब्ध है। समझने और परखने का दृष्टिकोण होना चाहिए। महर्षि वाल्मीकि ने राम और दशग्रीव के चरित्र का वास्तविक वर्णन किया है।

विभिन्न विद्वानों ने रामायण के अनेक शाब्दिक अर्थ अपने-अपने मतानुसार व्यक्त किया है। इस विषय पर एक अध्याय में विस्तार से वर्णन किया गया है। रामायण का एक अर्थ है - राम यात्रा। महर्षि वाल्मीकि कृत रामायण में केवल राम की यात्रा का ही विस्तृत वर्णन नहीं है बल्कि रामायण में उल्लिखित विभिन्न पात्रों की यात्राओं का वर्णन मिलता है। इससे जुड़े कुछ रोचक प्रसंग भी आपको पढ़ने के लिए मिलेंगे। यहां मेरा मत है कि महर्षि वाल्मीकि ने रामायण में न केवल आर्यवर्त की सीमाओं के अधीन भौगोलिक स्थिति का विश्लेषण किया है अपितु

समस्त विश्व की भौगोलिक स्थिति का वर्णन किया है। यह विचारणीय विषय है।

भारत में मंदिर बनाने का इतिहास अत्यंत प्राचीन है। ग्रंथों में इसका उल्लेख अपुष्ट तौर पर मिलता है। पूजा अर्चना के अनेक उल्लेख मिलते हैं किंतु यह पूजा अर्चना मंदिर में हुई या किसी अन्य स्थान पर इसका कोई स्पष्ट उल्लेख नहीं मिलता। वाल्मीकि कृत रामायण में वर्णित है कि सीता ने गौरी की पूजा की थी। पूजा स्थल का उल्लेख महर्षि वाल्मीकि ने नहीं किया है। मन्दिर का शाब्दिक अर्थ 'घर' है। वस्तुतः सभी धर्मों, पंथ, समुदाय आदि के अनुयायियों ने धार्मिक स्थल को अपने धर्म से जोड़ा एक शब्द - 'देवमन्दिर', 'शिवमन्दिर', 'कालीमन्दिर', जैन मंदिर, बौद्ध मठ, गुरुद्वारा आदि हैं।

मठ वह स्थान है, जहां बौद्ध धर्म में आस्था रखने वाले शिष्य, आचार्य या धर्मगुरु अपने सम्प्रदाय के संरक्षण और संवर्द्धन के उद्देश्य से धर्म ग्रन्थों पर विचार विमर्श करते हैं या उनकी व्याख्या करते हैं। यह अर्थ हम सभी को पढ़ाया गया है। ऐतिहासिक दृष्टि से बौद्ध विहारों की अवधारणा संभवतः सनातन संस्कृति के मंथन स्थल से बने शब्द 'मठ' से विकसित हुई। ऐसा माना जाता है कि 'मठ' शब्द का प्रयोग शंकराचार्य के काल यानि सातवीं या आठवीं शताब्दी से शुरु हुआ माना जाता है। तमिल भाषा में मन्दिर को कोईल या कोविल कहते हैं।

वाल्मीकि कृत रामायण के उपरांत महाभारत में कृष्ण के साथ रुक्मणि और अर्जुन के साथ सुभद्रा के भागने के समय दोनों ही नायिकाओं द्वारा देवी पूजा के लिए वन में स्थित गौरी माता यानि माता पार्वती की पूजा अर्चना का उल्लेख मिलता है। यह स्थान उत्तर प्रदेश के जिला बुलंदशहर के उपनगर जहांगीराबाद एवं अनूपशहर के मध्य है। प्राप्त जानकारी के अनुसार जहां कृष्ण और रूक्मणि ने गौरी पूजन किया था वहां कालांतर में एक मंदिर बना दिया गया। एक अन्य संदर्भ में पाण्डवों के इंद्रप्रस्थ में नवनिर्मित राजप्रासाद के गृह-प्रवेश से एक दिन पहले अरावली पर्वत श्रृंखला के एक स्थान पर कृष्ण ने अर्जुन से अपनी बहन 'माया' को श्रद्धांजलि स्वरूप पूजा की थी। यह स्थान वर्तमान दिल्ली के महरौली क्षेत्र में है और आज यहां योगमाया मंदिर है। वस्तुत:, ऐसा माना जाता है कि जिस स्थान पर कृष्ण एवं अर्जुन ने माया को श्रद्धासुमन अर्पित किए थे उस स्थान पर एक पूजा स्थल कृष्ण भक्तों ने बनाया। यह स्थान वर्तमान कुतुबमीनार परिसर में माना जाता है। कालांतर में यह पूजा स्थल कहीं और स्थानांतरित कर दिया गया। एक बार फिर पूजा स्थल को स्थानांतरित किया

गया और वर्तमान में जहां योगमाया मंदिर यह अंतिम रूप से स्थानांतरित स्थल है। महाभारत युद्ध की शुरुआत के पूर्व भी कृष्ण पांडवों के साथ गौरी माता के स्थल पर जाकर उनसे विजयी होने की प्रार्थना करते हैं। इस प्रकार हमें उत्तर भारत में तीन स्थानों पर पूजा स्थलों के पौराणिक प्रसंग मिलते हैं। ऐसा प्रतीत होता है कि सीता ने किसी सिद्ध पुरूष के आश्रम में जाकर गौरी पूजन किया होगा। ठीक वैसे ही कृष्ण और रुक्मणि ने सिद्ध पुरुष के आश्रम में गौरी पूजन किया होगा। तीसरे स्थान पर जहां कृष्ण एवं अर्जुन ने माया को स्मरण किया उससे यह संकेत मिलता है कि यहां पर भी किसी सिद्ध पुरुष का आश्रम अवश्य रहा होगा। यह विशेष शोध का विषय है कि वर्तमान कुतुबमीनार के समीप ही कृष्ण एवं अर्जुन ने पूजा क्यों की ? क्या विष्णु स्तंभ, विष्णु ध्वज, विष्णु पर्वत, सूर्य स्तंभ, मेरु पर्वत इत्यादि नाम कृष्ण कालीन तो नहीं है ? इस पर विशेष कार्य होना चाहिए।

इतिहासकारों के मतानुसार सनातन धर्म में मंदिर निर्माण लगभग 10 हजार वर्ष पूर्व शुरू हुआ था। इसके पुरातात्त्विक साक्ष्य उपलब्ध नहीं होने के कारण इस तथ्य की पुष्टि संभव नहीं हैं। इतिहासकारों के एक वर्ग के अनुसार उस काल में वैदिक ऋषि जंगल के अपने आश्रमों में ध्यान, प्रार्थना और यज्ञ करते थे। लोकजीवन में मंदिरों का महत्व उतना नहीं था जितना आत्मचिंतन, मनन और शास्त्रार्थ का था। आम जनता शिव और पार्वती के अलावा नगर, ग्राम और स्थान के देवी-देवताओं की प्रार्थना करते थे।

विश्व की सबसे पुरानी सभ्यता सिंधु घाटी सभ्यता के अब तक ज्ञात स्थलों में कहीं भी मंदिर के अवशेष नहीं मिले हैं। अतः इतिहासकार और पुरातत्वविद मानते हैं कि उस युग में आमजन सूर्य, चंद्रमा, नदी, वृक्ष आदि की पूजा अर्चना किया करते रहे होंगे। प्राचीनकाल में यक्ष, नाग, शिव, दुर्गा, भैरव, इंद्र और विष्णु की पूजा और प्रार्थना का प्रचलन था। अब तक खोजे गए गुफा-मंदिर दूरस्थ स्थानों और पहाड़ी इलाकों में थे। इतिहासकारों का कहना है कि वैदिक काल (1500-500 ईसा पूर्व) के दौरान हिंदू मंदिरों का अस्तित्व नहीं था। इतिहासकार नीरद सी चौधरी के अनुसार सबसे पुरानी संरचनाएं जो मूर्ति पूजा का संकेत देती हैं, ईसा पूर्व चौथी या पांचवीं शताब्दी की हैं। रामायण के अनुसार इस नगर का निर्माण मनु ने किया था। सरयू नदी के किनारे और भी भव्य मंदिर स्थित है। देश में सबसे प्राचीन शक्तिपीठों और ज्योतिर्लिंगों को माना जाता है।

सन् 1951 में एक फ्रांसीसी पुरातत्वविद् द्वारा अफगानिस्तान के एक स्थान सुर्ख कोटाल में प्राचीनतम मंदिर संरचना के अवशेष खोजे गए थे। यह एक देवता को समर्पित नहीं था। यह मंदिर राजा कनिष्क (127-151 सीई) के शाही पंथ को समर्पित था। मूर्ति पूजा

का अनुष्ठान जो वैदिक युग के अंत में लोकप्रिय हुआ। हो सकता है कि पूजा के स्थान के रूप में मंदिरों की अवधारणा को जन्म दिया हो।

इतिहासकार ऐसा मानते हैं कि प्रारंभिक मंदिर संरचनाएं पत्थरों या ईंटों से नहीं बनी थीं। मंदिर संभवतः मिट्टी के बने होते थे। जिनकी छत पुआल या पत्तियों से बनी होती थी। गुफा-मंदिर दूरस्थ स्थानों और पहाड़ी इलाकों में प्रचलित थे। छठी और 16वीं शताब्दी ईस्वी के बीच मंदिर वास्तुकला में एक मौलिक विकास हुआ था। विशेष रूप से दक्षिण भारत में मंदिरों के निर्माण में प्रमुख रूप से योगदान और प्रभाव डालता है।

दक्षिण पूर्व एशियाई देशों में 7वीं और 14वीं शताब्दी के बीच अद्भुत मंदिरों का निर्माण हुआ। इनमें से अनेक स्थानों पर भारतीय राजाओं का शासन था। उनमें से सबसे प्रसिद्ध 12वीं शताब्दी में राजा सूर्य वर्मन द्वितीय द्वारा निर्मित अंगकोर वाट मंदिर हैं। दक्षिण पूर्व एशिया के कुछ प्रमुख हिंदू मंदिर जो अभी भी मौजूद हैं।

मंदिर बनाकर कब से पूजा और प्रार्थना करना शुरू किया ? मंदिर निर्माण की शुरुआत कब हुई और क्यों ? मंदिर की प्राचीनता के प्रमाण क्या हैं ? प्राचीन काल में मंदिर खगोलीय स्थान को ध्यान में रखकर एक विशेष स्थान पर बनाए गए थे। जैन और बौद्ध धर्म के अस्तित्व में आने से पूर्व सभी मंदिर सनातन धर्मावलंबियों के थे। 'हिंदू' शब्द एक विशेष वर्ग के लोगों की देन है। भारत का सबसे प्राचीन धर्म सनातन है। 'हिंदू' शब्द एक भूखंड विशेष के लिए प्रयुक्त हुआ। अतः सभी भारतवासी 'हिंदू' हैं। वह किसी भी जाति, समुदाय, धर्म, पंथ, राजनीतिक विचारधारा और आर्थिक परिप्रेक्ष्य के हो सकते हैं।

सनातन मंदिरों को खासकर बौद्ध, चाणक्य और गुप्त काल में भव्यता प्रदान की जाने लगी और जो प्राचीन मंदिर थे उनका पुन: निर्माण किया गया। यह सभी मंदिर ज्योतिष, वास्तु और धर्म के नियमों को ध्यान में रखकर बनाए गए थे। अधिकतर मंदिर कर्क रेखा या नक्षत्रों के ठीक ऊपर बनाए गए थे। प्राचीन मंदिर ऊर्जा और प्रार्थना के केंद्र थे लेकिन आजकल के मंदिर तो पूजा-आरती के केंद्र हैं।

मध्यकाल में मुस्लिम आक्रांताओं ने जैन, बौद्ध और सनातन मंदिरों को बड़े पैमाने पर ध्वस्त कर दिया। मलेशिया, इंडोनेशिया, अफगानिस्तान, ईरान, तिब्बत, पाकिस्तान, बांग्लादेश, श्रीलंका, कंबोडिया आदि मुस्लिम और बौद्ध राष्ट्रों में अब सनातन मंदिर नाम-मात्र के बचे हैं। प्राचीन मंदिरों के खंडहर ही नजर आते हैं। जो केवल पर्यटकों के देखने के लिए ही रह गए हैं। अधिकतर का तो अस्तित्व ही मिटा दिया गया है।

विश्व का प्रथम ग्रेनाइट मंदिर तमिलनाडु के तंजौर में बृहदेश्वर मंदिर है। इसका निर्माण 1003-1010 ईस्वी के बीच चोल शासक राजाराज चोल एक ने करवाया था।

विश्व का सबसे पुराना शहर वाराणसी माना जाता है। जिसे 'बनारस' के नाम से भी जाना जाता है। भगवान बुद्ध ने 500 ईसा पूर्व में यहां आगमन किया था और यह आज विश्व का सबसे पुराना और निरंतर आगे बढ़ने वाला शहर है। इसके बाद अयोध्या और मथुरा का नंबर आता है। काशी, अयोध्या, मथुरा और आगरा जैसे कई स्थान हैं, जहां पर सनातन धर्मावलंबियों के मंदिर को तोड़कर मस्जिद बनाई जाने का प्रमाण मौजूद है। कई इतिहासकार मानते हैं कि ताजमहल पहले तेजोमहालय था जिसमें शिवलिंग स्थापित था।

भारत देश को मंदिरों का देश भी कहा जाता है। जहां अतिप्राचीन काल से श्रद्धा स्थल के रूप में मंदिर बहुत महत्व रखते रहे हैं। मंदिरों के निर्माण के उपरांत ही आराध्य देव की अवधारणा बलवती होती चली गई। देश के विभिन्न क्षेत्रों में राजाओं, सामंतों, धनाढ्यों और संतों ने अपने-अपने आराध्य देवी देवताओं के मंदिरों का निर्माण किया। स्वतंत्रता के उपरांत जनसाधारण ने भी सैंकड़ों मंदिरों का निर्माण किया। यह आज भी जारी है।

मंदिरों के अतिरिक्त एक अन्य विषय मुझे हमेशा से परेशान करता रहा है कि आधुनिक काल के अधिकांश विद्वान राम के चरित्र की व्याख्या करने के लिए तुलसीदास कृत श्रीरामचरितमानस का आश्रय लेते हैं जबकि महर्षि वाल्मीकि कृत रामायण सर्वत्र उपलब्ध है। ऐसा क्यों है यह मेरी समझ से परे है। खैर! अपने-अपने मत अपनी-अपनी व्याख्या। प्रबुद्धजन विचार करें और पूर्वाग्रहों से मुक्त होकर निष्पक्ष विवेचना करने की कृपा करें।

देश में एक वर्ग के अनुसार भारत में मुस्लिम आक्रांताओं द्वारा 60 हजार से ज्यादा सनातन, जैन और बौद्ध मंदिरों को तोड़ दिया गया था। हास्यास्पद तथ्य यह है कि तोड़े गए 60 हजार मंदिरों की सूची कोई भी नहीं दे पाया है। मंदिर तोड़े गए इसके साक्ष्य उपलब्ध हैं किंतु संख्या कितनी है यह विवाद का विषय है। इतिहास, धर्म, संस्कृति, सभ्यता का अध्ययन, विश्लेषण और लेखन सभी पूर्वाग्रहों से मुक्त होकर करना चाहिए। यही लेखक का दायित्व है।

संपूर्ण भारतीय समाज के लिए समान आदर्श के रूप में भगवान रामचंद्र को उत्तर से लेकर दक्षिण तक सब लोगों ने स्वीकार किया है। गुरु गोविंद सिंह ने राम कथा लिखी है। पूर्व की ओर वास कृत रामायण लोकप्रिय है। महाराष्ट्र में भावार्थ रामायण प्रसिद्ध है। हिंदी भाषी क्षेत्र ही नहीं बल्कि संपूर्ण विश्व में गोस्वामी तुलसीदास कृत श्रीरामचरितमानस सर्वत्र प्रसिद्ध है। सुदूर दक्षिण में महाकवि कंबन द्वारा लिखित कंब रामायण अत्यंत भक्ति पूर्ण ग्रंथ है। मनुष्य के जीवन में आने वाली सभी संबंधों को पूर्ण एवं उत्तम रूप से निभाने की शिक्षा देने वाला प्रभु रामचंद्र के चरित्र के समान दूसरा कोई चरित्र नहीं है। वर्तमान समय में

राम नीति की अत्यंत आवश्यकता है क्योंकि पूरा विश्व घोर आपसी वैमनस्य और आर्थिक संकट से जूझ रहा है।

डॉ. पांडुरंग वामन काणे अपने ग्रंथ धर्म शास्त्र का इतिहास (पांच खंड) में उल्लेख करते हैं- "ऐसा प्रतीत होता है, राम संप्रदाय की प्रसिद्धि कृष्ण संप्रदाय के उपरांत हुई। अमरकोश ने विष्णु, नारायण, कृष्ण, वासुदेव, देवकीनंदन एवं दामोदर को एक-दूसरे का पर्याय माना है, इसने राम (दशरथि) का उल्लेख नहीं किया है, प्रत्युत उसे हलधर का पर्याय माना है।"

महामना मदन मोहन मालवीय के शब्दों में- "रामचरितमानस में हिंदू सभ्यता के जिस ऊँचे आदर्श का इतिहास है वह सदा पढ़ने और मनन करने योग्य है। रामायण को काव्य कहना उसका अपमान करना है। रामायण में हिंदू गृहस्थ जीवन का आदर्श बतलाया गया है। मैं चाहता हूं सब लोग प्रतिदिन नियम पूर्वक रामायण का पाठ करें और उसमें बतलाए हुए मार्ग पर चलकर हिंदू जाति को पुनः राम राज्य के सुख भोगने वाली बना दें।"

गोस्वामी तुलसीदास जी की लोकप्रियता एवं रामचरितमानस के महत्व तथा उसके चिरस्थाई प्रभाव को देखकर विदेशी विद्वान भी तुलसी की ओर आकृष्ट हुए। रामकथा के प्रभाव से सोवियत संघ भी अछूता न रह सका। रूस के सुदूर उत्तर के विस्तृत भू-भाग साइबेरिया तक रामकथा का विस्तार हुआ। तिब्बती और खो तानी भाषा में लिखी राम कथा रूस में प्रसारित हुई जिसका समय तीसरी से नवी सदी तक बताया जाता है।

सुप्रसिद्ध सोवियत भारत विद्या विद् अल्सेई ब्रांनिकोव(1890-1952) ने 10 वर्ष से अधिक परिश्रम के पश्चात तुलसीकृत रामचरितमानस का रूसी भाषा में बंदोबस्त अनुवाद किया। जिसे सोवियत संघ की विज्ञान अकादमी ने सन् 1948 में प्रकाशित किया।

यहां एक विशेष उल्लेख करना जरूरी समझता हूं। इतिहासकारों, भाषाविदों और विद्वानों के एक वर्ग यह आशंका व्यक्त की है कि महर्षि वाल्मीकि कृत रामायण के वर्तमान में संस्करण में मौलिकता की कमी है। इसका अभिप्राय यह है कि समय-समय पर वाल्मीकि कृत रामायण में परिवर्तन किया गया है। इसका स्पष्टीकरण भाषाविद यह देते हैं कि अनेक स्थानों पर भाषा में वह तारतम्यता नहीं है जो वाल्मीकि के लेखन में थी। वाक्य विन्यास, शब्दों का चयन और विश्लेषण महर्षि वाल्मीकि के अनुरूप दृष्टिगोचर नहीं होती। वाल्मीकि कृत रामायण की मौलिक प्रति उपलब्ध नहीं है। इसके अतिरिक्त रामायण के अन्य संस्करणों में भिन्न कथा वस्तु मिलती है। अस्तु! यह पाठकों पर निर्भर करता है कि वह वाल्मीकि कृत रामायण को आत्मसात करें या तुलसीदास कृत श्रीरामचरितमानस को।

गोस्वामी तुलसीदास कृत श्रीरामचरितमानस का जनमानस पर एक विशेष प्रभाव

पड़ा। इस विशेष प्रभाव का ही परिणाम है - रामलीला मंचन। आज देश भर में रामलीला का मंचन शरदकालीन नवरात्र के अवसर पर किया जाता है। दशहरा पर्व पर रावण का पुतला दहन के साथ रामलीला का मंचन समाप्त हो जाता है।

सरोज बाला, सदस्य औद्योगिक और वित्तीय पुनर्निर्माण बोर्ड, वित्त मंत्रालय, भारत सरकार और निदेशक - वेदों पर वैज्ञानिक अनुसंधान संस्थान द्वारा एक व्याख्यान में महत्वपूर्ण सुझाव देते हुए कहा - "आवश्यकता है उन सभी साक्ष्यों को इकट्ठा करने, खोदने, खोजने और उनका विश्लेषण करने की, जो प्राचीन भारतीय सभ्यता और संस्कृति पर अधिक प्रकाश डालेंगे। हमारी प्राचीन पुस्तकों में वर्णित अधिकांश प्राचीन घटनाओं से संबंधित वैज्ञानिक अनुसंधान करने के लिए सरकार को एक बहु-विषयक टीम गठित करने के लिए राजी करने की आवश्यकता है और इस टीम में संस्कृत विद्वान, खगोलशास्त्री, पुरातत्वविद्, भूवैज्ञानिक, समुद्र विज्ञानी, पुरावनस्पतिशास्त्री, मानवविज्ञानी, अंतरिक्ष विज्ञानी शामिल होने चाहिए। इस टीम को विशुद्ध वैज्ञानिक प्रमाणों के आधार पर भारतीय उपमहाद्वीप के इतिहास को फिर से लिखने के लिए कहा जाना चाहिए। प्रिंट और इलेक्ट्रॉनिक मीडिया को इन तथ्यों पर ध्यान देने और ऐसा माहौल बनाने की आवश्यकता है जो हमारे युवा और शिक्षित युवाओं को अनुसंधान करने और प्राचीन भारतीय सभ्यता और ज्ञान के बारे में सच्चे तथ्यों का पता लगाने के लिए प्रेरित करेगा और उन्हें इन तथ्यों को सामने रखने के लिए भी प्रोत्साहित करेगा जो अपने शोध के नतीजे निडर होकर और गर्व की भावना के साथ दुनिया के सामने रखते हैं।"

यह पुस्तक युवाओं के लिए अत्यंत महत्वपूर्ण है क्योंकि देश-दुनिया में जो भ्रांतियाँ व्याप्त है उनका निराकरण करती है यह पुस्तक। पुस्तक को सारगर्भित बनाने के लिए मैंने अनेक पुस्तकों के प्रसंग समाहित करने का प्रयास किया है। अनेक अध्यायों में अन्य पुस्तकों के संदर्भ को हु-ब-हु रखने का दुस्साहस भी किया और वह इसलिए ताकि हमारे युवा पाठक राम, रामायण और रावण से संबंधित सभी तथ्यों को एक ही पुस्तक में पढ़ सकें। हमारे लिए वाल्मीकि कृत रामायण और गोस्वामी तुलसीदास कृत श्रीरामचरितमानस दोनों ही ग्रंथ धरोहर है। महत्वपूर्ण हैं। त्रेतायुग को समझने के लिए अतिमहत्वपूर्ण ग्रंथ है वाल्मीकि कृत रामायण। युवाओं से मेरा विशेष आग्रह है कि वह सबसे पहले महर्षि वाल्मीकि कृत रामायण का अध्ययन अवश्य करें। शेष पाठकों पर निर्भर है कि किसे प्राथमिकता देते हैं। सभी पूर्वग्रहों से मुक्त होकर इस पुस्तक का अध्ययन करने से सभी भ्रांतियां समाप्त होंगी, ऐसा मेरा विश्वास है।

इस शोधात्मक कार्य को पूरा करने में अनेक विद्वानों ने मदद की। मैं दिल्ली विश्वविद्यालय के राजनीति विज्ञान के प्रख्यात प्रवक्ता डॉ शिवशंकर अवस्थी जी एवं डॉ. अवनिजेश अवस्थी, हिंदी प्रवक्ता, पी.जी.डी.ए.वी. महाविद्यालय, दिल्ली का हार्दिक आभार व्यक्त करना अपना कर्तव्य समझता हूं, आपने समय-समय पर मेरी जिज्ञासाओं को शांत किया।

परिवार के सभी सदस्यों ने हमेशा की भांति सहयोग बनाए रखा। विशेष रूप से पुत्र संस्कार शर्मा ने शोध के लिए विभिन्न स्थानों से पुस्तकें उपलब्ध करने में तत्परता दिखाई। हमेशा की भांति धर्मपत्नी श्रीमती निधि शर्मा ने अपने धर्म का निर्वहन करते हुए अनेक पुस्तकों से आवश्यक सामग्री की ओर इंगित किया। पुत्री श्रीमती ख्याति शर्मा और भाग्यश्री ने शोध सामग्री को क्रमबद्ध करने में सहयोग दिया। मैं सभी के उज्ज्वल भविष्य की कामना करता हूँ।

अंततः डायमंड बुक्स के स्वामी आदरणीय नरेन्द्र वर्मा जी को विशेष वंदन के साथ हार्दिक धन्यवाद देना अपना परम कर्तव्य समझता हूं जिन्होंने इस पुस्तक का प्रकाशन करने का संकल्प लिया।

सभी से मेरा विनम्र आग्रह है कि सभी पूर्वाग्रहों से मुक्त होकर पाठक गण पुस्तक पढ़ेंगे तभी उन्हें ज्ञान और आनंद की प्राप्ति होगी। मैं ऐसी कामना करता हूं।

अनंत चतुर्दशी, 2023 **- डॉ संदीप कुमार शर्मा**

तदनुसार, 28 सितंबर, 2023

अध्याय - 1

रामायण का नाम

अयोध्या में भारतीय पुरातत्व सर्वेक्षण विभाग द्वारा उत्खनन में प्राप्त प्राचीन अवशेष

वाल्मीकि कृत रामायण को मौलिक ग्रंथ माना जाता है। इतिहासकार और विद्वान वाल्मीकि जी के जीवन काल पर एक मत नहीं है। अनेक विद्वान उन्हें रामायण कालीन स्वीकार करते हैं तो अनेक वाल्मीकि जी का अस्तित्व ही स्वीकार नहीं करते। मतांतर से मुक्त होकर हम अपना अध्ययन महर्षि वाल्मीकि और रामायण ग्रंथ पर करेंगे। वाल्मीकि जी ने अपने इस ग्रंथ का नाम रामायण क्यों रखा ? यह विचारणीय प्रश्न है क्योंकि रामायण में राम के अतिरिक्त अन्य पात्रों और भौगोलिक स्थिति का विस्तार से वर्णन है।

रामायण का अर्थ :

रामायण शब्द का संधि विच्छेद करने पर ज्ञात होता है - 'राम' + 'अयन'। यहां 'अयन' का अर्थ है 'यात्रा'। राम की यात्रा। अतः रामायण का अर्थ हुआ - 'राम की यात्रा'। वाल्मीकि जी ने राम के उपनयन संस्कार से लेकर रावण वध के उपरांत अयोध्या वापस आने तक की संपूर्ण यात्रा का विस्तार से वर्णन किया है। राम की यात्रा का उल्लेख इस पुस्तक के पहले अध्याय में किया जा चुका है।

राम की यात्रा के अतिरिक्त वाल्मीकि जी ने हनुमान को सीता की खोज में भेजते समय जिस प्रकार से भौगौलिक स्थिति का वर्णन किया है वह भी अत्यंत महत्वपूर्ण है। इसके अतिरिक्त हनुमान का हिमालय से 'संजीवनी' बूटी लाने के प्रसंग में भी यात्रा मार्ग का वर्णन किया है। राम को केंद्रीय पात्र मानकर उन्होंने अपने ग्रंथ का नाम रखा- 'रामायण'।

गीता प्रेस गोरखपुर से प्रकाशित महर्षि वाल्मीकि प्रणीति श्रीमद्वाल्मीकीय रामायण प्रथम खंड में जानकीनाथ शर्मा उल्लेख करते हैं -

रामाय रामभद्राय रामचन्द्राय वेधसे।
रघुनाथाय नाथाय सीतायाः पतये नमः।।
रामं रामानुजं सीतां भरतं भरतानुजम्।
सुग्रीवं वायुसूनुं च प्रणमामि पुनः पुनः।।
वेदवेद्ये परे पुंसि जाते दशरथात्मजे।
वेदः प्राचेतसादासीत् साक्षाद् रामायणात्मना।।

वेद जिस परमतत्त्व का वर्णन करते हैं, वही श्रीमन्नारायण तत्त्व श्रीमद्रामायण में राम रूप से निरूपित है। वेदवेद्य परम पुरुषोत्तम के दशरथ नन्दन राम के रूप में अवतीर्ण होने पर साक्षात् वेद ही श्रीवाल्मीकि के मुख से श्रीरामायण रूप में प्रकट हुए है। ऐसी आस्तिकों की चिरकाल से मान्यता इसलिए श्रीमद्वाल्मीकीय रामायण की वेदतुल्य ही प्रतिष्ठा है। वैसे भी महर्षि वाल्मीकि आदिकवि हैं। अतः विश्व के समस्त कवियों के गुरु हैं। उनका 'आदिकाव्य' श्रीमद्वाल्मीकीय रामायण भूतल का प्रथम काव्य है। वह सभी के लिये पूज्य है। भारत के लिये तो वह परम गौरव की वस्तु है और देश की सच्ची बहुमूल्य राष्ट्रीय निधि हैं। इस नाते भी वह सबके लिये संग्रह, पठन, मनन एवं श्रवण करने की वस्तु है। इसका एक-एक अक्षर महापातक का नाश करने वाला है :-

एकैकमक्षरं पुंसां महापातकनाशनम्।

यह समस्त काव्यों का बीज है

'काव्यबीजं सनातनम्'।

(बृहद्धर्मपुराण, 1/30/47)

व्यासदेवादि सभी कवियों ने इसी का अध्ययन कर पुराण, महाभारतादि का निर्माण किया। यथा :-

पठ रामायणं व्यास काव्यबीजं सनातनम्।
यत्र रामचरित्रं स्यात् तदहं तत्र शक्तिमान्।।

(बृहद्धर्मपुराण, प्रथमखण्ड, 30/47एवं 51)

रामायणं पाठितं मे प्रसन्नोऽस्मि कृतस्त्वया।
करिष्यामि पुराणानि महाभारतमेव च॥

(बृहद्धर्मपुराण, 1/30/55)

बृहद्धर्मपुराण में यह बात विस्तार से प्रतिपादित है। श्याम जी ने अनेक पुराणों में रामायण का माहात्म्य गाया है। यह भी प्रसिद्ध है कि व्यास जी ने युधिष्ठिर के अनुरोध से एक व्याख्या वाल्मीकि रामायण पर लिखी थी और उसकी एक हस्तलिखित प्रति अब भी प्राप्य है। एक जिज्ञासु सुश्री रामायणतात्पर्यदीपिका की है। जिसके बारे में कहा जाता है कि यह युधिष्ठिर के अनुरोध पर व्यास द्वारा रामायण के अर्थ की व्याख्या थी। इसका उल्लेख दीवान बहादुर रामशास्त्री ने अपनी पुस्तक 'स्टडीज इन रामायण' के द्वितीय खण्ड में किया है। यह श्लोक इस प्रकार है :-

अपि चायं पुरा गीतः श्लोको वाल्मीकिना भुवि।
न हन्तव्याः स्त्रियश्चेति यद् ब्रवीषि प्लवङ्गम।
पीडाकरममित्राणां यत्स्यात् कर्तव्यमेव तत्॥

(महाभारत उद्योगपर्व, 143/67-68)

यह पुस्तक सन् 1944 ईस्वी में बड़ौदा से प्रकाशित है। भट्टिकाव्यका 17/22 श्लोक भी इसी पर आधारित है।

द्रोणपर्व के 143/66-67 श्लोकों में महर्षि वाल्मीकि के युद्धकाण्ड के 81/28 श्लोक का उल्लेख दिया गया है। 'अग्निपुराण' के 5-13 तक के अध्यायों में 'वाल्मीकि' के नामोल्लेखपूर्वक रामायण सार का वर्णन है। गरुड़ पुराण, पूर्वखण्ड के 143वें अध्याय में भी ठीक इन्हीं श्लोकों में रामायण सार कथन है। इसी प्रकार हरिवंश (विष्णुपर्व 93/6-33) में भी यदुवंशियों द्वारा वाल्मीकि रामायण के नाटक खेलने का उल्लेख है।

रामायणं महाकाव्यमुद्दिश्य नाटकं कृतम्।

व्यास जी ने वाल्मीकि की जीवनी भी बड़ी श्रद्धा से 'स्कन्दपुराण' वैष्णवखण्ड, वैशाखमाहात्म्य 17-20 अध्यायों तक आवन्त्यखण्ड अवन्तीक्षेत्रमाहात्म्य के 24वें अध्याय में, प्रभासखण्ड के 278वें अध्याय में तथा अध्यात्मरामायण के अयोध्याकाण्ड में (6/64/92) वर्णन किया है। मत्स्यपुराण 12/61

वाल्मीकिर्यस्य चरितं चक्रे भार्गवसत्तमः।

और भागवत 5/18/5 'महायोगी' से।

इसी प्रकार कवि कुल तिलक कालिदास ने रघुवंश में आदिकवि को दो बार स्मरण किया है। एक तो :-

कविः कुशेध्माहरणाय यातः।

निषादविद्धाण्डजदर्शनोत्थः श्लोक त्वमापद्यत यस्य शोकः॥

(14/70)

इस श्लोक में, दूसरे 2/4 के 'पूर्वसूरिभिः' में।

आदिकवि वाल्मीकि उस समय कुश, समिधा आदि लेने निकले थे। व्याध के द्वारा मारे गये क्रौञ्च को देखकर उन्हें बड़ा शोक हुआ और वही श्लोक रूप में परिणत हो गया। 'ध्वन्यालोक' कार श्रीआनन्दवर्धन ने भी इसी से मिलते-जुलते शब्दों में कहा है :-

क्रौञ्चद्वन्द्ववियोगोत्थः शोकः श्लोकत्वमागतः।

(ध्वन्यालोक, 1/5)

वस्तुत: इन दोनों ही पद्यों का मूल स्वयं आदिकवि (वाल्मीकि 1/2/40) का ही श्लोक है। जो इस प्रकार है :-

सोऽनुव्याहरणाद् भूत: शोक: श्लओकत्वमआगत:।

भवभूति को करुण रस का आचार्य माना गया है किंतु हम देखते हैं कि उन्हें इसकी शिक्षा आदिकवि से ही मिली है। वह भी उत्तररामचरित के दूसरे अंक में 'वाल्मीकिपार्श्वादिह पर्यटामि', 'मुनयस्तमेव हि पुराणब्रह्मवादिनं प्राचेतसमृषि...उपासते' आदि से उन्हीं का स्मरण करते हैं।

रामायण में भौगौलिक स्थिति :

'रामायण' का विश्लेषित रूप 'राम का अयन' है जिसका अर्थ है 'राम का यात्रा पथ'। अयन यात्रा पथ वाची शब्द है। इसका अर्थ इस तथ्य में अंतर्निहित है कि राम की दो विजय यात्राएं की। जिसमें प्रथम यात्रा प्रेम-संयोग, हास-परिहास तथा आनंद-उल्लास से परिपूर्ण है। तो दूसरी क्लेश, क्लांति, वियोग, व्याकुलता, विवशता और वेदना से आवृत्त। विश्व के अधिकतर विद्वान दूसरी यात्रा को ही रामकथा का मूल आधार मानते हैं। एक श्लोक रामायण में राम वन गमन से रावण वध तक की कथा ही रुपायित हुई है।

अदौ राम तपोवनादि गमनं हत्वा मृगं कांचनम्।

वैदेही हरणं जटायु मरणं सुग्रीव संभाषणम्।

वालि निग्रहणं समुद्र तरणं लंका पुरी दास्हम्।

पाश्चाद् रावण कुंभकर्ण हननं तद्धि रामायणम्।

जीवन के त्रासद यथार्थ को रुपायित करने वाली राम कथा में सीता का अपहरण और उनकी खोज अत्यधिक रोमांचक है। वाल्मीकि रामायण के किष्किंधा कांड के चालीस से तेतालीस अध्यायों के बीच इसका विस्तृत वर्ण हुआ है जो 'दिग्वर्णन' के नाम से विख्यात है।

कपिराज सुग्रीव ने पूर्व दिशा में जाने वाले दूतों के सात राज्यों से सुशोभित यवद्वीप (जावा), सुवर्ण द्वीप (सुमात्रा) तथा रुप्यक द्वीप में यत्नपूर्वक जनकसुता को तलाशने का आदेश दिया था। इसी क्रम में यह भी कहा गया था कि यव द्वीप के आगे शिशिर नामक पर्वत है जिसका शिखर स्वर्ग को स्पर्श करता है और जिसके ऊपर देवता तथा दानव निवास करते हैं।

यनिवन्तों यव द्वीपं सप्तराज्योपशोभितम्।
सुवर्ण रुप्यक द्वीपं सुवर्णाकिर मंडितम्।
जवद्वीप अतिक्रम्य शिशिरो नाम पर्वतः।
दिवं स्पृशति श्रृंगं देवदानव सेवितः।

दक्षिण-पूर्व एशिया के इतिहास का आरंभ इसी साक्ष्य से होता है। इंडोनेशिया के बोर्नियो द्वीप में तीसरी शताब्दी को उत्तरार्ध से ही भारतीय संस्कृति की विद्यमानता के पुख्ता सबूत मिलते हैं। बोर्नियों द्वीप के एक संस्कृत शिलालेख में मूलवर्मा की प्रशस्ति उत्कीर्ण है जो इस प्रकार है :-

श्रीमतः श्री नरेन्द्रस्य कुंडगस्य महात्मनः।
पुत्रोश्ववर्मा विख्यातः वंशकर्ता यथांशुमान्।।
तस्य पुत्रा महात्मानः तपोबलदमान्वितः।
तेषांत्रयानाम्प्रवरः तपोबलदमान्वितः।।
श्री मूलवर्म्मा राजन्द्रोयष्ट्वा वहुसुवर्णकम्।
तस्य यज्ञस्य यूपोयं द्विजेन्द्रस्सम्प्रकल्पितः।।

इस शिलालेख में मूल वर्मा के पिता अश्ववर्मा तथा पितामह कुंडग का उल्लेख है। बोर्नियों में भारतीय संस्कृति और संस्कृत भाषा के स्थापित होने में भी काफी समय लगा होगा। तात्पर्य यह कि भारतवासी मूल वर्मा के राजत्वकाल से बहुत पहले उस क्षेत्र में पहुंच गये थे।

महर्षि वाल्मीकि कृत रामायण के किष्किन्धाकाण्ड के 40वें सर्ग में भौगौलिक स्थिति का विस्तृत वर्णन है। यह वर्णन सुग्रीव द्वारा वानरों को सीता की खोज के संदर्भ में दिया गया व्याख्यान है। यहां हनुमान के नेतृत्व में वानरों की यात्रा है।

जावा द्वीप (वाल्मीकि रामायण, किष्किन्धाकाण्ड, 40/30 एवं 36) और उसके निकटवर्ती क्षेत्र के वर्णन के बाद द्रुतगामी शोणनद तथा काले मेघ के समान दिलाई दिखाई देने वाले समुद्र का उल्लेख हुआ है। यहां सदैव भारी गर्जना होती रहती है। इसी समुद्र के तट पर गरुड़ की निवास भूमि (वाल्मीकि रामायण, किष्किन्धाकाण्ड, 40/40) शल्मलीक द्वीप है। यहां भयंकर मानदेह नामक राक्षस रहते हैं। जो सुरा समुद्र के मध्यवर्ती शैल शिखरों पर

लटके रहते हैं। सुरा समुद्र के आगे घृत और दधि (वाल्मीकि रामायण, किष्किन्धाकाण्ड, 40/41) के समुद्र हैं। श्वेत आभा वाले क्षीर समुद्र के दर्शन होते हैं। उस समुद्र के मध्य ऋषभ नामक श्वेत पर्वत है। जिसके ऊपर सुदर्शन नामक सरोवर है। क्षीर समुद्र (वाल्मीकि रामायण, किष्किन्धाकाण्ड, 40/43) के बाद स्वादिष्ट जल वाला एक भयावह समुद्र है। जिसके बीच एक विशाल घोड़े का मुख है जिससे आग निकलती रहती है।

सागर में जहां वह अग्नि विसर्जित हुई। घोड़े की मुखाकृति बन गयी और उससे लपटें निकलने लगीं। इसी कारण उसका नाम वड़वानल (वाल्मीकि रामायण, किष्किन्धाकाण्ड, 40/48-49) पड़ा। आधुनिक शोधकर्ताओं और समीक्षकों की मान्यता है कि इससे प्रशांत महासागर क्षेत्र में किसी ज्वालामुखी का संकेत मिलता है। वह स्थल मलस्क्का से फिलिप्पींस जाने वाले जलमार्ग के बीच हो सकता है। इंडोनेशिया से फिलिप्पींस द्वीप समूहों के बीच अक्सर ज्वालामुखी के विस्फोट होते रहते हैं। जिसके अनेक ऐतिहासिक प्रमाण हैं। दधि, धृत और सुरा समुद्र का संबंध श्वेत आभा वाले क्षीर सागर की तरह जल के रंगों के संकेतक प्रतीत होते हैं।

बड़वामुख से तेरह योजना (वाल्मीकि रामायण, किष्किन्धाकाण्ड, 40/50-54) उत्तर जातरूप नामक सोने का पहाड़ है। जहां पृथ्वी को धारण करने वाले शेष नाग बैठे दिखाई पड़ते हैं। उस पर्वत के ऊपर ताड़ के चिन्हों वाला सुवर्ण ध्वज फहराता रहता है। यही ताल ध्वज पूर्व दिशा की सीमा है। उसके बाद सुवर्णमय उदय पर्वत है। जिसके शिखर का नाम सौमनस (वाल्मीकि रामायण, किष्किन्धाकाण्ड, 40/57-59) है। सूर्य उत्तर से घूमकर जम्बू द्वीप की परिक्रमा करते हुए जब सौमनस पर स्थित होते हैं। तब इस क्षेत्र में स्पष्टता से उनके दर्शन होते हैं। सौमनस सूर्य के समान प्रकाशमान दृष्टिगत होते हैं। उस पर्वत के आगे का क्षेत्र अज्ञात है।

जातरूप का अर्थ सोना होता है। ऐसा अनुमान किया जाता है कि जातरूप पर्वत का संबंध प्रशांत महासागर के पार मैक्सिको के स्वर्ण-उत्पादक पर्वतों से हो सकता है। मक्षिका का अर्थ सोना होता है। मैक्सिको शब्द मक्षिका से ही विकसित माना गया है। यह भी संभव है कि मैक्सिको की उत्पत्ति सोने के खान में काम करने वाली आदिम जाति मैक्सिका से हुई है। मैक्सिको में एशियाई संस्कृति के प्राचीन अवशेष मिलने से इस अवधारणा से पुष्टि होती है।

बालखिल्य (वाल्मीकि रामायण, किष्किन्धाकाण्ड, 40/60-61) ऋषियों का उल्लेख विष्णु-पुराण और रघुवंश में हुआ है। जहां उनकी संख्या साठ हजार बताई गई है। उसकी आकृति अँगूठे से भी छोटी बतायी गई है। ऐसा कहा गया है कि वह सभी सूर्य के रथ के घोड़े हैं। इससे अनुमान किया जाता है कि यहां सूर्य की असंख्य किरणों का ही मानवीकरण

हुआ है। उदय पर्वत (वाल्मीकि रामायण, किष्किन्धाकाण्ड, 40/62-64) का सौमनस नामक सुवर्णमय शिखर और प्रकाशपुंज के रप में बालखिल्य ऋषियों के वर्णन से ऐसा प्रतीत होता है कि इस स्थल पर प्रशांत महासागर में सूर्योदय के भव्य दृश्य का ही भावमय एवं अतिरंजित चित्रण हुआ है। यह भी संभव है कि अतिप्राचीन काल में यहां महर्षि एवं ऋषियों ने सूर्य और उसकी गतिविधियों पर शोध कार्य किया हो।

सुग्रीव ने उदयांचल की घाटियों, झरनों और गुफाओं में यत्र-तत्र घूमकर विदेहकुमारी सीता सहित रावण का अन्वेषण करने का दिशा-निर्देश देते हुए कहा -

ततः परमगम्या स्याद् दिक्पूर्वा त्रिदशावृता ।
रहिता चन्द्रसूर्याभ्यामदृश्या तमसावृता।।

(वाल्मीकि रामायण, किष्किन्धाकाण्ड, 40/66)

अर्थात, इससे आगे पूर्व दिशा अगम्य है। उधर देवता रहते हैं। उस ओर चन्द्रमा और सूर्य का प्रकाश न होने से वहां की भूमि अन्धकार से आच्छन्न एवं अदृश्य है।

शैलेषु तेषु सर्वेषु कन्दरेषु नदीषु च।
ये च नोक्ता मयोद्देशा विचेया तेषु जानकी।।

(वाल्मीकि रामायण, किष्किन्धाकाण्ड, 40/67)

अर्थात, उदयाचल के आस-पास के जो समस्त पर्वत, कन्दराएँ तथा नदियाँ हैं। उनमें तथा जिन स्थानों का मैंने निर्देश नहीं किया है। उनमें भी तुम्हें जानकी की खोज करनी चाहिये।

एतावद् वानरैः शक्यं गन्तुं वानरपुङ्गवाः ।
अभास्करममर्यादं न जानीमस्ततः परम्।।

(वाल्मीकि रामायण, किष्किन्धाकाण्ड, 40/68)

अर्थात, वानर शिरोमणियो! केवल उदयगिरि तक ही वानरों की पहुँच हो सकती है। इससे आगे न तो सूर्य का प्रकाश है और न देश आदि की कोई सीमा ही है। अतः आगे की भूमि के विषय में मुझे ज्ञात नहीं है।

वाल्मीकि रामायण में पूर्व दिशा में जाने वाले दूतों के दिशा-निर्देश की भांति दक्षिण, पश्चिम और उत्तर दिशा में जाने वाले दूतों को भी मार्ग का निर्देश दिया गया है। इसी क्रम में उत्तर में ध्रुव प्रदेश, दक्षिण में लंका और उसके दक्षिण के हिंद महासागरीय क्षेत्र और पश्चिम में अटलांटिक तक की भू-आकृतियों का काव्यमय चित्रण हुआ है। जिससे समकालीन भूगोल की जानकारी मिलती है।

महर्षि वाल्मीकि ने दक्षिण दिशा का विभाग किष्किन्धा से न करके आर्यावर्त से किया गया है। पूर्व समुद्र से पश्चिम समुद्र और हिमालय से विन्ध्य के भाग को आर्यावर्त कहते हैं।

सुग्रीव ने दक्षिण दिशा के जिन स्थानों का परिचय दिया है, उनकी सङ्गति आर्यावर्त से ही दिशा का विभाजन करने पर लगती है।

सहस्त्रसिरसं विंध्य नानाद्रुमलतायुतम।
नर्मदां च नदीं रम्यां महोरगनिषेविताम्।।
ततो गोदावरीं रम्यां कृष्णवेणीं महानदीम्।
वरदां च महाभागां महोरगनिषेविताम्।।
मेखलानुत्कलांश्चैव दशार्णनगराण्यपि।
आब्रवन्तीमवन्तीं च सर्वमेवानुपश्यता।।

(वाल्मीकि रामायण, किष्किन्धाकाण्ड, 41/8-9)

अर्थात, सुग्रीव बोले, वानरो! तुम लोग भांति-भांति के वृक्षों और लताओं से सुशोभित सहस्रों शिखरों वाले विन्ध्य पर्वत, बड़े-बड़े नागों से सेवित रमणीय नर्मदा नदी, सुरम्य गोदावरी, महानदी, कृष्णवेणी तथा बड़े- बड़े नागों से सेवित महाभागा वरदा आदि नदियों के तटों पर और मेखल (मेकल), उत्कल एवं दशार्ण देश के नगरों में तथा आब्रवन्ती और अवन्तीपुरी में भी सब जगह सीता की खोज करो।

विदर्भानृष्टिकांश्चैव रम्यान् माहिषकानपि।।
तथा वङ्गान् कलिङ्गांश्च कौशिकांश्च समन्ततः।
अन्वीक्ष्य दण्डकारण्यं सपर्वतनदीगुहम्।।
नदीं गोदावरीं चैव सर्वमेवानुपश्यत ।
तथैवान्ध्रांश्च पुण्ड्रांश्च चोलान् पाण्ड्यांश्च केरलान्।।

(वाल्मीकि रामायण, किष्किन्धाकाण्ड, 41/10-11)

अर्थात, इसी प्रकार विदर्भ, ऋष्टिक, रम्य माहिषक देश, वङ्ग, कलिङ्ग तथा कौशिक आदि देशों में सब ओर देखभाल करके पर्वत, नदी और गुफाओं सहित समूचे दण्डकारण्य में छानबीन करना। वहां जो गोदावरी नदी है, उसमें सब ओर बारंबार देखना। इसी प्रकार आन्ध्र, पुण्ड्र, चोल, पाण्ड्य तथा केरल आदि देशों में भी ढूँढ़ना

अयोमुखश्च गन्तव्यः पर्वतो धातुमण्डितः।
विचित्रशिखरः श्रीमांश्चित्रपुष्पितकाननः।।
सुचन्दनवनोद्देशो मार्गितव्यो महागिरिः।

(वाल्मीकि रामायण, किष्किन्धाकाण्ड, 41/13)

अर्थात, तदनन्तर अनेक धातुओं से अलंकृत अयोमुख (मलय) पर्वत पर भी जाना, उसके शिखर बड़े विचित्र हैं। वह शोभाशाली पर्वत फूले हुए विचित्र काननों से युक्त हैं।

उसके सभी स्थानों में सुन्दर चन्दन के वन हैं। उस महापर्वत मलय पर सीता की अच्छी तरह खोज करना।

(रामायणतिलक के लेखक अयोमुख को मलय (पर्वत) का नामान्तर मानते हैं। गोविन्दराज इसे सह्यपर्वत का पर्याय समझते हैं तथा रामायणशिरोमणिकार अयोमुख को इन दोनों से भिन्न स्वतन्त्र पर्वत मानते हैं।)

ततस्तापापगां दिव्यां प्रसन्नसलिलाशयाम्।
तत्र द्रक्ष्यथ कावेरी विहतामप्सरोगणैः।।

(वाल्मीकि रामायण, किष्किन्धाकाण्ड, 41/14)

अर्थात, तत्पश्चात् स्वच्छ जल वाली दिव्य नदी कावेरी को देखना, जहाँ अप्सराएँ विहार करती हैं।

तस्यासीनं नगस्याग्रे मलयस्य महोजसम्।।
द्रक्ष्यथादित्यसंकाशमगस्त्यमृषिसत्तमम्।

(वाल्मीकि रामायण, किष्किन्धाकाण्ड, 41/15)

अर्थात, उस प्रसिद्ध मलय (पर्वत) के शिखर पर बैठे हुए सूर्य के समान महान् तेज से सम्पन्न मुनि श्रेष्ठ अगस्त्य का दर्शन करना।

(पहले पंचवटी से उत्तर भाग में अगस्त्य के आश्रम का वर्णन आया है तथापि यहां मलय (पर्वत) पर भी उनका आश्रम था, ऐसा माना जाता है। वाल्मीकि आश्रम अनेक स्थानों पर थे। उसी अन्य ऋषियों के अलग-अलग क्षेत्रों में आश्रम हुआ करते थे।)

ततस्तेनाभ्यनुज्ञाताः प्रसन्नेन महात्मना।।
ताम्रपर्णी ग्राहजुष्टां तरिष्यथ महानदीम्।

(वाल्मीकि रामायण, किष्किन्धाकाण्ड, 41/16)

अर्थात, इसके बाद उन प्रसन्नचित्त महात्मा से आज्ञा लेकर ग्राहों से सेवित महानदी ताम्रपर्णी को पार करना।

सा चन्दनवनैश्चित्रैः प्रच्छन्नद्वीपवारिणी।
कान्तेव युवती कान्त समुद्रमवगाहते।।

(वाल्मीकि रामायण, किष्किन्धाकाण्ड, 41/17)

अर्थात, उसके द्वीप और जल विचित्र चन्दन वनों से आच्छादित हैं। अतः वह सुन्दर साड़ी से विभूषित युवती प्रेयसी की भांति अपने प्रियतम समुद्र से मिलती है।

ततो हेममयं दिव्यं मुक्तामणिविभूषितम्।
युक्तं कवाटं पाण्ड्यानां गता द्रक्ष्यथ वानराः।

(वाल्मीकि रामायण, किष्किन्धाकाण्ड, 41/18)

अर्थात, वानरो! वहाँ से आगे बढ़ने पर तुम लोग पाण्ड्य वंशी राजाओं के नगर द्वार पर लगे हुए सुवर्णमय कपाट का दर्शन करोगे, जो मुक्तामणियों से विभूषित एवं दिव्य है।

(आधुनिक तंजौर ही प्राचीन पाण्ड्य वंशी नरेशों का नगर है। इस नगर में भी छानबीन करने के लिये सुग्रीव वानरों को आदेश दे रहे हैं।)

ततः समुद्रमासाद्य सम्प्रधार्यार्थनिश्चयम्।
अगस्त्येनान्तरे तत्र सागरे विनिवेशितः।
चित्रसानुनगः श्रीमान् महेन्द्रः पर्वतोत्तमः।
जातरूपमयःश्रीमानवगाढो महार्णवम्।

(वाल्मीकि रामायण, किष्किन्धाकाण्ड, 41/18)

अर्थात, तत्पश्चात् समुद्र के तट पर जाकर उसे पार करने के सम्बन्ध में अपने कर्तव्य का भली-भांति निश्चय करके उसका पालन करना। महर्षि अगस्त्य ने समुद्र के भीतर एक सुन्दर सुवर्णमय पर्वत को स्थापित किया है। जो महेन्द्रगिरि के नाम से विख्यात है। उसके शिखर तथा वहां के वृक्ष विचित्र शोभा से सम्पन्न हैं। वह शोभाशाली पर्वत श्रेष्ठ समुद्र के भीतर गहराई तक घुसा हुआ है।

नानाविधैर्नगैः फुल्लैर्लताभिश्चोपशोभितम्।।
देवर्षियक्षप्रवरैरप्सरोभिश्च शोभितम्।
सिद्धचारणसङ्घैश्च प्रकीर्णं सुमनोरमम्।।
सिद्धचारणसङ्घैश्च प्रकीर्णं सुमनोरमम्।
तमुपैति सहस्राक्षः सदा पर्वसु पर्वसु।

(वाल्मीकि रामायण, किष्किन्धाकाण्ड, 41/18)

अर्थात, नाना प्रकार के खिले हुए वृक्ष और लताएं उस पर्वत की शोभा बढ़ाती हैं। देवता, ऋषि, श्रेष्ठ यक्ष और अप्सराओं की उपस्थिति से उसकी शोभा और भी बढ़ जाती है। सिद्धों और चारणों के समुदाय वहां सब ओर फैले रहते हैं। इन सबके कारण महेन्द्रपर्वत अत्यन्त मनोरम जान पड़ता है। सहस्र नेत्रधारी इन्द्र प्रत्येक पर्व के दिन उस पर्वत पर पदार्पण करते हैं।

द्वीपस्तस्यापरे पारे शतयोजनविस्तृतः।
अगम्यो मानुषैर्दीप्तस्तं मार्गध्वं समन्ततः।
तत्र सर्वात्मना सीता मार्गितव्या विशेषतः।।

(वाल्मीकि रामायण, किष्किन्धाकाण्ड, 41/24)

अर्थात, उस समुद्र के उस पार एक द्वीप है। जिसका विस्तार सौ योजन है। वहां मनुष्यों की पहुँच नहीं है। वह जो दीप्तिशाली द्वीप है, उसमें चारों ओर पूरा प्रयत्न करके तुम्हें सीता की विशेष रूप से खोज करनी चाहिये।

स हि देशस्तु वध्यस्य रावणस्य दुरात्मनः।
राक्षसाधिपतेर्वासः सहस्राक्षसमद्युतेः॥

(वाल्मीकि रामायण, किष्किन्धाकाण्ड, 41/25)

अर्थात, वही देश इन्द्र के समान तेजस्वी दुरात्मा राक्षसराज रावण का, जो हमारा वध्य है, निवास स्थान है।

दक्षिणस्य समुद्रस्य मध्ये तस्य तु राक्षसी।
अङ्गारकेति विख्याता छायामाक्षिप्य भोजिनी॥

(वाल्मीकि रामायण, किष्किन्धाकाण्ड, 41/26)

अर्थात, दक्षिण समुद्र के बीच में अङ्गार का नाम से प्रसिद्ध एक राक्षसी रहती है, जो छाया पकड़कर ही प्राणियों को खींच लेती और उन्हें खा जाती है।

एवं निःसंशयान् कृत्वा संशयान्नष्टसंशयाः।
मृगयध्वं नरेन्द्रस्य पत्नीममिततेजसः॥

(वाल्मीकि रामायण, किष्किन्धाकाण्ड, 41/27)

अर्थात, उस लंका द्वीप में जो संदिग्ध स्थान हैं। उन सब में इस तरह खोज करके जब तुम उन्हें संदेह रहित समझ लो और तुम्हारे मन का संशय निकल जाय, तब तुम लंका द्वीप को भी लाँघ कर आगे बढ़ जाना और अमित तेजस्वी महाराज राम की पत्नी का अन्वेषण करना।

तमतिक्रम्य लक्ष्मीवान् समुद्रे शतयोजने।
गिरिः पुष्पितको नाम सिद्धचारणसेवितः॥

(वाल्मीकि रामायण, किष्किन्धाकाण्ड, 41/28)

अर्थात, लंका को लाँघकर आगे बढ़ने पर सौ योजन विस्तृत समुद्र में एक पुष्पितक नाम का पर्वत है, जो परम शोभा से सम्पन्न तथा सिद्धों और चारणों से सेवित है।

चन्द्रसूर्यांशुसंकाशः सागराम्बुसमाश्रयः।
भ्राजते विपुलैः शृङ्गैरम्बरं विलिखन्निव॥

(वाल्मीकि रामायण, किष्किन्धाकाण्ड, 41/29)

अर्थात, वह चन्द्रमा और सूर्य के समान प्रकाशमान है तथा समुद्र के जल में गहराई तक घुसा हुआ है। वह अपने विस्तृत शिखरों से आकाश में रेखा खींचता हुआ-सा सुशोभित होता है।

तस्यैकं काञ्चनं शृङ्गं सेवते यं दिवाकरः।
श्वेतं राजतमेकं च सेवते यन्निशाकरः।
न तं कृतघ्नाः पश्यन्ति न नृशंसा न नास्तिकाः॥

(वाल्मीकि रामायण, किष्किन्धाकाण्ड, 41/30)

अर्थात, उस पर्वत का एक सुवर्णमय शिखर है, जिसका प्रतिदिन सूर्यदेव सेवन करते हैं। उसी प्रकार इसका एक रजनम पर्वत शिखर को नहीं देख पाते हैं।

प्रणम्य शिरसा शैलं तं विमार्गथ वानराः।
तमतिक्रम्य दुर्धर्षं सूर्यवात्राम पर्वतः।।

(वाल्मीकि रामायण, किष्किन्धाकाण्ड, 41/31)

अर्थात, वानरो! तुम लोग मस्तक झुकाकर उस पर्वत को प्रणाम करना और वहाँ सब ओर सीता को ढूंढ़ना। उस दुर्धर्ष पर्वत को लाँघ कर आगे बढ़ने पर सूर्यवान् नामक पर्वत मिलेगा।

अध्वना दुर्विगाहेन योजनानि चतुर्दश।
ततस्तमप्यतिक्रम्य वैद्युतो नाम पर्वतः।

(वाल्मीकि रामायण, किष्किन्धाकाण्ड, 41/32)

अर्थात, वहां जाने का मार्ग बड़ा दुर्गम है और वह पुष्पितक से चौदह योजन दूर है। सूर्यवान् को लाँघ कर जब तुम लोग आगे जाओगे, तब तुम्हें 'वैद्युत' नामक पर्वत मिलेगा।

सर्वकामफलैर्वृक्षैः सर्वकालमनोहरैः ।
तत्र भुक्त्वा वरार्हाणि मूलानि च फलानि च।
मधूनि पीत्वा जुष्टानि परं गच्छत वानराः।।

(वाल्मीकि रामायण, किष्किन्धाकाण्ड, 41/33)

अर्थात, वहां के वृक्ष सम्पूर्ण मनोवाञ्छित फलों से युक्त और सभी ऋतुओं में मनोहर शोभा से सम्पन्न हैं। वानरो! उनसे सुशोभित वैद्युत पर्वत पर उत्तम फल-मूल खाकर और सेवन करने योग्य मधु पीकर तुम लोग आगे जाना।

तत्र नेत्रमनः कान्तः कुञ्जरो नाम पर्वतः।
अगस्त्यभवनं यत्र निर्मितं विश्वकर्मणा।।

(वाल्मीकि रामायण, किष्किन्धाकाण्ड, 41/34)

अर्थात, फिर कुञ्जर नामक पर्वत दिखायी देगा। जो नेत्रों और मन को भी अत्यन्त प्रिय लगने वाला है। उसके ऊपर विश्वकर्मा का बनाया हुआ महर्षि अगस्त्य का एक सुन्दर भवन है।

तत्र योजनविस्तारमुच्छ्रितं दशयोजनम्।
शरणं काञ्चनं दिव्यं नानारत्नविभूषितम्।

(वाल्मीकि रामायण, किष्किन्धाकाण्ड, 41/35)

अर्थात, कुञ्जर पर्वत पर बना हुआ अगस्त्य का वह दिव्य भवन सुवर्णमय तथा नाना प्रकार के रत्नों से विभूषित है। उसका विस्तार एक योजन का और ऊँचाई दस योजन की है।

तत्र भोगवती नाम सर्पाणामालयः पुरी।
विशालरथ्या दुर्धर्षा सर्वतः परिरक्षिता।
रक्षिता पन्नगैर्घोरैस्तीक्ष्णदंष्ट्रैर्महाविषैः।।

(वाल्मीकि रामायण, किष्किन्धाकाण्ड, 41/36-37)

अर्थात, उसी पर्वत पर सर्पों की निवास भूता एक नगरी है, जिसका नाम भोगवती है (यह पाताल की भोगवती पुरी से भिन्न हैं)। यह पूरी दुर्जय है। उसकी सड़कें बहुत बड़ी और विस्तृत वह सब ओर से सुरक्षित है। तीखी दाढ़ वाले महाविषैले हैं। भयंकर सर्प उसकी रक्षा करते हैं।

सर्पराजो महाघोरो यस्यां वसति वासुकिः।
निर्याय मार्गितव्या च सा च भोगवती पुरी।।

(वाल्मीकि रामायण, किष्किन्धाकाण्ड, 41/38)

अर्थात, उस भोगवतीपुरी में महाभयंकर सर्पराज वासुकि निवास करते हैं (यह योगशक्ति से अनेक रूप धारण करके दोनों भोगवती पुरियों में एक साथ रह सकते हैं)। तुम्हें विशेष रूप से उस भोगवतीपुरी में प्रवेश करके वहाँ सीता की खोज करनी चाहिये।।

तत्र चानन्तरोद्देशा ये केचन समावृताः।
तं च देशमतिक्रम्य महानृषभसंस्थितिः।।

(वाल्मीकि रामायण, किष्किन्धाकाण्ड, 41/39)

अर्थात, उस पुरी में जो गुप्त एवं व्यवधान रहित स्थान सब में सीता का अन्वेषण करना चाहिये। उस प्रदेश को लाँघ कर आगे बढ़ने पर तुम्हें ऋषभ नामक महान् पर्वत मिलेगा।

सर्वरत्नमयः श्रीमानृषभो नाम पर्वतः।
गोशीर्षकं पद्मकं च हरिश्यामं च चन्दनम्।।
दिव्यमुत्पद्यते यत्र तच्चैवाग्निसमप्रभम्।
न तु तच्चन्दनं दृष्ट्वा स्प्रष्टव्यं तु कदाचन।

(वाल्मीकि रामायण, किष्किन्धाकाण्ड, 41/40-41)

अर्थात, वह शोभाशाली ऋषभ पर्वत सम्पूर्ण रत्नों से भरा हुआ है। वहाँ गो-शीर्षक, पद्मक, हरिश्याम आदि नामों वाला दिव्य चन्दन उत्पन्न होता है। वह चन्दन वृक्ष अग्नि के समान प्रज्ज्वलित होता रहता है। उस चन्दन को देख कर कदापि तुम्हें उसका स्पर्श नहीं करना चाहिये।

रोहिता नाम गन्धर्वा घोरं रक्षन्ति तद्वनम् ।
तंत्र गन्धर्वपतयः पञ्च सूर्यसमप्रभाः।।

(वाल्मीकि रामायण, किष्किन्धाकाण्ड, 41/42)

अर्थात, क्योंकि रोहित नाम वाले गन्धर्व उस घोर वन की रक्षा करते हैं। वहां सूर्य के समान कान्तिमान् पांच गन्धर्वराज रहते हैं।

शैलूषो ग्रामणीः शिक्षः शुको बभ्रुस्तथैव च।
रविसोमाग्निवपुषां निवासः पुण्यकर्मणाम्।।
अन्ते पृथिव्या दुर्धर्षास्ततः स्वर्गजितः स्थिताः।

(वाल्मीकि रामायण, किष्किन्धाकाण्ड, 41/431/2)

अर्थात उनके नाम ये हैं- शैलूष, ग्रामणी, शुक और बभ्रु। उस ऋषभ से आगे पृथिवी को अन्तिम सीमा पर सूर्य, चन्द्रमा तथा अग्नि के तुल्य तेजस्वी पुण्यकर्मा पुरुषों का निवास स्थान है। अतः वहां दुर्धर्ष स्वर्ग विजयी (खर्ग के अधिकारी) पुरुष ही वास करते हैं।

ततः परं न वः सेव्यः पितृलोकः सुदारुणः।
राजधानी यमस्यैषा कष्टेन तमसाऽऽवृता।।

(वाल्मीकि रामायण, किष्किन्धाकाण्ड, 41/44)

अर्थात, उससे आगे अत्यन्त भयानक पितृलोक है। वहाँ तुम लोगों को नहीं जाना चाहिए। यह भूमि यमलोक की राजधानी है। जो कष्टप्रद अंधकारों से आच्छादित है।

सौराष्ट्रान् सहबाहीकांश्चन्द्रचित्रांस्तथैव च।
स्फीताञ्जनपदान् रम्यान् विपुलानि पुराणि च।।
पुंनागगहनं कुक्षिं बकुलोद्दालकाकुलम्।।
तथा केतकखण्डांश्च मार्गध्वं हरिपुंगवाः।

(वाल्मीकि रामायण, किष्किन्धाकाण्ड, 42/6-7)

अर्थात, श्रेष्ठ वानरो! सौराष्ट्र, बाह्लीक और चन्द्रचित्र आदि देशों, अन्य समृद्धिशाली एवं रमणीय जनपदों, बड़े-बड़े नगरों तथा पुन्नाग, बकुल और उद्दालक आदि वृक्षों से भरे हुए कुक्षि देश में एवं केवड़े के वनों में सीता की खोज करो।

प्रत्यक्स्रोतोवहाश्चैव नद्यः शीतजलाः शिवाः।
तापसानामरण्यानि कान्तारगिरयश्च ये।।

(वाल्मीकि रामायण, किष्किन्धाकाण्ड, 42/8)

अर्थात, पश्चिम की ओर बहने वाली शीतल जल से सुशोभित कल्याणमयी नदियों, तपस्वी जनों के वनों तथा दुर्गम पर्वतों में भी विदेह कुमारी का पता लगाओ।

तत्र स्थलीर्मरुप्राया अत्युच्चशिशिराः शिलाः।।
गिरिजालावृतां दुर्गां मार्गित्वा पश्चिमां दिशम्।
ततः पश्चिममागम्य समुद्रं द्रष्टुमर्हथ।।
तिमिनक्राकुलजलं गत्वा द्रक्ष्यथ वानराः।

(वाल्मीकि रामायण, किष्किन्धाकाण्ड, 42/9-10)

अर्थात, पश्चिम दिशा में प्रायः मरुभूमि है। अत्यन्त ऊँची और ठंढी शिलाएँ हैं तथा पर्वत मालाओं से घिरे हुए बहुत-से दुर्गम प्रदेश हैं। उन सभी स्थानों में सीता की खोज करते हुए क्रमशः आगे बढ़कर पश्चिम समुद्र तक जाना और वहां के प्रत्येक स्थान का निरीक्षण करना। वानरो! समुद्र का जल तिमि नामक मत्स्यों तथा बड़े-बड़े ग्राहों से भरा हुआ है। वहाँ सब ओर देख-भाल करना।

ततः केतकखण्डेषु तमालगहनेषु च।
कपयो विहरिष्यन्ति नारिकेलवनेषु च।
तत्र सीतां च मार्गध्वं निलयं रावणस्य च॥

(वाल्मीकि रामायण, किष्किन्धाकाण्ड, 42/11-12)

अर्थात, समुद्र के तट पर केवड़ों के कुञ्जों में , तमाल के काननों में तथा नारियल के वनों में तुम्हारे सैनिक वानर भली-भाँति विचरण करेंगे। वहाँ तुम लोग सीता को खोजना और रावण के निवास स्थान का पता लगाना।

वेलातलनिविष्टेषु पर्वतेषु वनेषु च।
मुरवीपत्तनं चैव रम्यं चैव जटापुरम्॥
अवन्तीमङ्गलेपां च तथा चालक्षितं वनम्।
राष्ट्राणि च विशालानि पत्तनानि ततस्ततः॥

(वाल्मीकि रामायण, किष्किन्धाकाण्ड, 42/13-14)

अर्थात, समुद्र तटवर्ती पर्वतों और वनों में भी उन्हें ढूँढ़ना चाहिये। मुरवीपत्तन (मोरवी) तथा रमणीय जटापुर में, अवन्ती तथा अङ्गलेपापुरी में अलक्षित वन में और बड़े-बड़े राष्ट्रों एवं नगरों में जहाँ-तहाँ घूम कर पता लगाना।

सिन्धुसागरयोश्चैव संगमे तत्र पर्वतः।
महान् सोमगिरिर्नाम शतशृङ्गो महाद्रुमः॥
तत्र प्रस्थेषु रम्येषु सिंहाः पक्षगमाः स्थिताः।
तिमिमत्स्यगजांश्चैव नीडान्यारोपयन्ति॥

(वाल्मीकि रामायण, किष्किन्धाकाण्ड, 42/15-16)

अर्थात, सिंधु-नद और समुद्र के संगम पर सोमगिरि नामक एक महान् पर्वत है। जिसके सौ शिखर हैं। वह पर्वत ऊँचे-ऊँचे वृक्षों से भरा है। उसकी रमणीय चोटियों पर सिंह नामक पक्षी रहते हैं। जो तिमि नाम वाले विशालकाय मत्स्यों और हाथियों को भी अपने घोंसलों में उठा लाते हैं।

तानि नीडानि सिंहानां गिरिशृङ्गगताश्च ये।
दृप्तास्तृप्ताश्च मातङ्गास्तोयदस्वननिःस्वनाः॥

विचरन्ति विशालेऽस्मिंस्तोयपूर्णे समन्ततः।

(वाल्मीकि रामायण, किष्किन्धाकाण्ड, 42/17)

अर्थात, सिंह नामक पक्षियों के उन घोंसलों में पहुँच कर उस पर्वत-शिखर पर उपस्थित हुए जो हाथी हैं, वे उस पंखधारी सिंह से सम्मानित होने के कारण गर्व का अनुभव करते और मन-ही-मन संतुष्ट होते हैं। इसीलिए मेघों की गर्जना के समान शब्द करते हुए उस पर्वत के जलपूर्ण विशाल शिखर पर चारों ओर विचरते रहते हैं।

तस्य शृङ्गं दिवस्पर्शं काञ्चनं चित्रपादपम्।
सर्वमाशु विचेतव्यं कपिभिः कामरूपिभिः।

(वाल्मीकि रामायण, किष्किन्धाकाण्ड, 42/18)

अर्थात, ऊपर विचित्र वृक्ष शोभा पाते हैं। इच्छानुसार रूप धारण सोमगिरि का गगनचुम्बी शिखर सुवर्णमय है। उसके करने वाले वानरों को चाहिये कि वहां के सब स्थानों को शीघ्रता पूर्वक अच्छी तरह देख लें।

कोटिं तत्र समुद्रस्य काञ्चनीं शतयोजनाम्।।
दर्दशां पारियात्रस्य गत्वा द्रक्ष्यथ वानराः।

(वाल्मीकि रामायण, किष्किन्धाकाण्ड, 42/19)

अर्थात, वहां से आगे समुद्र के बीच में पारियात्र पर्वत का सुवर्णमय शिखर दिखायी देगा। जो सौ योजन विस्तृत है। वानरो! उसका दर्शन दूसरों के लिये अत्यन्त कठिन है। वहां जाकर तुम्हें सीता की खोज करनी चाहिये।

कोट्यस्तत्र चतुर्विंशद् गन्धर्वाणां तरस्विनाम्।।
वसन्त्यग्निनिकाशानां घोराणां कामरूपिणाम्।
पावकार्चिःप्रतीकाशाः समवेताः समन्ततः।।

(वाल्मीकि रामायण, किष्किन्धाकाण्ड, 42/20-21)

अर्थात, पारियात्र पर्वत के शिखर पर इच्छानुसार रूप धारण करने वाले, भयंकर, अग्नितुल्य तेजस्वी तथा वेगशाली चौबीस करोड़ गन्धर्व निवास करते हैं। वे सब-के-सब अग्नि की ज्वाला के समान प्रकाशमान हैं और सब ओर से आकर उस पर्वत पर एकत्र हुए हैं।

नात्यासादयितव्यास्ते वानरैर्भीमविक्रमैः।
नादेयं च फलं तस्माद् देशात् किंचित् प्लवङ्गमैः।।

(वाल्मीकि रामायण, किष्किन्धाकाण्ड, 42/22)

अर्थात, भयंकर पराक्रमी वानरों को चाहिए कि वे उन गन्धव के अधिक निकट न जाएं। उनका कोई अपराध न करें और उस पर्वत शिखर से कोई फल न लें।

दुरासदा हि ते वीरा: सत्त्ववन्तो महाबला:।
फलमूलानि ते तत्र रक्षन्ते भीमविक्रमा:।।

(वाल्मीकि रामायण, किष्किन्धाकाण्ड, 42/23)

अर्थात, क्योंकि वे भयंकर बल-विक्रम से सम्पन्न धैर्यवान् महाबली वीर गन्धर्व वहां के फल-मूलों की रक्षा करते हैं। उन पर विजय पाना बहुत ही कठिन है।

तत्र यत्नश्च कर्तव्यो मार्गितव्या च जानकी।
नहि तेभ्यो भयं किंचित् कपित्वमनुवर्तताम्।।

(वाल्मीकि रामायण, किष्किन्धाकाण्ड, 42/24)

अर्थात, वहाँ भी जानकी की खोज करनी चाहिए और उनका पता लगाने के लिये पूरा प्रयत्न करना चाहिए। प्राकृत वानर के स्वभाव का अनुसरण करने वाली तुम्हारी सेना के वीरों को उन गन्धर्वों से कोई भय नहीं है।

तत्र वैदूर्यवर्णाभो वज्रसंस्थानसंस्थित:।
नानाद्रुमलताकीर्णो वज्रो नाम महागिरि:।।

(वाल्मीकि रामायण, किष्किन्धाकाण्ड, 42/25)

अर्थात, पारियात्र पर्वत के पास ही समुद्र में वज्रनाम से प्रसिद्ध एक बहुत ऊँचा पर्वत है। जो नाना प्रकार के वृक्षों और लताओं से व्याप्त दिखायी देता है। वह वज्रगिरि वैदूर्यमणि के समान नील वर्ण का है। वह कठोरता में वज्रमणि (हीरे) के समान है।

श्रीमान् समुदितस्तत्र योजनानां शतं समम् ।
गुहास्तत्र विचेतव्या: प्रयत्नेन प्लवङ्गमा:।।

(वाल्मीकि रामायण, किष्किन्धाकाण्ड, 42/26)

अर्थात, वह सुन्दर पर्वत वहां सौ योजन के घेरे में प्रतिष्ठित है। उसकी लंबाई और चौड़ाई दोनों बराबर हैं। वानरो! उस पर्वत पर बहुत-सी गुफाएँ हैं। उन सब में प्रयत्नपूर्वक सीता का अनुसंधान करना चाहिए।

चतुर्भागे समुद्रस्य चक्रवान् नाम पर्वत:।
तत्र चक्रं सहस्रारं निर्मितं विश्वकर्मणा।।

(वाल्मीकि रामायण, किष्किन्धाकाण्ड, 42/27)

अर्थात, समुद्र के चतुर्थ भाग में चक्रवान् नामक पर्वत है। वहीं विश्वकर्मा ने सहस्रार चक्र का निर्माण किया था।

तत्र पञ्चजनं हत्वा हयग्रीवं च दानवम्।
आजहार ततश्चक्रं शङ्खं च पुरुषोत्तम:।।

(वाल्मीकि रामायण, किष्किन्धाकाण्ड, 42/28)

अर्थात, वहीं से पुरुषोत्तम भगवान् विष्णु पञ्चजन और हयग्रीव नामक दानवों का वध करके पाञ्चजन्य शंख तथा वह सहस्रार सुदर्शन चक्र लाये थे।

तस्य सानुषु रम्येषु विशालासु गुहासु च।
रावणः सह वैदेह्या मार्गितव्यस्ततस्ततः॥

(वाल्मीकि रामायण, किष्किन्धाकाण्ड, 42/29)

अर्थात, चक्रवान् पर्वत के रमणीय शिखरों और विशाल गुफाओं में भी इधर-उधर वैदेही सहित रावण का पता लगाना चाहिये।

योजनानि चतुःषष्टिर्वराहो नाम पर्वतः।
सुवर्णशृङ्गः सुमहानगाधे वरुणालये॥

(वाल्मीकि रामायण, किष्किन्धाकाण्ड, 42/30)

अर्थात, उससे आगे समुद्र की अगाध जलराशि में सुवर्णमय शिखरों वाला वराह नामक पर्वत है। जिसका विस्तार चौंसठ योजन की दूरी में है।

तत्र प्राग्ज्योतिषं नाम जातरूपमयं पुरम् ।
यस्मिन् वसति दुष्टात्मा नरको नाम दानवः॥

(वाल्मीकि रामायण, किष्किन्धाकाण्ड, 42/31)

अर्थात, वहीं प्राग्ज्योतिष नामक सुवर्णमय नगर है। जिसमें दुष्टात्मा नरक नामक दानव निवास करता है।

तत्र सानुषु रम्येषु विशालासु गुहासु च ।
रावणः सह वैदेह्या मार्गितव्यस्ततस्ततः॥

(वाल्मीकि रामायण, किष्किन्धाकाण्ड, 42/32)

अर्थात, उस पर्वत के रमणीय शिखरों पर तथा वहां की विशाल गुफाओं में सीता सहित रावण की तलाश करनी चाहिए।

तमतिक्रम्य शैलेन्द्रं काञ्चनान्तरदर्शनम्।
पर्वतः सर्वसौवर्णो धाराप्रस्रवणायुतः॥

(वाल्मीकि रामायण, किष्किन्धाकाण्ड, 42/33)

अर्थात, जिसका भीतरी भाग सुवर्णमय दिखायी देता है। उस पर्वतराज वराह को लाँघ कर आगे बढ़ने पर एक ऐसा पर्वत मिलेगा। जिसका सब कुछ सुवर्णमय है तथा जिसमें लगभग दस सहस्र झरने हैं।

तं गजाश्च वराहाश्च सिंहा व्याघ्राश्च सर्वतः।
अभिगर्जन्ति सततं तेन शब्देन दर्पिताः॥

(वाल्मीकि रामायण, किष्किन्धाकाण्ड, 42/34)

अर्थात, उसके चारों ओर हाथी, सूअर, सिंह और व्याघ्र सदा गर्जना करते हैं और अपनी ही गर्जना की प्रतिध्वनि के शब्द से दर्प में भर कर पुनः दहाड़ने लगते हैं।

यस्मिन् हरिहयः श्रीमान् महेन्द्रः पाकशासनः ।
अभिषिक्तः सुरै राजा मेघो नाम स पर्वतः।।

(वाल्मीकि रामायण, किष्किन्धाकाण्ड, 42/35)

अर्थात, उस पर्वत का नाम है मेषगिरि। जिस पर देवताओं ने हरित रंग के अक्ष वाले श्रीमान पाक शासन इन्द्र को राजा के पद पर अभिषिक्त किया था।

तमतिक्रम्य शैलेन्द्र महेन्द्रपरिपालितम्।
षष्टि गिरि सहस्राणि काञ्चनानि गमिष्यथ।।
तरुणादित्यवर्णानि भ्राजमानानि सर्वतः।
जातरूपमयैर्वृक्षैः शोभितानि सुपष्पितैः।।

(वाल्मीकि रामायण, किष्किन्धाकाण्ड, 42/36-37)

अर्थात, देवराज इन्द्र द्वारा सुरक्षित गिरिराज मेघ को लाँघ कर जब तुम आगे बढ़ोगे। तब तुम्हें सोने के साठ हजार पर्वत मिलेंगे। जो सब ओर से सूर्य के समान कान्ति से देदीप्यमान हो रहे हैं और सुन्दर फूलों से भरे हुए सुवर्णमय वृक्षों से सुशोभित हैं।

तेषां मध्ये स्थितो राजा मेरुरुत्तमपर्वतः।
आदित्येन प्रसन्नेन शैलो दत्तवरः पुरा।।
तेनैवमुक्तः शैलेन्द्रः सर्व एव त्वदाश्रयाः।
मत्प्रसादाद भविष्यन्ति दिवा रात्रौ च काञ्चनाः।।
त्वयि ये चापि वत्स्यन्ति देवगन्धर्वदानवाः।
ते भविष्यन्ति भक्ताश्च प्रभया काञ्चनप्रभाः।।

(वाल्मीकि रामायण, किष्किन्धाकाण्ड, 42/38-40)

अर्थात, उनके मध्य भाग में पर्वतों का राजा गिरिश्रेष्ठ मेरु विराजमान है। जिसे पूर्वकाल में सूर्य देव ने प्रसन्न होकर वर दिया था। उन्होंने उस शैलराज से कहा था कि जो दिन-रात तुम्हारे आश्रय में रहेंगे। वे मेरी कृपा से सुवर्णमय हो जाएंगे तथा देवता, दानव, गन्धर्व जो भी तुम्हारे ऊपर निवास करेंगे। वे सुवर्ण के समान कान्तिमान् और मेरे भक्त हो जाएंगे।

विश्वेदेवाश्च वसवो मरुतश्च दिवौकसः।
आगत्य पश्चिमां संध्यां मेरुमुत्तमपर्वतम्।।
आदित्यमुपतिष्ठन्ति तैश्च सूर्योऽभिपूजितः।
अदृश्यः सर्वभूतानामस्तं गच्छति पर्वतम्।।

(वाल्मीकि रामायण, किष्किन्धाकाण्ड, 42/41-42)

अर्थात, विश्वेदेव, वसु, मरुद्गण तथा अन्य देवता सायंकाल में उत्तम पर्वत मेरु पर

आकर सूर्यदेव का उपस्थान करते हैं। उनके द्वारा भली-भाँति पूजित होकर भगवान् सूर्य सब प्राणियों की आँखों से ओझल होकर अस्ताचल को चले जाते हैं।

योजनानां सहस्त्राणि दश तानि दिवाकरः।
मुहूर्तार्धेन तं शीघ्रमभियाति शिलोच्चयम्।।

(वाल्मीकि रामायण, किष्किन्धाकाण्ड, 42/43)

अर्थात, मेरु से अस्ताचल दस हजार योजन की दूरी पर है, किंतु सूर्यदेव आधे मुहूर्त में ही वहाँ पहुँच जाते हैं।

शृङ्गे तस्य महद्दिव्यं भवनं सूर्यसंनिभम्।
प्रासादगणसम्बाधं विहितं विश्वकर्मणा।।

(वाल्मीकि रामायण, किष्किन्धाकाण्ड, 42/44)

अर्थात, उसके शिखर पर विश्वकर्मा का बनाया हुआ एक बहुत बड़ा दिव्य भवन है। जो सूर्य के समान दीप्तिमान् दिखायी देता है। वह अनेक प्रसादों से भरा हुआ है।

अन्तरा मेरुमस्तं च तालो दशशिरा महान् ।
जातरूपमयः श्रीमान् भ्राजते चित्रवेदिकः।।

(वाल्मीकि रामायण, किष्किन्धाकाण्ड, 42/46)

अर्थात, मेरु और अस्ताचल के बीच एक स्वर्णमय ताड़ का वृक्ष है। जो बड़ा ही सुन्दर और बहुत ही ऊँचा है। उसके दस स्कन्ध (बड़ी शाखाएं) हैं। उसके नीचे की वेदी बड़ी विचित्र है। इस तरह वह वृक्ष बड़ी शोभा पाता है।

तेषु सर्वेषु दुर्गेषु सरस्सु च सरित्सु च।
रावणः सह वैदेह्या मार्गितव्यस्ततस्ततः।।

(वाल्मीकि रामायण, किष्किन्धाकाण्ड, 42/47)

अर्थात, वहां के उन सभी दुर्गम स्थानों, सरोवरों और सरिताओं में इधर-उधर सीता सहित रावण का अनुसंधान करना चाहिए।

यत्र तिष्ठति धर्मज्ञस्तपसा स्वेन भावितः।
मेरुसावर्णिरित्येष ख्यातो वै ब्रह्मणा समः।

(वाल्मीकि रामायण, किष्किन्धाकाण्ड, 42/48)

अर्थात, मेरुगिरि पर धर्म के ज्ञाता महर्षि मेरुसावर्णि रहते हैं। जो अपनी तपस्या से ऊँची स्थिति को प्राप्त हुए हैं। वे प्रजापति के समान शक्तिशाली एवं विख्यात ऋषि है।

प्रष्टव्यो मेरुसावर्णिर्महर्षिः सूर्यसंनिभः।
प्रणम्य शिरसा भूमौ प्रवृत्तिं मैथिलीं प्रति।।

(वाल्मीकि रामायण, किष्किन्धाकाण्ड, 42/49)

अर्थात, सूर्यतुल्य तेजस्वी महर्षि मेरुसावर्णि के चरणों में पृथ्वी पर मस्तक टेककर प्रणाम करने के अनन्तर तुम लोग उनसे मिथिलेश कुमारी का समाचार पूछना।

एतावज्जीवलोकस्य भास्करो रजनीक्षये।
कृत्वा वितिमिरं सर्वमस्तं गच्छति पर्वतम्।।

(वाल्मीकि रामायण, किष्किन्धाकाण्ड, 42/50)

अर्थात, रात्रि के अन्त में (प्रातःकाल) उदित हुए भगवान् सूर्य जीव-जगत् के इन सभी स्थानों को अन्धकार रहित एवं प्रकाशपूर्ण करके अन्त में अस्ताचल को चले जाते हैं।

एतावद् वानरैः शक्यं गन्तुं वानरपुङ्गवाः।
अभास्करममर्याद न जानीमस्ततः परम्।।

(वाल्मीकि रामायण, किष्किन्धाकाण्ड, 42/51)

अर्थात, वानर शिरोमणियो! पश्चिम दिशा में इतनी ही दूर तक वानर जा सकते हैं। उसके आगे न तो सूर्य का प्रकाश है और न किसी देश आदि की सीमा ही। अतः वहाँ से आगे की भूमि के विषय में मुझे कोई जानकारी नहीं है।

न अवगम्य तु वैदेहीं निलयं रावणस्य च।
अस्तं पर्वतमासाद्य पूर्णे मासे निवर्तत।।

(वाल्मीकि रामायण, किष्किन्धाकाण्ड, 42/52)

अर्थात, अस्ताचल तक जाकर रावण के स्थान और सीता का पता लगाओ तथा एक मास पूर्ण होते ही यहाँ लौट आओ।

ऊर्ध्वं पासात्र वस्तव्यं वसन् वध्यो भवेन्मम।
सहेव शूरो युष्माभिः श्वशरो मे गमिष्यति।।

(वाल्मीकि रामायण, किष्किन्धाकाण्ड, 42/53)

अर्थात, एक महीने से अधिक न ठहरना। जो ठहरेगा, उसे मेरे हाथ से प्राणदंड मिलेगा।

इमानि बहुदुर्गाणि नद्यः शैलान्तराणि च।
भवन्तः परिमार्गन्तु बुद्धिविक्रमसम्पदा।।

(वाल्मीकि रामायण, किष्किन्धाकाण्ड, 43/10)

अर्थात, तुम सब लोग बुद्धि और पराक्रम के द्वारा इन अत्यन्त दुर्गम प्रदेशों, पर्वतों और नदियों के तटों पर जा-जाकर सीता की खोज करो।

तत्र म्लेच्छान् पुलिन्दांश्च शूरसेनांस्तथैव च।
औप्रस्थलान् भरतांश्चैव कुरूंश्च सह मद्रकैः।।
काम्बोजयवनांश्चैव शकानां पत्तनानि च ।
अन्वीक्ष्य दरदांश्चैव हिमवन्तं विचिन्वथ।।

(वाल्मीकि रामायण, किष्किन्धाकाण्ड, 43/11-12)

अर्थात, उत्तर में म्लेच्छ, पुलिन्द, शूरसेन, प्रस्थल, भरत (इन्द्रप्रस्थ और हस्तिनापुर के आस-पास के प्रान्त), कुरु (दक्षिण कुरु-कुरुक्षेत्र के आस-पास की भूमि), मद्र, काम्बोज, यवन, शकों के देशों एवं नगरों में भली-भाँति अनुसंधान करके दरद देश में और हिमालय पर्वत पर ढूँढ़ो।

लोध्रपद्मकखण्डेषु देवदारुवनेषु च।
रावणः सह वैदेह्या मार्गितव्यस्ततस्ततः।।

(वाल्मीकि रामायण, किष्किन्धाकाण्ड, 43/13)

अर्थात, वहां लोध और पद्मक की झाड़ियों में तथा देवदारु के जंगलों में वैदेही सहित रावण की खोज करनी चाहिए

ततः सोमाश्रमं गत्वा देवगन्धर्वसेवितम्।
कालं नाम महासानुं पर्वतं तं गमिष्यथ।।

(वाल्मीकि रामायण, किष्किन्धाकाण्ड, 43/14)

अर्थात, फिर देवताओं और गन्धर्वों से सेवित सोमाश्रम में होते हुए ऊँचे शिखर वाले काल नामक पर्वत पर जाओ।

महत्सु तस्य शैलेषु पर्वतेषु गुहासु च।
विचिन्वत महाभागां रामपत्नीमनिन्दिताम्।।

(वाल्मीकि रामायण, किष्किन्धाकाण्ड, 43/15)

अर्थात, उस पर्वत की शाखाभूत अन्य छोटे-बड़े पर्वतों और उन सबकी गुफाओं में सती-साध्वी राम पत्नी महाभागा सीता का अन्वेषण करो।

तमतिक्रम्य शैलेन्द्रं हेमगर्भं महागिरिम्।
ततः सुदर्शनं नाम पर्वतं गन्तुमर्हथ।।

(वाल्मीकि रामायण, किष्किन्धाकाण्ड, 43/16)

अर्थात, जिसके भीतर सुवर्ण की खान हैं। उस गिरिराज काल को लाँघ कर तुम्हें सुदर्शन नामक महान पर्वत पर जाना चाहिये।

ततो देवसखो नाम पर्वतः पतगालयः।
नानापक्षिसमाकीर्णो विविधद्रुमभूषितः।।

(वाल्मीकि रामायण, किष्किन्धाकाण्ड, 43/17)

अर्थात, उससे आगे बढ़ने पर देवसख नाम वाला पहाड़ मिलेगा। जो पक्षियों का निवास स्थान है। वह भाँति-भांति के विहंगमों से व्याप्त तथा नाना प्रकार के वृक्षों से विभूषित है।

तस्य काननखण्डेषु निर्झरेषु गुहासु च।
रावणः सह वैदेह्या मार्गितव्यस्ततस्ततः।।

(वाल्मीकि रामायण, किष्किन्धाकाण्ड, 43/18)

अर्थात, उसके वन समूहों , निर्झरों और गुफाओं में तुम्हें विदेह कुमारी सीता सहित रावण की खोज करनी चाहिए।

तमतिक्रम्य चाकाशं सर्वतः शतयोजनम्।
अपर्वतनदीवृक्षं सर्वसत्त्वविवर्जितम्।।

(वाल्मीकि रामायण, किष्किन्धाकाण्ड, 43/19)

अर्थात, वहां से आगे बढ़ने पर एक सुनसान मैदान मिलेगा। जो सब ओर से सौ योजन विस्तृत है। वहां नदी, पर्वत, वृक्ष और सब प्रकार के जीव-जन्तुओं का अभाव है।

तत्तु शीघ्रमतिक्रम्य कान्तारं रोमहरषणम्।
कैलासं पाण्डुरं प्राप्य हृष्टा यूयं भविष्यथ।।

(वाल्मीकि रामायण, किष्किन्धाकाण्ड, 43/20)

अर्थात, रोंगटे खड़े कर देने वाले उस दुर्गम प्रान्त को शीघ्रतापूर्वक लाँघ जाने पर तुम्हें श्वेतवर्ण का कैलास पर्वत मिलेगा। वहाँ पहुँचने पर तुम सब लोग हर्ष से खिल उठोगे।

तंत्र पाण्डुरमेघाभं जाम्बूनदपरिष्कृतम्।
कुबेरभवनं रम्यं निर्मितं विश्वकर्मणा।।

(वाल्मीकि रामायण, किष्किन्धाकाण्ड, 43/21)

अर्थात, वहीं विश्वकर्मा का बनाया हुआ कुबेर का रमणीय भवन है। जो श्वेत बादलों के समान प्रतीत होता है। उस भवन को जाम्बूनद नामक सुवर्ण से विभूषित किया गया है।

विशाला नलिनी यत्र प्रभूतकमलोत्पला।
हंसकारण्डवाकीर्णा अप्सरोगणसेविता।।

(वाल्मीकि रामायण, किष्किन्धाकाण्ड, 43/22)

अर्थात, उसके पास ही एक बहुत बड़ा सरोवर है। जिसमें कमल और उत्पल प्रचुर मात्रा में पाये जाते हैं । उसमें हंस और कारण्डव आदि जलपक्षी भरे रहते हैं तथा अप्सराएँ उसमें जल-क्रीड़ा करती हैं।

तत्र वैश्रवणो राजा सर्वलोकनमस्कृतः।
धनदो रमते श्रीमान् गुह्यकैः सह यक्षराट्।।

(वाल्मीकि रामायण, किष्किन्धाकाण्ड, 43/23)

अर्थात, वहां यक्षों के स्वामी विश्रवा कुमार श्रीमान राजा कुबेर जो समस्त विश्व के लिये वन्दनीय और धन देने वाले हैं। गुह्यकों के साथ विहार करते हैं।

तस्य चन्द्रनिकाशेषु पर्वतेषु गुहासु च।
रावणः सह वैदेह्या मार्गितव्यस्ततस्ततः॥

(वाल्मीकि रामायण, किष्किन्धाकाण्ड, 43/24)

अर्थात, उस कैलास के चन्द्रमा की भाँति उज्ज्वल शाखा पर्वतों पर तथा उनकी गुफाओं में सब ओर घूम फिर कर तुम्हें सीता सहित रावण का अनुसंधान करना चाहिए।

क्रौञ्चं तु गिरिमासाद्य बिलं तस्य सुदुर्गमम्।
अप्रमत्तैः प्रवेष्टव्यं दुष्प्रवेशं हि तत् स्मृतम्॥

(वाल्मीकि रामायण, किष्किन्धाकाण्ड, 43/25)

अर्थात, इसके बाद क्रौञ्चगिरि पर जाकर वहां की अत्यन्त दुर्गम विवररूप गुफा में (जो स्कन्द की शक्ति से पर्वत के विदीर्ण होने के कारण बन गयी है) तुम्हें सावधानी के साथ प्रवेश करना चाहिये क्योंकि उसके भीतर प्रवेश करना अत्यन्त कठिन माना गया है।

वसन्ति हि महात्मानस्तत्र सूर्यसमप्रभाः।
देवैरभ्यर्थिताः सम्यग् देवरूपा महर्षयः॥

(वाल्मीकि रामायण, किष्किन्धाकाण्ड, 43/26)

अर्थात, उस गुफा में सूर्य के समान तेजस्वी महात्मा निवास करते हैं। उन देव स्वरूप महर्षियों की देवता लोग भी अभ्यर्थना करते हैं।

क्रौञ्चस्य तु गुहाश्चान्याः सानूनि शिखराणि च ।
निर्दराश्च नितम्बाश्च विचेतव्यास्ततस्ततः॥

(वाल्मीकि रामायण, किष्किन्धाकाण्ड, 43/27)

अर्थात, क्रौंच पर्वत की और भी बहुत-सी गुफाएं हैं। अनेकानेक चोटियां, शिखर, कंदराएं तथा नितम्ब (ढालू प्रदेश) हैं। उन सबमें सब ओर घूम-फिरकर सीता और रावण का पता लगाना चाहिए।

अवृक्षं कामशैलं च मानसं विहगालयम्।
न गतिस्तत्र भूतानां देवानां न च रक्षसाम्॥

(वाल्मीकि रामायण, किष्किन्धाकाण्ड, 43/28)

वहां से आगे वृक्षों से रहित मानस नामक शिखर है। जहां शून्य होने के कारण कभी पक्षी तक नहीं जाते हैं। कामदेव की तपस्या का स्थान होने के कारण वह क्रौंच शिखर कामशैल के नाम से विख्यात है। वहाँ भूतों, देवताओं तथा राक्षसों का भी कभी जाना नहीं होता है।

स च सर्वैर्विचेतव्यः ससानुप्रस्थभूधरः ।
क्रौंचं गिरिमतिकम्प मैनाको नाम पर्वतः॥

(वाल्मीकि रामायण, किष्किन्धाकाण्ड, 43/29)

अर्थात, शिखरों, घाटियों और शाखा पर्वतों सहित समूचे क्रौंच पर्वत की तुम लोग छानबीन करना। क्रौंच गिरि को लांघ कर आगे बढ़ने पर मैनाक पर्वत मिलेगा।

मयस्य भवनं तत्र दानवस्य स्वयंकृतम् ।
मैनाकस्तु विचेतव्यः ससानुप्रस्थकन्दरः।।

(वाल्मीकि रामायण, किष्किन्धाकाण्ड, 43/30)

अर्थात, वहाँ मयदानव का घर है। जिसे उसने स्वयं ही अपने लिये बनाया है। तुम लोगों को शिखरों, चौरस मैदानों और कन्दराओं सहित मैनाक पर्वत पर भली-भांति सीताजी की खोज करनी चाहिए।

स्त्रीणामश्वमुखीनां तु निकेतस्तत्र तत्र तु।
तं देशं समतिक्रम्य आश्रमं सिद्धसेवितम्।।

(वाल्मीकि रामायण, किष्किन्धाकाण्ड, 43/31)

अर्थात, वहाँ यत्र-तत्र घोड़े के से मुँह वाली किन्नरियों के निवास स्थान है। उस प्रदेश को लाँघ जाने पर सिद्धसेवित आश्रम मिलेगा।

सिद्धा वैखानसा यत्र वालखिल्याच तापसाः।
वन्दितव्यास्ततः सिद्धास्तपसा वीतकल्मषाः।।
प्रष्टव्या चापि सीतायाः प्रवृत्तिर्विनयान्वितैः।

(वाल्मीकि रामायण, किष्किन्धाकाण्ड, 43/32)

अर्थात, उसमें सिद्ध, वैखानख तथा वालखिल्य नामक तपस्वी निवास करते हैं। तपस्या से उनके पाप धुल गये हैं। उन सिद्धों को तुम लोग प्रणाम करना और विनीत भाव से सीता का समाचार पूछना।

हेमपुष्करसंछन्नं तत्र वैखानसं सर।।
तरुणादित्यसंकाशैर्हसैर्विचरितं शुभैः।

(वाल्मीकि रामायण, किष्किन्धाकाण्ड, 43/33)

अर्थात, उस आश्रम के पास 'वैखानस सर' के नाम से प्रसिद्ध एक सरोवर है। जिसका जल सुवर्णमय कमलों से आच्छादित रहता है। उसमें प्रातःकालिक सूर्य के समान सुनहरे एवं अरुणवर्ण वाले सुन्दर हंस विचरते रहते हैं।

ओपवाह्यः कुबेरस्य सार्वभौम इति स्मृतः।।
गज : पर्येति तं देशं सदा सह करेणुभिः।

(वाल्मीकि रामायण, किष्किन्धाकाण्ड, 43/34)

अर्थात, कुबेर को सवारी में काम आने वाला सार्वभौम नामक गजराज अपनी हथिनियों के साथ उस देश में सदा घूमता रहता है।

तत् सर : समतिक्रम्य नष्टचन्द्रदिवाकरम्।
अनक्षत्रगणं व्योम निष्पयोदमनादितम्॥

(वाल्मीकि रामायण, किष्किन्धाकाण्ड, 43/35)

अर्थात, उस सरोवर को लाँघकर आगे जाने पर सूना आकाश दिखायी देगा। उसमें सूर्य, चन्द्रमा तथा तारों के दर्शन नहीं होंगे। वहाँ न तो मेघों की घटा दिखायी देगी और न उनकी गर्जना ही सुनायी पड़ेगी।

गभस्तिभिरिवार्कस्य स तु देशः प्रकाश्यते।
विश्राम्यद्भिस्तपः सिद्धैर्देवकल्पैः स्वयंप्रभैः॥

(वाल्मीकि रामायण, किष्किन्धाकाण्ड, 43/36)

अर्थात, तथापि उस देश में ऐसा प्रकाश छाया होगा, मानो सूर्य की किरणों से ही वह प्रकाशित हो रहा है। वहाँ अपनी ही प्रभा से प्रकाशित तपःसिद्ध देवोपम महर्षि विश्राम करते हैं। उन्हीं की अङ्गप्रभा से उस देश में उजाला छाया रहता है।

तं तु देशमतिक्रम्य शैलोदा नाम निम्नगा।
उभयोस्तीरयोस्तस्याः कीचका नाम बेणवः॥

(वाल्मीकि रामायण, किष्किन्धाकाण्ड, 43/37)

अर्थात, उस प्रदेश को लाँघ कर आगे बढ़ने पर 'शैलोदा' नाम वाली नदी का दर्शन होगा। उसके दोनों तटों पर कीचक (वंशी की-सी ध्वनि करने वाले) बाँस हैं। यह बात प्रसिद्ध है।

ते नयन्ति परं तीरं सिद्धान् प्रत्यानयन्ति च।
उत्तराः कुरवस्तत्र कृतपुण्यप्रतिश्रयाः॥

(वाल्मीकि रामायण, किष्किन्धाकाण्ड, 43/38)

अर्थात, वे बाँस ही (साधन बनकर) सिद्ध पुरुषों को शैलोदा के उस पार ले जाते और वहाँ से इस पार ले आते हैं। जहाँ केवल पुण्यात्मा पुरुषों का वास है। वह उत्तर कुरुदेश शैलोदा के तट पर ही है।

ततः काञ्चनपद्माभिः पद्मिनीभिः कृतोदकाः।
नीलवैदूर्यपत्राढ्य नद्यस्तत्र सहस्रशः॥

(वाल्मीकि रामायण, किष्किन्धाकाण्ड, 43/39)

अर्थात, उत्तर कुरुदेश में नील वैदूर्यमणि के समान हरे-हरे कमलों के पत्तों से सुशोभित सहस्रों नदियाँ बहती हैं। जिनके जल सुवर्णमय पद्मों से अलंकृत अनेकानेक पुष्करिणियों से मिले हुए हैं।

रक्तोत्पलवनैश्चात्र मण्डिताश्च हिरण्मयैः।
तरुणादित्यसंकाशा भान्ति तत्र जलाशयाः॥

(वाल्मीकि रामायण, किष्किन्धाकाण्ड, 43/40)

अर्थात, वहाँ के जलाशय लाल और सुनहरे कमल समूहों से मण्डित होकर प्रातःकाल उदित हुए सूर्य के समान शोभा पाते हैं।

महार्हमणिपत्रैश्च काञ्चनप्रभकेसरैः।
नीलोत्पलवनैश्चित्रैः स देशः सर्वतो वृतः॥

(वाल्मीकि रामायण, किष्किन्धाकाण्ड, 43/41)

अर्थात, बहुमूल्य मणियों के समान पत्तों और सुवर्ण के समान कान्तिमान् केसरों वाले विचित्र-विचित्र नील कमलों के द्वारा वहाँ का प्रदेश सब ओर से सुशोभित होता है।

निस्तुलाभिश्च मुक्ताभिर्मणिभिश्च महाधनैः।
उधूतपुलिनास्तत्र जातरूपैश्च निम्नगाः॥
सर्वरत्नमवैश्चित्रैरवगाढा नगोत्तमैः।
जातरूपमयैश्चापि हुताशनसमप्रभैः॥

(वाल्मीकि रामायण, किष्किन्धाकाण्ड, 43/42-43)

अर्थात, वहाँ की नदियों के तट गोल-गोल मोतियों, बहुमूल्य मणियों और सुवर्णों से सम्पत्र हैं। इतना ही नहीं उन नदियों के किनारे सम्पूर्ण रत्नों से युक्त विचित्र-विचित्र पर्वत भी विद्यमान हैं। जो उनके जल के भीतर तक घुसे हुए हैं। उन पर्वतों में से कितने ही सुवर्णमय हैं। जिनसे अग्नि के समान प्रकाश फैलता रहता है।

नित्यपुष्पफलास्तत्र नगाः पत्ररथाकुलाः।
दिव्यगन्धरसस्पर्शाः सर्वकामान् स्त्रवन्ति च।

(वाल्मीकि रामायण, किष्किन्धाकाण्ड, 43/44)

अर्थात, वहाँ के वृक्षों में सदा ही फल-फूल लगे रहते हैं और उन पर पक्षी चहकते रहते हैं। वे वृक्ष दिव्य गन्ध, दिव्य रस और दिव्य स्पर्श प्रदान करते हैं तथा प्राणियों की सारी मनचाही वस्तुओं की वर्षा करते रहते हैं।

नानाकाराणि वासांसि फलन्त्यन्ये नगोत्तमाः।
मुक्तावैदूर्यचित्राणि भूषणानि तथैव च।
स्त्रीणां यान्यनुरूपाणि पुरुषाणां तथैव च॥

(वाल्मीकि रामायण, किष्किन्धाकाण्ड, 43/45)

अर्थात, इनके सिवा दूसरे-दूसरे श्रेष्ठ वृक्ष फलों के रूप में नाना प्रकार के वस्त्र, मोती और वैदूर्यमणि से जटित आभूषण देते हैं। जो स्त्रियों तथा पुरुषों के भी उपयोग में आने योग्य होते हैं।

सर्वर्तुसुखसेव्यानि फलन्त्यन्ये नगोत्तमाः।
महार्हमणिचित्राणि फलन्त्यन्ये नगोत्तमाः॥

(वाल्मीकि रामायण, किष्किन्धाकाण्ड, 43/46)

अर्थात, दूसरे उत्तम वृक्ष सभी ऋतुओं में सुखपूर्वक सेवन करने योग्य अच्छे-अच्छे फल देते हैं। अन्यान्य सुन्दर वृक्ष बहुमूल्य मणियों के समान विचित्र फल उत्पन्न करते हैं।

शयनानि प्रसूयन्ते चित्रास्तरणवन्ति च।
मनः कान्तानि माल्यानि फलन्त्यत्रापरे द्रुमाः॥
पानानि च महार्हाणि भक्ष्याणि विविधानि च।
स्त्रियश्च गुणसम्पन्ना रूपयौवनलक्षिताः॥

(वाल्मीकि रामायण, किष्किन्धाकाण्ड, 43/47-48)

अर्थात, कितने ही अन्य वृक्ष विचित्र बिछौनों से युक्त शय्याओं को ही फलों के रूप में प्रकट करते हैं। मन को प्रिय लगने वाली सुन्दर मालाएँ भी प्रस्तुत करते हैं। बहुमूल्य पेय पदार्थ और भाँति-भाँति के भोजन भी देते हैं तथा रूप और यौवन से प्रकाशित होने वाली सद्गुणवती युवतियों को भी जन्म देते हैं।

गन्धर्वाः किन्नराः सिद्धा नागा विद्याधरास्तथा ।
रमन्ते सततं तत्र नारीभिर्भास्वरप्रभाः॥

(वाल्मीकि रामायण, किष्किन्धाकाण्ड, 43/49)

अर्थात, वहाँ सूर्य के समान कान्तिमान् गन्धर्व, किन्नर, सिद्ध, नाग और विद्याधर सदा नारियों के साथ क्रीडा-विहार करते हैं।

सर्वे सुकृतकर्माणः सर्वे रतिपरायणाः।
सर्वे कामार्थसहिता वसन्ति सह योषितः॥

(वाल्मीकि रामायण, किष्किन्धाकाण्ड, 43/50)

अर्थात, वहाँ के सब लोग पुण्यकर्मा हैं, सभी अर्थ और काम से सम्पन्न हैं तथा सब लोग काम-क्रीड़ा परायण होकर युवती स्त्रियों के साथ निवास करते हैं।

गीतवादित्रनिर्घोषः सोत्कृष्टहसितस्वनः।
श्रूयते सततं तंत्र सर्वभूतमनोरमः॥

(वाल्मीकि रामायण, किष्किन्धाकाण्ड, 43/51)

अर्थात, वहाँ निरन्तर उत्कृष्ट हास-परिहास की ध्वनि से गीत वाद्य का मधुर घोष सुनायी देता है। जो समस्त प्राणियों के मन को आनन्द प्रदान करने वाला है॥

न तत्र नामुदितः कश्चिन्नात्र कश्चिदसत्प्रियः।
अहन्यहनि वर्धन्ते गुणास्तत्र मनोरमाः॥

(वाल्मीकि रामायण, किष्किन्धाकाण्ड, 43/52)

अर्थात, वहाँ कोई भी अप्रसन्न नहीं रहता। किसी की भी बुरे कामों में प्रीति नहीं होती। वहाँ रहने से प्रतिदिन मनोरम गुणों की वृद्धि होती है।

समतिक्रम्य तं देशमुत्तरः पयसां निधिः।
तत्र सोमगिरिर्नाम मध्ये हेममयो महान्।।

(वाल्मीकि रामायण, किष्किन्धाकाण्ड, 43/53)

अर्थात, उस देश को लाँघ कर आगे जाने पर उत्तरदिग्वर्ती समुद्र उपलब्ध होगा। उस समुद्र के मध्य भाग में सोमगिरि नामक एक बहुत ऊँचा सुवर्णमय पर्वत है।

इन्द्रलोकगता ये च ब्रह्मलोकगताश्च ये।
देवास्तं समवेक्षन्ते गिरिराजं दिवं गताः।।

(वाल्मीकि रामायण, किष्किन्धाकाण्ड, 43/54)

अर्थात, जो लोग स्वर्गलोक में गये हैं। वे तथा इन्द्रलोक और ब्रह्मलोक में रहने वाले देवता उस गिरिराज सोमगिरि का दर्शन करते हैं।

नाज ट्यूनीच गुफा

महर्षि वाल्मीकि कृत रामायण के किष्किन्धाकाण्ड के सर्ग 51 में एक श्लोक है - *मयो नाम महातेजा मायावी वानरर्षभ। तेनेवं निर्मितं सर्वं मायया काञ्चनं वनम्।।* सीता की खोज में निकले हनुमान और उनके साथी भूख और प्यास बुझाने के लिए एक गुफा में प्रवेश करते हैं तो उन्हें ज्ञात होता है कि वह स्वरणमयी गुफा लोकप्रसिद्ध वास्तुशिल्पी मय की व्यक्तिगत संपत्ति है। उसके विषय में महर्षि वाल्मीकि ने रामायण में इसका विस्तार से वर्णन किया है। यह गुफा तत्कालीन आर्यावर्त में न होकर हिंदुस्तान से बाहर है। सारा प्रकरण समझने से पहले यह जानना आवश्यक है कि मय दानव का पुत्र था। महर्षि वाल्मीकि कृत रामायण के अनुसार मय और उसके समर्थक लोग गुफाओं का प्रयोग अधिक करते थे। ऐसा उल्लेख मिलता है कि बालि से पराजित होकर मायावी भी एक गुफा में ही जा छिपा था। बालि ने उस गुफा में प्रवेश करके वहीं उसका वध किया। पुत्रों के अलावा मय की एक पुत्री भी थी मन्दोदरी, जिसका विवाह रावण के साथ हुआ था। रामायण के किष्किंधा काण्ड में ही गुफा वाले प्रकरण में मय के जीवन-वृत्त तथा भवन निर्माण के उसके कौशल का अच्छा वर्णन किया गया है। सीता की खोज में गये वानरों के भूख-प्यास से व्यथित होकर एक गुफा में प्रवेश और उस गुफा में स्वयंप्रभा नाम की तपस्विनी से हुई उनकी भेंट की कथा विदित ही है। हनुमान जी के पूछने पर तपस्विनी स्वयंप्रभा ने बतलाया था कि वानर श्रेष्ठ! माया-विशारद महातेजस्वी मय का नाम तुमने सुना होगा। उसी ने अपनी माया के प्रभाव से इस समूचे स्वर्णमय वन का निर्माण किया था। यह विवरण महर्षि वाल्मीकि

कृत रामायण में वर्णित है। मय संस्कृति के यह अवशेष न केवल अमेरिकी महाद्वीपों की प्राचीनता के प्रतीक हैं अपितु हिन्दू संस्कृति के विश्वव्यापी प्रभाव को भी भली-भाँति स्पष्ट करते हैं।

यह गुफा ग्वाटेमाला में पाई गई है। यह मध्य अमेरिका में सबसे अधिक आबादी वाला शहरी क्षेत्र है। ग्वाटेमाला में पॉपटुन से लगभग 35 किलोमीटर पूर्व में ला कॉम्पुएर्टा गांव के बाहर पूर्व-कोलंबियाई युग की प्राकृतिक गुफाओं की एक श्रृंखला है। यहां एक अतिप्राचीन गुफा मिली है। पुरातत्वविदों ने इसे नाम दिया है नाज ट्यूनिच। नाज ट्यूनिक का सामान्य अर्थ है - पत्थर का घर, गुफा।

ऐसा माना जाता है कि एक स्थानीय कृषक वर्नावे पोप अपने पिता ऐमीलिओ के साथ शिकार हेतु जंगल में भटकते हुए इस अद्भुत गुफा तक पहुंच गया था। यह घटना सन् 1979 ईस्वी के मध्य की है। उस क्षेत्र में रहने वाले एक अमेरिकी माइक डिवाइन को इसके अस्तित्व के बारे में बताया। इसके बाद डिवाइन ने कुछ लोगों को साइट पर मार्गदर्शन किया। कालांतर में स्थलाकृतिक सर्वेक्षण जेम्स ब्रैडी द्वारा पूरा किया गया।

ग्वाटेमाला सरकार ने इस गुफा क्षेत्र को अपने संरक्षण में ले लिया ताकि पुरातात्त्विक महत्त्व के अवशेष नष्ट न हो जाए। ग्वाटेमाला सरकार से अनुमति लेकर पुरातत्त्ववेत्ता जार्ज ई स्टुअर्ट अपने तीन साथियों तथा वर्नावे पोप के साथ गुफा के पुरातात्त्विक अध्ययन के लिए पहुंचे। वहां पुरातत्त्ववेत्ता ने देखा कि सामने चूने के पत्थर की बनी एक शैल्फ के नीचे एक लम्बा छिद्र है। जिससे झाँकने पर नीचे केवल घना अन्धकार था। यह स्थल मय अनुष्ठान तीर्थ स्थल था। कलाकृतियों से पता चलता है कि गुफा अतिप्राचीन है। जार्ज ई स्टुअर्ट अपने साथियों के साथ छोटे छिद्र से होकर रेंगते सब लोग गुफा के अन्दर काफी नीचे उतरने के बाद एक समतल भूमि पर आ गये। यहाँ छन-छन कर आते हुए मध्यम प्रकाश में इन्हें आगे दूर पर एक ढाल दिखाई दिया। जो बड़े-बड़े पत्थरों को बिछाकर तथा किनारों पर पत्थरों की दीवाल बनाकर निर्मित किया गया था। ढाल के नीचे उतरने पर कलात्मक ढंग से रंगे हुए मिट्टी के टूटे बर्तनों का ढेर मिला। आगे बढ़ने पर एक अंधेरी सुरंग और उस सुरंग के दूसरे छोर पर कुछ गीली भूमि तथा अत्यन्त स्वच्छ जल से भरा हुआ एक जलाशय मिला। इसके फिसलन भरे किनारे पर चलते हुए सामने एक चौड़ा मार्ग दिखायी पड़ा। कुछ दूर बाद यह चौड़ा मार्ग सँकरा होते-होते दो भागों में विभाजित हो गया। बायीं ओर चलने पर कई घुमावदार मोड़ पार करने के बाद एक ऐसी जगह पहुँचे जहाँ कूँची की सहायता से अत्यन्त सुन्दर चित्र-लिपि में कुछ लिखा गया था। दो पंक्तिओं आलेख में एक तिथि अंकित थी। जिसे लिपि विशेषज्ञ डेविड ने अंग्रेजी कलेण्डर में परिवर्त्तित करके

30 जून सन् 741 ईस्वी निश्चित किया। एक अन्य कक्ष में चित्रलिपि में 67 शब्द अंकित मिले हैं। इसको 'बालम का हॉल' नाम दिया। इसी कक्ष के एक बड़े छिद्र से दूसरे कक्ष में जाने का रास्ता है। जहाँ पीले पत्थर के बड़े-बड़े पर्दों पर और अधिक लिखावट थी। जिनका नाम 'क्रस्टल कालम' रखा है। इससे आगे एक तंग मार्ग की दीवारों पर मानव आकृतियाँ बनायी गयी थीं। एक कोने में शंख के सामने ध्यान मुद्रा में बैठे हुए एक व्यक्ति तथा कुछ बौनों के चित्र हैं। मायावी शक्तियों को प्राप्त करने तथा तान्त्रिक अनुष्ठानों के लिए मय लोग इन गुफाओं का प्रयोग किया करते थे। चित्रात्मक कला का यह प्रतिनिधित्व मय संस्कृति में अपनी तरह का अनूठा है। गुफा के अन्य स्थानों को भी देख कर उन्हें अनुमान के आधार पर 'पैसेज आफ राइट' तथा 'बिअरर आफ फायर' कक्ष नाम दिया। 'पैसेज आफ राइट' में एक विशेष बात यह थी कि यहां योनि सम्बन्धी चित्र भी थे। अन्यत्र मय चित्रकला में बहुधा ऐसे चित्रों का अभाव रहता है। 'बिअरर आफ फायर' कक्ष में आग ले जाते हुए एक व्यक्ति का चित्र है। ग्वाटेमाला के घने जंगलों में ऐसी ही अन्य गुफाएँ भी मिली हैं।

इस स्थल का पहला अकादमिक दौरा सन् 1980 में पियरे वेंटूर द्वारा किया गया था। पुरातात्विक अन्वेषण सन् 1981 में शुरू हुआ था। खोजकर्ताओं में मानव विज्ञान और इतिहास संस्थान और सन् 1981 में नेशनल ज्योग्राफिक सोसाइटी की टीमें शामिल थीं। सन् 1988 में एंड्रिया जॉयस स्टोन द्वारा एक फोटोग्राफिक अध्ययन पूरा किया गया था। स्टोन के अनुसार सन् 1986 तक गुफा में कई बार तोड़फोड़ की गई थी और सन् 1989 में अधिक गंभीर बर्बरता हुई थी। ऐसा माना जाता है कि सन् 1989 में अज्ञात व्यक्तियों ने 20 से अधिक रेखाचित्रों को खरोंच कर खराब कर दिया था। सन् 2012 में गुफाओं को संभावित यूनेस्को विश्व धरोहर स्थल के रूप में अस्थायी सूची में जोड़ा गया था। यह पहले से ही ग्वाटेमाला के एक राष्ट्रीय स्मारक थे।

अकादमिक सर्वेक्षण के बाद यह निष्कर्ष निकाला गया कि गुफा के कई कमरों और घुमावदार शाखाओं के भीतर एक जादुई दुनिया बन गई है। इसमें लगभग 90 रेखाचित्र खोजे गए हैं। जिनमें मानव रूपी चरित्र, जानवर, देवता, संगीत वाद्ययंत्र आदि रेखाचित्र हैं।

नाज ट्यूनिच गुफा को उत्तर-दक्षिण दिशा में बताया गया है। पुरातत्वविदों ने इसमें दो कक्ष, दो चैंबर निर्धारित किए हैं। गुफा की लंबाई 19 मीटर है। इसका सबसे चौड़ा भाग 2.5 मीटर बताया गया है। गुफा में पीले, पारदर्शी रंग के क्रिस्टलीय स्टैलेग्माइट्स और स्टैलेक्टाइट्स भी थे। यह सभी पर्यावरण में परिवर्तन और मानवीय कारणों से नष्ट हो गए हैं।

जल का प्रयोग अनुष्ठानों में किया जाता था। नाज ट्यूनीच गुफा के दो अन्य क्षेत्र पानी के समीप हैं। पानी का एक प्राकृतिक सरोवर है। यह सुरंग प्रणाली से लगभग 40 मीटर की दूरी पर स्थित है। मय ने सरोवर के उत्तर में एक मिट्टी का छोटा मंच बनाया था।

चैंबर एक के दूसरे खंड के समीप एक कुंआ है। जो गुफा के प्रवेश द्वार से सबसे दूर सुरंग के समीप स्थित है। इस कुएं का व्यास पांच मीटर और लंबा है। यह कीचड़युक्त शाफ्ट बताया गया है। कुएं के आसपास प्राचीन मय के पैरों के निशान पाए गए हैं।

अनेक शोध एवं अनुसंधान से यह ज्ञात हुआ है कि मय ने ब्रह्मांड विज्ञान के अनुसार पवित्र अनुष्ठान शक्ति से ओत-प्रोत होने के रूप में नाज ट्यूनिच पर ध्यान केंद्रित किया। नाज ट्यूनीच ब्रह्मांडीय केंद्र और चार तिमाहियों को परिभाषित करता है। इतिहासकारों पुरातत्त्व वेत्ताओं एवं शोधकर्ताओं के लिए यह एक आश्चर्य का विषय बना हुआ है कि हजारों वर्षों से निरन्तर विकसित होने वाली मय संस्कृति एकाएक कैसे विलुप्त हो गई ? यह है रामायणकालीन वास्तुशिल्प। उपर्युक्त वर्णन महर्षि वाल्मीकि कृत रामायण से वर्णित प्रसंग से मेल खाता है।

बैखानस सरोवर के आगे न तो सूर्य तथा न चंद्रमा दिखाई पड़ते हैं। उस प्रदेश के बाद शैलोदा नामक नदी है। इसके तट पर वंशी की ध्वनि करने वाले कीचक नामक बाँस मिलते हैं। उन्हीं बाँसों का बेरा बनाकर लोग शैलोदा को पारकर उत्तर-कुरु जाते है। जहां सिद्ध पुरुष निवास करते हैं। उत्तर-कुरु के बाद समुद्र है। इसके मध्य भाग में सोमगिरि का सुवर्गमय शिखर दिखाई पड़ता है। वह क्षेत्र सूर्य से रहित है। वह सोमगिरि के प्रभा से सदा प्रभावित होता रहता है। ऐसा मालूम पड़ता है कि यहां उत्तरी ध्रुव का वर्णन हुआ है। यहां छह महीनों तक सूर्य दिखाई नहीं पड़ता और छह महीनों तक क्षितिज के छोड़ पर उसके दर्शन भी होते हैं। ऐसी स्थिति में सूर्य की प्रभा से उद्भासित सोमगिरि के हिमशिखर निश्चय ही सुवर्णमय दीखते होंगे। अंतत: यह भी यथार्थ है कि सूर्य से रहित होने पर भी उत्तर-ध्रुव पूरी तरह अंधकारमय नहीं है।

स तु देशो विसूर्योऽपि तस्य मासा प्रकाशते।
सूर्य लक्ष्याभिविज्ञेयस्तपतेव विवास्वता।

(वाल्मीकि रामायण, किष्किन्धाकाण्ड, 43/55)

राम कथा की विदेश-यात्रा के संदर्भ में वाल्मीकि रामायण का दिग्वर्णन इस अर्थ में प्रासंगिक है कि कालांतर में यह कथा उन स्थलों पर पहुँच ही नहीं गयी, बल्कि फलती-फूलती भी रही। बर्मा, थाईलैंड, कंपूचिया, लाओस, वियतनाम, मलयेशिया, इंडोनेशिया, फिलिपींस, तिब्बत, चीन, जापान, मंगोलिया, तुर्किस्तान, श्रीलंका और नेपाल की प्राचीन भाषाओं में राम कथा पर आधारित बहुत सारी साहित्यिक कृतियाँ है। अनेक देशों में यह कथा शिलाचित्रों की विशाल शृंखलाओं में मौजूद हैं। इनके शिलालेखी प्रमाण भी मिलते है। अनेक देशों में प्राचीन काल से ही रामलीला का प्रचलन है। कुछ देशों में रामायण के घटना स्थलों का स्थानीकरण भी हुआ है।

महर्षि वाल्मीकि ने रामायण में कितना सुंदर वर्णन भौगौलिक स्थिति का किया है। वह न केवल प्रशंसनीय है अपितु अनुकरणीय भी है। अनुकरणीय इसलिए क्योंकि आज कोई भी पुस्तक ऐसी नहीं है जिसमें किसी कथानक के साथ भौगौलिक स्थिति का का वर्णन हो। यही कारण है कि महर्षि वाल्मीकि कृत रामायण इतना महत्वपूर्ण ग्रंथ है।

प्राचीन संस्कृत टीकाएँ

वाल्मीकि कृत रामायण पर आधारित अगणित प्राचीन टीकाएँ समय-समय पर विभिन्न समीक्षकों द्वारा लिखी गई हैं। इन सभी टीकाओं में भिन्नता है क्योंकि प्रत्येक टीकाकार ने अपने युग के अनुरूप तैयार किया है। यथा :-

1. कतक टीका। इसका नागोजीभट्ट तथा गोविन्द राजादि ने बहुत उल्लेख किया है,
2. नागोजीभट्ट की तिलक या रामाभिरामी व्याख्या,
3. गोविन्दराज की भूषण टीका,
4. शिवसहाय की रामायण। शिरोमणि व्याख्या,
5. माहेश्वरतीर्थ की तीर्थ व्याख्या या तत्त्वदीप,
6. कन्दाल रामानुज की रामानुजीय व्याख्या,
7. वरदराज कृत विवेक तिलक,
8. त्र्यम्बकराज मखानी की धर्माकूत व्याख्या, और
9. रामानन्दतीर्थ की रामायणकूट, व्याख्या।

इनके अतिरिक्त चतुरर्थदीपिका, रामायणविरोधपरिहार, रामायणसेतु, तात्पर्यतरणि, शृङ्गारसुधाकर, रामायणसप्तबिम्ब, मनोरमा संवाद आदि अनेक टीकाएँ है। 'रीडिंग्स इन रामायण' के अनुसार सर्वत्र इतनी टीकाएँ और हैं :-

1. अहोबल की 'वाल्मीकि-हृदय' दशरथ जी (तनिश्लोकी) व्याख्या, उनके शिष्य की विरोध भञ्जिनी किमधिक टीका,
2. माधवाचार्य की रामायणतात्पर्यनिर्णय, व्याख्या,
3. श्रीअप्पय दीक्षितेन्द्रकी भी इसी नाम की एक अन्य व्याख्या परम प्रमा (जिसमें उन्होंने रामायण को शिवपरक सिद्ध किया है),
4. मुहूर्तविच प्रबालमुकुन्दसूरि की रामायणभूषण व्याख्या एवं
5. श्रीराम भद्राश्रम की सुबोधिनी टीका।

इतिहासविद डॉ. एम कृष्णमाचारी ने अपनी पुस्तक 'हिस्ट्री आफ क्लासिकल संस्कृत लिटरेचर' में अनेक ऐसी टीकाओं का उल्लेख किया है। जिनके लेखकों का पता

नहीं है। उदाहरणार्थ :-

1. अमृतकतक,
2. रामायणसार दीपिका,
3. गुरुबाला चित्तरञ्जिनी, और
4. विद्वन्मनोरञ्जिनी आदि।

उन्होंने वरदराजाचार्य के रामायणसारसंग्रह, देवरामभट्ट की विषयपदार्थव्याख्या, नृसिंह शास्त्री की कल्पवल्लिका, वेंकटाचार्य की रामायणार्थप्रकाशिका, वेंकटाचार्य के रामायणकथाविमर्श आदि व्याख्या ग्रन्थों का भी उल्लेख किया है। इसके अतिरिक्त अनेक टीकाएँ 'मध्वविलास' वाली प्रति में संग्रहीत हैं। अब तक ज्ञात सब संस्कृत व्याख्याएँ हैं। अज्ञात संस्कृत व्याख्याओं, हिन्दी के अनेकानेक द्वैत, अद्वैत, शुद्धाद्वैत, विशिष्टाद्वैतादि मतावलम्बियों, आर्य समाज की व्याख्याएं, बंगला, मराठी, गुजराती आदि विभिन्न प्रान्तीय भाषाओं तथा फ्रेंच, अंग्रेजी आदि अन्य विदेशी भाषाओं में किए गये अनुवाद, आदि का उल्लेख विषय को अत्याधिक विस्तार देने के अतिरिक्त और कुछ नहीं है।

विद्वानों के एक वर्ग के अनुसार - "रामायण के लक्षणों के आधार पर दण्डी आदि ने काव्यों की परिभाषा तुलसीदास जी ने बतलायी।" त्र्यम्बकराज मखानी ने सुन्दरकाण्ड की व्याख्या में प्रायः सभी श्लोकों को अलंकार, रसादियुक्त मानकर काण्डनाम की सार्थकता दिखलायी है।

वाल्मीकि ने रामायण में तत्कालीन राजनीति, मनोविज्ञान और सामाजिक परिवेश की पृष्ठभूमि अत्यंत उच्च कोटि की प्रस्तुत की है। विभीषण के आने पर राम सबसे सम्मति माँगते हैं। सुग्रीव कहते हैं - "यह शत्रु का ही भाई है। पता नहीं क्यों अब अकस्मात् हमारी सेना में प्रवेश पाना चाहता है ? प्रकृति से राक्षस है, इसका क्या विश्वास ?" अंगद ने भी प्रायः ऐसी ही बात कही। जाम्बवन्त ने कहा - "हमें भी इसको अदेश काल में आया देख बड़ी शंका हो रही है।" गुप्तचर छोड़ाने का सुझाव आया। प्रश्न-प्रतिप्रश्न किये जायं, जिसके उत्तर से भाव जान लिये जायंगे, ऐसा भी मत व्यक्त किया गया राम के समक्ष। इन सभी सुझावों और मतों पर अपनी प्रतिक्रिया व्यक्त करते हनुमान खण्डन करते हुए कहा - "प्रभो! आपके समक्ष बृहस्पति का भाषण भी तुच्छ है, पर आपकी आज्ञा शिरोधार्य है। मैं विवाद, तर्क, स्पर्धा आदि के कारण नहीं, कार्य की गुरुता के कारण कुछ निवेदन करना चाहता हूँ। आपके मन्त्रियों में से कुछ ने विभीषण के पीछे गुप्तचर लगाने कि राय दी है। गुप्तचर तो दूर रहने वाले तथा 'अदृष्ट अज्ञातवृत्त' व्यक्ति के पीछे लगाया जाता है। यह तो प्रत्यक्ष ही सामने है। अपना नाम काम भी स्वयं ही कह रहा है। यहां गुप्तचर का क्या उपयोग ? कुछ लोगों ने

कहा है कि 'यह अदेश काल में आया है किंतु मुझे तो लगता है कि यही इसके आने का देशकाल है। आपके द्वारा बाली को मारा गया और सुग्रीव को अभिषिक्त सुनकर आपके परम शत्रु तथा बाली के मित्र रावण के संहार के लिये ही आया है। इससे प्रश्न करने की बात भी दोषयुक्त दीखती है क्योंकि उससे इसके मैत्री भाव में बाधा पहुँचेगी और यह मित्र दूषित करने का कार्य हो जायगा। यों तो आप कुछ भी बात करते समय इसके स्वर भेद, आकार, मुखविक्रिया आदि से इसकी मनःस्थिति भाँप ही लेंगे। मैंने अपनी तुच्छ बुद्धि के अनुसार यह कुछ निवेदन किया, प्रमाण तो स्वयं आप ही हैं।"

राम की नीति, उत्तम विचार, दिव्य दृष्टिकोण, तथ्यों को आत्मसात करने की क्षमता, साधुता, सद्गुण सम्पन्नता सर्वश्रेष्ठ है। इस विलक्षणता में लक्ष्मण भी कम नहीं हैं। वस्तुतः महर्षि वाल्मीकि ने तत्कालीन विचार शक्ति के अनुपम उदाहरण प्रस्तुत किए हैं।

*

अध्याय - 2

राम और अयोध्या

अयोध्या में भारतीय पुरातत्व सर्वेक्षण विभाग द्वारा उत्खनन में प्राप्त प्राचीन अवशेष

राम का जन्म अयोध्या में हुआ। हम सभी जानते हैं। आज अयोध्या में भव्य राम मंदिर का निर्माण किया जा रहा है। संभवतः पुस्तक के प्रकाशित होने तक मंदिर दर्शनार्थ खोल दिया जाए। राम एक ऐतिहासिक महापुरुष थे। इसके पर्याप्त प्रमाण हैं। महर्षि वाल्मीकि कृत रामायण की प्राचीनता ज्ञात नहीं है लेकिन नवीनतम शोध बताते हैं कि राम का जन्म आज से 7128 वर्ष पूर्व अर्थात 5114 ईस्वी पूर्व में वर्तमान उत्तर प्रदेश के अयोध्या नगर में हुआ था। अयोध्या सनातन धर्म का प्राचीन पवित्र तीर्थ माना जाता है। पौराणिक ग्रंथों में वर्णित सात पवित्र तीर्थस्थलों में से यह एक है। महर्षि वाल्मीकि कृत रामायण के अनुसार सरयू नदी के तट पर अवस्थित अयोध्या नगर को 'मनु' ने बसाया था।

राम का बचपन

बचपन से ही राम सबके प्रिय थे। उन्होंने अपना बचपन तीनों माताओं और पिता दशरथ की गोद में व्यतीत किया। बाल्यावस्था के बाद जब बालक राम ने अपने पैरों पर

चलना शुरू किया तो वह अपने तीनों छोटे भाइयों के साथ खेलते। इनके साथ इनकी बहन भी खेल में शामिल हो जाती। राजप्रासाद में राम खूब अटखेलियां करते। राजप्रासाद के सभी कर्मचारी पांचों भाई बहनों का ध्यान रखते। आज एक भजन अत्यंत लोकप्रिय है - *ठुमक चलत रामचंद्र बाजत पायलिया*...।

राम की किशोरावस्था

लक्ष्मण राम से बहुत प्रेम करते थे। बचपन से ही राम और लक्ष्मण साथ-साथ रहे। बचपन से ही राम और लक्ष्मण साथ-साथ भोजन करते थे। राम लक्ष्मण को अपने भोजन में से लक्ष्मण को दिए बिना भोजन नहीं करते थे (वाल्मीकि रामायण, बालकाण्ड 18/30)। किशोरावस्था से ही राम ने क्षत्रिय कार्यों में रुचि लेनी शुरू कर दी थी। राम घोड़े पर सवार होकर शिकार करने के लिए जाते तब लक्ष्मण सुरक्षार्थ सदैव साथ रहते (वाल्मीकि रामायण, बालकाण्ड 18/31)।

उपनयन संस्कार

राम की शिक्षा ऋषि वशिष्ठ के आश्रम में ही हुई थी। उस युग का एक और प्रसिद्ध आश्रम प्रयाग में भारद्वाज मुनि का था। वाल्मीकि कृत रामायण में उल्लेख मिलता है कि ऋषि वशिष्ठ के राज्य में एक बड़ा आश्रम था। यहीं पर राजा दिलीप तपस्या करने गए थे। इसके अलावा प्रसिद्ध विश्वामित्र को भी वशिष्ठ के आश्रम में ब्रह्मत्व की प्राप्ति हुई थी। रामायण काल में छात्रों को उनके वर्ण के आधार पर एक विशिष्ट चरण में गुरुकुल में प्रवेश दिया जाता था। ब्राह्मण को 6 वर्ष की अवस्था में, क्षत्रिय को 8 वर्ष की अवस्था में और वैश्य छात्रों को 11 वर्ष की आयु में गुरुकुल में प्रवेश दिए जाने की व्यवस्था थी। उस काल में इसे यज्ञोपवीत, उपनयन या उपवीत कहा जाता था। छात्रों को प्रवेश की अनुमति देने से पंहले यज्ञ अनुष्ठान किए जाते थे। वे अपने गुरु के पास बैठते थे और ब्रह्मचारी के रूप में अध्ययन करते थे। गुरु का यह कर्तव्य था कि वह अपने शिष्य को सभी बौद्धिक संस्कारों, शास्त्रों और सभी उपयोगी अनुशासनों के बारे में ज्ञान प्रदान करे।

गुरुकुल में शास्त्रों की शिक्षा के साथ सभी विद्यार्थियों से कठोर कार्य करवाए जाते थे। जंगल से लकड़ियाँ लाना। आश्रम की साफ सफाई करना। सभी विद्यार्थियों द्वारा मिलकर दैनिक कार्य पूरे करना। भूमि पर सोना। सादा भोजन करना आदि। विद्यार्थियों के साथ कोई भेदभाव नहीं किया जाता था। राजपुत्र हो या सामान्य जनपुत्र सभी को आश्रम के विधि-विधान के अनुसार ही कार्य करने होते थे।

गुरुकुल में केवल अकादमिक शिक्षा पर ही ध्यान केंद्रित नहीं किया जाता बल्कि अनुशासन, नैतिक आचरण और आत्म-नियंत्रण के मूल्यों को भी स्थापित किया। राम ने इन गुणों को गहराई से आत्मसात कर उन्हें अपने चरित्र का अभिन्न अंग बना लिया।

राम का गुरुकुल जीवन समग्र शिक्षा के महत्व पर एक गहन सबक है। जिसमें न केवल शैक्षणिक ज्ञान बल्कि नैतिक मूल्य, चरित्र विकास और समाज के लिए निस्वार्थ सेवा भी शामिल है। राम आश्रम में विद्या प्राप्त करने के लिए गए। उन्होंने अल्प समय में सभी विद्याएं सीख ली। राम ने गुरुकुल में रहने के लिए शाही महल की सुख-सुविधाएँ छोड़ दीं। गुरुकुल प्रकृति की शांत सुंदरता के बीच स्थित था, जो सीखने और आध्यात्मिक विकास के लिए एक आदर्श वातावरण प्रदान करता था। ऋषि वामदेव के मार्गदर्शन में, राम ने अपने भाईयों के साथ वेदों, शास्त्रों और अन्य पवित्र ग्रंथों का परिश्रमपूर्वक अध्ययन किया। उन्होंने जीवन में ज्ञान के गहन महत्व को पहचानते हुए प्रत्येक पाठ को विनम्रता और श्रद्धा के साथ अपनाया। नियमित शिक्षा के अतिरिक्त राम ने गुरुकुल जीवन में युद्ध कला और तीरंदाजी में पारंगत हुए। राम अपने युद्ध कौशल में वैविध्यता लाकर एक दुर्जेय योद्धा बने।

किसी भी विद्यार्थी की भांति राम का गुरुकुल जीवन परिवर्तन का काल था। जहाँ वह एक जिज्ञासु युवा राजकुमार से एक बुद्धिमान और गुणी व्यक्ति के रूप में विकसित हुए। गुरुकुल में उनकी शिक्षा ने धर्म के अवतार और आदर्श शासक के रूप में उनके चरित्र की आधारशिला रखी।

गुरुकुल में राम ने सभी परिक्षाओं और परीक्षणों का सरलतापूर्वक उत्कृष्ट प्रदर्शन कर सदैव अग्रणी रहे। सत्य, निष्ठा, नैतिकता, सेवा भाव, धार्मिक प्रतिबद्धता, प्रकृति प्रेमी, पारिवारिक निष्ठा, प्रजा हित सर्वोपरि, राजनीति, युद्ध कौशल और परिवारवाद की शिक्षा ने उन्हें एक असाधारण छात्र बना दिया था। उनके शिक्षकों से उन्हें भरपूर प्यार मिला।

राजमहल लौटने के बाद गुरुकुल के दिनों में सीखी गई शिक्षाएँ और मूल्य राम के हृदय में अंकित रहे। अपने पूरे जीवन में, उन्होंने सत्य, करुणा और न्याय के सिद्धांतों को बरकरार रखा और पूरी मानवता के लिए एक असाधारण उदाहरण स्थापित किया।

राम की यौवनावस्था

राम के उपनयन संस्कार के बाद उनके शौर्य, पराक्रम, साहस और वीरता का गुणगान अयोध्या के घरों से निकल कर दूर-दूर तक होने लगा था। संभवतः इसी गुणगान को ज्ञात कर महर्षि विश्वामित्र राजा दशरथ की राजसभा में उपस्थित हुए। महाराज दशरथ ने महर्षि का हार्दिक स्वागत किया। महर्षि विश्वामित्र सिद्धि के लिए अनुष्ठान कर रहे थे। मारीच और सुबाहु नामक दो राक्षसों ने उनके यज्ञ में रक्त एवं मांस की वर्षा कर विघ्न उत्पन्न कर उत्पात

मचा रहे थे। इस कारण से महर्षि विश्वामित्र को अपना यज्ञ रोकना पड़ा। उन दोनों राक्षसों के मर्दन हेतु महर्षि विश्वामित्र ने राजा दशरथ से राम को अपने आश्रम ले जाने की अनुमति मांगी। यह सुनकर राजा दशरथ विचलित हो गए। वह राम को भेजने के पक्ष में नहीं थे। राम की अवस्था उस समय मात्र सोलह वर्ष थी (वाल्मीकि कृत रामायण, बालकाण्ड, 20/2)। राजा दशरथ ने राम के स्थान पर कुशल सैनिकों को भेजने का प्रस्ताव महर्षि विश्वामित्र के समक्ष रखा। यह सुनकर विश्वामित्र क्रोधित हो गए (वाल्मीकि कृत रामायण,बालकाण्ड, 20/20)। महर्षि वशिष्ठ के समझाने पर दशरथ राम को महर्षि विश्वामित्र के साथ भेजने के लिए तैयार हुए (वाल्मीकि कृत रामायण,बालकाण्ड, 21/5-10)। दशरथ ने राम को महर्षि विश्वामित्र के साथ जाने की अनुमति प्रदान कर दी। राम के साथ लक्ष्मण भी चले। महर्षि विश्वामित्र दोनों भाईयों को लेकर आश्रम पहुंच गए। राजा दशरथ से महर्षि विश्वामित्र राम और लक्ष्मण को अपने आश्रम इस उद्देश्य से लेकर गये ताकि तत्कालीन समय में महर्षियों एवं ऋर्षियों के यज्ञ में विध्न उत्पन्न करने वाले आतंकियों को समाप्त किया जा सके। महर्षि विश्वामित्र आश्रम मार्ग का विश्लेषण अन्य अध्याय में विस्तारपूर्वक किया गया है।

राम का चरित्र

इतिहास में अनेक सिद्ध पुरुषों का नाम राम मिलता है। परशुराम उनमें प्रमुख हैं। इनके अलावा भी अनेक विभूतियां हैं। वाल्मीकि कृत रामायण के राम को सनातन धर्म में सर्वोच्च स्थान दिया गया है। भगवान शंकर भी राम का ध्यान करते हैं। हनुमान जी राम के परम भक्त हैं। श्री सांई बाबा के नाम के आगे 'राम' ही लिखा जाता है।

राम : पुत्र

राम राजा दशरथ के बड़े पुत्र थे। परंपरा के अनुसार राजा दशरथ के बाद उन्हें अयोध्या का युवराज बनाया था। लेकिन रानी कैकेयी को दिए वचन को पूरा करने के लिए राजा दशरथ ने राम को 14 वर्ष का वनवास दे दिया। राम ने एक आज्ञाकारी पुत्र होने के नाते उसे स्वीकार कर अपने पिता की आज्ञा का पालन किया। वह पत्नी सीता और भाई लक्ष्मण के साथ वनवास चले गए।

राम : संन्यासी

राम ने 14 साल वनवास में एक संन्यासी की भांति ही बिताए। अपनी पत्नी सीता और भाई लक्ष्मण के साथ वन में रहे। इस दौरान उन्हें अनेक कठिनाइयों का सामना सफलतापूर्वक किया। अयोध्या वापस लौटने पर सीता को त्यागने के बाद राजा होते हुए भी उन्होंने संन्यासी की भांति जीवन बिताया।

राम : राजा

राजा को अनेक प्राचीन ग्रन्थों में राज्य का भगवान कहा गया है। राज्यवासियों के लिए खाद्यान्न सहित सुख-दुख और जीवन-मरण राजा के हाथों में होता है। एक राजा के अंदर दया, क्षमा, उदारता एवं करुणा आदि के भाव होने चाहिए। राजा को न्याय प्रिय होना चाहिए। राजा का न्याय पक्षपात से रहित हो। राजा को वचन और कर्तव्यों का पालन करना चाहिए। राम ने वनवास से वापस आने के उपरांत सत्ता का अधिग्रहण किया और वह आदर्श प्रस्तुत किया जो आज भी अनुकरणीय है। राम ने अपने वचन का पालन करते हुए अपने प्राण से प्रिय भाई लक्ष्मण को मृत्युदंड का आदेश दे दिया था। अतः भगवान राजा के रूप आदर्श प्रस्तुत करते।

राम : भ्राता

राम अपने तीनों भाई और एक बहन से अगाध प्रेम करते थे। लक्ष्मण को वह वनवास के लिए ले जाने के पक्ष में नहीं थे। लक्ष्मण के विशेष आग्रह को वह अस्वीकार नहीं कर सके। भरत के विशेष आग्रह को अस्वीकार करते हुए उन्होंने कहा - "मैं पिता की आज्ञा भंग नहीं कर सकता। अतः मैं चौदह वर्ष से पूर्व अयोध्या वापस लौटने में असमर्थ हूँ। तुम जाओ वत्स! प्रजा का ध्यान रखो।"

राम : मित्र

सुग्रीव और विभीषण से मित्रता कर राम ने आजीवन उसको निभाया। सुग्रीव को न्याय दिलाने में अहम भूमिका निभाई। विभीषण को रावण वध के उपरांत राजा बनाया।

राम : शत्रु

राम उन सभी के शत्रु थे जो अनैतिक कार्य में लिप्त रहे। तत्कालीन समय में राम ने अनेक राक्षसों का वध करके आमजनों को सुखमय जीवन प्रदान किया। राम ने भयमुक्त समाज की कल्पना को साकार करने का प्रयास किया था।

राम : योद्धा

राम न केवल कुशल योद्धा थे बल्कि सभी को साथ लेकर चलने वाले थे। उन्होंने रावण के भाई विभीषण को भी युद्ध में अपने साथ किया। उनके युद्ध कौशल की वजह से लंका जाने के लिए वानर सेना ने पत्थरों का सेतु बना लिया था। एक कुशल योद्धा का पहला प्रदर्शन राम ने महर्षि विश्वामित्र के आश्रम में दिया। वहां उन्होंने मारीच और सुबाहु का मर्दन किया और आश्रम को राक्षसों से भयमुक्त कर दिया। लंकापति दशानन से युद्ध करते-करते राम थक गए।

ततो युद्धपरिश्रान्तं समरे चिन्तया स्थितम्।
रावणं चाग्रतो दृष्ट्वा युद्धाय समुपस्थितम्॥
दैवतैश्च समागम्य द्रष्टुमभ्यागतो रणम्।
उपगम्याब्रवीद् राममगस्त्यो भगवांस्तदा॥

(वाल्मीकि कृत रामायण, युद्ध काण्ड,105/1-2)

राम युद्ध से थककर चिन्ता करते हुए रणभूमि में खड़े थे। इतने में रावण भी युद्ध के लिये उनके सामने उपस्थित हो गया। यह देख अगस्त्य मुनि, जो देवताओं के साथ युद्ध देखने के लिये आये थे, राम के पास जाकर बोले-

राम राम महाबाहो शृणु गुह्यं सनातनम्।
येन सर्वानरीन् वत्स समरे विजयिष्यसे॥

(वाल्मीकि कृत रामायण, युद्ध काण्ड,105/3)

सबके हृदय में रमण करने वाले महाबाहो राम! यह सनातन गोपनीय स्तोत्र सुनो। वत्स! इसके जप से तुम युद्ध में अपने समस्त शत्रुओं पर विजय पा जाओगे।

आदित्यहृदयं पुण्यं सर्वशत्रुविनाशनम्।
जयावहं जपं नित्यमक्षयं परमं शिवम्॥
सर्वमङ्गलमाङ्गल्यं सर्वपापप्रणाशनम्।
चिन्ताशोकप्रशमनमायुर्वर्धनमुत्तमम्॥

(वाल्मीकि कृत रामायण, युद्ध काण्ड,105/4-5)

इस गोपनीय स्तोत्र का नाम है 'आदित्यहृदय।' यह परम पवित्र और सम्पूर्ण शत्रुओं का नाश करने वाला है । इसके जप से सदा विजय की प्राप्ति होती है। यह नित्य अक्षय और परम कल्याणमय स्तोत्र है। सम्पूर्ण मङ्गलों का भी मङ्गल है। इससे सब पापों का नाश हो जाता है। यह चिन्ता और शोक को मिटाने तथा आयु को बढ़ाने वाला उत्तम साधन है।

महर्षि अगस्त्य ने राम को जो 'आदित्यहृदय' नामक स्रोत दिया था वह निम्नलिखित है। आज भी यह स्रोत प्रभावशाली है। 'आदित्यहृदय' नामक स्तोत्र का विनियोग एवं न्यास विधि इस प्रकार है

विनियोग

ॐ अस्य आदित्यहृदयस्तोत्रस्यागस्त्यऋषिरनुष्टुप्छन्दः, आदित्यहृदयभूतो भगवान् ब्रह्मा देवता निरस्ताशेषविघ्नतया ब्रह्मविद्यासिद्धौ सर्वत्र जयसिद्धौ च विनियोगः।

ऋष्यादिन्यास

ॐ अगस्त्यऋषये नमः, शिरसि। अनुष्टुप्छन्दसे नमः, मुखे। आदित्यहृदयभूतब्रह्मदेवतायै नमः, हृदि। ॐ बीजाय नमः, गुह्ये। रश्मिमते शक्तये नमः, पादयोः।

ॐ तत्सवितुरित्यादिगायत्रीकीलकाय नमः, नाभौ।

करन्यास

इस स्तोत्र के अंगन्यास और करन्यास तीन प्रकार से किये जाते हैं। प्रणव से, गायत्री मन्त्र से अथवा 'रश्मिमते नमः' इत्यादि छः नाम मन्त्रों से। यहाँ नाम-मन्त्रों से किए जाने वाले न्यास का प्रकार बताया जाता है :-

ॐ रश्मिमते अङ्गुष्ठाभ्यां नमः। ॐ समुद्यते तर्जनीभ्यां नमः। ॐ देवासुरनमस्कृताय मध्यमाभ्यां नमः। ॐ विवस्वते अनामिकाभ्यां नमः। ॐ भास्कराय कनिष्ठिकाभ्यां नमः। ॐ भुवनेश्वराय करतलकरपृष्ठाभ्यां नमः।

यदि अङ्गन्यास

ॐ रश्मिमते हृदयाय नमः। ॐ समुद्यते शिरसे स्वाहा। ॐ देवासुरनमस्कृताय शिखायै वषट्। ॐ विवस्वते कवचाय हुम्। ॐ भास्कराय नेत्रत्रयाय वौषट्। ॐ भुवनेश्वराय अस्त्राय फट्।

इस प्रकार न्यास करके निम्नांकित मन्त्र से भगवान् सूर्य का ध्यान एवं नमस्कार करना चाहिए।

ॐ भूर्भुवः स्वः तत्सवितुर्वरेण्यं भर्गो देवस्य धीमहि धियो यो नः प्रचोदयात् ।

तत्पश्चात् 'आदित्यहृदय' स्तोत्रका पाठ करना चाहिये।

आदित्य-हृदय स्तोत्र

ततो युद्धपरिश्रान्तं समरे चिन्तया स्थितम् ।
रावणं चाग्रतो दृष्ट्वा युद्धाय समुपस्थितम् ॥1॥
दैवतैश्च समागम्य द्रष्टुमभ्यागतो रणम् ।
उपगम्याब्रवीद् राममगस्त्यो भगवांस्तदा ॥2॥
राम राम महाबाहो श्रृणु गुह्यं सनातनम् ।
येन सर्वानरीन् वत्स समरे विजयिष्यसे ॥3॥
आदित्यहृदयं पुण्यं सर्वशत्रुविनाशनम् ।
जयावहं जपं नित्यमक्षयं परमं शिवम् ॥4॥

सर्वमंगलमांगल्यं सर्वपापप्रणाशनम् ।
चिन्ताशोकप्रशमनमायुर्वर्धैनमुत्तमम् ॥5॥
रश्मिमन्तं समुद्यन्तं देवासुरनमस्कृतम् ।
पूजयस्व विवस्वन्तं भास्करं भुवनेश्वरम् ॥6॥
सर्वदेवतामको ह्येष तेजस्वी रश्मिभावनः ।
एष देवासुरगणाँल्लोकान् पाति गभस्तिभिः ॥7॥
एष ब्रह्मा च विष्णुश्च शिवः स्कन्दः प्रजापतिः ।
महेन्द्रो धनदः कालो यमः सोमो ह्यपां पतिः ॥8॥
पितरो वसवः साध्या अश्विनौ मरुतो मनुः ।
वायुर्वन्हिः प्रजाः प्राण ऋतुकर्ता प्रभाकरः ॥9॥
आदित्यः सविता सूर्यः खगः पूषा गर्भास्तिमान् ।
सुवर्णसदृशो भानुहिरण्यरेता दिवाकरः ॥10॥
हरिदश्वः सहस्रार्चिः सप्तसप्तिर्मरीचिमान् ।
तिमिरोन्मथनः शम्भूस्त्ष्टा मार्तण्डकोंऽशुमान् ॥11॥
हिरण्यगर्भः शिशिरस्तपनोऽहरकरो रविः ।
अग्निगर्भोऽदितेः पुत्रः शंखः शिशिरनाशनः ॥12॥
व्योमनाथस्तमोभेदी ऋम्यजुःसामपारगः ।
घनवृष्टिरपां मित्रो विन्ध्यवीथीप्लवंगमः ॥13॥
आतपी मण्डली मृत्युः पिंगलः सर्वतापनः ।
कविर्विश्वो महातेजा रक्तः सर्वभवोदभवः ॥14॥
नक्षत्रग्रहताराणामधिपो विश्वभावनः ।
तेजसामपि तेजस्वी द्वादशात्मन् नमोऽस्तु ते ॥15॥
नमः पूर्वाय गिरये पश्चिमायाद्रये नमः ।
ज्योतिर्गणानां पतये दिनाधिपतये नमः ॥16॥
जयाय जयभद्राय हर्यश्वाय नमो नमः ।
नमो नमः सहस्रांशो आदित्याय नमो नमः ॥17॥
नम उग्राय वीराय सारंगाय नमो नमः ।
नमः पद्मप्रबोधाय प्रचण्डाय नमोऽस्तु ते ॥18॥
ब्रह्मेशानाच्युतेशाय सूरायदित्यवर्चसे ।
भास्वते सर्वभक्षाय रौद्राय वपुषे नमः ॥19॥

तमोघ्नाय हिमघ्नाय शत्रुघ्नायामितात्मने ।
कृतघ्नघ्नाय देवाय ज्योतिषां पतये नमः ॥20॥
तप्तचामीकराभाय हरये विश्वकर्मणे ।
नमस्तमोऽभिनिघ्नाय रुचये लोकसाक्षिणे ॥21॥
नाशयत्येष वै भूतं तमेव सृजति प्रभुः ।
पायत्येष तपत्येष वर्षत्येष गभस्तिभिः ॥22॥
एष सुप्तेषु जागर्ति भूतेषु परिनिष्ठितः ।
एष चैवाग्निहोत्रं च फलं चैवाग्निहोत्रिणाम् ॥23 ॥
देवाश्च क्रतवश्चैव क्रतूनां फलमेव च ।
यानि कृत्यानि लोकेषु सर्वेषु परमप्रभुः ॥24॥
एनमापत्सु कृच्छ्रेषु कान्तारेषु भयेषु च ।
कीर्तयन् पुरुषः कश्चिन्नावसीदति राघव ॥25॥
पूजयस्वैनमेकाग्रो देवदेवं जगत्पतिम् ।
एतत् त्रिगुणितं जप्तवा युद्धेषु विजयिष्ति ॥26॥
अस्मिन् क्षणे महाबाहो रावणं त्वं जहिष्यसि ।
एवमुक्त्वा ततोऽगस्त्यो जगाम स यथागतम् ॥27॥
एतच्छ्रुत्वा महातेजा, नष्टशोकोऽभवत् तदा ।
धारयामास सुप्रीतो राघवः प्रयतात्मवान् ॥28॥
आदित्यं प्रेक्ष्य जप्त्वेदं परं हर्षमवाप्तवान् ।
त्रिराचम्य शुचिर्भूत्वा धनुरादाय वीर्यवान् ॥29॥
रावणं प्रेक्ष्य हृष्टात्मा जयार्थे समुपागमत् ।
सर्वयत्नेन महता वृतस्तस्य वधेऽभवत् ॥30॥
अथ रविरवदन्निरीक्ष्य रामं मुदितनाः परमं प्रहृष्यमाणः ।
निशिचरपतिसंक्षयं विदित्वा सुरगणमध्यगतो वचस्त्वरेति ॥31॥

इसके पश्चात राम ने दशानन का वध कर विजय प्राप्त की।

ऐसा माना जाता है कि वर्तमान में आदित्य हृदय स्तोत्र का पाठ नौकरी में पदोन्नति, धन प्राप्ति, प्रसन्नता, आत्मविश्वास के साथ-साथ समस्त कार्यों में सफलता पाने तथा मनोकामना सिद्ध करने में सहायक सिद्ध होता है।

*

अध्याय - 3

राम : जन्म तिथि

अयोध्या में भारतीय पुरातत्व सर्वेक्षण विभाग द्वारा उत्खनन में प्राप्त प्राचीन अवशेष

अति प्राचीन काल से ही राम की कथा भारतीय संस्कृति में ही नहीं अपितु सातों महाद्वीपों में रची बसी है। राम का चरित्र लोगों को सही राह पर चलने की शिक्षा देता आ रहा है। पाश्चात्य इतिहासकारों और विद्वानों का एक वर्ग राम कथा कल्पना मात्र मानता हैं। इसके अनेक कारण हैं। हम यहां उसकी व्याख्या नहीं करेंगे क्योंकि यह विषय एक पुस्तक-विशेष का विषय है। पाश्चात्य इतिहासकार, विचारक और विद्वान कहते हैं कि हमारे पास भगवान राम के सच होने का क्या प्रमाण है ? वस्तुत: रामायण और राम काल्पनिक नहीं हैं। आज इसके पुरातात्विक साक्ष्य उपलब्ध हैं।

ऐसा माना जाता है कि ऋग्दवेद का काल में ही महर्षि वाल्मिकी ने रामायण की रचना की। दिल्ली में स्थित इंस्टीट्यूट ऑफ साइंटिफिक रिसर्च ऑन वेदा यानि आई सर्व ने लंबे वैज्ञानिक शोध के बाद राम के अस्तित्व का दावा किया है। आई सर्व ने आधुनिक विज्ञान से जुड़ी 9 विधाओं, अंतरिक्ष विज्ञान, जेनेटिक्स, जियोलॉजी, एर्कियोलॉजी और स्पेस इमेजरी पर आधारित रिसर्च के आधार पर यह सिद्ध किया है। भारत में विगत 10 हजार साल से सभ्यता लगातार विकसित हो रही है। वेद और रामायण में विभिन्न आकाशीय और खगोलीय स्थीतियों का उल्लेख मिलता है। जिसे आधुनिक विज्ञान की मदद से 9 हजार साल ईसा पूर्व से लेकर 7 हजार साल ईसा पूर्व तक प्रमाणिक तरीके से क्रमानुसार सिद्ध किया गया है।

आई सर्व की निदेशक सरोज बाला के अनुसार - "एक उल्लेख मिलता है राम के जन्म से 2 वर्ष पूर्व कि दशरथ ने पुत्रेश्रेष्ठी यज्ञ किया था। तब से लेकर हनुमान के सीता से मिलने तक लगभग 25 के आस-पास आकाशीय दृश्य हू-ब-हू मिलते हैं। एस्ट्रोनॉमिकल साक्ष्य है कि जो आज है, जो आज नक्षत्र हैं वह 25600 साल में पुनः नहीं होंगे, हमने भी इसका मूल्यांकन किया कि किसी और दिन तो नहीं है। इसमें वास्तविक सच्चाई है। हमने मूल्यांकित किया और रिकॉर्ड किया।" अब प्रश्न यह है कि क्या हजारों साल पहले के चांद-तारों और नक्षत्रों की स्थितियों को बताने वाले प्लैनेटेरियम सॉफ्टवेयर और रामायण से लेकर वेदों में उल्लिखित नक्षत्रों की स्थिति का तुलनात्मक अध्ययन करके यह सिद्ध किया जा सकता है कि राम की जन्म तिथि क्या है ? रावण वध किस तिथि को हुआ ? राम के राज्याभिषेक की तिथि क्या है ? आई सर्व का शोध ऐसे अनेक प्रश्नों का उत्तर 'हां' में देता है।

वाल्मीकि कृत रामायण में रामकथा से संबंधित खगोलीय स्थितियों के साथ मिलान किया गया है। आज देश में चैत्र शुक्लपक्ष की नवमी को राम का जन्मदिन मनाया जाता है तो इसकी वजह भी रामायण में वर्णित तारों की स्थिति ही है। वाल्मीकि कृत रामायण में भगवान राम के जन्म का क्या वर्णन है कि :-

ततो यज्ञे समाप्ते तु ऋतुना षट् समत्युयः।
ततश्च द्वादशे मासे चैत्रे नावमिके तिथौ॥
नक्षत्रेऽदितिदैवत्ये स्वोच्चसंस्थेषु पंचसु।
ग्रहेषु कर्कटे लग्ने वाक्पताविन्दुना सह॥
प्रोद्यमाने जनन्नाथं सर्वलोकनमस्कृतम्।
कौसल्याजयद् रामं दिव्यलक्षसंयुतम्॥

(वाल्मीकि कृत रामायण, बालकाण्ड, 18/8-10)

अर्थात, चैत्र मास के शुक्लपक्ष की नवमी तिथी को पुनर्वसु नक्षत्र और कर्क लग्न में कौशल्यादेवी ने दिव्य लक्षणों से युक्त सर्वलोकवन्दित राम को जन्म दिया। यानि जिस दिन राम का जन्म हुआ उस दिन अयोध्या के ऊपर तारों की सारी स्थिति का उल्लेख है।

रामायण में वर्णित नक्षत्रों की इस स्थिति को नासा द्वारा इस्तेमाल किए जाने वाले सॉफ्टवेयर प्लैनेटेरियम गोल्ड में उस वक्त की सितारों की स्थिती से मिलान और तुलना की गई। इस कंम्प्यूट्रीकृत शोध के उपरांत जो परिणाम प्राप्त हुआ उसके अनुसार- "सूर्य मेष राशि में उच्च स्थान पर है। शुक्र मीन राशि में उच्च स्थान पर उपस्थित है। मंगल मकर राशि में उच्च स्थान पर है। शनि तुला राशि में उच्च स्थान पर है। बृहस्पति कर्क राशि में उच्च स्थान पर मौजूद है। कर्क लगन है। पुनर्वसु के पास चन्द्रमा मिथुन से कर्क राशि की ओर बढ़ता हुआ दृष्टिगोचर होता है।" अतः वाल्मीकि कृत रामायण में राम के जन्म के समय ग्रह-नक्षत्रों की स्थिति का सॉफ्टवेयर से मिलान करने पर राम के जन्म की तिथि वर्तमान कैलेंडर में 10 जनवरी, 5114 ईसा पूर्व निर्धारित हुई। इसका अभिप्राय यह हुआ कि उस तिथि को दोपहर 12 बजे अयोध्या के आकाश पर सितारों की स्थिति वाल्मीकि कृत रामायण और सॉफ्टवेयर दोनों में एक जैसी है। इस शोध से यह स्पष्ट हुआ कि राम का जन्म 10 जनवरी, 5114 ईसा पूर्व को हुआ। 5114 ईसा पूर्व में वर्तमान के 2023 वर्ष और जोड़ दिए जाएं तो यह मूल रूप से 7137 ईसा पूर्व का समय निर्धारित होता है। अब एक और प्रश्न यहां उत्पन्न होता है कि क्या सिंधु घाटी सभ्यता के आस-पास राम का अस्तित्व था ? इस प्रसंग पर आगे विमर्श करेंगे।

राम के भाई भरत का जन्म पुष्प नक्षत्र तथा मीन लग्न में 11 जनवरी, 5114 ईसा पूर्व को सुबह चार बजे हुआ। लक्ष्मण और शत्रुघ्न का जन्म अश्लेषा नक्षत्र एंव कर्क लग्न में 11 जनवरी, 5114 ईसा पूर्व को 11 बज कर 30 मिनट पर हुआ।

आई सर्व की निदेशक सरोज बाला के अनुसार- "वाल्मीकि रामायण में वर्णित है कि दशरथ कहते हैं - 'मेरी राशि नीची है, तो कल राम को राजा बना दो।' 5 जनवरी, ईसा पूर्व वही राशियां हैं। यह स्थिति 4 जनवरी, 5089 ईसा पूर्व को चैत्र पक्ष शुक्ल नवमी की थी।" सबको ज्ञात है कि उसी समय राम वनवास गए थे। अयोध्या का अक्षांश-देशांस वही थे। इसी आधार पर राम के वनवास की तारीख 4 जनवरी, 5089 ईसा पूर्व आती है। इसके बाद ही राम वनवास के लिए चले गए।

अब हम अपने प्रश्न पर आते हैं कि क्या सिंधुघाटी सभ्यता के आस-पास राम का अस्तित्व था ?

वाल्मीकि कृत रामायण में अनेक प्रसंग ऐसे हैं जो राम के जीवन काल को सात हजार वर्ष से भी पहले ले जाते हैं। इस विषय पर एक बार पुनः शोध की आवश्यकता है। आधुनिक विज्ञान और अनुसंधान के अनुसार सिंधुघाटी सभ्यता का काल दस हजार वर्ष

पूर्व सिद्ध हो रहा है। अतः ऐसी स्थिति में राम की जन्म तिथि का मूल्यांकन पुनः करने की आवश्यकता है।

पुनर्वसु नक्षत्र

27 नक्षत्र में सबसे उत्तम पुनर्वसु नक्षत्र माना गया है। इस नक्षत्र में राम ने जन्म लिया था। इस नक्षत्र में व्यक्ति के सामने कई कठिनाइयां आती हैं लेकिन व्यक्ति सभी से लड़कर आगे निकल जाता है और महायोद्धा कहलाता है।

वाल्मीकि कृत रामायण में वर्णन के अनुसार अयोध्या के सूर्यवंशी राजा दशरथ को तीन विवाह करने के बाद भी संतान प्राप्ति नहीं हुई। तदोपरांत एक महर्षि के दिशा-निर्देश पर सम्राट दशरथ ने पुत्रेष्टि यज्ञ किया। जिसके फलस्वरूप दरशथ के पुत्रों का जन्म हुआ। राम भाईयों में सबसे बड़े और अपनी बहन से छोटे थे। राम की सगी बहन शांता थी।

पौराणिक ग्रंथों में राम के विषय में वर्णन मिलता है कि वह त्रेता युग में थे। उन लेखकों का अनुमान है कि उनका काल लगभग 5,000 ईसा पूर्व था। अन्य शोधकर्ता राम को कुरु और वृष्णि नेताओं की पुन: सूचियों के आधार पर 1250 ईसा पूर्व के आस-पास रहने के लिए अधिक उपयुक्त स्थान देते हैं। भारतीय पुरातत्वविद हंसमुख धीरजलाल सांकलिया के अनुसार- "जो प्रोटो और प्राचीन भारतीय इतिहास में विशिष्ट है, यह सब शुद्ध अटकलें हैं।"

राम के महाकाव्य का रचनाकाल

रामायण अपने वर्तमान रूप में आमतौर पर 7वीं और चौथी शताब्दी ईसा पूर्व के बीच की है। ऑक्सफोर्ड विश्वविद्यालय में संस्कृत के एक प्रोफेसर जॉन ब्रॉकिंगटन के अनुसार- "रामायण पर उनके प्रकाशनों के लिए जाना जाता है। मूल पाठ संभवतः अधिक प्राचीन काल में मौखिक रूप से रचित और प्रसारित किया गया था।" आधुनिक विद्वानों ने एक सहस्त्राब्दी ईसा पूर्व में विभिन्न शताब्दियों का सुझाव दिया है। ब्रॉकिंगटन के विचार में - "भाषा, शैली और काम की सामग्री के आधार पर लगभग पांचवीं शताब्दी ईसा पूर्व की तारीख सबसे अनुमानित अनुमान है।"

राम के जन्म पर शोध

राम के कथा से सम्बद्ध सर्वाधिक प्रमाणित ग्रन्थ आदिकाव्य महर्षि वाल्मीकि कृत रामायण में राम के जन्म के सम्बन्ध में निम्नलिखित वर्णन उपलब्ध है :-

चैत्रे नावमिके तिथौ।।
नक्षत्रेऽदितिदैवत्ये स्वोच्चसंस्थेषु पञ्चसु।
ग्रहेषु कर्कटे लग्ने वाक्पताविन्दुना सह।।

(वाल्मीकि कृत रामायण, बालकाण्ड, 18/8-9)

अर्थात, चैत्र मास की नवमी तिथि में पुनर्वसु नक्षत्र में, पांच ग्रहों के अपने उच्च स्थान में रहने पर तथा कर्क लग्न में चन्द्रमा के साथ बृहस्पति के स्थित होने पर राम का जन्म हुआ।

यहां केवल बृहस्पति तथा चन्द्रमा की स्थिति स्पष्ट होती है। बृहस्पति उच्चस्थ है तथा चन्द्रमा स्वगृही। आगे पन्द्रहवें श्लोक में सूर्य के उच्च होने का उल्लेख है। इस प्रकार बृहस्पति तथा सूर्य के उच्च होने का पता चल जाता है। बुध हमेशा सूर्य के पास ही रहता है। अतः सूर्य मेष राशि में उच्च स्थान पर होने पर बुद्ध का कन्या राशि उच्च स्थान पर होना असंभव है। इस प्रकार उच्च होने के लिए बचते हैं शेष तीन ग्रह मंगल, शुक्र तथा शनि। इसी कारण से प्रायः सभी विद्वानों ने राम के जन्म के समय में सूर्य, मंगल, बृहस्पति, शुक्र तथा शनि को उच्च में स्थित माना है। एक शोध के अनुसार राशि चक्र नक्षत्रों और विषुवों की तुलना में ग्रहों और नक्षत्रों की समान स्थिति 25690 वर्षों में दोहराई नहीं गई है।

परम्परागत रूप से राम का जन्म त्रेता युग में माना जाता है। ब्राह्मण धर्मशास्त्रों में विशेषतः पौराणिक साहित्य में उपलब्ध आंकड़ों के अनुसार एक चतुर्युगी में 43,20,000 वर्ष माने जाते हैं। जिनमें कलियुग के 4,32,000 वर्ष तथा द्वापर के 8,64,000 वर्ष होते हैं। राम का जन्म त्रेता युग में अर्थात द्वापर युग से पहले हुआ था। कलियुग को प्रारंभ हुए अभी लगभग 5,500 वर्ष ही व्यतीत हुए हैं। ऐसा माना जाता है कि राम का जन्म त्रेतायुग के अंतिम चरण में हुआ था। धरती पर उनके विद्यमान रहने का समय परंपरागत रूप से 11,000 वर्ष माना गया है। अतः द्वापर युग के 8,64,000 वर्ष + राम की विद्यमान के 11,000 वर्ष + द्वापर युग के अंत से अब तक बीते 5,100 वर्ष = कुल 8, 80,100 वर्ष। अतएव परंपरागत रूप से राम का जन्म आज से लगभग 8, 80,100 वर्ष पहले माना जाना चाहिए।

मराठी शोधकर्ता विद्वान डॉ. पद्माकर विष्णु वर्तक ने प्रथम दृष्टया इस समय को संभाव्य माना है। उनका कहना है कि वाल्मीकि कृत रामायण में एक स्थल पर विन्ध्याचल तथा हिमालय की ऊंचाई को समान बताया गया है। विन्ध्याचल की ऊंचाई 5,000 फीट है। यह प्रायः स्थिर है। जबकि हिमालय की ऊंचाई वर्तमान में 29,029 फीट है। यह निरंतर वर्धनशील है। दोनों पर्वतों की ऊंचाई का अंतर 24,029 फीट है। विशेषज्ञों की मान्यता के अनुसार हिमालय 100 वर्षों में 3 फीट बढ़ता है। अतः 24,029 फीट बढ़ने में हिमालय को करीब 8,01,000 वर्ष लगे होंगे। अतः वर्तमान से लगभग 8,01,000 वर्ष पहले हिमालय की ऊंचाई विन्ध्याचल के समान रही होगी। जिसका उल्लेख वाल्मीकी कृत रामायण में वर्तमान कालिक रूप में हुआ है। इस तरह डॉ. वर्तक को प्रथम दृष्टया यह समय संभव लगता है। उनका स्वयं मानना है कि वह किसी अन्य स्रोत से इस समय की पुष्टि नहीं कर सकते हैं। अपने ग्रंथ 'वास्तव रामायण' में डॉ वर्तक ने मुख्यतः ग्रह गतियों के आधार पर गणितीय गणना करके वाल्मीकी कृत रामायण में उल्लिखित ग्रह स्थिति के अनुसार राम

की वास्तविक जन्म-तिथि 4 दिसंबर, 7323 ईसा पूर्व को सुनिश्चित किया है। उनके अनुसार इसी तिथि को दिन में 1:30 से 3:00 बजे के बीच राम का जन्म हुआ होगा।

नासा अमेरिका एजेंसी के जैमिनि-11आकाश यान द्वारा वर्ष 2002 में एडम ब्रिज अर्थात वाल्मीकि कृत रामायण में वर्णित रामसेतु के लिए गए चित्रों के वैज्ञानिक विश्लेषण करने के उपरांत कहा गया था कि भारत तथा श्रीलंका को जोड़ने वाले इस सेतु के अवशेष मनुष्यों द्वारा निर्मित हैं। यह सेतु लगभग 17.5 लाख वर्ष पुराना हैं। नासा के वैज्ञानिकों द्वारा किए गए शोध, अनुसंधान, अन्वेषण और वैज्ञानिक मूल्यांकन के बाद वाल्मीकि कृत रामायण का काल साढ़े सत्रह लाख साल पुराना सिद्ध होता है।

खर-दूषण से युद्ध और सूर्य ग्रहण

महर्षि वाल्मीकि कृत रामायण में राम के वनवास के 13वें वर्ष के उत्तरार्ध में खर-दूषण से युद्ध के समय पड़ने वाले सूर्यग्रहण का उल्लेख है। वाल्मिकी ने यह भी उल्लेख किया है कि वह अमावस्या का दिन था और मंगल ग्रह मध्य में था।

रामायण में वर्णित अन्य ग्रहण

महर्षि वाल्मीकि कृत रामायण के किष्किंधा कांड में बाली वध वाले दिन सूर्य ग्रहण (4/15/3) का उल्लेख है। रामायण के सुंदरकांड में चंद्र ग्रहण का उल्लेख है। जब हनुमान ने अशोक वाटिका में सीता को देखा (5/19/14, 5/29/7, 5/35/87)।

अन्य महत्वपूर्ण तिथियाँ

वाल्मिकी कृत रामायण में हनुमान की श्रीलंका से समुद्र के बीच में सुनाभ पहाड़ी तक की वापसी यात्रा के दौरान आठ नक्षत्रों का ग्राफिक और काव्यात्मक विवरण है।

आधुनिक शोध के अनुसार महर्षि वाल्मिकी कृत रामायण के अन्य अध्यायों में वर्णित ग्रह विन्यास के आधार पर रावण के वध की तिथि 4 दिसंबर, 5076 ईसा पूर्व निकलती है। राम ने 2 जनवरी, 5075 ईसा पूर्व को 14 वर्ष का वनवास पूरा किया था और वह दिन चैत्र मास के शुक्ल पक्ष की नवमी थी। इस प्रकार राम 39 वर्ष (5114-5075) की आयु में अयोध्या वापस आये थे। यहां सबसे महत्वपूर्ण प्रश्न यह उठता है कि जब राम 14 वर्ष का वनवास समाप्त कर चैत्र मास के शुक्ल पक्ष की नवमी को अयोध्या वापस आए तो दीपावली का पर्व कार्तिक अमावस्या को क्यों मनाया जाता है ? इस प्रश्न पर सभी इतिहासकार, विद्वान, रामायण विशेषज्ञ, आधुनिक शोधकर्ता सर्वथा मौन रहते हैं। क्यों ? आज तक कोई नहीं जानता।

*

अध्याय - 4

राम का चरित्र

महर्षि वाल्मीकि कृत रामायण में महर्षि ने विषय वस्तु के साथ न्याय करते हुए सभी पात्रों के चरित्र का निष्पक्ष रूप से वर्णन किया है। इस अध्याय में राम के चरित्र को महर्षि वाल्मीकि के दृष्टिकोण से समझने का प्रयास करेंगे। श्रीमद्भगवद्गीता में एक श्लोक है कि श्रेष्ठ व्यक्ति जो आचरण करते हैं समाज उसका अनुसरण करता है। यथा -

यद्यदाचरति श्रेष्ठस्तत्तदेवेतरो जनः।
स यत्प्रमाणं कुरूते लोकस्तदनुवर्तते।।

(श्रीमद्भगवद्गीता, 3/21)

निसंदेह यह कथन त्रेतायुग के बहुत बाद द्वापर युग में वचन बना लेकिन इस कथन के पार्श्व में राम का चरित्र अत्यंत महत्वपूर्ण भूमिका अदा करता है। महर्षि वाल्मीकि ने रामायण में अनेक स्थानों पर राम की चरित्रगत व्याख्या की है।

स्नेहं दयां च सौख्यं च यदि वा जानकीमपि।
आराधनाय लोकानां मुञ्चतो नास्ति मे व्यथा।।

अर्थात, मैं अपने प्रजाजनों को प्रसन्न और संतुष्ट रखने के लिये स्नेह, दया, सौख्य अथवा प्राणाधि का जानकी का भी परित्याग कर सकता हूँ। यह सब करते हुए मुझे तनिक भी पीड़ा नहीं होगी। यह है महर्षि वाल्मीकि की महानता।

अयोध्या काण्ड के प्रथम सर्ग में वर्णित किया गया है कि जब राम के पास नारद आये तो उन्होंने उनके गुणगान करते हुये कहा :-

उवाच नारदं रामः प्रीत्या परमया युतः।
संसारिणां मुनिश्रेष्ठ दुर्लभं तव दर्शनम्।
अस्माकं विषयासत्कचेतसां नितरां मुने।।6।।
अवाप्तं मे पूर्वजन्मकृतपुण्यमहोदयैः।
संसारिणापि हि मुने लभ्यते सत्समागमः।।7।।

अर्थात, हे मुनिश्रेष्ठ! हम जैसे विषयासक्त संसारी मनुष्यों के लिये आपका दर्शन अत्यन्त दुर्लभ है। हे मुने! आज अपने पूर्वजन्म कृत पुण्य पुंज के उदय होने से ही मुझे

आपका दर्शन हुआ है क्योंकि हे मुने! पुण्योदय होने पर संसारी पुरुष को भी सत्संग प्राप्त हो जाता है। अतः हे मुनीश्वर! आज आपके दर्शन से ही मैं कृतार्थ हो गया। परशुरामजी से भेंट होती है तो परशुराम राम से क्रोधवश कहा :-

दण्डवत्प्रणिपत्याह पुत्रप्राणं प्रयच्छ मे।
इति ब्रुवन्तं राजानमनादृत्य रघूत्तमम्।।10।।
उवाच निष्ठुरं वाक्यं क्रोधात्प्रचलितेन्द्रियः।
त्वं राम इति नाम्ना मे चरसि क्षत्रियधर्मः।।11।।

अर्थात, यदि तू वास्तव में क्षत्रिय है तो मेरे साथ द्वन्द्व युद्ध कर। क्षत्रियधर्म! तू मेरे ही समान 'राम' नाम से विख्यात होकर पृथ्वी में विचरता, धनुष को तोड़कर व्यर्थ ही अपनी प्रशंसा कर रहा है ? अरे रघुकुलोत्पन्न! यदि तू इस वैष्णव धनुष पर रोंदा चढ़ा देगा तो मैं तेरे साथ युद्ध करूँगा। नहीं तो मैं अभी सबको मार डालूँगा क्योंकि क्षत्रियों का अन्त करना तो मेरा काम ही है।

परशुरामजी के ऐसा कहने पर पृथ्वी बारम्बार काँपने लगी और सबके नेत्रों के सामने अन्धकार छा गया। राम ने उत्तर दिया- "संत भी जब अहं में आ जाये, उसमें भी क्रोध पराकाष्ठा पर पहुंच जाये और वह विचारहीन हो जाये तब उसे किस तरह अपनी गलतियों का अहसास कराना चाहिये।" राम ने अगले ही पल परशुराम के हाथ से धनुष लिया और उस पर अनायास ही रोंदा चढ़ाकर दिखा दिया। जिसे देख भृगुनंदन परशुराम का मुख मलिन हो गया और अपनी गलती का उन्हें एहसास भी हो गया। तब परशुराम ने कहा :-

यथा जले फेनजालं धूमो वह्नौ तथा त्वयि।
त्वदाधारा त्वद्विशया माया कार्य सृजत्यहो।।32।।
यावन्मायावृत्ता लोकास्तावत्त्वां न विजानते।
टविचारितसिद्धैशाविद्या विद्याविरोधिनी।।33।।
अविद्याकृतदेहादिसंगते प्रतिबिम्बिता।
विच्छत्किर्जीवलोकेऽस्मिन् जीव इत्यभिधीयते।।34।।
यावद्देहमनः प्राणबुद्ध्यादिश्वभिमानवान्।
तावत्कर्तृत्वभोत्कृत्वसुखदुः खादिभाग्भवेत्।।35।।

मनुष्य जब तक माया से आवृत रहते हैं तब तक आपको नहीं जान सकते। विद्या की विरोधिनी यह अविद्या जब तक विचार नहीं किया जाता तभी तक रहती है। अविद्याजन्य देहादि संघातों में प्रतिबिम्बित हुई चित्-शक्ति ही इस जीव-लोक में 'जीव' कहलाती है। यह जीव जब तक देह, मन, प्राण और बुद्धि आदि में अभिमान करता है तभी तक कर्तव्य, भोत्कृत्व और सुख-दुःखादि को भोगता है।

यहाँ पर राम ने परशुराम के माध्यम से माया, मोह, कर्त्तव्य और भोग आदि के संबंध में समाज को उपदेश देने का कार्य किया।

अयोध्या काण्ड में राम और भरत का मिलाप के रघुनाथ जी ने जो वचन अपने पिता और माता कैकेई को दिया था उस वचन को उनके अनन्य भक्त भाई भरत को भी डिगा न सके। भरत ने जब कहा -

अहमप्यागमिष्यामि सेवे त्वां लक्ष्मणो यथा।
नोचेत्प्रायोपवेषेन त्यजाम्येतत्कलेवरम्।।39।।
इत्येवं निश्चयं कृत्वा दर्भानास्तीर्य चातपे।
मनसापि विनिश्चत्य प्रांगमुखोपविवेष सः।।40।।

अर्थात, मैं लक्ष्मण की तरह आपकी सेवा करने आऊंगा। यदि मैं ऐसा नहीं कर सका तो मैं उपवास करके इस शरीर को त्याग दूंगा।

ऐसा निश्चय करके लक्ष्मण ने घास बिछाई और घूमने लगा। मन में दृढ़ निश्चय करके वहीं ओर मुंह करके बैठ गया।

राम ने पिता की आज्ञा का पालन करते हुए अयोध्या वापस लौटने से मना कर देने पर भरत ने कहा- "यदि आप वन से नहीं लौटना चाहते तो मुझे आज्ञा दीजिए जिससे मैं भी वन में आकर लक्ष्मण के समान ही आपकी सेवा करूं, नहीं तो मैं अन्न-जल छोड़कर इस शरीर को त्याग दूंगा।" भरत दूसरी ओर मुख करके बैठ गये। भरत का ऐसा हठ देखकर राम अत्यन्त विस्मित हो गए। अपना ऐसा निश्चय प्रकट कर और मन में भी यही ठानकर वे धूप में कुशा बिछाकर पूर्व की वशिष्ठ जी को नेत्रों से संकेत किया। यह था दो भाईयों का अगाध प्रेम।

बालि वध के पश्चात् सुग्रीव का रावण वध के पश्चात् विभीषण का राज्याभिषेक कर विभीषण रावण का दाह संस्कार के पश्चात राम ने विभीषण से कहा :-

मरणान्तानि वैराणि निर्वृत्तं नः प्रयोजनम्।
क्रियतामस्य संस्कारो ममाप्येष यथा तव ।।

अर्थात, विभीषण! वैर मरणपर्यन्त ही चलता है और जब कि हमारा उद्देश्य पूर्ण हो न रखते हुए इसका अंतिम संस्कार चुका है। तुम्हें किसी प्रकार का अन्यथा भाव इसके प्रति मन में नहीं करना चाहिए क्योंकि अब तो यह हम दोनों के लिये समान ही प्रिय हैं।

लोक और शास्त्र की मर्यादा है कि प्रत्येक व्यक्ति को प्रातःकाल निज गुरुजनों को प्रणाम करना चाहिये क्योंकि

अभिवादनशीलस्य नित्यं वृद्धोपसेविनः।
चत्वारि तस्य वर्धन्ते आयुर्विद्या यशो बलम् ।।

अपने से बड़े व्यक्ति के क्रुद्ध हो जाने पर उसे शमित करने के लिये किस प्रकार का व्यवहार करना चाहिये।

गिद्धराज जटायु द्वारा सीता की रक्षा करते हुए मरणासन्न हो जाने पर राम द्वारा उन्हें 'तात' शब्द का संबोधन तथा मृत्युपरान्त अपने हाथ से उनकी और्ध्वदैहिक क्रिया करना, मानवीय मर्यादा का परिचायक का दिग्दर्शक है।

राम गुणों के भंडार हैं। अंहकार रहित हैं। आमजन की भांति अधर्म से बचते हैं। धर्म अर्थात कर्तव्य की मर्यादा में रहते हैं। एक प्रश्न है वाल्मीकि रामायण में :-

को न्वस्मिन् साम्प्रतं लोके गुणवान कश्चवीर्यवान्।
धर्मज्ञश्च कृतज्ञश्च सत्यवाक्यो दृढव्रतः।।
चारित्रेण च को युक्तः सर्वभूतेषु को हितः।
विद्वान कःकः समर्थश्च। कश्चैकः प्रियदर्शनः।।
आत्मवान को जितक्रोधो द्युतिमान् कोऽनसूयकः।
कस्य विभ्यति देवाश्च जातरोषस्य संयुगे।।

अर्थात, इस समय संसार में गुणवान, पराक्रमी, धर्मज्ञ, कृतज्ञ, सत्यवक्ता और दृढ़प्रतिज्ञ कौन है सदाचार से युक्त, समस्त प्राणियों के हित का साधक, विद्वान, सामर्थ्यशाली और एकमात्र प्रियदर्शन कौन है ? मन पर अधिकार रखने वाला, क्रोध को जीतने वाला कान्तिवान और किसी की निन्दा न करने वाला कौन है और संग्राम में कुपित होने पर किससे देवता भी डरते हैं ? इस प्रश्न का नारद ने उत्तर देते हुए कहा :-

इक्ष्वाकुवंश प्रभवो रामो नाम जनैः श्रुतः।
नियतात्मा महावीर्यो द्युतिमान् धृतिमान् वशी।।
बुद्धिमान्नीतिमान् वाग्मी श्रीमान्छत्रुनिबर्हणः।
विपुलां सो महाबाहु कम्बुग्रीवो महाहनुः।।
महोरस्को महेष्वासो गुढ़ जत्रुररिन्दमः।
आजानुबाहु सुशिराः सुललाटः सुविक्रमः।।
कालाग्नि सदृशः क्रोधे क्षमता पृथिवी समः।
धनदेन समस्त्यागे सत्ये धर्मः दूतापरः।।

अर्थात, राजन! इक्ष्वाकुवंश में उत्पन्न एक ऐसे पुरूष, जो राम के नाम से विख्यात हैं, वे मन को वश में रखने वाले हैं। महाबलवान, कान्तिमान, धैर्यवान और जितेन्द्रिय हैं। नीतिज्ञ, शत्रु संहारक, धर्म के ज्ञाता, सत्य प्रतिज्ञ, प्रजा के हित साधन में लगे रहने वाले हैं। यशस्वी, ज्ञानी, पवित्र, सम्पूर्ण गुणों से युक्त हैं। गम्भीरता में समुद्र, धैर्य में हिमालय, विष्णु

भगवान के समान बलशाली, चन्द्रमा के समान मनोहारी हैं। क्रोध में कालाग्नि की, क्षमा में पृथ्वी की तरह, त्याग में कुबेर और धर्मराज के समान हैं। महर्षि वाल्मीकि ने राम को धर्म के प्रतिरूप **रामो विग्रहवान् धर्मः** कहा है।

वनवास से पूर्व और पश्चात राम के चरित्र में अंश मात्र परिवर्तन दिखाई नहीं देता। महर्षि वाल्मीकि ने रामायण में सभी पात्रों के चरित्र चित्रण में कोई भेद नहीं किया है। राम ने तत्कालीन परिवेश की परिस्थितियों को आत्मसात कर ही व्यवहार किया। यही सज्जनता है। वस्तुत: यही आत्मिक गुण किसी भी व्यक्ति को ईश्वरत्व प्रदान करते हैं।

इतिहासकारों एवं विद्वानों के एक वर्ग का मत है कि राम ने अपने पच्चीसवें जन्मदिन पर वनगमन किया। चौदह वर्ष का वनवास के उपरांत वह अयोध्या लौटे। उन्होंने 11 वर्ष तक राज्य किया। तत्पश्चात सरयू नदी में जलसमाधि ली। इस प्रकार राम की कुल उम्र 25 + 14 + 11 = 50 वर्ष होती है। इतिहासकारों एवं विद्वानों ने इसी को आधार बनाकर राम की मृत्यु का अनुमानित समय 5064 ईसा पूर्व सिद्ध किया है। यहां प्रश्नवाचक चिह्न लग जाता है। पाठकगण विचार करें।

वेद व्यास द्वारा दी गई ज्योतिषीय तिथि का आधुनिक इतिहासकारों और विद्वानों ने मूल्यांकन कर कृष्ण की मृत्यु 13 अप्रैल, 3031 ईसा पूर्व बताई है। कृष्ण की मृत्यु के पश्चात उनका सम्पूर्ण वंश समाप्त हो गया। साथ ही द्वापरयुग का भी अंत हुआ।

5064 - 3031 = 2033, अर्थात यह संख्या त्रेतायुग की समाप्ति का संकेत करती है। यदि सामान्य प्रक्रिया में दो युगों के मध्य का अंतर 2050 वर्ष मान लिया जाए तो सतयुग त्रेतायुग से लगभग 7114 वर्ष पहले रहा होगा। यदि आधुनिक इतिहासकार और विद्वान इस गणना को स्वीकार कर रहे हैं तो सिंधु घाटी सभ्यता के अस्तित्व एवं विनाश की सभी गणनाएं छिन्न-भिन्न हो जाएगी। इस तरह की गणना के अनुसार कलियुग का अंत 3031 + 2050 = 5081 में होना चाहिए। चूंकि हम यह गणनाएं ईसा पूर्व की कर रहे हैं तो 5081 - 2023 = 3058 में कलियुग समाप्त हो जाएगा। क्या यह संभव है ? इस गणना को ईसा पूर्व के अनुसार देखें तो ज्ञात होता है 3031 - 2050 = 981 की संख्या प्राप्त होती है। इसका अभिप्राय यह है 2023 - 981 = 1042 की संख्या प्राप्त होती है। अर्थात सन् 1042 में कलियुग समाप्त हो जाना चाहिए था। यहां सन् 2023 का उल्लेख पुस्तक लेखन वर्ष का संकेत है। इस विषय पर गंभीरता से शोध होना चाहिए।

*

अध्याय - 5

महर्षि विश्वामित्र आश्रम मार्ग

अयोध्या में भारतीय पुरातत्व सर्वेक्षण विभाग द्वारा उत्खनन में प्राप्त प्राचीन अवशेष

महर्षि विश्वामित्र आश्रम की सुरक्षार्थ महाराज दशरथ से राम को लेने अयोध्या आए। उस समय जो वाद-विवाद हुआ उसकी व्याख्या यहां मुझे अनुचित लगती है क्योंकि वह सर्वविदित है। अनावश्यक विस्तार से बचने हेतु हम सीधे अयोध्या से महर्षि विश्वामित्र आश्रम मार्ग का अध्ययन करेंगे।

भैरव मंदिर, आजमगढ़

अपने गुरु महर्षि विश्वामित्र के साथ युवा राम और लक्ष्मण अयोध्या में अपने महल से निकलने के बाद वर्तमान आजमगढ़ जिला के उपनगर महाराजगंज में सरयू नदी तट पर पहुंचे। कालांतर में उस स्थान के समीप स्थित भैरव मंदिर की स्थापना की गई। विश्राम के बाद सभी यहां से आगे बढ़े थे।

सलोना ताल, आजमगढ़ :

वर्तमान आजमगढ़ जिला मुख्यालय से लगभग 40 किलोमीटर दूर स्थित ताल

सलोना पहुंचे थे श्रीराम लक्ष्मण और महर्षि विश्वामित्र आजमगढ़ के सरयू नदी तट से। स्थानीय लोग सलोना तालाब को सरयू का पेटा कहते हैं। इस स्थान पर राम वाटिका है। यहां श्रीराम व शिव जी के प्राचीन मंदिर हैं।

बारदुअरिया मंदिर, मऊ

आजमगढ़ से महर्षि विश्वामित्र के साथ श्रीराम और लक्ष्मण सरयू के किनारे मऊ होते हुए आगे बढ़े। यहां पुरानी सरयू तथा टोंस नदी का संगम है। यहां एक मंदिर भी है। लोक मान्यता के अनुसार महर्षि विश्वामित्र राम लक्ष्मण यहां आये थे। मऊ में राम ने सरयू नदी में जहां स्नान किया था। आज उसे आज रामघाट कहते हैं।

लखनेश्वर डीह, बलिया

ऐसा माना जाता है कि इस स्थान का नाम लक्ष्मण के नाम पर पड़ा। यह स्थान बलिया शहर में है। ऐसी मान्यता है कि सरयू के किनारे महर्षि विश्वामित्र के साथ जाते समय लक्ष्मण ने यहां शिवलिंग की स्थापना की थी। आज इस जगह को लखनेश्वर डीह तीर्थ के रूप में जाना जाता है।

राम घाट, नगहर

राम महर्षि विश्वामित्र और लक्ष्मण के साथ अपनी यात्रा में जारी रखते हुए सरयू के साथ-साथ ही आगे बढ़ते गए। लखनेश्वर डीह के बाद वह कुछ ही दूरी पर नगहर पहुंचे। ऐसा माना जाता है कि यहां रात में तीनों ने विश्राम भी किया था। नदियों का मार्ग पहले से कुछ स्थानों में बदलाव संभव है।

कामेश्वरनाथ, बलिया

बलिया के कामेश्वरनाथ धाम होते हुए आगे बढ़े। लोक प्रचलित मान्यताओं के अनुसार कहा जाता है कि यहां भगवान शिव ने कामदेव को यहां भस्म किया था और तपस्या की थी। राम शिव के भक्त थे। महर्षि विश्वामित्र दोनों भाईयों को अपने आश्रम ले जाते समय यहां विश्राम कर आगे बढ़ गए थे।

भरोली, बलिया

यह उत्तर प्रदेश के बलिया जिला में है। रामायण के अनुसार विश्वामित्र ने राम और लक्ष्मण को भोर होने से पूर्व ही जगाया था ताकि आगे की यात्रा पर शीघ्र निकला जा सके। यही कारण है कि स्थानीय लोगों में यह मान्यता प्रचलित हो गई कि भोर में राम के उठने को लेकर इस गांव का नाम भरोली है।

परेव, पटना

भरोली से प्रस्थान करने के बाद राम, लक्ष्मण और विश्वामित्र के साथ पटना के परेव पहुंचे। माना जाता है कि राम, लक्ष्मण और महर्षि विश्वामित्र ने यहां पड़ाव डाला था। अभी यहां मोहनेश्वर महादेव का मंदिर है। वर्तमान में यह बिहार राज्य की राजधानी पटना में है।

त्रिगना, पटना

परेव से थोड़ा आगे बढ़ने के बाद महर्षि विश्वामित्र राम और लक्ष्मण को लेकर पटना के त्रिगना घाट पहुंचे। स्थानीय लोगों के अनुसार त्रिगना के विषय में कहा जाता है कि राम, लक्ष्मण और विश्वामित्र ने त्रिगना घाट से महानद सोनभद्र को पार किया था। यह स्थान कोइलवर पुल से लगभग 8 किलोमीटर दूर पड़ता है।

रामचौरा मंदिर, वैशाली

रामचौरा मंदिर बिहार के वैशाली में हाजीपुर नगर में है। ऐसा माना जाता है कि यहां राम, लक्ष्मण और विश्वामित्र ने गंगा पार कर एक रात्रि विशाला नगरी में विश्राम किया था। आज यह स्थान रामचौरा के नाम से प्रसिद्ध है।

गौतम आश्रम, दरभंगा

वैशाली के बाद तीनों दरभंगा के अहियारी में पहुंचे। यह स्थान अब अहियारी के नाम से प्रसिद्ध है।

विश्वामित्र आश्रम, मधुबनी

मधुबनी के बिशौल में एक विश्वामित्र आश्रम हुआ करता था। महर्षि विश्वामित्र राम और लक्ष्मण को इसी आश्रम की सुरक्षा के लिए अयोध्या से लाए थे। वाल्मीकि रामायण के अनुसार महर्षि विश्वामित्र, राम और लक्ष्मण ने जनक के उपवन में डेरा डाला था।

महर्षि विश्वामित्र के निर्णय को सही सिद्ध करते हुए राम और लक्ष्मण ने अपने शौर्य, पराक्रम और वीरता से आश्रम को भयमुक्त किया। राक्षसों और आतंकवादी विचारधारा वाले लोगों से आश्रम को मुक्त देख महर्षि विश्वामित्र अत्यंत प्रसन्न हुए। राम और लक्ष्मण अपना कार्य संपन्न कर अयोध्या वापस लौटने की तैयारी कर रहे थे कि महर्षि विश्वामित्र ने दोनों को बताया कि राजा जनक ने अपनी पुत्री का स्वयंवर सुनिश्चित किया है। महर्षि दोनों भाईयों को लेकर जनकपुर को प्रस्थान कर गए।

विवाह संदर्भ यात्रा

महर्षि विश्वामित्र राम और लक्ष्मण को लेकर राजा जनक की राजधानी जनकपुर निम्नलिखित मार्ग से होकर गये थे। बिशौल स्थित अपने आश्रम से निकल कर महर्षि विश्वामित्र सबसे पहले फुलहर गांव पहुंचे।

फुलहर गांव

बिहार के मधुबनी जिले के फुलहर गांव में एक गिरिजा मंदिर है। स्थानीय मान्यता है कि राम और लक्ष्मण विश्वामित्र की पूजा के लिए पुष्प लेने तड़ाग नामक बाग गये थे। (मानस 1/227/1 से 4 तक)

जनकपुर, नेपाल

जनकपुर। राजा जनक की राजधानी। यहां से कुछ दूरी पर राजा जनक को खेत में हल चलाते समय सीता बांस की एक टोकरी में मिली थीं। लोक मान्यताओं के अनुसार जनकपुर और सीता से जुड़ी अनेक कहानियां प्रचलित हैं। कहा जाता है कि राम और जानकी का परिणय धनुष भंग के पश्चात जनकपुर में हुआ था। यहां जानकी मंदिर के पास एक विशाल मैदान है। माना जाता है कि यहां ही पिनाक धनुष तोड़कर राम ने सीता से विवाह की शर्त पूर्ण की थी। रामचरित मानस में इसे रंगभूमि कहा गया है। ऐसा कहा जाता है कि जनकपुर धनुषा मंदिर में परशुराम और राम का मिलन हुआ था।

मणिमंडप, जनकपुर

जनकपुर में मणिमंडप नामक एक स्थान है। यहां राम सहित चारों भाइयों का विवाह हुआ। जिस स्थान पर जनकपुर में मणियों से सजी हुई वेदी और यज्ञ मंडप है। अब केवल नाम ही सीमित है। आज जनकपुर में अनेक ऐसे स्थान हैं जो सीता विवाह से जुड़े हैं। जब भी आस-पास के इलाके में विवाह का आयोजन होता है तो स्थानीय लोग इन स्थान से सामान खरीदने जाते हैं। इसके अलावा एक स्थान और है, जिसका नाम है रत्न सागर। जहां विवाह का दहेज रखा गया था और इसमें काफी रत्न या धन था। इसके अतिरिक्त एक स्थान-विशेष है जहां शादी के बाद चारों दूल्हा और दुल्हान जल-क्रीडा के लिए आए थे। आज इस जगह को विहार कुंड कहा जाता है।

सीता कुंड वेदीवन, पूर्वी चंपारण

विवाह उपरांत राम की बारात वापस लौट रही थी, तो मोतिहारी से कुछ किलोमीटर पर राम की बारात ने यहां रात्रि विश्राम किया था। मोतिहारी के प्राचीन कुण्ड में सीता का

कंगन खुला था। इस कुण्ड में पानी नीचे से ही आता है तथा कभी सूखता नहीं। स्थानीय मान्यता है कि यहां बारातियों ने स्नान किया था। वहीं सीता-राम और गिरिजा नाथ जी का मंदिर है। जहां बारात ने शिव पूजा की थी।

डेरवां, गोरखपुर

जनकपुर से अयोध्या वापसी के समय राम की बारात का तीसरा विश्राम स्थल राम जानकी मार्ग पर स्थित डेरवा गांव है। राम की बारात का डेरा डलने के बाद इसका नाम डेरवा रखा गया।

दोहरी घाट, मऊ

ऐसा कहा जाता है कि सरयू नदी तट पर राम और परशुराम की भेंट हुई थी। यह स्थल दोहरी घाट नाम से जाना जाता है। माना जाता है कि परशुराम से भेंट के बाद बारात अयोध्या पहुंची थी।

चारों पुत्र बधुओं का पारंपरिक रूप से हर्षोल्लास के साथ स्वागत एवं गृह-प्रवेश हुआ। राम, लक्ष्मण, भरत और शत्रुघ्न अपनी-अपनी पत्नियों के साथ नगर भ्रमण को निकले तो अयोध्यावासियों ने पुष्प वर्षा कर सभी का अभिनंदन किया। स्वागत किया।

*

अध्याय - 6

पूज्य राम

अयोध्या में भारतीय पुरातत्व सर्वेक्षण विभाग द्वारा उत्खनन में प्राप्त प्राचीन अवशेष

राम की पूजा भारत सहित दुनिया के अनेक देशों में होती है। हमारे देश में वैष्णव अर्थात भगवान विष्णु और शैव अर्थात भगवान शिव संप्रदाय के पश्चात देवताओं में राम एवं कृष्ण सर्वाधिक पूज्य हैं। भगवान शिव भारत के अतिरिक्त अन्य देशों में आराध्य देव माने जाते हैं। भगवान विष्णु दक्षिण भारत में सर्वाधिक पूज्य हैं। भगवान कृष्ण सर्वत्र पूज्यनीय हैं और भगवान राम उत्तर भारत में सर्वाधिक पूज्य हैं। आज आधुनिक काल के यांत्रिक युग में सभी देवी-देवता सर्वत्र पूजित हैं।

राम को सनातन धर्म में भगवान विष्णु का 7वां अवतार माना गया है। वहीं जहां एक ओर भगवान शंकर भी राम का ध्यान करते हैं, तो वहीं भगवान शंकर के ही अंश से बने हनुमान राम के सबसे बड़े भक्त हैं। वह सदैव अपने श्रीराम का ध्यान करते रहते हैं। मान्यता यह है कि राम के बगैर भवसागर पार होना असंभव है।

राम शब्द की व्युत्पत्ति

राम शब्द संस्कृत के दो धातुओं, रम् और घम से बना है। रम् का अर्थ है रमना या निहित होना और घम का अर्थ है ब्रह्मांड का खाली स्थान। इस प्रकार राम का अर्थ सकल ब्रह्मांड में निहित या रमा हुआ तत्व यानी चराचर में विराजमान स्वयं ब्रह्म। शास्त्रों में लिखा है, "रमन्ते योगिनः अस्मिन सा रामं उच्यते" अर्थात, योगी ध्यान में जिस शून्य में रमते हैं उसे राम कहते हैं।

'रम्' धातु में 'घञ्' प्रत्यय के योग से 'राम' शब्द निष्पन्न होता है। 'रम्' धातु का अर्थ है - रमण, अर्थात निवास या विहार। इसका अभिप्राय निवास करने के संबंध में है। वे प्राणीमात्र के हृदय में 'रमण' यानि निवास करते हैं इसलिए 'राम' हैं। भक्तजन उनमें 'रमण' करते हुए ध्याननिष्ठ होते हैं। अतः वे 'राम' हैं- **"रमते कणे कणे इति रामः।"** एक अन्य व्याख्याकार के अनुसार राम शब्द का अर्थ है रमना या निहित होना और घम का अर्थ है ब्रह्मांड का खाली स्थान। इस प्रकार राम का अर्थ सकल ब्रह्मांड में निहित या रमा हुआ तत्व यानी चराचर में विराजमान स्वयं ब्रह्म।

व्याख्याकारों के अनुसार राम कण-कण में बसे हुए हैं। यहीं से एक लोक प्रचलित वाक्य बने कि भगवान हर जगह हैं। कण-कण में हैं। चारों दिशाओं में हैं। सर्वत्र हैं। विगत कुछ वर्ष पहले पाश्चात्य वैज्ञानिकों ने भारत की इसी लोक प्रचलित मान्यता को वैज्ञानिक पुष्टि देने के उद्देश्य से एक विशाल प्रयोग किया कि पृथ्वी के सबसे सूक्ष्म तत्व में भी जीवन है या नहीं। दुर्भाग्यवश वह अनुसंधान अभी तक अपूर्ण है। कारण ? प्राचीन भारतीय विज्ञान को चुनौती देना इतना आसान नहीं है। दूसरे भारत में प्रचलित मान्यताओं का जो वैज्ञानिक आधार है उसकी पुष्टि करना वर्तमान पाश्चात्य वैज्ञानिकों की पहुंच से बाहर है। इसका कारण है कि हमारे पूर्वजों ने पृथ्वी को बिना हानि पहुंचाए शोध एवं अनुसंधान बिना मशीनों के, उस विधा और विधान तक दुनिया के वैज्ञानिक अभी नहीं पहुंचे हैं। प्राचीन भारतीय विज्ञान और वैज्ञानिकों ने पाया था कि ब्रह्मांड की उत्पत्ति के सभी रहस्य धरती पर उपलब्ध हैं। शायद यही कारण है कि उन्होंने काल गणना करके पृथ्वी के अस्तित्व में आने की गणना तक बता दी थी। जिस पर पाश्चात्य वैज्ञानिक विश्वास नहीं करते हैं। यह विषय बहुत विस्तृत है। अतः इसे यहीं विराम देकर अपने मूल विषय पर आते हैं।

'विष्णुसहस्रनाम' पर लिखित अपने भाष्य में आद्य शंकराचार्य ने पद्मपुराण का उदाहरण देते हुए कहा है कि नित्यानन्दस्वरूप भगवान् में योगिजन रमण करते हैं, इसलिए वे 'राम' हैं। प्राचीन काल से हमारी संस्कृति में दो व्यक्तियों के मिलने पर अभिवादन स्वरूप नमस्कार, नमस्ते, प्रणाम सुप्रभात या राम-राम कहने की परंपरा रही हैं। विश्व में किसी

को भी अभिवादन करने की परंपरा हमारी संस्कृति की देन है। कहने का मतलब है कि संपूर्ण विश्व मानव समाज ने हमसे ही सामाजिक, धार्मिक, सांस्कृतिक एवं अन्य महत्वपूर्ण मान्यताओं को हमसे ही अधिग्रहित किया है।

यह परम्पराएं किस कारण से बनी ? प्राचीन काल से ही भारत गांव का देश रहा है। अतः यह हमारी ग्रामीण परिवेश की एक स्वस्थ परंपरा है कि अभिवादन हेतु भगवान का नाम लिया जाता था। विशेष रूप से प्रातः काल में। प्रातः काल में भी ब्रह्म मुहूर्त में पहले भी और आज भी हमारे कृषक अपने-अपने खेतों में कृषि कर्म हेतु पहुंच जाते हैं। ऐसा विश्वास किया जाता है कि ब्रह्म मुहूर्त में भगवान सर्वत्र विचरण करते हैं। अतः यह काल भगवान को स्मरण करने के लिए सर्वश्रेष्ठ माना जाता है।

राम-राम का गणित

किसी को अभिवादन करते समय राम के नाम का उपयोग दो बार किया जाता है। यथा- 'राम-राम' शब्द हमेशा 2 बार बोला जाता है। विद्वानों के मतानुसार वैदिक गणना के अनुसार पूर्ण ब्रह्म का मात्रिक गुणांक 108 है। वह राम-राम शब्द दो बार कहने से पूरा हो जाता है। विद्वान इसके पीछे यह तर्क देते हैं कि- 'हिंदी वर्णमाला में "र" 27वां अक्षर है। "आ" की मात्रा दूसरा अक्षर और "म" 25वां अक्षर। सब मिलाकर जो योग बनता है वो है 27 + 2 + 25 = 54, अर्थात एक "राम" का योग 54 हुआ और दो बार राम राम कहने से 108 हो जाता है जो पूर्ण ब्रह्म का द्योतक है।' जाप 108 बार किया जाता है। "राम-राम" कह देने से ही पूरी माला का जाप हो जाता है।

धार्मिक स्वरूप जो भी हो और गणित का मूलांक भले 108 बनता है किंतु महत्वपूर्ण यह है कि हिंदी वर्णमाला द्वापर युग की नहीं है। यह वर्णमाला आधुनिक काल या कलियुग की देन है। इसके अनुसार यह तर्क स्वीकार करने में शायद ही किसी को आपत्ति हो। शेष पाठकों के विवेक पर निर्भर करता है कि वह इसे किस तरह से स्वीकार करते हैं।

108 का महत्व

प्राचीन शास्त्रों के अनुसार माला के 108 मनको का संबंध व्यक्ति की सांसो से माना गया है। एक स्वस्थ व्यक्ति दिन और रात के 24 घंटो में लगभग 21600 बार श्वास लेता है। माना जाता है कि 24 घंटों में से 12 घंटे मनुष्य अपने दैनिक कार्यों में व्यतीत कर देता है और शेष 12 घंटों में व्यक्ति लगभग 10800 बार सांस लेता है। धर्म शास्त्रों के अनुसार एक मनुष्य को दिन में 10800 ईश्वर का स्मरण करना चाहिए। एक सामान्य मनुष्य के लिए यह संभव नहीं हो पाता है। अतः धर्मशास्त्रकारों ने दो शून्य हटाकर जप के लिए 108 की संख्या शुभता का प्रतीक घोषित कर दिया।

108 का वैज्ञानिक महत्व

वैज्ञानिक तथ्य है कि 108 मनके की माला और सूर्य की कलाओं का एक दूसरे से संबंध है। विज्ञान के अनुसार एक वर्ष में सूर्य 216000 कलाएं बदलता हैं। इसमें वह छह माह उत्तरायण रहता है और छह माह दक्षिणायन रहता है। इस तरह से छः माह में सूर्य की कलाएं 108000 बार बदलती हैं। इसी तरह से अंत के तीन शून्य को अगर हटा दिया जाए तो 108 की संख्या बचती है। 108 मनको को सूर्य की कलाओं का प्रतीक माना जाता है। यह कितना सत्य है यह कहना मुश्किल है।

तुलसी के राम

"राम" शब्द के संदर्भ में स्वयं गोस्वामी तुलसीदास जी ने लिखा :-

करऊँ कहा लगि नाम बड़ाई। राम न सकहि नाम गुण गाई।।

स्वयं राम भी "राम" शब्द की व्याख्या नहीं कर सकते। ऐसा राम नाम है। "राम" विश्व संस्कृति के अप्रतिम नायक है। वह सभी सद्गुणों से युक्त है। वह मानवीय मर्यादाओं के पालक और संवाहक है। अगर सामाजिक जीवन में देखें तो राम आदर्श पुत्र, आदर्श भाई, आदर्श मित्र, आदर्श पति, आदर्श शिष्य के रूप में प्रस्तुत किए गए हैं। अर्थात् समस्त आदर्शों के एक मात्र न्यायादर्श "राम" है। वस्तुत: राम शब्द की व्याख्या हर युग में होती रही है और भविष्य में भी होती रहेगी।

विद्वानों ने शास्त्रों के आधार पर राम के तीन अर्थ निकाले हैं। राम नाम का पहला अर्थ है - 'रमन्ते योगिन: यस्मिन् राम:' यानि "राम" ही मात्र हैं, जो योगियों की आध्यात्मिक-मानसिक भूख हैं, भोजन हैं, आनन्द और प्रसन्नता के स्रोत हैं। राम का दूसरा अर्थ है- 'रति महीधर: राम:', 'रति' का प्रथम अक्षर 'र' है और 'महीधर' का प्रथम अक्षर है 'म', यानि राम। 'रति महीधर:' सम्पूर्ण विश्व की सर्वश्रेष्ठ ज्योतित सत्ता है, जिनसे सभी ज्योतित सत्ताएं ज्योति प्राप्त करती हैं। "राम" नाम का का तीसरा अर्थ है, 'रावणस्य मरणं राम:।' 'रावण' शब्द का प्रथम अक्षर है 'रा' और 'मरणं' का प्रथम अक्षर है 'म'। रा+म = राम यानि वह सत्ता जिसकी शक्ति से रावण मर जाता है।

रामनाम

रामनाम का शाब्दिक अर्थ है - 'राम का नाम।' 'रामनाम' से आशय विष्णु के अवतार राम की भक्ति से है या फिर निर्गुण निरंकार परम ब्रह्म से। सनातन धर्म के विभिन्न संप्रदायों में राम के नाम का कीर्तन या जप किया जाता है। 'श्रीराम जय राम जय जय राम' एक प्रसिद्ध मंत्र है। जिसे पश्चिमी भारत में समर्थ रामदास ने लोकप्रिय बनाया। सनातन धर्म के

विभिन्न संप्रदायों में राम के नाम का कीर्तन या जप किया जाता रहा है, आज भी होता है और भविष्य में भी होता रहेगा। इसका प्रमुख कारण यह है कि राम करुणा में हैं। शान्ति में हैं। एकता में हैं। प्रगति में हैं। राम शत्रु के चिंतन में हैं। राम तेरे-मेरे मन में हैं। राम सर्वत्र हैं। राम घर घर में हैं। राम हर आंगन में हैं। धर्मशास्त्रकारों ने श्रीराम को साक्षात् भगवान नारायण के मानव अवतार के रूप में स्वीकार किया है।

राम का एक अर्थ है 'प्रकाश'। किरण एवं आभा या कांति जैसे शब्दों के मूल में राम है। 'रा' का अर्थ है- आभा और 'म' का अर्थ है मैं; मेरा और मैं स्वयं। इस प्रकार राम का अर्थ हुआ- मेरे भीतर का प्रकाश, मेरे हृदय में प्रकाश।

विभिन्न भूखंड में राम

राम का सम्बन्ध सभी एशियाई महाद्वीपों से है। इंडोनेशिया, मलेशिया और कम्बोडिया आदि सभी राममय हैं। वाल्मीकि कृत रामायण महाकाव्य अति प्राचीन ग्रन्थ है। इसका प्रभाव संपूर्ण विश्व में दिखाई देता है। हजारों वर्षों बाद आज भी राम सभी के हृदय में वास करते हैं। उन्हें पुरुषोत्तम भी कहा जाता है। वह एक आदर्श सम्राट। एक बार महात्मा गांधी ने कहा था - "आप मेरा सब कुछ ले लीजिये। मैं तब भी जीवित रह सकता हूं। परन्तु यदि आपने मुझसे राम को दूर कर दिया तो मैं नहीं रह सकता।" ऐसा माना जाता है कि महात्मा गांधी ने मृत्यु से पूर्व जो अंतिम शब्द कहे थे, वह थे 'हे राम!' भारत के लगभग हर क्षेत्र में राम को पाया जा सकता है। हर राज्य में हमें एक 'रामपुर' या एक 'रामनगर' मिल ही जायेगा। भारत में हजारों 'रामनगर' हैं। एक अध्ययन से पता चला है कि 'यूरोप' में भी राम से सम्बंधित हजारों नाम हैं।

विद्वानों के एक वर्ग के अनुसार आस्ट्रेलिया को संस्कृत में अस्त्रालय कहा जाता है। अस्त्र आलय का अर्थ है- 'अस्त्र रखने का भण्डारगृह।' अस्त्र का अर्थ होता है 'हथियार।' रामायण काल के दौरान उन लोगों ने वहां अनेक प्रकार के अस्त्र रखे थे। वहां अस्त्र बनाए भी जाते थे। उन अस्त्रों के कारण वहां केंद्र में रेगिस्तान भी था, जिसके कारण वह स्थान निर्जन था।

राम शब्द का संधि विच्छेद

राम शब्द का संधि विच्छेद थोड़ा विवादास्पद है। बहुत से व्याकरण विधाओं का मानना है कि राम एक पद है एवं इसका संधि विच्छेद नहीं किया जा सकता क्योंकि संधि विच्छेद के नियम के अनुसार संधि दो या दो से अधिक पदों के मेल को कहा जाता है। अनेक भाषाविद यह भी कहते हैं कि राम शब्द का संधि विच्छेद र्+आम, र+आम इत्यादि

में से कोई एक हो सकता है। अतः राम शब्द का वास्तव में कोई संधि विच्छेद नहीं किया जा सकता है क्योंकि यह एक पद है।

राम शब्द के रूप

वाल्मीकि कृत रामायण के निम्नलिखित श्लोक में राम के सभी विभक्तियों में शब्द रूप आ गए हैं -

श्रीरामः शरणं समस्तजगतां, रामं विना का गती।
रामेण प्रतिहन्यते कलिमलं, रामाय कार्यं नमः।
रामात् त्रस्यति कालभीमभुजगो, रामस्य सर्व वंशज।
रामस्यरामे भक्तिरखण्डिता भवतु में, राम त्वमेवाश्रयः॥

(वाल्मीकि रामायण, प्रथम अध्याय, 1)

राम शब्द का शब्द रूप

राम शब्द का शब्द रूप निम्नलिखित है :-

विभक्ति	एकवचन	द्विवचन	बहुवचन
प्रथमा	रामः	रामौ	रामाः
द्वितीया	रामम्	रामौ	रामान्
तृतीया	रामेण	रामाभ्याम्	रामैः
चतुर्थी	रामाय	रामाभ्याम	रामेभ्यः
पञ्चमी	रामात्	रामाभ्याम्	रामेभ्यः
षष्ठी	रामस्य	रामयोः	रामाणाम्
सप्तमी	रामे	रामयोः	रामेषु
सम्बोधन	हे राम!	हे रामौ!	हे रामाः!

राम शब्द रूप एक बालक के जैसा व्यवहार करता है। तो इसका यह अर्थ है कि यह भी उसी श्रेणी में आता है तो हमें यह शंका नहीं रखनी चाहिए की राम या बालक मुख्य शब्द रूप है। आप अकारान्त पुल्लिंग शब्द के किसी भी शब्द को मुख्य मान कर उसको ज्ञात कर सकते हैं।

राम शब्द का रहस्य

राम अत्यन्त विलक्षण शब्द है। साधकों के द्वारा "बीज मंत्र" के रूप में राम का प्रयोग अनादि काल से हो रहा है और न जाने कितने साधक इस मंत्र के सहारे परमपद प्राप्त कर चुके हैं। आज राम कहते ही दशरथ पुत्र धनुर्धारी राम का चित्र उभरता है परन्तु राम शब्द

तो पहले से ही था। तभी तो गुरु वशिष्ठ ने दशरथ के प्रथम पुत्र को यह सर्वश्रेष्ठ नाम प्रदान किया। धार्मिक परम्परा में राम और "ओऽम्" प्रतीकात्मक है और "राम" सार्थक। राम शब्द में आखिर ऐसा क्या है ?

राम तीन अक्षरों से मिलकर बना है। "र" + "अ" + "म", इन तीन घटक अक्षरों को 6 प्रकार से व्यवस्थित किया जा सकता है। यथा :-

"र" + "अ" + "म" = राम

"र" + "म" + "अ" = रमा

"म" + "अ" + "र" = मार { कामदेव }

"म" + "र" + "अ" = मरा

"अ" + "म" + "र" = अमर

"अ" + "र" + "म" = अरम

अर्थात, इन तीन अक्षरों में सृष्टि की उत्पत्ति सृजन प्रसार और विलय सब समाया हुआ है। इतना ही नहीं यह भी प्रकट हो जाता है कि प्रत्यक्षतः विरोधाभासी दिखने वाले सब एक ही हैं। मायावश ही उनके विरोध का आभास होता है। जो "राम" पुरुष हैं वही "रमा" अर्थात् स्त्री प्रकृति है। "राम" पुरुष रूप में सारी विश्व ब्रह्माण्ड सृष्टि का कारण है। आक्रमक बल है। वही "रमा" स्त्री प्रकृति के रूप में संग्राहक है। सृजन की निर्माणकर्ता है। राम पुरु बल प्रधान है। "रमा" संवेदना प्रधान। "राम" बुद्धि प्रधान है। विश्लेषणात्मक है। रमा भावना प्रधान है। संश्लेषणात्मक है।

"र" + "अ" + "म" = राम की व्याख्या

बुद्धि मार्ग निर्देश करती है। भावना अर्थात चित्त स्थायित्व प्रदान करती है। सृजन के यह दो आधार हैं लेकिन जब तक "राम" और "रमा" अलग-अलग रहे तब तक सृजन असम्भव है। दोनों नदी के दो पाट हैं। इनको संयुक्त करता है "म" + "अ" + "र" = मार या काम। भगवान् बुद्ध द्वारा "मार विजय" की बड़ी प्रशस्ति है। ऋषियों द्वारा काम विजय हमेशा एक आदर्श रहा। "नारद मोह" का पूरा आख्यान अत्यन्त सारगर्भित है किन्तु "मार" है। तभी उसके परे जाकर परमपद या "एकत्व" प्राप्त किया जा सकता है अन्यथा राम और रमा, मार द्वारा संयुक्त होकर सृष्टि को फैलाते ही जाएँगे। पुरुष और प्रकृति अलग-अलग नहीं हैं और न उनके परस्पर सम्बन्ध की ही कोई स्वतन्त्र सत्ता है। जो "राम" है वही "रमा" है और वही "मार" है।

"र" + "म" + "अ" = रमा की व्याख्या

दूसरा युग्म। जो "अमर" है वही "मरा" है, अर्थात् तात्विक दृष्टि से देखें तो अमरत्व

और मरणधर्मिता, शाश्वता और क्षणभंगुरता अलग-अलग नहीं हैं। जो क्षणभंगुर दिखाई देता है। जो सतत परिवर्तनशील दिखाई देता है। वही अमर है। शाश्वत है। मृत्यु और परिवर्तन तो आभास मात्र है। बुद्धि के द्वारा उत्पन्न भ्रम है। मृत्यु होती ही नहीं।

"म" + "र" + "अ" = मरा की व्याख्या

मृत्यु से बड़ा कोई झूठ नहीं। फिर भी अज्ञान की अवस्था में मृत्यु से बड़ा कोई "सत्य" नहीं। अज्ञान की दशा में जो मृत्यु है वही ज्ञान की स्थिति में अमरत्व है। जब तक मृत्यु वास्तविकता लग रही है तब तो "मरा" ही है वह जीवित ही कहाँ ? जीवन के प्रवाह के ये दो पक्षों के मूल सत्य, मृत्यु और अमरत्व, "अमर" और "मरा" "राम" में ही निहित हैं और साथ ही यह यथार्थ भी कि दोनों एक साथ सदैव उपस्थित हैं। प्रत्येक वस्तु का चरम यथार्थ शाश्वत, नित्य, अपरिवर्तनशील, अमर, अनादि और अनन्त है। जब कि उसका आभासी स्वरूप या विवर्त क्षणभंगुर, अनित्य, सतत परिवर्तनशील, मरणधर्मा और समित है।

"अ" + "र" + "म" = अरम की व्याख्या

"अ" + "र" + "म" = अरम अर्थात् जिसमें रमा न जा सके। बड़ी विचित्र बात लगती है कि जिसे विद्वान् एवं गुणीजन कहते हैं कि सब में "रमा" है व "अरम" कैसे हो गया ? विद्वान् और "सिद्ध" में यही भेद है। विद्वान "उसे" देखता है और समझने की चेष्टा करता है। सिद्ध उसे अनुभव करता है और उसके साथ एकाकार हो जाता है। वह चरम वास्तविकता। वह परब्रह्म तो "अरम" ही हो सकता है।

वह सब "राम" शब्द में अन्तर्निहित है। योगियों और सिद्ध गुरुजनों ने संकेत दिया है कि "ज्ञान" बाहर से नहीं लिया या दिया जा सकता। यह तो अन्दर से प्रस्फुटित होता है। आत्मा "सर्वज्ञ" है साधना के प्रभाव से किसी भी शब्द में निहित सारे अर्थ स्वयं प्रकट हो जाते हैं।

राम शब्द के विभिन्न अर्थ

संज्ञा के रूप में राम का अर्थ है - वयस्क नर भेड़। मशीन का वह भाग जिसका उपयोग किसी चीज़ पर बहुत ज़ोर से प्रहार करने या किसी चीज़ को उठाने या हिलाने के लिए किया जाता है, उसे आंग्ल भाषा 'रैम' भी कहा जाता है। राम को पीटने वाले राम के रूप में भी परिभाषित किया गया है। जो लकड़ी या अन्य सामग्री का एक बड़ा और भारी टुकड़ा है जिसका उपयोग दीवारों और दरवाजों को मारने और तोड़ने के लिए किया जाता है। हाइड्रोलिक प्रेस की तरह पिस्टन को 'रैम' कहा जाता है।

ज्योतिष में राम

आकाश में मेष राशि के नक्षत्र या चिह्न को राम भी कहा जाता है। राम, लैटिन में मेष, उस व्यक्ति को कहा जाता है जिसका जन्म तब होता है जब सूर्य मेष राशि में होता है, यानि 21 मार्च से 20 अप्रैल के बीच।

ऑस्ट्रेलिया में, राम का अर्थ एक आत्मविश्वासी व्यक्ति का सहयोगी है जो एक प्रलोभन के रूप में कार्य करता है, संघ बनाना, शील आदि। dictionary.com के अनुसार कंप्यूटर में 'रैम' (RAM) कंप्यूटर मेमोरी है। जिसका पूरा नाम रैंडम-एक्सेस मेमोरी है। www.cga.ct.gov के अनुसार, RAM उन वरिष्ठ नागरिकों के लिए एक ऋण है, जिन्होंने अपने घरों का भुगतान कर दिया है। वहां रहने का जोखिम नहीं उठा सकते हैं या घर की मरम्मत, दीर्घकालिक देखभाल, चिकित्सा उपचार या अन्य उद्देश्यों के लिए अतिरिक्त धन की आवश्यकता है। पौराणिक कथाओं में राम भगवान विष्णु के सातवें अवतार हैं।

राम नाम का महत्व

राम चेतना और सजीवता का प्रमाण है। अगर राम नहीं तो जीवन मरा है। इस नाम में वो ताकत है कि मरा-मरा करने वाला राम-राम करने लगता है। इस नाम में वो शक्ति है जो हजारों-लाखों मंत्रों के जाप में भी नहीं है। 'राम' सिर्फ एक नाम नहीं। राम मात्र दो अक्षर नहीं। राम हमारी सांस्कृतिक विरासत है। राम हमारी की एकता और अखंडता हैं। राम हमारी आस्था और अस्मिता के सर्वोत्तम प्रतीक हैं। राम सनातन धर्म की पहचान है। राम प्रत्येक प्राणी में रमा हुआ है।

आत्मा और राम एक

अनेकानेक संतों ने निर्गुण राम को अपने आराध्य रूप में प्रतिष्ठित किया है। कबीरदास के अनुसार - "आत्मा और राम एक है- **आतम राम अवर नहिं दूजा**। राम नाम कबीर का बीज मंत्र है। रामनाम को उन्होंने "अजपा जप" कहा है। **रमते योगितो यास्मिन स रामः** अर्थात् - योगीजन जिसमें रमण करते हैं वही राम हैं। इसी तरह ब्रह्मवैवर्त पुराण में कहा गया है - राम शब्द विश्ववचनों, मश्वापीश्वर वाचकः अर्थात् 'रा' शब्द परिपूर्णता का बोधक है और 'म' परमेश्वर वाचक है।"

राम समूचा ब्रह्मांड

माना जाता है कि महादेव काशी में मृत्यु शय्या पर पड़े व्यक्ति को राम नाम सुनाकर भवसागर से तार देते हैं। भगवान शिव के हृदय में सदा विराजित राम हमारे जीवन के

कण-कण में रमे हैं। राम 'महामंत्र' हैं, राम नाम ही परमब्रह्म हैं। 'रमंति इति रामः", जो रोम-रोम में रहता है, जो समूचे ब्रह्मांड में रमण करता है। वही राम है। राम जीवन का मूल मंत्र है। राम मृत्यु का मंत्र नहीं, राम गति का नाम है। राम थमने-ठहरने का नाम नहीं, राम सृष्टि की निरंतरता का नाम है। राम महादेव के आराध्य हैं।

राम शब्द एक महामंत्र :

खाते-पीते, सोते, चलते और बैठते समय, सुख में या दुख में राम मंत्र का जाप करते हैं, उन्हें दुख, दुर्भाग्य व व्याधि का भी भय नहीं रहता। प्रभु श्रीराम सभी प्रकार के सुखों देने वाले स्वामी हैं। दीन-दुखी पर दया करने वाले कृपालु हैं। चाहे निर्गुण ब्रह्म हो या दाशरथि राम हो, विशिष्ट तथ्य यह है कि राम शब्द एक महामंत्र है। राम नाम का 'महामंत्र' आपको जीवन की सभी परेशानियों से बचाता है। विद्वानों का मानना है कि "श्री राम जय राम जय जय राम" मंत्र का जाप बड़ी-से-बड़ी दुविधा से निकाल सकता है। इसके उच्चारण या जाप करने के लिए किसी नियम का पालन करने की आवश्यकता नहीं है। इस मंत्र को आप कभी और कहीं भी हों, जाप कर सकते हैं।

राम से बड़ा राम का नाम

राम और रामायण के व्याख्याकारों का मत है कि राम के अयोध्या में साकार अवतरण के पूर्व राम नाम का उपयोग निराकार ब्रह्म, परमेश्वर, के लिए सदा से उपयोग होता आया है। राम से बढ़कर राम का नाम। राम शब्द की ध्वनि हमारे जीवन के सभी दुखों को समाप्त करने की शक्ति रखती है।

ध्वनि विज्ञान वैज्ञानिकों का मत हैं कि राम नाम के उच्चारण से मन शांत हो जाता। राम या मार : राम का उल्टा होता है। म, अ, र अर्थात मार। कोई भी इस राम नाम मंत्र का नियमित रूप से जाप करता है वह जहां अचानक आने वाली परेशानियों से बचा रहता है, जीवन की कोई भी मुश्किल उसकी उन्नति में बाधा नहीं बनती। राम नाम निर्विवाद रूप से सत्य है।

राम एवं रामायण

विद्वानों का एक वर्ग मानता है कि भगवान के चरित्र अनंत हैं। चरित्र को लेकर नाम जप भी अनंत ही होगा। महर्षि वाल्मीकि ने जितने श्लोकों की रामायण बनाई, उन श्लोकों की रामायण को भगवान शंकर के आगे रख दिया जो सदैव राम नाम जपते रहते हैं। कहते हैं कि भगवान शंकर ने रामायण के तीन विभाग कर त्रिलोक में बाँट दिया। तीन लोकों को तैंतीस-तैंतीस करोड़ दिए तो एक करोड़ बच गया। उसके भी तीन टुकड़े किए तो एक लाख

बच गया उसके भी तीन टुकड़े किये तो एक हजार बच और उस एक हजार के भी तीन भाग किये तो सौ बच गया। उसके भी तीन भाग किए एक श्लोक बच गया। इस प्रकार एक करोड़ श्लोकों वाली रामायण के तीन भाग करते करते एक अनुष्टुप श्लोक बचा रह गया। एक अनुष्टुप छंद के श्लोक में बत्तीस अक्षर होते हैं उसमें दस-दस करके तीनों को दे दिए तो अंत में दो ही अक्षर बचे। यही दो अक्षर राम नाम के हैं। इसमें कितनी वास्तविकता है यह कहना कठिन है। एक करोड़ श्लोकों का विभक्तिकरण करने के उपरांत केवल यदि दो अक्षर बचते हैं और वह हैं र एवं म, तो यह दो शेष बचे अक्षर राम शब्द की ध्वनि कैसे दे सकते हैं। यह दोनों अक्षर तो रम शब्द की ध्वनि है। रम अर्थात किसी में रम जाना। जैसे काम में रम जाना, अध्ययन में रम जाना, प्रेम, भक्ति, शक्ति, रति इत्यादि में रम जाना।

गोस्वामी तुलसीदास कहते हैं - **"महामंत्र जोइ जपत महेसू। कासीं मुकुति हेतु उपदेसू॥"** यह 'राम' नाम महामंत्र है जिसे महेश्वर, भगवान शंकर जपते हैं और उनके द्वारा यह राम नाम उपदेश का काशी में मुक्ति का कारण है। 'र', 'अ ' और 'म' इन तीन अक्षरों के मिलने से यह राम नाम तो हुआ 'महामंत्र' और बाकी दूसरे सभी नाम हुए साधारण मंत्र।

"सप्तकोट्य महामंत्राश्चित्तविभ्रमकारका:। एक एव परो मन्त्रो 'राम' इत्यक्षरद्वयम्॥" सात करोड़ मंत्र हैं। वह चित्त को भ्रमित करने वाले हैं। राम नाम परम मंत्र है। यह सब मंत्रों में श्रेष्ठ मंत्र है। सब मंत्र इसके अंतर्गत आ जाते हैं। कोई भी मंत्र बाहर नहीं रहता। सब शक्तियां इसके अंतर्गत हैं। 'राम' नाम काशी में मरने वालों की मुक्ति का हेतु है।

राम नाम वेदों का प्राण

भगवान् शंकर ने यह दो अक्षर 'रा' और 'म' आपने पास रख लिए। राम अक्षर में ही पूरी रामायण है। पूरा शास्त्र है। राम नाम वेदों के प्राण के सामान है। शास्त्रों का और वर्णमाल का भी प्राण है, प्रणव को वेदों का प्राण माना जाता है ।

प्रणव तीन मात्र वाल ॐ कार पहले ही प्रगट हुआ, उससे त्रिपदा गायत्री बनी और उससे वेदत्रय, ऋग, साम और यजु:, ये तीन प्रमुख वेद बने। इस प्रकार ॐ कार वेदों का प्राण है। राम नाम को वेदों का प्राण माना जाता है, क्योंकि राम नाम से प्रणव होता है। जैसे प्रणव से 'र' निकाल दो तो केवल पणव हो जाएगा अर्थात ढोल हो जायेगा। ऐसे ही ॐ में से 'म' निकाल दिया जाए तो वह शोक का वाचक हो जाएगा। प्रणव में र और ॐ में 'म' कहना आवश्यक है इसलिए राम नाम वेदों का प्राण भी है।

राम नाम का वैज्ञानिक महत्व

वर्तमान आधुनिक चिकित्सा विज्ञान आधारित सत्य यह भी है कि हम 24 घंटों में

लगभग 21,600 श्वास भीतर लेते हैं और 21,600 उच्छावास बाहर फेंकते हैं। इसका संकेत कबीर जी ने इस उक्ति में किया है :-

सहस्र इक्कीस छह सै धागा, निहचल नाकै पोवै।

अर्थात- मनुष्य 21,600 धागे नाक के सूक्ष्म द्वार में पिरोता रहता है। अर्थात प्रत्येक श्वास-प्रश्वास में वह राम का स्मरण करता रहता है। स्कंद पुराण में वेद व्यास महाराज जी कहते हैं कि जो लोग राम-राम मंत्र का उच्चारण करते हैं। उनको कई फायदे होते हैं।

राम नाम के फायदे

राम सिर्फ एक नाम नहीं अपितु एक मंत्र है, जिसका नित्य स्मरण करने से सभी दु:खों से मुक्ति मिल जाती है। राम शब्द का अर्थ है- मनोहर, विलक्षण, चमत्कारी, पापियों का नाश करने वाला व भवसागर से मुक्त करने वाला। 'रामनाम' से आशय विष्णु के अवतार राम की भक्ति से है या फिर निर्गुण निरंकार परम ब्रह्म से। विद्वानों ने शास्त्रों के आधार पर राम के तीन अर्थ निकाले हैं। राम नाम का पहला अर्थ है 'रमन्ते योगिन: यस्मिन् राम:।' यानी 'राम' ही मात्र एक ऐसे हैं,जो योगियों की आध्यात्मिक-मानसिक भूख हैं।

भोजन हैं, आनन्द और प्रसन्नता के स्त्रोत हैं। राम का दूसरा अर्थ है, 'रति महीधर: राम:।', 'रति' का प्रथम अक्षर 'र' है और 'महीधर' का प्रथम अथर 'म', राम। 'रति महीधर:' सम्पूर्ण विश्व की सर्वश्रेष्ठ ज्योतित सत्ता है, जिनसे सभी ज्योतित सत्ताएं ज्योति प्राप्त करती हैं। 'राम' नाम का का तीसरा अर्थ है, 'रावणस्य मरणं राम:'। 'रावण' शब्द का प्रथम अक्षर है 'रा' और 'मरणं' का प्रथम अक्षर है म, राम यानी वह सत्ता, जिसकी शक्ति से रावण मर जाता है।'राम' यह शब्द दिखने में जितना सुंदर है उससे कहीं महत्वपूर्ण है इसका उच्चारण।

'राम' कहने मात्र से शरीर और मन में अलग ही तरह की प्रतिक्रिया होती है, जो हमें आत्मिक शांति देती है। इस शब्द की ध्वनि पर कई शोध हो चुके हैं और इसका चमत्कारिक असर सिद्ध किया जा चुका है इसीलिए कहते भी हैं कि 'राम से भी बढ़कर रामका नाम। हमारे दु:ख कायिक, वाचिक और मानसिक तीन प्रकार के होते हैं। निरन्तर राम-नाम का जप करते रहने से मनुष्य के शरीर व प्राणों का व्यायाम हो जाता है जिससे शरीर स्वस्थ रहता है। नाम का जप करते रहने से मनुष्य अन्य अपशब्दों का उच्चारण नहीं करता है जिससे वाणी शुद्ध हो जाती है।

पवित्र राम-नाम लेते रहने से आसपास का वातावरण शुद्ध हो जाता है, मनुष्य के बुरे विचार और आदतें दूर हो जाती हैं और वह पवित्रता, महानता और उच्च आदर्शों के मार्ग पर चलने लगता है । यही आध्यात्मिक उन्नति धीरे-धीरे हमें स्वास्थ्य, सुख, शान्ति

और संतुलन की ओर ले जाती है। राम नाम के उच्चारण से जीवन में सकारात्मक ऊर्जा का संचार होता है। जो लोग ध्वनि विज्ञान से परिचित हैं वे जानते हैं कि 'राम' शब्द की महिमा अपरंपार है। जब हम 'राम' कहते हैं तो हवा या रेत पर एक विशेष आकृति का निर्माण होता है।

उसी तरह चित्त में भी विशेष लय आने लगती है। जब व्यक्ति लगातार 'राम' नाम जप करता रहता है तो रोम-रोम में राम बस जाते हैं। उसके आसपास सुरक्षा का एक मंडल बनना तय समझो। राम के नाम का असर जबरदस्त होता है। आपके सारे दुःख हरने वाला सिर्फ एकमात्र नाम है - राम।

राम का नाम मंत्र

'र, 'अ' और 'म', इन तीनों अक्षरों के योग से 'राम' मंत्र बनता है। यही राम रसायन है। 'र' अग्निवाचक है। 'अ' बीज मंत्र है। 'म' का अर्थ है ज्ञान। यह मंत्र पापों को जलाता है, किंतु पुण्य को सुरक्षित रखता है और ज्ञान प्रदान करता है। हम चाहते हैं कि पुण्य सुरक्षित रहे, सिर्फ पापों का नाश हो।

'अ' मंत्र जोड़ देने से अग्नि केवल पाप कर्मों का दहन कर पाती है और हमारे शुभ और सात्विक कर्मों को सुरक्षित करती है। 'म' का उच्चारण करने से ज्ञान की उत्पत्ति होती है। हमें अपने स्वरूप का भान हो जाता है। इसलिए 'र', 'अ' और 'म' का जोड़ एक मंत्र बन जाता हैं, 'राम'। 'म' अभीष्ट होने पर यदि हम 'र' और 'अ' का उच्चारण नहीं करेंगे तो अभीष्ट की प्राप्ति नहीं होगी। 'रा' अक्षर के कहते ही निकसत पाप पहार। पुनि भीतर आवत नहिं देत 'म' कार किंवार।। अर्थात् 'रा' अक्षर के कहते ही सारे पाप शरीर से बाहर निकल जाते हैं और वे दुबारा शरीर में प्रविष्ट नहीं हो पाते क्योंकि 'म' अक्षर तुरन्त शरीर के सारे दरवाजे बन्द कर देता है।

राम नाम की विशेषता

राम नाम की विशेषता यह भी है कि वह परमात्मा के निर्गुण स्वरूप की तरह अविनाशी होते हुए उसके सगुण रूप के सामान हमारी पहुँच के अन्दर है, क्योंकि इसके बाहरी वर्णात्मक नाम को बोला या सुना जा सकता है और आन्तरिक धुनात्मक नाम को आन्तरिक प्रकाश और आन्तरिक शब्द के रूप में अन्दर देखा और सुना जा सकता है।

अपनी इस विशेषता के कारण राम-नाम परमात्मा के निर्गुण और सगुण, दोनों रूप की विशेषता का बोध कराता है, इनके पारस्परिक सम्बन्ध या एकता को प्रकट करता है और साथ ही जीवों की मुक्ति का भी एकमात्र साधन सिद्ध होता है जो बन्धन ग्रस्त जीवों

के लिए अत्यंत ही महत्वपूर्ण है। राम-नाम की विशेषता बताते हुए तुलसीदास जी इसकी तुलना एक कुशल दुभाषिये से करते हैं। तुलसीदास कहते हैं :-

"अगुन सगुन बिच नाम सुसाखी। उभय प्रबोधक चतुर दुभाषी।।"

वर्तमान में अध्ययन-अध्यापन की जितनी भी पद्धतियां प्रचलित हैं उनमें राम समाहित हैं। धार्मिक विचारधारा में, आध्यात्मिक ज्ञान में, ज्योतिष शास्त्र में, परंपराओं में, संस्कृत एवं हिंदी व्याकरण में, मंत्रों, यहां तक कि विज्ञान के दृष्टिकोण में भी राम का अस्तित्व दृष्टिगोचर होता है। ऐसे में कैसे न हो राम मेरे आराध्य! यह हर कोई कहता है।

धार्मिक व्याख्या करना अत्यंत कठिन कार्य है। प्रत्येक युग में ईश्वर संबंधी अवधारणाओं में परिवर्तन होता रहा है। मान्यताओं में परिवर्तन के कारण परंपराओं एवं आस्था में भी बदलाव स्वाभाविक है। ऐसा होता रहा है और होता रहेगा।

*

अध्याय - 7

राम कथा

अयोध्या में भारतीय पुरातत्व सर्वेक्षण विभाग द्वारा उत्खनन में प्राप्त प्राचीन अवशेष

अतिप्राचीन काल में अध्ययन और अध्यापन श्रुति व्यवस्था के अंतर्गत संचालित रहा, श्रुति अर्थात सुनकर दोहराना। यह शिक्षा का सशक्त मध्यम था। लेखन कार्य का शुभारंभ नहीं होने से यह व्यवस्था तत्कालीन समाज में भी प्रचलित थी। उपनयन संस्कार के बाद ब्रह्मचर्य समाप्त होता था और गृहस्थ आश्रम का शुभारंभ होने के बाद गुरुकुल में प्राप्त शिक्षा का विस्तार, प्रचार और प्रसार श्रुति पद्धति से किया जाता रहा। यही कारण है कि हमारे पूर्वजों ने बहुत बाद में अपने अनुभव, कथा, विज्ञान विषयों को लिपिबद्ध करना शुरू किया। इसका साधारण-सा अर्थ है कि कथावाचन अत्यंत प्राचीन विधा है। आचार्य वात्स्यायन ने अपने ग्रंथ 'कामसूत्रम्' में 64 कलाओं में कथावाचन को भी स्थान दिया है। कथा कहना एक कला है। श्रेष्ठ कथावाचक उसे माना जाता है जो एक ही कहानी को अलग-अलग उम्र के श्रोताओं को उनकी उम्र के अनुसार प्रस्तुत करे।

उत्पत्ति और विकास चार भागों में विभक्त है। प्रथम भाग में 'प्राचीन रामकथा साहित्य' का विवेचन है। इसके अन्तर्गत पाँच अध्यायों में वैदिक साहित्य और रामकथा, वाल्मीकि कृत रामायण, महाभारत की रामकथा, बौद्ध रामकथा तथा जैन रामकथा संबंधी सामग्री की पूर्ण परीक्षा की गई है। द्वितीय भाग का संबंध रामकथा की उत्पत्ति से है और इसके चार अध्यायों में दशरथ जातक की समस्या, रामकथा के मूल स्रोत के सम्बन्ध में

विद्वानों के मत, प्रचलित वाल्मीकीय रामायण के मुख्य प्रक्षेपों तथा रामकथा के प्रारंभिक विकास पर विचार किया गया है। ग्रंथ के तृतीय भाग में 'अर्वाचीन रामकथा साहित्य का सिंहावलोकन' है। इसमें भी चार अध्याय हैं। पहले और दूसरे अध्याय में संस्कृत के धार्मिक तथा ललित साहित्य में पाई जाने वाली रामकथा सम्बन्धी सामग्री की परीक्षा है। तीसरे अध्याय में आधुनिक भारतीय भाषाओं के रामकथा सम्बन्धी साहित्य का विवेचन है।

हिंदी में लिखित गोस्वामी तुलसीदास कृत रामचरित मानस ने उत्तर भारत में विशेष स्थान पाया। इसके अतिरिक्त भी संस्कृत, गुजराती, मलयालम, कन्नड, असमिया, उर्दू, अरबी, फारसी आदि भाषाओं में राम कथा लिखी गई। महाकवि कालिदास, भास, भट्ट, प्रवरसेन, क्षेमेन्द्र, भवभूति, राजशेखर, कुमारदास, विश्वनाथ, सोमदेव, गुणादत्त, नारद, लोमेश, मैथिलीशरण गुप्त, केशवदास, गुरु गोविंद सिंह, समर्थ गुरु रामदास, संत तुकडोजी महाराज आदि चार सौ से अधिक कवियों ने, संतों ने अलग-अलग भाषाओं में राम तथा रामायण के दूसरे पात्रों के बारे में काव्यों या कविताओं की रचना की है। अनेक भारतीय भाषाओं में भी राम कथा लिखी गई। हिंदी में कम से कम 11, मराठी में 8, बंगला में 25, तमिल में 12, तेलुगु में 5 तथा उडिया में 6 रामायणें मिलती हैं।

इससे हिंदी के अतिरिक्त तमिल, तेलुगु, मलायालम, कन्नड़, बंगाली, काश्मीरी, सिंहली आदि समस्त भाषाओं के साहित्य की छान-बीन की गई है। चौथे अध्याय में विदेश में पाये जाने वाले रामकथा के रूप में सार दिया गया है और इस सम्बन्ध में तिब्बत, खोतान, हिंदेशिया, हिंदचीन, श्याम, ब्रह्मदेश आदि में उपलब्ध सामग्री का पूर्ण परिचय एक ही स्थान पर मिल जाता है। अंतिम तथा चतुर्थ भाग में रामकथा सम्बन्धी एक-एक घटना को लेकर उसका पृथक-पृथक विकास दिखलाया गया है। घटनाएँ कांडक्रम से ली गई हैं अतः यह भाग सात कांडों के अनुसार सात अध्यायों में विभक्त है। उपसंहार में रामकथा की व्यापकता, विभिन्न रामकथाओं की मौलिक एकता, प्रक्षिप्त सामग्री की सामान्य विशेषताएँ, विविध प्रभाव तथा विकास का सिंहावलोकन है।

वर्तमान में प्रचलित बहुत से राम-कथानकों में आर्ष रामायण, अद्भुत रामायण, कृत्तिवास रामायण, बिलंका रामायण, मैथिल रामायण, सर्वार्थ रामायण, तत्वार्थ रामायण, प्रेम रामायण, संजीवनी रामायण, उत्तर रामचरितम्, रघुवंशम्, प्रतिमानाटकम्, कम्ब रामायण, भुशुण्डि रामायण, अध्यात्म रामायण, राधेश्याम रामायण, श्रीराघवेंद्रचरितम् आदि।

भिन्न-भिन्न प्रकार से गिनने पर रामायण तीन सौ से लेकर एक हजार तक की संख्या में विविध रूपों में मिलती हैं। इनमें से संस्कृत में रचित वाल्मीकि रामायण (आर्ष रामायण) सबसे प्राचीन मानी जाती है।

साहित्यिक शोध के क्षेत्र में भगवान राम के बारे में आधिकारिक रूप से जानने का मूल स्रोत महर्षि वाल्मीकि द्वारा रचित रामायण है। इस गौरव ग्रंथ के कारण वाल्मीकि दुनिया के आदि कवि माने जाते हैं। श्रीराम-कथा केवल वाल्मीकीय रामायण तक सीमित न रही बल्कि मुनि व्यास रचित महाभारत में भी 'रामोपाख्यान' के रूप में आरण्यकपर्व (वन पर्व) में यह कथा वर्णित हुई है। इसके अतिरिक्त 'द्रोण पर्व' तथा 'शांतिपर्व' में रामकथा के सन्दर्भ उपलब्ध हैं।

संस्कृत में रामकथा

भारत में स्वातंत्र्योत्तर काल मे संस्कृत में रामकथा पर आधारित अनेक महाकाव्य लिखे गए हैं उनमे रामकीर्ति, रामाश्वमेधीयम्, श्रीमद्भार्गवराघवीयम्, जानकीजीवनम, सीताचरितम्, रघुकुलकथावल्ली, उर्मिलीयम्, सीतास्वयम्बरम्, रामरसायण्, सीतारामीयम्, साकेतसौरभम् आदि प्रमुख हैं। डॉ. भास्कराचार्य त्रिपाठी रचित साकेतसौरभ महाकाव्य रचना शैली और कथानक के कारण वशिष्ठ है। नाग प्रकाशन नई दिल्ली से प्रकाशित ये महाकाव्य संस्कृत-हिन्दी मे समानांतर रूप में है।

बौद्ध दर्शन में राम

बौद्ध परम्परा में श्रीराम से संबंधित दशरथ जातक, अनामक जातक तथा दशरथ कथानक नामक तीन जातक कथाएँ उपलब्ध हैं। रामायण से थोड़ा भिन्न होते हुए भी ये ग्रन्थ इतिहास के स्वर्णिम पृष्ठ हैं। जैन साहित्य में राम कथा सम्बन्धी कई ग्रंथ लिखे गये, जिनमें मुख्य हैं- विमलसूरि कृत 'पउमचरियं' (प्राकृत), आचार्य रविषेण कृत 'पद्मपुराण' (संस्कृत), स्वयंभू कृत 'पउमचरिउ' (अपभ्रंश), रामचंद्र चरित्र पुराण तथा गुणभद्र कृत उत्तर पुराण (संस्कृत)। जैन परम्परा के अनुसार राम का मूल नाम 'पद्म' था। परमार भोज ने भी चंपु रामायण की रचना की थी। बौद्ध परंपरा में श्रीराम संबंधित दशरथ जातक, अनामक जातक तथा दशरथ कथानक नामक तीन जातक कथाएं उपलब्ध हैं। रामायण से थोड़ा भिन्न होते हुए भी वे इतिहास के स्वर्णिम पृष्ठ हैं।

जैन दर्शन में राम

जैन साहित्य में राम कथा संबंधी कई ग्रंथ लिखे गए। जिनमें प्रमुख हैं - विमलसूरिकृत पदमचरित्र (प्राकृत), रविषेणाचार्यकृतपद्म पुराण (संस्कृत), स्वयंभू कृत पदमचरित्र (अपभ्रंश), रामचंद्र चरित्र पुराण तथा गुणभद्रकृतउत्तर पुराण (संस्कृत)। जैन परंपरा के अनुसार राम का मूल नाम पदम था।

अनेक भाषाओं में रामकथा

राम कथा अन्य अनेक भारतीय भाषाओं में भी लिखी गयीं। हिन्दी में कम से कम 11, मराठी में 8, बाङ्ला में 25, तमिल में 12, तेलुगु में 12 तथा उड़िया में 6 रामायणें मिलती हैं। हिंदी में लिखित गोस्वामी तुलसीदास कृत रामचरित मानस ने उत्तर भारत में विशेष स्थान पाया। इसके अतिरिक्त भी संस्कृत,गुजराती, मलयालम, कन्नड, असमिया, उर्दू, अरबी, फारसी आदि भाषाओं में राम कथा लिखी गयी। महाकवि कालिदास, भास, भट्ट, प्रवरसेन, क्षेमेन्द्र, भवभूति, राजशेखर, कुमारदास, विश्वनाथ, सोमदेव, गुणादत्त, नारद, लोमेश, मैथिलीशरण गुप्त, केशवदास, समर्थ रामदास, संत तुकडोजी महाराज आदि चार सौ से अधिक कवियों तथा संतों ने अलग-अलग भाषाओं में राम तथा रामायण के दूसरे पात्रों के बारे में काव्यों/कविताओं की रचना की है। स्वामी करपात्री ने 'रामायण मीमांसा' की रचना करके उसमें रामगाथा को एक वैज्ञानिक आयामाधारित विवेचन दिया। वर्तमान में प्रचलित बहुत से राम-कथानकों में आर्ष रामायण, अद्भुत रामायण, कृत्तिवास रामायण, बिलंका रामायण, मैथिल रामायण, सर्वार्थ रामायण, तत्वार्थ रामायण, प्रेम रामायण, संजीवनी रामायण, उत्तर रामचरितम्, रघुवंशम्, प्रतिमानाटकम्, कम्ब रामायण, भुशुण्डि रामायण, अध्यात्म रामायण, राधेश्याम रामायण, श्रीराघवेंद्रचरितम्, मन्त्र रामायण, योगवाशिष्ठ रामायण, हनुमन्नाटकम्, आनंद रामायण, अभिषेकनाटकम्, जानकीहरणम् आदि मुख्य हैं।

वर्तमान में रामायण

संस्कृत भाषा में वाल्मीकि कृत रामायण, योगवासिष्ठ या 'वशिष्ठ रामायण' भी वाल्मीकि कृत मानी जाती है।

'अध्यात्म रामायण' - वेद व्यास, 'आनन्द रामायण' - वाल्मीकि, 'अगस्त्य रामायण' - वाल्मीकि, 'अद्भुत रामायण' - वाल्मीकि, 'रघुवंश' - कालिदास उल्लेखनीय हैं।

हिंदी भाषा

हिन्दी और अवधी भाषा में भी अनेक पुस्तकें उपलब्ध हैं। यथा - 'रामचरितमानस' हिन्दी-अवधी, 'राधेश्याम रामायण' - हिन्दी, 'पउमचरिउ या पद्मचरित' (जैनरामायण), अपभ्रंश (विमलसूरि कृत) में हैं।

गुजराती भाषा

इनके अतिरिक्त गुजराती भाषा में रावण मंदोदरी संवाद - श्रीधर, रामप्रबंध - मीठा, रामायणपुराण - स्वयंभूदेव, राम बालचरित - भालण, रामविवाह - भालण, रामायण -

नाकर, लवकुशाख्यान - भालण, रामायण - कहान, रामायण-उद्धव, रामायण-विष्णुदास, अंगदविष्टि-विष्णुदास, लवकुशाख्यान-विष्णुदास, रामविवाह-वैकुंठ, सीतानो सोहलो-तुलसी, परशुराम आख्यान-शिवदास, महीरावण आख्यान-राणासुत, सीतास्वयंवर-हरिराम, सीतानां संदेशा-वजियो, रणजंग-वजियो, सीतावेल-वजियो, सीतानो संदेशो-मंडण, रावण मंदोदरी संवाद- प्रभाशंकर, रामचरित्र-देवविजयगणि, रामरास-चन्द्रगणि, अंजनासुंदरीप्रबंध-गुणशील, सीताराम रास-बाल कवि, अंगदविष्टि-कनकसुंदर, रामसीताप्रबंध-समयसुंदर, रामयशोरसायन-केशराज, सीताविरह-हरिदास, सीताहरण-जयसागर, सीताहरण-कर्मण, रामायण-प्रेमानंद, ऋषिश्रृंग आख्यान-प्रेमानंद, रणयज्ञ-प्रेमानंद, गुजराती योगवासिष्ठ-रामभक्त, रावण मंदोदरी संवाद-शामलभट्ट, अंगदविष्टि-शामलभट्ट, सीतास्वयंवर - कालीदास, सीतामंगल-पुरीबाई, सीतानी कांचली-कृष्णाबाई, सीताविवाह-कृष्णाबाई, रामकथा-राजाराम, रामविवाह-वल्लभ, रामचरित्र-रणछोड, सीताना बारमास-रामैया, रामायण-गिरधर, राम बालकिया आज उपलब्ध हैं।

ओड़िया भाषा

जगमोहन रामायण या दाण्डि रामायण या ओड़िआ रामायण : बळराम दास, बिशि रामायण : बिश्वनाथ खुण्टिआ, सुचित्र रामायण : हरिहर, कृष्ण रामायण : कृष्ण चरण पट्टनायक, केशब रामायण : केशब पट्टनायक, रामचन्द्र बिहार : चिन्तामणी, रघुनाथ बिळास : धनंजय भंज, बैदेहीशबिळास : उपेन्द्र भंज, नृसिंह पुराण : पीताम्बर दास, रामरसामृत सिन्धु : काह्नु दास, रामरसामृत : राम दास, रामलीळा : पीताम्बर राजेन्द्र, बाळ रामायण : बळराम दास, बिलंका रामायण : भक्त कवि शारलादास आदि उपलब्ध हैं।

तेलुगु भाषा

भास्कर रामायण, रंगनाथ रामायण, रघुनाथ रामायणम्, भास्कर रामायण, भोल्ल रामायण आदि उपलब्ध हैं।

कन्नड भाषा

कुमुदेन्दु रामायण, तोरवे रामायण, रामचन्द्र चरित पुराण, बत्तलेश्वर रामायण आदि उपलब्ध हैं।

अन्य भाषाओं में रामकथा

कथा रामायण, असमिया में, कृत्तिवास रामायण, बांग्ला में, सिलहटी रामायण, सिलहटी में, भावार्थ रामायण, मराठी में, रामावतार या गोबिन्द रामायण, पंजाबी में गुरु गोबिन्द सिंह द्वारा रचित, रामावतार चरित, कश्मीरी में, रामचरितम, मलयालम में,

रामावतारम् या कंबरामायण, तमिल में, मन्त्र रामायण, गिरिधर रामायण, चम्पू रामायण (राजा भोज), आर्ष रामायण या आर्प रामायण, अनामक जातक, बौद्ध परम्परा, दशरथ जातक, बौद्ध परंपरा में, दशरथ कथानक, बौद्ध परंपरा में, रामायण, मैथिली आदि सर्वविदित हैं। दक्षिण के क्रांतिकारी पेरियार रामास्वामी व ललई सिंह यादव की रामायण भी मान्यता प्राप्त है।

संस्कृत नाटक

राम कथा ग्रंथों के अतिरिक्त नाटकों में भी उल्लिखित है। नाट्य रूपांतरण भी हुआ है। संभवतः नाटकों में लोकप्रिय होने के उपरांत ही देश विदेश में रामलीला का मंचन शुरू हुआ होगा।

प्रतिमा नाटक - भास

प्रतिमानाटक सात अंकों का नाटक है। जिसमें भास ने राम वनगमन से लेकर रावणवध तथा राम राज्याभिषेक तक की घटनाओं को स्थान दिया है। महाराज दशरथ की मृत्यु के उपरान्त ननिहाल से लौट रहे भरत अयोध्या के पास मार्ग में स्थित देवकुल में पूर्वजों की प्रतिमायें देखते हैं। वहाँ दशरथ की प्रतिमा देखकर वे उनकी मृत्यु का अनुमान कर लेते हैं। प्रतिमा दर्शन की घटना प्रधान होने से इसका नाम प्रतिमा नाटक रखा गया है।

अभिषेक नाटक - भास

यह भी रामकथा पर आश्रित है। इसमें छः अंक हैं। इसमें रामायण के किष्किंधाकाण्ड से युद्धकाण्ड की समाप्ति तक की कथा अर्थात् बालिवध से राम राज्याभिषेक तक की कथा वर्णित है। रामराज्याभिषेक के आधार पर ही इसका नामकरण किया गया है।

महावीरचरित - भवभूति

जिसमें रामविवाह से लेकर राज्याभिषेक तक की कथा निबद्ध की गई है। कवि ने कथा में कई काल्पनिक परिवर्तन किए हैं जिनसे चिरपरिचित रामकथा में रोचकता आ गई है। यह वीररस प्रधान नाटक है।

उत्तररामचरित - भवभूति

इसमें सात अंकों में राम के उत्तर जीवन को, जो अभिषेक के बाद आरंभ होता है, चित्रित किया गया है जिसमें सीता निर्वासन की कथा मुख्य है। अंतर यह है कि रामायण में जहाँ इस कथा का पर्यवसान (सीता का अंतर्धान) शोकपूर्ण है, वहाँ इस नाटक की समाप्ति

राम सीता के सुखद मिलन से की गई है।

इन नाटकों के अतिरिक्त अन्य नाटक हैं - यज्ञफल नाटक- भास, कुन्दमाला नाटक- दिंन्नाग, जनकजान्दम्- कलय लक्ष्मी नृसिंह, छलितराम, रामाभ्युदय- यशोवर्मन, रामाभ्युदय- रामदेव व्यास, स्वप्नदशानन- भीमट, मैथिलीकल्याणम्- हस्तिमल्ल, उदात्त राधव- अनंगहर्ष, आश्चर्य चूड़ामणि- शक्तिभद्र, कृत्यारावण, मायापुष्पक, रामचरित, रामान्द- श्रीगदित, अनर्धराधव- मुरारी, बालरामायण-राजशेखर, अभिनवराधव- क्षीरस्वामी, वालीवधम्, मारीचावंचिक, प्रसन्नराघव- जयदेव, रघुविलास-रामचन्द्रसूरि, राधवाभ्युदय- रामचन्द्रसूरि, राधवाभ्युदय-गंगाधर, राधवाभ्युदय-भगवान राया, राधवाभ्युदय- वेंकटेश्वर, जानकीराधव- रामसिंह, रामविक्रम, दूतांगद- सुभट, दूतांगद- रामचन्द्र, अमोधराधव, अभिरामराधव, उल्लाधराधव- सोमेश्वर, उन्मत्तराधव- भास्कर, उन्मत्तराधव- महादेव, आनंदराधव- राजचूडामणि, अभिराममणि- सुंदरमिश्र, अद्भूतदर्पण- महादेव, जानकीपरिणय- रामभद्र, दिक्षित, राघवान्द- वेंकटेश्वर आदि नाटकों में रामकथा समाहित है।

महानाटक

अकबर ने नवम्बर 1588 में सचित्र रामायण का फारसी भाषा मे अनुवाद पूर्ण करवाया था। जो जयपुर महल संग्रहालय में सुरक्षित हैं। इस रामायण में कुल 365 पृष्ठ हैं।

मुगल रामायण

कतार के दोहा में भी मुगल रामायण हैं, जो अकबर की मां हमीदा बानु बेगम के लिए बनाई गई थीं। यह पुस्तक 16 मई,1594 को पूर्ण हुए थीं।

अनुवाद

अब्दुल रहीम ने भी सचित्र रामायण का अनुवाद करवाया था। वर्तमान समय में 'फ्रिर गेलेरी ओफ आर्ट' वाशिंगटन में सुरक्षित हैं। इस रामायण के मुख्य चित्रकार श्याम सुंदर हैं।

योगवासिष्ठ रामायण

'चेस्टर बेट्टी लाइब्रेरी', डबलिन में एक लघु योगवासिष्ठ रामायण हैं, जो अकबर और जहाँगीर की हैं। इस रामायण में 41 चित्र हैं।

विदेशों में रामकथा

विश्व साहित्य में इतने विशाल एवं विस्तृत रूप से विभिन्न देशों में विभिन्न कवियों एवं लेखकों द्वारा राम के अलावा किसी और चरित्र का इतनी श्रद्धा से वर्णन न किया

गया। विदेशों में भी तिब्बती रामायण, पूर्वी तुर्किस्तान की खोतानी रामायण, इंडोनेशिया की ककबिनरामायण, जावा का सेरतराम, सैरीराम, रामकेलिंग, पातानीरामकथा, इण्डोचायनाकी रामकेर्ति (रामकीर्ति), खमैररामायण, बर्मा (म्यांम्मार) की यूतोकी रामयागन, थाईलैंड की रामकियेन आदि रामचरित्र का बखूबी बखान करती है। इसके अलावा विद्वानों का ऐसा भी मानना है कि ग्रीस के कवि होमर का प्राचीन काव्य इलियड, रोम के कवि नोनस की कृति डायोनीशिया तथा रामायण की कथा में अद्भुत समानता है। इसका विस्तृत विवरण एक अन्य अध्याय 'विश्वव्यापी राम कथा' में दिया गया है।

इसके अलावा विद्वानों का ऐसा भी मानना है कि ग्रीस के कवि होमरका प्राचीन काव्य इलियड रोम के कवि नोनसकी कृति डायोनीशिया तथा रामायण की कथा में अद्भुत समानता है। वाल्मीकि कृत रामायण के भारतीय भाषाओं में अनेक संस्करण उपलब्ध है। इनके अतिरिक्त विदेशों में भी रामकथा अनेक भाषाओं में उपलब्ध है। यथा -

नेपाली भाषा :-

भानुभक्तकृत रामायण, सुन्दरानन्द रामायण, आदर्श राघव, नेपालभाषा : सिद्धिदास महाजु आदि।

कंबोडिया भाषा :-

रामकर

तिब्बती भाषा :-

तिब्बती रामायण

पूर्वी तुर्किस्तान :-

खोतानीरामायण

इंडोनेशिया :-

ककबिनरामायण

जावा :-

सेरतराम, सैरीराम, रामकेलिंग, पातानीरामकथा,

इण्डोचायना :-

रामकेर्ति या रामकीर्ति, खमैररामायण

बर्मा (म्यांम्मार):-

यूतोकी रामयागन, राम वथ्थु, महाराम आदि,

थाईलैंड : -

रामकियेन

श्रीरामचरित मानस और मॉरीशस

श्रीरामचरितमानस से मॉरीशस टापू का बहुत गहरा सम्बन्ध है। मॉरीशस की तुलना अमेरिकी लेखक मार्क ट्वेन ने स्वर्ग से की थी। क्योंकि मॉरीशस संस्कारों की धरती है। यहाँ हर कौम के लोग, हिंदू, मुस्लिम, ईसाई, सभी एक-दूसरे के पर्व-त्योहारों में समान रूप से भाग लेते हैं। फिर चाहे वह दीपावली, ईद या क्रिस्मस हो।

यहां यह कहना औचित्यहीन नहीं होगा कि राम कथा किसी-न-किसी रूप में हर भूखंड पर अपना अस्तित्व बनाए हुए है। कथानक एक समान ज्ञात होता है। प्रसंग भिन्न हो सकते हैं। संवाद में विविधता है सकती है। स्थान विशेष के नामों में अंतर हो सकता है। घटनाक्रम आगे पीछे हो सकते हैं किंतु विषय वस्तु महर्षि वाल्मीकि कृत रामायण पर ही आधारित है।

*

अध्याय - 8

मर्यादा पुरुषोत्तम राम

अयोध्या में भारतीय पुरातत्व सर्वेक्षण विभाग द्वारा उत्खनन में प्राप्त प्राचीन अवशेष

वाल्मीकि कृत रामायण में राम के सत्रह गुण बताए गए हैं। आज हम यह कह सकते हैं कि यह सत्रह गुण किसी भी व्यक्ति के व्यक्तित्व को निखारने और विकसित करने में सक्षम हैं। इसका अभिप्राय यह हुआ कि लोगों में नेतृत्व क्षमता बढ़ाने व किसी भी क्षेत्र में अगुवाई करने के लिए यह गुणसूत्र अहम भूमिका अदा करते हैं। वाल्मीकि जी ने नारद जी से प्रश्न किया - "सम्प्रति इस लोक में ऐसा कौन मनुष्य है जो गुणवान, वीर्यवान, धर्मज्ञ, कृतज्ञ, सत्यवादी और दृढ़व्रत होने के साथ-साथ सदाचार से युक्त हो। जो सब प्राणियों का हितकारक हो, साथ ही विद्वान, समर्थ और प्रियदर्शन हो।" इस प्रश्न का उत्तर देते हुए नारद बोले -

कोऽन्वस्मिन् साम्प्रतं लोके गुणवान् कश्च वीर्यवान्।
धर्मज्ञश्च कृतज्ञश्च सत्यवाक्यो दृढव्रतः।।

(वाल्मीकि कृत रामायण, बालकाण्ड,प्रथम अध्याय, प्रथम सर्ग, 2)

अर्थात, इक्ष्वाकु वंश में उत्पन्न राम में यह सभी गुण हैं। राम के सोलह गुण, एक आदर्श पुरुष में होने चाहिए। यथा- गुणवान्, वीर्यवान् (वीर), धर्मज्ञ (धर्म को जानने वाला), कृतज्ञ (दूसरों द्वारा किये हुए अच्छे कार्य को न भूलने वाला), सत्यवाक्य (सत्य बोलने वाला), दृढव्रत (दृढ व्रती), चरित्रवान्, सर्वभूतहितः (सभी प्राणियों के हित करने वाला), विद्वान्, समर्थ, सदैव प्रियदर्शन (सदा प्रियदर्शी), आत्मवान् (धैर्यवान), जितक्रोध (जिसने क्रोध को जीत लिया हो), द्युतिमान् (कान्तियुक्त), अनसूयक (ईर्ष्या को दूर रखने वाला) और बिभ्यति देवाश्च जातरोषस्य संयुगे (जिसके रुष्ट होने पर युद्ध में देवता भी भयभीत हो जाते हैं)।

चारित्रेण च को युक्तः सर्वभूतेषु को हितः।
विद्वान् कः कः समर्थश्च कश्चैकप्रियदर्शनः॥

(वाल्मीकि कृत रामायण, बालकाण्ड, प्रथम अध्याय, प्रथम सर्ग, 3)

अर्थात, सदाचार से युक्त समस्त प्राणियों का हितसाधक, विद्वान्, सामर्थ्यशाली और एकमात्र प्रियदर्शन पुरुष कौन है ?

आत्मवान् को जितक्रोधो द्युतिमान् कोऽनसूयकः।
कस्य बिभ्यति देवाश्च जातरोषस्य संयुगे ॥

(वाल्मीकि कृत रामायण, बालकाण्ड, प्रथम अध्याय, प्रथम सर्ग, 4)

अर्थात, मन पर अधिकार रखने वाला, क्रोध को जीतने वाला, कान्तिमान् और किसी की भी निन्दा नहीं करनेवाला कौन है? तथा संग्राम में कुपित होने पर किससे देवता भी डरते हैं ?

एतदिच्छाम्यहं श्रोतुं परं कौतूहलं हि मे।
महर्षे त्वं समर्थोऽसि ज्ञातुमेवंविधं नरम्॥

(वाल्मीकि कृत रामायण, बालकाण्ड, प्रथम अध्याय, प्रथम सर्ग, 5)

अर्थात, महर्षे! मैं यह सुनना चाहता हूँ। इसके लिये मुझे बड़ी उत्सुकता है और आप ऐसे पुरुष को जानने में समर्थ हैं।

श्रुत्वा चैतत्त्रिलोकज्ञो वाल्मीकेर्नारदो वचः।
श्रूयतामिति चामन्त्र्य प्रहृष्टो वाक्यमब्रवीत्॥

(वाल्मीकि कृत रामायण, बालकाण्ड,क्षप्रथम अध्याय, प्रथम सर्ग, 6)

अर्थात, महर्षि वाल्मीकि के इस वचन को सुनकर तीनों लोकों का ज्ञान रखने वाले नारद जी ने उन्हें सम्बोधित करके कहा, अच्छा सुनिये और फिर प्रसन्नतापूर्वक बोले :-

बहवो दुर्लभाश्चैव ये त्वया कीर्तिता गुणाः।
मुने वक्ष्याम्यहं बुद्ध्वा तैर्युक्तः श्रूयतां नरः॥

(वाल्मीकि कृत रामायण, बालकाण्ड, प्रथम अध्याय, प्रथम सर्ग, 7)

अर्थात, मुने! आपने जिन बहुत से दुर्लभ गुणों का वर्णन किया है। उनसे युक्त पुरुष को मैं विचार करके कहता हूँ, आप सुनें -

इक्ष्वाकुवंशप्रभवो रामो नाम जनैः श्रुतः।
नियतात्मा महावीर्यो द्युतिमान् धृतिमान् वशी॥

(वाल्मीकि कृत रामायण, बालकाण्ड, प्रथम अध्याय, प्रथम सर्ग, 8)

अर्थात, इक्ष्वाकु के वंश में उत्पन्न हुए एक ऐसे पुरुष हैं। जो लोगों में राम नाम से विख्यात हैं। वे ही मन को वश में रखने वाले, महाबलवान्, कान्तिमान्, धैर्यवान् और जितेन्द्रिय हैं।

बुद्धिमान् नीतिमान् वाग्मी श्रीमाञ्छत्रुनिबर्हणः।
न विपुलांसो महाबाहुः कम्बुग्रीवो महाहनुः॥

(वाल्मीकि कृत रामायण, बालकाण्ड, प्रथम अध्याय, प्रथम सर्ग, 9)

अर्थात, वे बुद्धिमान्, नीतिज्ञ, वक्ता, शोभायमान तथा शत्रु संहारक हैं। उनके कंधे मोटे और भुजाएँ बड़ी-बड़ी हैं। ग्रीवा शंख के समान और ठोढ़ी मांसल है।

महोरस्को महेष्वासो गूढजत्रुररिन्दमः।
आजानुबाहुः सुशिराः सुललाटः सुविक्रमः॥

(वाल्मीकि कृत रामायण, बालकाण्ड, प्रथम अध्याय, प्रथम सर्ग, 10)

अर्थात, उनकी छाती चौड़ी तथा धनुष बड़ा है। गले के नीचे की हड्डी (हँसली) मांस से छिपी हुई है। वह शत्रुओं का दमन करने वाले हैं। भुजाएँ घुटने तक लम्बी हैं, मस्तक सुन्दर है, ललाट भव्य और चाल मनोहर है।

समः समविभक्ताङ्गः स्निग्धवर्णः प्रतापवान्।
पीनवक्षा विशालाक्षो लक्ष्मीवाञ्छुभलक्षणः॥

(वाल्मीकि कृत रामायण, बालकाण्ड, प्रथम अध्याय, प्रथम सर्ग, 11)

अर्थात, उनका शरीर मध्यम और सुडौल है। देह का रंग चिकना है। वह बड़े प्रतापी हैं। उनका वक्षःस्थल भरा हुआ है, आँखें बड़ी-बड़ी हैं। वे शोभायमान और शुभ लक्षणों से सम्पन्न हैं।

धर्मज्ञः सत्यसंधश्च प्रजानां च हिते रतः।
यशस्वी ज्ञानसम्पन्नः शुचिर्वश्यः समाधिमान्॥

(वाल्मीकि कृत रामायण, बालकाण्ड, प्रथम अध्याय, प्रथम सर्ग, 12)

अर्थात, धर्म के ज्ञाता,सत्यप्रतिज्ञ तथा प्रजा के हित साधन में लगे रहने वाले हैं। वे यशस्वी, ज्ञानी, पवित्र, जितेन्द्रिय और मन को एकाग्र रखने वाले हैं

भरोसा नए प्रजापतिसमः श्रीमान् धाता रिपुनिषूदनः।
रक्षिता जीवलोकस्य धर्मस्य परिरक्षिता॥

(वाल्मीकि कृत रामायण, बालकाण्ड, प्रथम अध्याय, प्रथम सर्ग, 13)

अर्थात, प्रजापति के समान पालक, श्रीसम्पन्न, वैरिविध्वंसक और जीवों तथा धर्म के रक्षक हैं।

रक्षिता स्वस्य धर्मस्य स्वजनस्य च रक्षिता।
वेदवेदाङ्गतत्त्वज्ञो धनुर्वेदे च निष्ठितः॥

(वाल्मीकि कृत रामायण, बालकाण्ड, प्रथम अध्याय, प्रथम सर्ग, 14)

अर्थात, स्वधर्म और स्वजनों के पालक, वेद-वेदांगों के तत्त्ववेत्ता तथा धनुर्वेद में प्रवीण हैं।

सर्वशास्त्रार्थतत्त्वज्ञः स्मृतिमान् प्रतिभानवान्।
सर्वलोकप्रियः साधुरदीनात्मा विचक्षणः॥

(वाल्मीकि कृत रामायण, बालकाण्ड, प्रथम अध्याय, प्रथम सर्ग, 15)

अर्थात, वह अखिल शास्त्रों के तत्त्वज्ञ, स्मरण शक्ति से युक्त और प्रतिभा सम्पन्न हैं। अच्छे विचार और उदार हृदय वाले वे राम से बातचीत करने में चतुर तथा समस्त लोकों में प्रिय हैं।

सर्वदाभिगतः सद्भिः समुद्र इव सिन्धुभिः।
प्रियदर्शनः आर्यः सर्वसमश्चैव सदैव॥

(वाल्मीकि कृत रामायण, बालकाण्ड, प्रथम अध्याय, प्रथम सर्ग, 16)

अर्थात, जैसे नदियाँ समुद्र में मिलती हैं, उसी प्रकार सदा राम से वे आर्य एवं सब में साधु पुरुष मिलते रहते हैं समान भाव रखने वाले हैं। उनका दर्शन सदा ही प्रिय मालूम होता है।

स च सर्वगुणोपेतः समुद्र इव गाम्भीर्ये धैर्येण हिमवानिव॥

(वाल्मीकि कृत रामायण, बालकाण्ड, प्रथम अध्याय, प्रथम सर्ग, 17)

अर्थात, सम्पूर्ण गुणों से युक्त वे राम अपनी माता कौसल्या के आनन्द बढ़ाने वाले हैं। गम्भीरता में समुद्र और धैर्य में हिमालय के समान हैं।

विष्णुना सदृशो वीर्ये सोमवत्प्रियदर्शनः।
कालाग्निसदृशः क्रोधे क्षमया पृथिवीसमः॥ 18 ॥
धनदेन समस्त्यागे सत्ये धर्म इवापरः।

(वाल्मीकि कृत रामायण, बालकाण्ड, प्रथम अध्याय, प्रथम सर्ग, 18)

अर्थात, वे विष्णु भगवान् के समान बलवान् हैं। उनका दर्शन चन्द्रमा के समान मनोहर प्रतीत होता है। वे क्रोध में कालाग्नि के समान और क्षमा में पृथिवी के सदृश हैं, त्याग में कुबेर और सत्य में द्वितीय धर्मराज के समान हैं ॥ १८३ ॥

तमेवंगुणसम्पन्नं रामं सत्यपराक्रमम्॥
ज्येष्ठं ज्येष्ठगुणैर्युक्तं प्रियं दशरथः सुतम्।
(वाल्मीकि कृत रामायण, बालकाण्ड, प्रथम अध्याय, प्रथम सर्ग, 19)

प्रकृतीनां हितैर्युक्तं प्रियकाम्यया॥
यौवराज्येन संयोक्तुमैच्छत् प्रीत्या महीपतिः।
(वाल्मीकि कृत रामायण, बालकाण्ड, प्रथम अध्याय, प्रथम सर्ग, 20)

अर्थात, इस प्रकार उत्तम गुणों से युक्त और सत्य पराक्रम वाले सद्गुणशाली अपने प्रियतम ज्येष्ठ पुत्र को, जो प्रजा के हित में संलग्न रहने वाले थे। प्रजावर्ग का हित करने की इच्छा से राजा दशरथ ने प्रेमवश युवराज पद पर नियुक्त किया।

महर्षि वाल्मीकि ने रामायण में राम के स्वरूप और स्वभाव को इस तरह से वर्णित किया है। राम इतिहास पुरुष हैं। यह स्वीकार करने में कोई आपत्ति नहीं होनी चाहिए। अपने युग में राम ने मानव समुदाय के सुखद भविष्य हेतु अपना वर्तमान निछावर कर दिया। तत्कालीन समय में पृथ्वी पर एक ऐसा समूह था जो विज्ञान और वैज्ञानिकों के विरुद्ध कार्य कर रहा था। ऋषिगण मानव जीवन को वैज्ञानिक आधार देने के लिए प्रयासरत थे। एक ऐसी जीवनशैली देने के लिए तत्पर थे जो मानव को सुखानुभूति दे। इसके लिए तप और तपस्या शब्दों का प्रयोग किया गया था। तप अर्थात तत्परता। तत्परता से कार्य संपन्न करना। यह तत्परता तभी संभव थी जब तपस्या एक निश्चित परिपाटी के तहत होगी। तो तपस्या का साधारण अर्थ यह हुआ कि मनुष्य किसी भी विषय पर गंभीरता से चिंतन मनन करें। उसके गुण-दोष की परख कर मानव समुदाय को प्रदान करे। यह विधि-विधान अशिक्षित और वनों में रहने वाले संकुचित मानसिकता वाले मानवों को स्वीकार नहीं था। परिणामस्वरूप ऐसे वर्ग ने महर्षियों, ऋषियों और अनुसंधान कार्यों में संलग्न महान विभूतियों के कार्य में विघ्न डालना शुरू किया। राम न मर्यादा में रहकर उनका समूल विनाश करने का संकल्प लिया। राम से पूर्व महामानव अतिविद्वान प्रकांड पंडित दशानन ने ब्रह्मा जी से आशीर्वाद और आज्ञा प्राप्त कर तत्कालीन सभी तथाकथित आतंकवादियों को अपने अधीन कर एक आदर्श वाक्य दिया था - वयंम रक्षाम। अर्थात - मैं तुम्हारी रक्षा करूंगा। दशानन ने उन सभी को सीमित कर दिया। इसके बदले में दशानन ने उन सभी से 'कर' लिया। दशानन ने ब्रह्मा जी के आदेश पर यह कार्य तो संपन्न कर दिया लेकिन उसे मोक्ष कैसे प्राप्त होगा ? यह यक्ष

प्रश्न खड़ा हो गया। दशानन ने पृथ्वी पर उपस्थित समस्त आतंकवादियों को वश में करने और उनसे अवध्य होने का वरदान लिया था।

सुपर्णनागयक्षाणां दैत्यदानवरक्षसाम्।
अवध्योऽहं प्रजाध्यक्ष देवतानां च शाश्वत।।

(वाल्मीकि कृत रामायण, उत्तर काण्ड, 10/19)

अर्थात, सनातन प्रजापते! मैं गरुड़, नाग, यक्ष, दैत्य, दानव, राक्षस तथा देवताओं के लिये अवध्य हो जाऊँ। ब्रह्मा जी ने (वाल्मीकि कृत रामायण, उत्तर काण्ड, 10/22) ने दशानन को कहा - "तुम्हारा वचन सत्य होगा।" दशानन मानव जाति को शांतिप्रिय और तुच्छ समझता था। यह बात सभी देवता जानते थे। दो बड़े मानव जाति के साम्राज्य थे- अयोध्या में दशरथ और राजा जनक का साम्राज्य। दशानन ने ब्रह्मा जी को भ्रम में रखते हुए मानव जाति से अवध्य होने का वरदान नहीं मांगा। यह तथ्य बहुत कम लोग जानते हैं कि दशानन प्रकांड ज्योतिषाचार्य और आयुर्वेद आचार्य था। उसने अपनी मृत्यु तिथि स्वयं निर्धारित कर ऐसा राजनीतिक प्रपंच रचा की राम लंका की ओर अग्रसर हो गए। दशानन को मोक्ष देने के उपरांत ही मानव जाति के पुरुषों में सर्वोत्तम की उपाधि प्राप्त कर राम 'पुरुषोत्तम' कहलाए।

*

अध्याय - 9

लोकनायक राम

सीता के लक्ष्मण रेखा से बाहर आते ही रावण ने उनका अपहरण कर पुष्पक विमान में बैठाकर लंका ले जाने लगा तब सीता ने उच्च स्वर में राम और लक्ष्मण को पुकारा। सुरक्षा की गुहार लगायी। जटायु नामक एक विशाल गिद्ध ने रावण से युद्ध किया। बलशाली रावण ने अपने अमोघ खड्ग से जटायु के दोनों पंख काट दिया। जटायु नि:सहाय होकर पृथ्वी पर गिर पड़ा। रावण पुष्पक विमान में सीता जी को लेकर आगे बढ़ने लगता है। सीता जी ने वायुमार्ग से जाते समय अपने आभूषणों को धरती पर फेंके। राम और लक्ष्मण सीता की खोज में दर-दर भटक रहे थे। तब उनकी भेंट हनुमान और सुग्रीव नामक दो वानरों से हुई। यह कथा हम सभी बचपन से सुनते आ रहे हैं। रामलीला में देखते हैं। इसके उपरान्त हमें राम का एक अलग चरित्र दृष्टिगोचर होता है।

रावण का वध

भवानराव बाळासाहेब पंतप्रतिनिधी अपनी पुस्तक 'रावण का वध' में उल्लेख करते हैं- "रामायण में सीता के खोज में सीलोन या लंका या श्रीलंका जाने के लिए 48 किलोमीटर लम्बे 3 किलोमीटर चोड़े पत्थर के सेतु का निर्माण करने का उल्लेख प्राप्त होता है, जिसको रामसेतु कहते हैं।" सीता को को पुनः प्राप्त करने के लिए राम ने हनुमान, विभीषण और वानर सेना की सहायता से रावण के सभी बंधु-बांधवों और उसके वंशजों को पराजित किया तथा लौटते समय विभीषण को लंका का राजा बनाकर अच्छे शासक बनने के लिए मार्गदर्शन किया।

अयोध्या वापसी

राम ने रावण को युद्ध में परास्त किया। लंका राजा विहिन नहीं रहे उसे ध्यान में रखते रावण के छोटे भाई विभीषण को लंका का राजा बना दिया।

अयोध्या वापसी और राज्याभिषेक

राम, सीता, लक्ष्मण और कुछ वानर जन पुष्पक विमान से अयोध्या की ओर प्रस्थान किये। वहां सबसे मिलने के बाद राम और सीता का अयोध्या में राज्याभिषेक हुआ। पूरा राज्य कुशल समय व्यतीत करने लगा।

भारत के ही नहीं बल्कि हजारों वर्ष के विश्व इतिहास में अनेक महापुरुषों के चरित्र ने जनमानस को प्रभावित किया, उनमें राम का नाम प्रमुखता लिया जाता है। राम से पूर्व हमें ब्रह्मा, विष्णु और महेश के साथ अनेक महर्षियों, ऋषियों और अन्य देवियों के नाम मिलते हैं। इन सभी ने विश्व के मानव समुदाय को न केवल वैज्ञानिक जीवनशैली दी अपितु ज्ञान का वह भंडार दिया जिसके बल पर आज संपूर्ण विश्व के वैज्ञानिक नवीनतम अन्वेषण में व्यस्त हैं। बाइबल में लिखा है कि 'राम के युग में सारे संसार में एक ही भाषा व वाणी थी। उस समय हिंदू, मुस्लिम, ईसाई, यहूदी आदि एवं धर्म, मत, संप्रदाय नहीं थे। न ही आज के समान जाति-आधारित सामाजिक दीवारें। तब मनुष्य समाज के दो ही भाग थे आर्य व अनार्य। जो चरित्रवान व विद्वान न था वही अनार्य (राक्षस) था। तब सारी मानव जाति की एक ही संस्कृति थी।'

मंदिर व मृण्मूर्तियां

देश-विदेशों में राम, लक्ष्मण, सीता, हनुमान आदि के सैंकड़ों मंदिरों का निर्माण किया गया। कंबोडिया में 11वीं शताब्दी में निर्मित अंकोरवाट मंदिर की दीवारों पर रामायण व महाभारत के दृश्य अंकित हैं। इसी तरह 9वीं सदी में निर्मित जावा के परमबनन (परमब्रह्म) नामक विशाल शिवमंदिर की भित्तिकाओं पर रामायण की चित्रावली अंकित है। रामायण से संबंधित सैकड़ों मृण्मूर्तियां (टैराकोटा) हरियाणा प्रदेश के सिरसा, हाठ, नचारखेडा (हिसार), जींद, संथाय (यमुनानगर), उत्तर प्रदेश के कौशांबी (इलाहाबाद), अहिच्छत्र (बरेली), कटिंघर (एटा) तथा राजस्थान के भादरा (श्रीगंगानगर) आदि जगहों से प्राप्त हुई है। इन मृण्मूर्तियों पर वनवास काल की प्रमुख घटनाओं को बहुत सुंदर रूप से दिखाया गया है। इनमें मुख्य है राम, सीता, लक्ष्मण का पंचवटी गमन दर्शाया गया है। मारीच मृग, त्रिशिरा राक्षस द्वारा खर-दूषण से विचार-विमर्श है और राम द्वारा 14 राक्षसों के वध का वर्णन है। रावण द्वारा सीताहरण है। सुग्रीव-बाली युद्ध को दिखाया गया है। इसके अलावा राम द्वारा बाली वध, हनुमान द्वारा अशोक वाटिका को नष्ट किया जाना, त्रिशिरा राक्षस का वध, रावण पुत्र इंद्रजीत का युद्ध में जाना आदि-आदि दृश्य विद्यमान है। इन मृण्मूर्तियों पर गुप्त काल पूर्व की लिपि में वाल्मीकीय रामायण के श्लोक भी लिखे गए हैं। यह मृण्मूर्तियां झज्जर (हरियाणा) के पुरातत्व संग्रहालय में देखी जा सकती है। इसके अलावा सैकड़ों मृण्मूर्तियां भारत के विभिन्न संग्रहालयों तथा लंदन म्यूजियम में संग्रहित हैं।

काल गणना

राम का काल-प्राचीन भारतीय काल गणना तथा पुराणीय परंपरा के अनुसार राम

24वें त्रेतायुग में पैदा हुए। वाल्मीकि रामायण तथा अन्य रामायणों रामचरित्रों के अतिरिक्त अन्य प्राचीन ग्रंथों में राम, रावण आदि के विषय में चार मुख्य संदर्भ मिलते हैं।

त्रेतायुगेचतुर्विंशेरावण: तपस: क्षयात।
राम दशरथिंप्राप्य सगण:क्षयमीयीवान्।।

(वायु पुराण)

संद्यौतुसमनुप्राप्तेत्रैतायांद्वापरस्यच।
रामौदाशरथिर्भूत्वाभविष्यामिजगत्पति।।

(महाभारत)

चतुर्विंशेयुगेचापिविश्वामित्र पुर: सर:।
लोकेराम इति ख्यात: तेजसाभास्करोपम्।।

(हरिवंश)

चतुर्विंशेयुगेवत्स! त्रेतायांरघुवंशज:।
रामोनाम भविष्यामिचतुर्व्यूह:सनातन:।।

(ब्रह्माण्ड पुराण)

उपरोक्त संदर्भो व प्रमाणों के आधार पर यही सत्य प्रतीत होता है कि राम, विश्वामित्र आदि युग पुरुष 24वें त्रेतायुग में थे। महाभारत के अनुसार राम त्रेता एवं द्वापर युगों के संधिकाल में हुए थे। ऊपर लिखे प्रमाणों के आधार पर हम अगर 24वें त्रेता की समाप्ति पर राम का काल माने तो युगों की वर्ष-गणना के हिसाब से श्रीराम का समय आज से 8, 69,108वर्ष पूर्व का ठहरता है।

इतने लम्बे काल के बाद किसी भवन, मूर्ति, मुद्रा, हथियार आदि का अस्तित्व रह ही नहीं सकता। प्रत्येक मनुष्य के अस्तित्व के लिए प्रमाण दिए भी नहीं जा सकते। कोई घर है भी तो उसी ने बनाया था जब तक इसका दस्तावेज नहीं मिलता अथवा उसके बारे में कोई जनश्रुतिनहीं मिलती तो कैसे सिद्ध किया जा सकता है ?

आज के समय में देश में अथवा विदेशों में राज्य करने वाले प्रधानमंत्रियों तथा राष्ट्रपतियों के बारे में 1000 वर्ष के बाद में कोई प्रमाण मांगे तो उस समय उनके पास सिर्फ पुस्तकीय विवरण तथा जनश्रुति ही उनके इतिहास को बता सकती है। पिछले कुछ वर्षों में कम्प्यूटर का ज्ञान रखने वाले कुछ अति उत्साही लोगों ने वाल्मीकि कृत रामायण के बालकाण्ड में वर्णित राम के जन्म समय की प्लेनेटेरियम गोल्ड साफ्टवेयर के माध्यम से आधुनिक गणना की है। गणित ज्योतिष के हिसाब से लगभग 26000 वर्षो में राशियां

अपना एक चक्र पूरा कर लेती हैं। अर्थात एक राशि चक्र का अपने पूर्ववत स्थान पर आने के लिए लगभग 26000 वर्ष लगते हैं।

कामिल बुल्के

कामिल बुल्के ने तार्किक वैज्ञानिकता पर आधारित शोध किया था। उनका विषय था- "रामकथा : उत्पत्ति और विकास।" उन्होंने सिद्ध किया कि राम वाल्मीकि के कल्पित पात्र नहीं थे। इतिहास पुरूष थे। राम कथा पर प्रमाणिक शोध के लिए भारत सरकार ने उन्हें केंद्रीय हिंदी समिति का सदस्य बनाया था। कामिल बुल्के ने श्रीरामचरितमानस को समझने के लिए अवधी और ब्रज भाषा भी सीखी।

बुल्के ने अपने शोध ग्रंथ में पहली बार यह सिद्ध किया कि रामकथा केवल भारत में नहीं बल्कि अंतरराष्ट्रीय कथा है। राम कथा वियतनाम से इंडोनेशिया तक फैली हुई है। इसी प्रसंग में फादर बुल्के अपने एक मित्र हॉलैन्ड के डाक्टर होयकास का हवाला देते हैं। डॉ. होयकास संस्कृत और इंडोनेशियाई भाषाओं के विद्वान थे। एक दिन वह केंद्रीय इंडोनेशिया में शाम के वक्त टहल रहे थे। उन्होंने देखा एक मौलाना जिनके बगल में कुरान रखी है, इंडोनेशियाई रामायण पढ़ रहे थे।

होयकास ने उनसे पूछा- "मौलाना आप तो मुसलमान हैं। आप रामायण क्यों पढ़ते हैं?" उस व्यक्ति ने केवल एक वाक्य में उत्तर दिया- "और भी अच्छा मनुष्य बनने के लिये।"

राम का चरित्र सभी धर्मों से ऊपर है। लोक नायक राम के विषय में अनेक प्रसंग इस पुस्तक में आगे के अध्यायों में पढ़ने को मिलेगा।

*

अध्याय - 10

राजा राम

दशग्रीव को मोक्ष प्रदान करने के उपरांत अयोध्या वापस लौट कर राम ने कितने वर्ष शासन किया? इस विषय पर विभिन्न मत हैं। डॉ. सरोज गुप्ता द्वारा संपादित पुस्तक 'विश्व साहित्य और रामकथा : अंतरराष्ट्रीय शोध-संगोष्ठी का कार्यवृत्त' में पृष्ठ संख्या 165 पर महारानी लक्ष्मीबाई कन्या महाविद्यालय, भोपाल की हिंदी प्राध्यापक डॉ. आशा गौतम ने अपने लेख में उल्लेख किया है- "राम ने लंका विजय के उपरांत अयोध्या वापस लौट एक वर्ष तक शासन किया।" वस्तुत: महर्षि वाल्मीकि कृत रामायण में वर्णित घटनाक्रम के अनुसार राम ने सम्राट पद ग्रहण करने के बाद लगभग 18 वर्षों तक शासन किया। मर्यादा पुरुषोत्तम राम इस सृष्टि के सभी सद्गुणों के भंडार हैं। अयोध्यावासियों को राम राज्य के लिए चौदह वर्ष प्रतीक्षा करनी पड़ी।

राजा के रूप में राम के आदर्श

भगवान राम के एक आदर्श राजा के स्वरूप में महर्षि वाल्मीकि कृत रामायण में वर्णित हैं। ननिहाल से लौटे भाई भरत को बड़े भैया के वनगमन का पता चलता है तो वह राम को खोजने के लिए चल दिए। जगत प्रसिद्ध राम-भरत मिलाप होता है। उस समय भगवान राम ने भरत के राज्य व्यवस्था के संबंध में कुछ सवाल पूछे। जो आज भी आदर्श हैं। वाल्मीकि रामायण के अनुसार राम ने कहा :-

कच्चिद देवान् पितृन् भृत्यान गुरून् पितृसमानपि।
वृद्धाश्च तात वैघाश्चं ब्राह्मणाश्चाभिमन्यसे।।

(वाल्मीकि कृत रामायण, अयोध्या कांड, 20/13)

कच्चित्सहस्नान् मूर्खणामेकमिच्छसि पण्डितम्।
पण्डितो हार्थकृच्छेषु कुयार्न्निन: श्रेयसं महत्।।

(वाल्मीकि कृत रामायण, अयोध्या कांड, 20/22)

बुजुर्गों का सम्मान

राम अपने भाई भरत से कहते हैं- "हे भरत! तुम अपने राज्य में विद्वानों, रक्षकों, नौकरों, गुरुओं, पिता के समान पूज्य बड़े बूढ़ों, चिकित्सकों का सत्कार तो करते हो न।

हे! भाई तुम बाण और अस्त्र विद्या में निपुण तथा नीतिशास्त्र विशारद धनुर्वेद के आचार्यों का आदर सत्कार तो करते हो न।" राम अपने भाई भरत से जिस तरह से प्रश्न किए उसके पीछे यही आश्रय था कि यदि तुम ऐसा नहीं करते हो तो अतिशीघ्र ऐसा करना प्रारंभ कर दो। एक प्रकार से राम भरत को बुजुर्गों का सम्मान करने का निर्देश दे रहे हैं क्योंकि उनके आशीर्वाद से ही राज्य का संचालन सुचारु रूप से संभव है।

राज्य व्यवस्था के लिए निर्देश

राम ने भरत को मंत्रियों और सेनापति के चुनाव के लिए निर्देश दिए। आज भी राम द्वारा दिए दिशा-निर्देशों का उतना ही महत्व है जितना तत्कालीन समय में था। राम ने पूछा- "हे तात! क्या तुमने अपने विश्वसनीय वीर, नीतिशास्त्र के जानने वाले लोभ में न फंसने वाले, प्रमाणिक कुल उत्पन्न और संकेत को समझने वाले व्यक्तियों को मंत्री बनाया है क्योंकि हे राघव! मंत्रणा को धारण करने वाले नीतिशास्त्र विशारद सचिवों के द्वारा गुप्त रखी हुई मंत्रणा ही राजाओं की विजय का मूल होती है। तुम स्वयं ही तो किसी बात का निर्णय नहीं कर लेते। तुम्हारा विचार कार्य रूप में परिणत होने से पूर्व दूसरे राजाओं को विदित तो नहीं हो जाता।"

यहां राम भरत को राजा के लिए एकाधिकार की व्यवस्था को त्याज्य बताया है। राम के अनुसार योग्य मंत्रियों और दूसरे विद्वानों की सलाह से शासन चलाना ही सर्वोत्तम है। राम कहते हैं- "हे भरत! तुम हजार मूर्खों की अपेक्षा एक बुद्धिमान परामर्शदाता को रखना अच्छा समझते हो ना ? क्योंकि संकट के समय बुद्धिमान व्यक्ति महान कल्याण करता है।"

राज्य में शांति के लिए सेना संबंधित भगवान के निर्देश

राम के अनुसार राज्य में शांति और व्यवस्था बनाए रखना अति आवश्यक है। राम भरत से पूछते हैं- "हे केकैई नंदन! तुम्हारे राज्य में उग्र दंड से उत्तेजित प्रजा तुम्हारा अथवा तुम्हारे मंत्रियों का अपमान तो नहीं करती ?"

"हे भरत! क्या तुमने व्यवहार कुशल सूर बुद्धिमान धीर पवित्र स्वामी भक्त और कर्म कुशल व्यक्ति को अपना सेना अध्यक्ष बनाया है ? तुम्हारी सेना में जो अत्यंत बलवान युद्ध विद्या में निपुण सुपरीक्षित और पराक्रमी सैनिक है उन्हें पुरस्कृत कर सम्मानित करते हो या नहीं। उनका उत्साहवर्धन करते हो या नहीं ? तुम सेना के लोगों को कार्य अनुरूप भोजन और वेतन जो उचित परिमाण में और उचित काल में देना चाहिए। उसे यथा समय देने में विलंब तो नहीं करते ?"

राज्यकर्मियों को समय पर वेतन देने का निर्देश

राम ने राज्य की सुचारु व्यवस्था के लिए कर्मचारियों को समय पर वेतन देने का निर्देश दिया। उन्होंने कहा- "हे भरत! राज कर्मचारियों का वेतन ठीक समय पर न मिलने से राज कर्मचारी विरुद्ध हो जाते हैं और स्वामी की निंदा करते हैं। राज कर्मचारियों का ऐसा करना भारी अनर्थ की बात समझी जाती है।"

शासन को निर्विघ्न रूप से संचालित करने में गुप्तचर विभाग अहम भूमिका अदा करता है। इस विषय में राम ने भरत से पूछा- "हे भरत! तुम्हारी गुप्तचर व्यवस्था तो अचूक है या नहीं ?"

राम ने भरत से अगला प्रश्न किया- "हे राघव! पापी लोगों से रहित मेरे पूर्वजों के द्वारा सुरक्षित तथा समृद्ध कौशल देश सुखी तो है या नहीं ?"

प्रजा हित के लिए निर्देश

राम ने भरत को प्रजा के हित को सर्वोपरि रखने का आदेश दिया। राम कहते हैं- "हे भरत! पशुपालन कृषि आदि में लगे हुए तुम्हारी सब प्रजा सुखी तो है ना ? लेन-देन के कार्य में लिप्त रहकर ही वैश्य लोग धन-धान्य से युक्त होते हैं ना ?"

प्रजा से संबंधित एक महत्वपूर्ण प्रश्न राम ने भरत से पूछा था। वह प्रश्न आज भी उतना ही महत्व रखता है जितना तत्कालीन समय में रखता था। राम ने पूछा- "हे भरत! तुम प्रतिदिन प्रात:काल उठकर और सब प्रकार से सुभाषित होकर दोपहर से पहले ही सभा में जाकर प्रजा से मिलते हो या नहीं ?" यह कार्य एक निपुण राजा के लिए अत्यंत आवश्यक पहले भी था और आज भी है। प्रजा से नित्य प्रति दिन भेंट करने से प्रजा का मनोबल बढ़ता है।

आय और व्यय के विषय में भी भरत को शिक्षा देने के उद्देश्य से राम ने भरत से पूछा - "हे भरत! तुम्हारी आय अधिक और खर्च न्यूनतम है ना ? तुम्हारे कोश का धन नाच-गाने वालों में तो नहीं ले लुटाया जाता ? तुम्हारे राज्य में घूस लेकर अपराधियों को छोड़ तो नहीं दिया जाता ? अमीर और गरीब का झगड़ा होने पर तुम्हारे मंत्री लोभ रहित होकर दोनों का मुकदमा न्याय पूर्वक निपट आते हैं या नहीं ?"

अपने अध्ययन काल में राम ने अपने गुरु से जो शिक्षा ग्रहण की थी उसी को राम ने भरत के समक्ष दोहराया था। संभवतः राम को यह आशंका थी कि भरत पिता और भाई के वियोग में कहीं अपने दायित्वों को तो भूल नहीं गया है। अपराधों और अपराधियों पर अंकुश के संदर्भ में राम ने भरत से पूछा- "हे भरत! झूठे अपराधों के कारण दंडित लोगों को

आंखों से गिरने वाले आंसू अपने भोग विलास के लिए शासन करने वाले राजा उसके पुत्र राज्य कर्मचारियों और उसके पशुओं का नाश कर डालते हैं।"

अयोध्या कांड का यह प्रसंग भगवान राम के एक राजा के रूप में उच्च आदर्शों को प्रस्तुत करता है। समय अर्थात इतिहास साक्षी है कि राम ने जब सत्ता का अधिग्रहण किया तो वह उस समय सृष्टि का सर्वश्रेष्ठ शासन था। जिसमें कोई दुखी नहीं था।

राम के राजा बनने के बाद अयोध्या में सर्वत्र खुशहाली और प्रसन्नता थी। वहां दुख और दरिद्रता का कोई नामोनिशान तक नहीं था। न कोई अकाल मृत्यु को प्राप्त होता था और न किसी को कोई पीड़ा होती थी। कारण कि सभी लोग अपने वर्ण और आश्रम के अनुरूप धर्म में तत्पर होकर वेद मार्ग पर चलते थे। राम के राज्य में राजनीति स्वार्थ से प्रेरित न होकर प्रजा की भलाई के लिए थी। इसमें अधिनायकवाद की छाया मात्र भी नहीं थी। राम का राज्य मानव कल्याण के आदर्शों से युक्त था। राम ने नगरवासियों की सभा में यह स्पष्ट घोषणा की- "भाइयों! यदि मैं कोई अनीश की बात कहूं तो तुम लोग निसंकोच मुझे रोक देना।"

वैदिक धर्म की रक्षा के लिए राम अवतरित हुए। मारीच रावण को समझाते हुए राघव के गुणों का वर्णन और रावण को सन्मार्ग दिखाने के संदर्भ में कहते हैं :-

रामो विग्रहवान धर्मः साधुः सत्यपराक्रमः।
राजा सर्वस्य लोकस्य देवनामिव वासवः॥

अर्थात, राम साक्षात विग्रहवान धर्म है। वह साधु और सत्य पराक्रमी है। जैसे इंद्र समस्त देवताओं के अधिपति हैं उसी प्रकार राम समस्त जगत के राजा हैं।

साम्राज्य विस्तार

सत्ता अधिग्रहण के उपरांत राम ने अपने साम्राज्य का विस्तार किया। वाल्मीकि कृत रामायण में इसका उल्लेख मिलता है। राम के मामा युधाजित्ने के संदेश में गंधर्व देश का वर्णन महर्षि गार्ग्य इस प्रकार से राम के समक्ष प्रस्तुत किया :-

अयं गन्धर्वविषयः फलमूलोपशोभितः।
सिन्धोरुभयतः पार्श्वे देशः परमशोभनः॥

(वाल्मीकि रामायण, उत्तरकाण्ड, 100/10)

अर्थात, महर्षि गार्ग्य ने कहा- "यह जो फल-मूलों से सुशोभित गन्धर्वदेश सिन्धु नदी के दोनों तटों पर बसा हुआ है, बड़ा सुन्दर प्रदेश है।"

तं च रक्षन्ति गन्धर्वाः सायुधा युद्धकोविदाः।
शैलूषस्य सुता वीर तिस्त्रः कोट्यो महाबलाः॥

(वाल्मीकि रामायण, उत्तरकाण्ड, 100/11)

अर्थात, वीर रघुनन्दन! गन्धर्वराज शैलूष की संतानें तीन करोड़ महाबली गन्धर्व, जो युद्ध की कला में कुशल और अस्त्र-शस्त्रों से सम्पन्न हैं, उस देश की रक्षा करते हैं।

तान् विनिर्जित्य काकुत्स्थ गन्धर्वनगरं शुभम्।
निवेशय महाबाहो, स्वे पुरे सुसमाहिते।।
अन्यस्य न गतिस्तत्र देशः परमशोभनः।
रोचतां ते महाबाहो नाहं त्वामहितं वदे।।

(वाल्मीकि रामायण, उत्तरकाण्ड, 100/12-13)

अर्थात, काकुत्स्थ! महाबाहो! आप उन गन्धर्वों को जीत कर वहां सुन्दर गन्धर्व नगर बसाइये। अपने लिये उत्तम साधनों से सम्पन्न दो नगरों का निर्माण कीजिए। वह देश बहुत सुन्दर है। वहां दूसरे किसी की गति नहीं है। आप उसे अपने अधिकार में लेना स्वीकार करें। मैं आपको ऐसी सलाह नहीं देता, जो अहितकारक हो।

तच्छ्रुत्वा राघवः प्रीतो महर्षेर्मातुलस्य च।
बाढमित्येव भरतं चान्ववैक्षत।।

(वाल्मीकि रामायण, उत्तरकाण्ड, 100/14)

अर्थात, महर्षि और मामा का वह कथन सुनकर रघुनाथ को बड़ी प्रसन्नता हुई। उन्होंने 'बहुत अच्छा' कहकर भरत की ओर देखा।

सोऽब्रवीद् राघवः प्रीतः साञ्जलिप्रग्रहो द्विजम्।
इमौ कुमारौ तं देशं ब्रह्मर्षे विचरिष्यतः।।
भरतस्यात्मजौ वीरौ तक्षः पुष्कल एव च।
मातुलेन सुगुप्तौ तु धर्मेण सुसमाहितौ।।

(वाल्मीकि रामायण, उत्तरकाण्ड, 100/15-16)

अर्थात, तदनन्तर राघवेन्द्र ने उन ब्रह्मर्षि से प्रसन्नता पूर्वक हाथ जोड़कर कहा - ब्रह्मर्षे! ये दोनों कुमार तक्ष और पुष्कल, जो भरत के वीर पुत्र हैं, उस देश में विचरेंगे और मामा से सुरक्षित रहकर धर्म पूर्वक एकाग्रचित्त हो उस देश का शासन करेंगे।

भरतं चाग्रतः कृत्वा कुमारौ सबलानुगौ।
निहत्य गन्धर्वसुतान् द्वे पुरे विभजिष्यतः।।

(वाल्मीकि रामायण, उत्तरकाण्ड, 100/17)

अर्थात, ये दोनों कुमार भरत को आगे करके सेना और सेवकों के साथ वहां जायँगे तथा उन गन्धर्व पुत्रों का संहार करके अलग-अलग दो नगर बसायेंगे।

निवेश्य ते पुरवरे आत्मजौ संनिवेश्य च।
आगमिष्यति मे भूयः सकाशमतिधार्मिकः।।

(वाल्मीकि रामायण, उत्तरकाण्ड, 100/18)

अर्थात, उन दोनों श्रेष्ठ नगरों को बसाकर उनमें अपने दोनों पुत्रों को स्थापित करके अत्यन्त धर्मात्मा भरत फिर मेरे पास लौट आयेंगे।

ब्रह्मर्षिमेवमुक्त्वा तु भरतं सबलानुगम्।
आज्ञापयामास तदा कुमारौ चाभ्यषेचयत्।।

(*वाल्मीकि रामायण, उत्तरकाण्ड, 100/19*)

अर्थात, ब्रह्मर्षि से ऐसा कहकर राम ने भरत को वहां सेना के साथ जाने की आज्ञा दी और दोनों कुमारों का पहले ही राज्याभिषेक कर दिया।

नक्षत्रेण च सौम्येन पुरस्कृत्याङ्गिरःसुतम् ।
भरतः सह सैन्येन कुमाराभ्यां विनिर्ययौ।।

(*वाल्मीकि रामायण, उत्तरकाण्ड, 100/20*)

अर्थात, तत्पश्चात् सौम्य नक्षत्र अर्थात, मृगशिरा नक्षत्र में अङ्गिरा के पुत्र महर्षि गार्ग्य को आगे करके सेना और कुमारों के साथ भरत ने यात्रा की।

सा सेना शक्रयुक्तेव नगरान्निर्ययावथ।
राघवानुगता दूरं दुराधर्षा सुरैरपि।।

(*वाल्मीकि रामायण, उत्तरकाण्ड, 100/21*)

अर्थात, इन्द्र द्वारा प्रेरित हुई देवसेना के समान वह सेना नगर से बाहर निकली। राम भी दूर तक उसके साथ-साथ गये। वह देवताओं के लिये भी दुर्जय थी। ॥

मांसाशिनश्च ये सत्त्वा रक्षांसि सुमहान्ति च।
अनुजग्मुर्हि भरतं रुधिरस्य पिपासया।।

(*वाल्मीकि रामायण, उत्तरकाण्ड, 100/22*)

अर्थात, मांसाहारी जन्तु और बड़े-बड़े राक्षस युद्ध में रक्तपान की इच्छा से भरत के पीछे-पीछे गये।

भूतग्रामाश्च बहवो मांसभक्षाः सुदारुणाः।
गन्धर्वपुत्रमांसानि भोक्तुकामाः सहस्रशः।।

(*वाल्मीकि रामायण, उत्तरकाण्ड, 100/23*)

अर्थात, अत्यन्त भयंकर कई हजार मांसभक्षी भूत समूह गन्धर्व पुत्रों का मांस खाने के लिये उस सेना के साथ-साथ गये।

सिंहव्याघ्रवराहाणां खेचराणां च पक्षिणाम्।
बहूनि वै सहस्राणि सेनाया ययुरग्रतः।।

(*वाल्मीकि रामायण, उत्तरकाण्ड, 100/24*)

अर्थात, सिंह, बाघ, सूअर और आकाशचारी पक्षी कई हजार की संख्या में सेना के आगे-आगे चले।

अध्यर्धमासमुषिता पथि सेना निरामया।
हृष्टपुष्टजनाकीर्णा केकयं समुपागमत्॥

(वाल्मीकि रामायण, उत्तरकाण्ड, 100/25)

अर्थात, मार्ग में डेढ़ महीने बिताकर हृष्ट-पुष्ट मनुष्यों से भरी हुई वह सेना कुशलपूर्वक केकय देश में जा पहुँची।

राम के मामा केकय राज युधाजित्ने को महर्षि गार्ग्य और भरत के आगमन की सूचना मिली तो वह अत्यंत प्रसन्न हुए। उन्होंने भरत का भावपूर्ण स्वागत किया। दोनों ने आपस में राम द्वारा निर्दिष्ट का पालन करते हुए समर नीति तैयार कर गंधर्व देश की ओर प्रस्थान किया।

भरतश्च युधाजिच्च समेतौ लघुविक्रमैः।
गन्धर्वनगरं प्राप्तौ सबलौ सपदानुगौ॥

(वाल्मीकि रामायण, उत्तरकाण्ड, 101/3)

अर्थात, भरत और युधाजित् दोनों ने मिलकर बड़ी तीव्र गति से सेना और सवारियों के साथ गन्धर्वों की राजधानी पर धावा बोल दिया।

श्रुत्वा तु भरतं प्राप्तं गन्धर्वास्ते समागताः।
योद्धुकामा महावीर्या व्यनदंस्ते समन्ततः॥

(वाल्मीकि रामायण, उत्तरकाण्ड, 101/4)

अर्थात, भरत का आगमन सुनकर वे महापराक्रमी गन्धर्व युद्ध की इच्छा से एकत्र हो सब ओर जोर-जोर से गर्जना करने लगे।

ततः समभवद्युद्धं तुमुलं लोमहर्षणम्।
महाभीमं न सप्तरात्रं चान्यतरयोर्जयः॥

(वाल्मीकि रामायण, उत्तरकाण्ड, 101/5)

अर्थात, फिर तो दोनों ओर की सेनाओं में बड़ा भयंकर और रोंगटे खड़े कर देने वाला युद्ध छिड़ गया। वह महाभयंकर संग्राम लगातार सात रात तक चलता रहा, परंतु दोनों में से किसी भी एक पक्ष की विजय नहीं हुई।

खड्गशक्तिधनुर्ग्राहा नद्यः शोणितसंस्रवाः।
नृकलेवरवाहिन्यः प्रवृत्ताः सर्वतोदिशम्॥

(वाल्मीकि रामायण, उत्तरकाण्ड, 101/6)

अर्थात, चारों ओर खून की नदियाँ बह चलीं। तलवार, शक्ति और धनुष उस नदी में विचरने वाले ग्राहों के समान जान पड़ते थे। उनकी धारा में मनुष्यों की लाशें बह जाती थीं।

ततो रामानुजः क्रुद्धः कालस्यास्त्रं सुदारुणम्।
संवर्त नाम भरतो गन्धर्वेष्वभ्यचोदयत्।।

(वाल्मीकि रामायण, उत्तरकाण्ड, 101/7)

अर्थात, तब रामानुज भरत ने कुपित होकर गन्धर्वों पर काल देवता के अत्यन्त भयंकर अस्त्र का, जो संवर्त नाम से प्रसिद्ध है का प्रयोग किया।

ते बद्धाः कालपाशेन संवर्तेन विदारिताः।
क्षणेनाभिहतास्तेन तिस्रः कोट्यो महात्मना।।

(वाल्मीकि रामायण, उत्तरकाण्ड, 101/8)

अर्थात, इस प्रकार महात्मा भरत ने क्षण भर में तीन करोड़ गन्धर्वों का संहार कर डाला। वे गन्धर्व कालपाश से बद्ध हो संवर्तास्त्र से विदीर्ण कर डाले गये।

तद् युद्धं तादृशं घोरं न स्मरन्ति दिवौकसः।
निमेषान्तरमात्रेण तादृशानां महात्मनाम्।।
हतेषु तेषु सर्वेषु भरतः केकयीसुतः।
निवेशयामास तदा समृद्धे द्वे पुरोत्तमे।।

(वाल्मीकि रामायण, उत्तरकाण्ड, 101/9-10)

अर्थात, ऐसा भयंकर युद्ध देवताओं ने भी कभी देखा हो। यह उन्हें याद नहीं आता था। पलक मारते-मारते वैसे पराक्रमी महामनस्वी समस्त गन्धर्वों का संहार हो जाने पर कैकेयी कुमार भरत ने उस समय वहां दो समृद्धिशाली सुन्दर नगर बसाये।

तक्षं तक्षशिलायां तु पुष्कलं पुष्कलावते।
गन्धर्वदेशे रुचिरे गान्धारविषये च सः।।

(वाल्मीकि रामायण, उत्तरकाण्ड, 101/11)

अर्थात, मनोहर गन्धर्व देश में तक्षशिला नाम की नगरी बसाकर उसमें उन्होंने तक्ष को राजा बनाया और गान्धार देश में पुष्कलावत नगर बसाकर उसका राज्य पुष्कल को सौंप दिया।

धनरत्नौघसंकीर्णे अन्योन्यसंघर्षकृते
काननैरुपशोभिते स्पर्धया गुणविस्तरैः।।

(वाल्मीकि रामायण, उत्तरकाण्ड, 101/12)

अर्थात, वे दोनों नगर धन-धान्य एवं रत्न समूहों से भरे थे। अनेकानेक कानन उनकी शोभा बढ़ाते थे। गुण विस्तार की दृष्टि से वे मानो परस्पर होड़ लगाकर संघर्ष पूर्वक आगे बढ़ रहे थे।

उभे सुरुचिरप्रख्ये व्यवहारैरकिल्बिषैः।
उद्यानयानसम्पूर्ण सुविभक्तान्तरापणे॥

(वाल्मीकि रामायण, उत्तरकाण्ड, 101/13)

अर्थात, दोनों नगरों की शोभा परम मनोहर थी। दोनों स्थानों का व्यवहार अर्थात, व्यापार निष्कपट, शुद्ध एवं सरल था। दोनों ही नगर उद्यानों तथा नाना प्रकार की सवारियों से भरे-पूरे थे। उनके भीतर अलग अलग कई बाजार थे।

उभे पुरवरे रम्ये विस्तरैरुपशोभिते।
गृहमुख्यैः सुरुचिरैर्विमानैर्बहुभिर्वृते॥

(वाल्मीकि रामायण, उत्तरकाण्ड, 101/14)

अर्थात, दोनों श्रेष्ठ पुरों की रमणीयता देखते ही बनती थी। अनेक ऐसे विस्तृत पदार्थ उनकी शोभा बढ़ाते थे, जिनका नाम अभी तक नहीं लिया गया है। सुन्दर श्रेष्ठ गृह तथा बहुत से सत महले मकान वहां की श्रीवृद्धि कर रहे थे।

शोभिते शोभनीयैश्च देवायतनविस्तरैः।
तालैस्तमालैस्तिलकैर्बकुलैरुपशोभिते॥

(वाल्मीकि रामायण, उत्तरकाण्ड, 101/15)

अर्थात, अनेकानेक शोभासम्पन्न देव मन्दिरों तथा ताल, तमाल, तिलक और मौलसिरी आदि के वृक्षों से भी उन दोनों नगरों की शोभा एवं रमणीयता बढ़ गयी थी।

निवेश्य पञ्चभिर्वर्षैर्भरतो राघवानुजः।
केकयीसुतः पुनरायान्महाबाहुरयोध्यां॥

(वाल्मीकि रामायण, उत्तरकाण्ड, 101/16)

अर्थात, पाँच वर्षों में उन राजधानियों को अच्छी तरह आबाद करके राम के छोटे भाई कैकेयी कुमार महाबाहु भरत फिर अयोध्या लौट आये।

सोऽभिवाद्य महात्मानं साक्षाद्धर्ममिवापरम्।
राघवं भरतः श्रीमान् ब्रह्माणमिव वासवः॥

(वाल्मीकि रामायण, उत्तरकाण्ड, 101/17)

अर्थात, वहां पहुंच कर भरत ने द्वितीय धर्मराज के समान महात्मा रघुनाथ को उसी तरह प्रणाम किया, जैसे इन्द्र ब्रह्माजी को प्रणाम करते हैं।

तच्छ्रुत्वा हर्षमापेदे राघवो भ्रातृभिः सह।
वाक्यं चाद्भुतसंकाशं भ्रातॄन प्रोवाच राघवः॥

(वाल्मीकि रामायण, उत्तरकाण्ड, 102/1)

अर्थात, भरत के मुँह से गन्धर्व देश का समाचार सुनकर। भाइयों सहित राम को बड़ी प्रसन्नता हुई।

तत्पश्चात् श्रीराघवेन्द्र अपने भाइयों से यह अद्भुत वचन बोले -

इमौ कुमारौ सौमित्रे तव धर्मविशारदौ।
अङ्गदश्चन्द्रकेतुश्च राज्यार्थे दृढविक्रमौ।।

(वाल्मीकि रामायण, उत्तरकाण्ड, 102/2)

अर्थात, सुमित्रानन्दन! तुम्हारे ये दोनों कुमार अङ्गद और चन्द्रकेतु धर्म के ज्ञाता हैं। इनमें राज्य की रक्षा के लिये उपयुक्त दृढ़ता और पराक्रम है।

इमौ राज्येऽभिषेक्ष्यामि देशः साधु विधीयताम्।
रमणीयो ह्यसम्बाधो रमेतां यत्र धन्विनौ।।

(वाल्मीकि रामायण, उत्तरकाण्ड, 102/3)

अर्थात, अतः मैं इनका भी राज्याभिषेक करूँगा। तुम इनके लिये किसी अच्छे देश का चुनाव करो, जो रमणीय होने के साथ ही विघ्न-बाधाओं से रहित हो और जहां ये दोनों धनुर्धर वीर आनन्दपूर्वक रह सकें।

न राज्ञां यत्र पीडा स्यान्नाश्रमाणां विनाशनम्।
स देशो दृश्यतां सौम्य नापराध्यामहे यथा।।

(वाल्मीकि रामायण, उत्तरकाण्ड, 102/4)

अर्थात, सौम्य! ऐसा देश देखो! जहाँ निवास करने से दूसरे राजाओं को पीड़ा या उद्वेग न हो। आश्रमों का भी नाश न करना पड़े और हम लोगों को किसी की दृष्टि में अपराधी भी न बनना पड़े।

तथोक्तवति रामे तु भरतः प्रत्युवाच ह।
अयं कारुपथो देशो रमणीयो निरामयः।।

(वाल्मीकि रामायण, उत्तरकाण्ड, 102/5)

अर्थात, राम के ऐसा कहने पर भरत ने उत्तर दिया - "यह कारुपथ नामक देश बड़ा सुन्दर है। वहाँ किसी प्रकार की रोग-व्याधि का भय नहीं है।"

निवेश्यतां तत्र पुरमडंदस्य महात्मना:।
चंद्रकेत: सुरुचिरं चंद्रकांतं निरामयम्।।

(वाल्मीकि रामायण, उत्तरकाण्ड, 102/6)

अर्थात, वहां महात्मा अङ्गद के लिये नयी राजधानी बसायी जाय तथा चन्द्रकेतु या चन्द्रकान्त के रहने के लिये 'चन्द्रकान्त' नामक नगर का निर्माण कराया जाय, जो सुन्दर और आरोग्यवर्धक हो।

तद् वाक्यं भरतेनोक्तं प्रतिजग्राह राघवः।
तं च कृत्वा वशे देशमङ्गदस्य न्यवेशयत्।।

(वाल्मीकि रामायण, उत्तरकाण्ड, 102/7)

अर्थात, भरत की कही हुई इस बात को रघुनाथ ने स्वीकार किया और कारुपथ देश को अपने अधिकार में करके अङ्गद को वहां का राजा बना दिया।

अङ्गदीया पुरी रम्याप्यङ्गदस्य निवेशिता।
रमणीया सुगुप्ता च रामेणाक्लिष्टकर्मणा।।

(वाल्मीकि रामायण, उत्तरकाण्ड, 102/8)

अर्थात, क्लेशरहित कर्म करने वाले राम ने अंगद के लिये 'अंगदीया' नामक रमणीय पुरी बसायी, जो परम सुन्दर होने के साथ ही सब ओर से सुरक्षित भी थी।

चन्द्रकेतोश्च मल्लस्य मल्लभूम्यां निवेशिता।
चन्द्रकान्तेति विख्याता दिव्या स्वर्गपुरी यथा।।

(वाल्मीकि रामायण, उत्तरकाण्ड, 102/9)

अर्थात, चन्द्रकेतु अपने शरीर से मल्ल के समान हृष्ट-पुष्ट थे। उनके लिये मल्ल देश में 'चन्द्रकान्ता' नाम से विख्यात दिव्य पुरी बसायी गयी, जो स्वर्ग की अमरावती नगरीके समान सुन्दर थी।

ततो रामः परां प्रीतिं लक्ष्मणो भरतस्तथा।
ययुर्युद्धे दुराधर्षा अभिषेकं च चक्रिरे।

(वाल्मीकि रामायण, उत्तरकाण्ड, 102/10)

अर्थात, इससे राम, लक्ष्मण और भरत तीनों को बड़ी प्रसन्नता हुई। उन सभी रणदुर्जय वीरों ने स्वयं उन कुमारों का अभिषेक किया।

अभिषिच्य कुमारौ द्वौ प्रस्थाप्य सुसमाहितौ।
अङ्गदं पश्चिमां भूमिं चन्द्रकेतुमुदङ्मुखम्।।

(वाल्मीकि रामायण, उत्तरकाण्ड, 102/11)

अर्थात, एकाग्रचित्त तथा सावधान रहने वाले उन दोनों कुमारों का अभिषेक करके अंगद को पश्चिम तथा चन्द्रकेतु को उत्तर दिशा में भेजा गया।

अङ्गदं चापि सौमित्रिर्लक्ष्मणोऽनुजगाम ह।
चन्द्रकेतोस्तु भरतः पाणिग्राहो बभूव ह।।

(वाल्मीकि रामायण, उत्तरकाण्ड, 102/12)

अर्थात, अंगद के साथ तो स्वयं सुमित्रा कुमार लक्ष्मण गये और चन्द्रकेतु के सहायक या पार्श्वक भरत हुए।

लक्ष्मणस्त्वदीयायां संवत्सरमथोषितः।
पुत्रे स्थिते दुराधर्षे अयोध्यां पुनरागमत्।।

(वाल्मीकि रामायण, उत्तरकाण्ड, 102/13)

अर्थात, लक्ष्मण अंगदीया पुरी में एक वर्ष तक रहे और उनका दुर्धर्ष पुत्र अंगद जब दृढ़तापूर्वक राज्य सँभालने लगा, तब वे पुनः अयोध्या को लौट आये।

भरतोऽपि तथैवोष्य संवत्सरमतोऽधिकम्।
अयोध्यां पुनरागम्य रामपादावुपास्त सः।।

(वाल्मीकि रामायण, उत्तरकाण्ड, 102/14)

अर्थात, इसी प्रकार भरत भी चन्द्रकान्ता नगरी में एक वर्ष से कुछ अधिक काल तक ठहरे रहे और चन्द्रकेतु का राज्य जब दृढ़ हो गया, तब वे पुनः अयोध्या में आकर राम के चरणों की सेवा करने लगे।

उभौ सौमित्रिभरतौ रामपादावनुव्रतौ।
कालं गतमपि स्नेहान्न जज्ञातेऽतिधार्मिकौ।

(वाल्मीकि रामायण, उत्तरकाण्ड, 102/15)

अर्थात, लक्ष्मण और भरत दोनों का राम के चरणों में अनन्य अनुराग था। दोनों ही अत्यन्त धर्मात्मा थे। राम की सेवा में रहते उन्हें बहुत समय बीत गया परंतु स्नेहाधिक्य के कारण उनको कुछ भी ज्ञात न हुआ।

एवं वर्षसहस्राणि दश तेषां ययुस्तदा।
धर्मे प्रयतमानानां पौरकार्येषु नित्यदा।

(वाल्मीकि रामायण, उत्तरकाण्ड, 102/16)

अर्थात, वे तीनों भाई पुरवासियों के कार्य में सदा संलग्न रहते और धर्मपालन के लिये प्रयत्नशील रहा करते थे। इस प्रकार उनके दस हजार वर्ष बीत गये।

विहृत्य कालं परिपूर्णमानस
श्रिया वृता धर्मपुरे च संस्थिताः।
त्रयः समिद्धाहुतिदीप्ततेजसो
हुताग्नयः साधुमहाध्वरे त्रयः।।

(वाल्मीकि रामायण, उत्तरकाण्ड, 102/17)

अर्थात, धर्म साधन के स्थानभूत अयोध्यापुरी में वैभव सम्पन्न होकर रहते हुए वे तीनों भाई यथा समय घूम फिरकर प्रजा की देखभाल करते थे। उनके सारे मनोरथ पूर्ण हो गये थे तथा वे महायज्ञ में आहुति पाकर प्रज्वलित हुए दीप्त तेजस्वी गार्हपत्य, आहवनीय और दक्षिण नामक त्रिविध अग्नियों के समान प्रकाशित होते थे।

कस्यचित् त्वथ कालस्य रामे धर्मपरे स्थिते।
कालस्तापसरूपेण राजद्वारमुपागमत्॥

(वाल्मीकि रामायण, उत्तरकाण्ड, 103/1)

अर्थात, तदनन्तर कुछ समय और बीत जाने पर जब कि राम धर्मपूर्वक अयोध्या के राज्य का पालन कर रहे थे, साक्षात् काल तपस्वी के रूप में राजभवन के द्वार पर आया।

सोऽब्रवील्लक्ष्मणं वाक्यं धृतिमन्तं यशस्विनम्
औमां निवेदय रामाय सम्प्राप्तं कार्यगौरवात्॥
तस्य तद् वचन श्रुत्वा सौमित्रिस्त्वरयान्वितः।
न्यवेदयत रामाय तापसं तं समागतम्॥

(वाल्मीकि रामायण, उत्तरकाण्ड, 103/2-3)

अर्थात, उसने द्वार पर खड़े हुए धैर्यवान एवं यशस्वी लक्ष्मण से कहा - "मैं एक भारी काम से आया हूं। तुम राम को मेरे आगमन की सूचना दे दो।" उसकी वह बात सुनकर सुमित्रा कुमार लक्ष्मण ने बड़ी उतावली के साथ भीतर जाकर राम से उस तापस के आगमन की सूचना दी।

जयस्व राजधर्मेण उभौ लोकौ महाद्युते।
दूतस्त्वां द्रष्टुमायातस्तपसा भास्करप्रभः॥

(वाल्मीकि रामायण, उत्तरकाण्ड, 103/5)

अर्थात, महातेजस्वी महाराज! आप अपने राजधर्म के प्रभाव से इहलोक और परलोकपर भी विजयी हों। एक महर्षि दूत के रूपमें आपसे मिलने आये हैं। वे तपस्याजनित तेज से सूर्यके समान प्रकाशित हो रहे हैं।

लक्ष्मण महर्षि के दूत को राम के पास ले आए। राम को देखकर दूत ने कहा :-

सोऽभिगम्य रघुश्रेष्ठं दीप्यमानं स्वतेजसा।
ऋषिर्मधुरया वाचा वर्धस्वेत्याह राघवम्॥

(वाल्मीकि रामायण, उत्तरकाण्ड, 103/8)

अर्थात, अपने तेज से दीप्तिमान् रघुकुल तिलक राम के पास पहुँच कर ऋषि ने उनसे मधुर वाणी में कहा- रघुनन्दन! आपका अभ्युदय हो।

तस्मै रामो महातेजाः ददौ कुशलमव्यग्रं
पूजामर्घ्यपुरोगमाम् प्रष्टुं चैवोपचक्रमे॥

(वाल्मीकि रामायण, उत्तरकाण्ड, 103/9)

अर्थात, महातेजस्वी राम ने उन्हें पाद्य-अर्घ्य आदि तत पूजनोपचार समर्पित किया और शान्त भाव से उनका कुशल-समाचार पूछना आरम्भ किया।

पृष्टश्च कुशलं तेन रामेण वदतां वरः।
आसने काञ्चने दिव्ये निषसाद महायशाः।।

(वाल्मीकि रामायण, उत्तरकाण्ड, 103/10)

अर्थात, राम के पूछने पर वक्ताओं में श्रेष्ठ महायशस्वी मुनि कुशल समाचार बताकर दिव्य सुवर्णमय आसन पर विराजमान हुए।

तमुवाच ततो रामः स्वागतं ते महामते।
प्रापयस्व च वाक्यानि यतो दूतस्त्वमागतः।।

(वाल्मीकि रामायण, उत्तरकाण्ड, 103/11)

अर्थात, तदनन्तर राम उनसे कहा - "महामते! आपका से स्वागत है। आप जिनके दूत होकर यहाँ पधारे हैं, उनका संदेश सुनाइये।"

चोदितो राजसिंहेन मुनिर्वाक्यमभाषत।
द्वन्द्वे होतत् प्रवक्तव्यं हितं वै यद्यवेक्षसे।।

(वाल्मीकि रामायण, उत्तरकाण्ड, 103/12)

अर्थात, राजसिंह राम के द्वारा इस प्रकार प्रेरित होने पर मुनि बोले - "यदि आप हमारे हित पर दृष्टि रखें तो जहां हम और आप दो ही आदमी रहें, वहीं इस बात को कहना उचित है।"

यः शृणोति निरीक्षेद् वा स वध्यो भविता तव।
भवेद् वै मुनिमुख्यस्य वचनं यद्यवेक्षसे।।

(वाल्मीकि रामायण, उत्तरकाण्ड, 103/13)

अर्थात, यदि आप मुनिश्रेष्ठ अतिबल के वचन पर ध्यान दें तो आपको यह भी घोषित करना होगा कि जो कोई मनुष्य हम दोनों की बातचीत सुन ले अथवा हमें वार्तालाप करते देख ले, वह आप (राम) का वध्य होगा।

तथेति च प्रतिज्ञाय रामो लक्ष्मणमब्रवीत्।
द्वारि तिष्ठ महाबाहो प्रतिहारं विसर्जय।।

(वाल्मीकि रामायण, उत्तरकाण्ड, 103/14)

अर्थात, राम ने 'तथास्तु' कहकर इस बात के लिये प्रतिज्ञा की और लक्ष्मण से कहा - 'महाबाहो! द्वारपाल को बिदा कर दो और स्वयं ड्योढ़ी पर खड़े होकर पहरा दो।

स मे वध्यः खलु भवेद् वाचं द्वन्द्वसमीरितम्।
ऋषेर्मम च सौमित्रे पश्येद् वा शृणुयाच्च यः।।

(वाल्मीकि रामायण, उत्तरकाण्ड, 103/15)

अर्थात, सुमित्रानन्दन! जो ऋषि और मेरी दोनों की कही हुई बात सुन लेगा या बात करते हमें देख लेगा, वह मेरे द्वारा मारा जायगा।

ततो निक्षिप्य काकुत्स्थो लक्ष्मणं द्वारि संग्रहम्।
तमुवाच मुने वाक्यं कथयस्वेति राघवः॥
तत् ते मनीषितं वाक्यं येन वासि समाहितः।
कथयस्वाविशङ्कस्त्वं ममापि हृदि वर्तते॥

(वाल्मीकि रामायण, उत्तरकाण्ड, 103/16-17)

अर्थात, इस प्रकार अपनी बात ग्रहण करने वाले लक्ष्मण को दरवाजे पर तैनात करके रघुनाथ ने समागत महर्षि से कहा - 'मुने! अब आप निःशंक होकर वह बात कहिये। जिसे कहना आपको अभीष्ट है अथवा जिसे कहने के लिये ही आप यहाँ भेजे गये हैं। मेरे हृदय में भी उसे सुनने के लिये उत्कण्ठा है।'

यहां ब्रह्मा जी के संदेश को दूत ने राम को कह सुनाया।

उपर्युक्त विवेचन से यह स्पष्ट होता है कि राम ने अपने साम्राज्य का विस्तार किया। राजत्व धर्म का पालन करते हुए सुरक्षा को चाक-चौबंद किया। प्रजा को सुखानुभूति हुई। इसके अतिरिक्त राम ने अपने साम्राज्य के कुशल संचालन हेतु और पारिवारिक वैमनस्य उत्पन्न न हो उस दृष्टिगत रखते हुए विभिन्न क्षेत्रों में अपने भतीजों को उत्तरदायित्व सौंपा। इससे राजनीतिक उठा-पटक की सभी संभावनाएं समाप्त हो गई। राजा के रूप में उन्होंने सभी विभागों का कुशल संचालन किया।

लव-कुश का राज्याभिषेक

महर्षि वसिष्ठ दिशा-निर्देशों के अनुसार राम ने अपने दोनों पुत्रों का राज्याभिषेक किया।

इमौ कुशीलवौ राजन्नभिषिच्य नराधिप।
कोशलेषु कुशं वीरमुत्तरेषु तथा लवम्॥

(वाल्मीकि रामायण, उत्तरकाण्ड, 107/7)

अर्थात, राजन्! नरेश्वर! आप इन कुश और लव का राज्याभिषेक कीजिये। दक्षिण कोशल में कुश को और उत्तर कोशल में लव को राजा बनाइये।

शत्रुघ्नस्य च गच्छन्तु दूतास्त्वरितविक्रमाः।
इदं गमनमस्माकं शीघ्रमाख्यातु मा चिरम्॥

(वाल्मीकि रामायण, उत्तरकाण्ड, 107/8)

अर्थात, तेज चलने वाले दूत शीघ्र ही शत्रुघ्न के पास भी जायें और उन्हें हम लोगों की इस महायात्रा का वृत्तान्त सुनायें। इसमें विलम्ब नहीं होना चाहिये।

तच्छ्रुत्वा भरतेनोक्तं दृष्ट्वा चापि ह्यधोमुखान्।
पौरान् दुःखेन संतप्तान् वसिष्ठो वाक्यमब्रवीत्।।

(वाल्मीकि रामायण, उत्तरकाण्ड, 107/9)

अर्थात, भरत की बात सुनकर तथा पुरवासियों को नीचे मुख किए दुख से संतप्त होते देख महर्षि वशिष्ठ ने कहा :-

वत्स राम इमाः पश्य धरणिं प्रकृतीर्गताः।
ज्ञात्वैषामीप्सितं कार्यं मा चैषां विप्रियं कृथाः।।

(वाल्मीकि रामायण, उत्तरकाण्ड, 107/10)

अर्थात, वत्स श्रीराम! पृथ्वी पर पड़े हुए इन प्रजाजनों की ओर देखो। इनका अभिप्राय जानकर इसी के अनुसार कार्य करो। इनकी इच्छा के विपरीत करके इन बेचारों का दिल न दुखाओ।

वसिष्ठस्य तु वाक्येन उत्थाप्य प्रकृतीजनम्।
किं करोमीति काकुत्स्थः सर्वान् वचनमब्रवीत्।

(वाल्मीकि रामायण, उत्तरकाण्ड, 107/11)

अर्थात, वसिष्ठ जी के कहने से रघुनाथ ने प्रजाजनों को उठाया और सबसे पूछा - "मैं आप लोगों का कौन- सा कार्य सिद्ध करूँ ?"

ततः सर्वाः प्रकृतयो रामं वचनमब्रुवन्।
गच्छन्तमनुगच्छामो यत्र राम गमिष्यसि।।

(वाल्मीकि रामायण, उत्तरकाण्ड, 107/12)

अर्थात, तब प्रजावर्ग के सभी लोग राम से बोले - "रघुनन्दन! आप जहां भी जायेंगे, आपके पीछे-पीछे हम भी वहीं चलेंगे।"

पौरेषु यदि ते प्रीतिर्यदि स्नेहो ह्यनुत्तमः।
सपुत्रदाराः काकुत्स्थ समं गच्छाम सत्पथम्।।

(वाल्मीकि रामायण, उत्तरकाण्ड, 107/13)

अर्थात, काकुत्स्थ! यदि पुरवासियों पर आपका प्रेम है। यदि हम पर आपका परम उत्तम स्नेह है, तो हमें साथ चलने की आज्ञा दीजिये। हम अपने स्त्री-पुत्रों सहित आपके साथ ही सन्मार्ग पर चलने को उद्यत हैं।

तपोवनं वा दुर्गं वा नदीमम्भोनिधिं तथा।
वयं ते यदि न त्याज्याः सर्वान्नो नय ईश्वर।।

(वाल्मीकि रामायण, उत्तरकाण्ड, 107/14)

अर्थात, स्वामिन्! आप तपोवन में या किसी दुर्गम स्थान में अथवा नदी या समुद्र में, जहां कहीं भी जायं, हम सबको साथ ले चलें। यदि आप हमें त्याग देने योग्य नहीं मानते हैं तो ऐसा ही करें।

एषा नः परमा प्रीतिरेष नः परमो वरः।
हृद्रता नः सदा प्रीतिस्तवानुगमने नृप।।

(वाल्मीकि रामायण, उत्तरकाण्ड, 107/15)

अर्थात, यही हमारे ऊपर आपकी सबसे बड़ी कृपा होगी और यही हमारे लिये आपका परम उत्तम वर होगा। आपके पीछे चलने में ही हमें सदा हार्दिक प्रसन्नता होगी।

पौराणां दृढभक्तिं च बाढमित्येव सोऽब्रवीत्।
स्वकृतान्तं चान्ववेक्ष्य तस्मिन्नहनि राघवः।।
कोशलेषु कुशं वीरमुत्तरेषु तथा लवम्।
अभिषिच्य महात्मानावुभौ रामः कुशीलवौ।।
अभिषिक्तौ सुतावङ्के प्रतिष्ठाप्य पुरे ततः।
परिष्वज्य महाबाहुर्मूर्ध्न्युपाघ्राय चासकृत्।।

(वाल्मीकि रामायण, उत्तरकाण्ड, 107/16-18)

अर्थात, पुरवासियों की दृढ़ भक्ति देख राम ने 'तथास्तु' कहकर उनकी इच्छा का अनुमोदन किया और अपने कर्तव्य का निश्चय करके रघुनाथ ने उसी दिन दक्षिण कोशल के राज्य पर वीर कुश को और उत्तर कोशल के राजसिंहासन पर लव को अभिषिक्त कर दिया। अभिषिक्त हुए अपने उन दोनों महामनस्वी पुत्र कुश और लव को गोद में बिठाकर उनका गाढ आलिङ्गन करके महाबाहु राम ने बारम्बार उन दोनों के मस्तक सूँघे। फिर उन्हें अपनी-अपनी राजधानी में भेज दिया।

महर्षि वाल्मीकि ने रामायण के उत्तरकाण्ड (108/3-7) में उल्लेख किया है कि राम ने कुश के लिए विंध्य पर्वत के किनारे कुशवती नामक नगर का निर्माण कराया। इसी प्रकार लव के लिए श्रावस्ती नामक नगर बसाया। महर्षि वाल्मीकि के अनुसार लव और कुश के लिए दो अलग नगरों की स्थापना का समाचार सुनकर शत्रुघ्न ने भी अपने दोनों पुत्रों का राज्याभिषेक कर दिया (वाल्मीकि कृत रामायण, उत्तरकाण्ड, 108/8-9) शत्रुघ्न के पुत्र सुबाहु को मधुरा (सुबाहुर्मधुरां लेभे शत्रुघाती च वैदिशम्) और दूसरे पुत्र शत्रुघाती को विदिशा का राज्य प्राप्त हुआ (वाल्मीकि रामायण, उत्तरकाण्ड, 108/10)। शत्रुघ्न ने अपने दोनों पुत्रों के राज्याभिषेक की सूचना राम को दी। राम ने विरोध प्रकट करने के स्थान पर प्रसन्नता व्यक्त की। वस्तुत: राम ने अपना राज धर्म का निर्वहन किया।

*

अध्याय - 11

राम और ईश्वरीय शक्ति

राम के अनेक रूप हमारे समक्ष हैं। राम इतिहास पुरुष हैं। यह आपने पहले पढ़ा है। वाल्मीकि कृत रामायण में ईश्वरीय शक्ति और तत्व कहीं भी दिखाई नहीं देते। ज्ञातव्य है कि महर्षि वाल्मीकि ने राम को एक पराक्रमी योद्धा के रूप में प्रस्तुत किया है। रामायण में महर्षि वाल्मीकि ने राम का ही नहीं बल्कि सभी पात्रों का चरित्र चित्रण निष्पक्ष रूप से किया है। सभी पात्रों के गुण-अवगुण समान रूप से रामायण में वर्णित हैं। संभवतः महर्षि वाल्मीकि का उद्देश्य राम की महिमा मंडन करने का नहीं था। उन्होंने तत्कालीन राजनीतिक, सामाजिक और जीवन मूल्यों का मुक्त हृदय से वर्णन किया है। कालांतर में धर्म संबंधी अवधारणाओं के अनुसार राम को ईश्वरता प्रदान की गई। इस प्रसंग पर सूक्ष्म दृष्टिपात करने से हमें निम्नलिखित पहलू दृष्टिगोचर होते हैं।

प्रायश्चित्त तथा नित्यकृत्य करके राम की प्रतिमा स्थापित करनी चाहिए। या फिर पुस्तक पर ही सपरिकर, सपरिच्छद सीता-राम का अर्थात् राम, सीता, लक्ष्म, भरत, शत्रुघ्न, श्रीहनुमान आदि का आवाहन करना चाहिए। तत्पश्चात् समस्त उपकरणों से अलंकृत, पञ्च पल्लवादि से युक्त कलश स्थापित कर स्वस्त्ययन पूर्वक गणपति पूजन, बटुक, क्षेत्रपाल, योगिनी, मातृका, नवग्रह, तुलसी, लोकपाल, दिक्पाल आदि का पूजन तथा नान्दीश्राद्ध करके सपरिकर-सपरिच्छद राम की पूजा करे। महर्षि वाल्मीकि कृत रामायण में इस प्रकार उल्लेख मिलता है। यथा -

कैसे करें पूजन

तदनन्तर काल - तिथि - गोत्र - नाम आदि बोलकर :-

ॐ भूर्भुवः स्वरोम्। ममोपात्तदुरितक्षयपूर्वकं श्रीसीता रामप्रीत्यर्थं
श्रीसीतालक्ष्मणभरतशत्रुघ्नहनुमत्समेतश्रीरामचन्द्र
प्रसादसिद्ध्यर्थं च श्रीरामचन्द्रप्रसादेन सर्वाभीष्टसिद्ध्यर्थं
श्रीराम चन्द्रपूजनमहं करिष्ये। श्रीवाल्मीकीयरामायणस्य पारायणं च करिष्य,
तदङ्गभूतं कलशस्थापनं स्वस्त्ययनपाठं गणपतिपूजनं वटुक
क्षेत्रपालयोगिनीमातृकानवग्रहतुलसीलोकपालदिक्पालादि, पूजनं चाहं करिष्ये।

इस प्रकार संकल्प करने के बाद पूजन करें। निम्नलिखित श्लोकों का उच्चारण करें -

ॐ अच्युताय नमः, ॐ अनन्ताय नमः, ॐ गोविन्दाय नमः, ॐ नारायणाय नमः, ॐ मधुसूदनाय नमः, ॐ हृषीकेशाय नमः, ॐ माधवाय नमः, ॐ त्रिविक्रमाय नमः, ॐ दामोदराय नमः, ॐ मुकुन्दाय नमः, ॐ वामनाय नमः, ॐ पद्मनाभाय नमः, ॐ केशवाय नमः, ॐ विष्णवे नमः, ॐ श्रीधराय नमः, ॐ श्रीसीतारामाभ्यां नमः।

इस प्रकार नमस्कार करके निम्न प्रकार से पूजा करे :-

श्रीसीतालक्ष्मणभरतशत्रुघ्नहनुमत्समेतं ध्यायामि :-

भगवान् राम का ध्यान करे।

आवाहयामि - आवाहन करें।

श्रीसीतालक्ष्मणभरतशत्रुघ्नहनुमत्समेताय श्रीरामचन्द्रं ध्यायामि नमः - रत्नसिंहासनं समर्पयामि - सिंहासन अर्पण करे ।

श्रीसीतालक्ष्मणभरतशत्रुघ्नहनुमत्समेताय श्रीरामचन्द्रं ध्यायामि नमः - पाद्यं समर्पयामि - पाद्य दे।

श्रीसीतालक्ष्मणभरतशत्रुघ्नहनुमत्समेताय श्रीरामचन्द्रं ध्यायामि नमः - अर्घ्यं समर्पयामि - अर्घ्य दे ।

श्रीसीतालक्ष्मणभरतशत्रुघ्नहनुमत्समेताय श्रीरामचन्द्रं ध्यायामि नमः - स्नानीयं समर्पयामि - स्नान कराएं।

श्रीसीतालक्ष्मणभरतशत्रुघ्नहनुमत्समेताय श्रीरामचन्द्रं ध्यायामि नमः - आचमनीयं समर्पयामि - आचमन करवाएं।

श्रीसीतालक्ष्मणभरतशत्रुघ्नहनुमत्समेताय श्रीरामचन्द्रं ध्यायामि नमः - वस्त्रं समर्पयामि - वस्त्र अर्पण करे।

श्रीसीतालक्ष्मणभरतशत्रुघ्नहनुमत्समेताय श्रीरामचन्द्रं ध्यायामि नमः - यज्ञोपवीताभरणं समर्पयामि - यज्ञोपवीत,आभूषण दे।

श्रीसीतालक्ष्मणभरतशत्रुघ्नहनुमत्समेताय श्रीरामचन्द्रं ध्यायामि नमः - गन्धान् समर्पयामि - चन्दन, कुङ्कुम लगाएं।

श्रीसीतालक्ष्मणभरतशत्रुघ्नहनुमत्समेताय श्रीरामचन्द्रं ध्यायामि नमः - अक्षतान् *समर्पयामि -* चावल चढ़ाएं।

श्रीसीतालक्ष्मणभरतशत्रुघ्नहनुमत्समेताय श्रीरामचन्द्रं ध्यायामि नमः - पुष्पाणि *समर्पयामि -* पुष्पमाला दे।

श्रीसीतालक्ष्मणभरतशत्रुघ्नहनुमत्समेताय श्रीरामचन्द्रं ध्यायामि नमः - धूपमाघ्रापयामि - धूप दे।

श्रीसीतालक्ष्मणभरतशत्रुघ्नहनुमत्समेताय श्रीरामचन्द्रं ध्यायामि नमः - दीपं दर्शयामि - दीपक दिखाएं।

श्रीसीतालक्ष्मणभरतशत्रुघ्नहनुमत्समेताय श्रीरामचन्द्रं ध्यायामि नमः - नैवेद्यं फलानि च समर्पयामि - नैवेद्य और फल अर्पण करे।

श्रीसीतालक्ष्मणभरतशत्रुघ्नहनुमत्समेताय श्रीरामचन्द्रं ध्यायामि नमः - ताम्बूलं समर्पयामि - पान दें।

श्रीसीतालक्ष्मणभरतशत्रुघ्नहनुमत्समेताय श्रीरामचन्द्रं ध्यायामि नमः - कर्पूरनीराजनं समर्पयामि - आरती करे।

श्रीसीतालक्ष्मणभरतशत्रुघ्नहनुमत्समेताय श्रीरामचन्द्रं ध्यायामि नमः - छत्रचामरादि समर्पयामि - छत्र-चँवरादि अर्पण करे।

श्रीसीतालक्ष्मणभरतशत्रुघ्नहनुमत्समेताय श्रीरामचन्द्रं ध्यायामि नमः - पुष्पाञ्जलिं समर्पयामि - पुष्पाञ्जलि अर्पण करे।

श्रीसीतालक्ष्मणभरतशत्रुघ्नहनुमत्समेताय श्रीरामचन्द्रं ध्यायामि नमः - प्रदक्षिणानमस्कारान् समर्पयामि - प्रदक्षिणा और नमस्कार करे।

तत्पश्चात् निम्न प्रकार से पञ्चोपचार से श्रीरामायण - ग्रन्थ की पूजा करे :-

ॐ सदा श्रवणमात्रेण पापिनां सद्गतिप्रदे।
शुभे रामकथे तुभ्यं गन्धमद्य समर्पये॥

इति गन्धं समर्पयामि।

ॐ बालादिसप्तकाण्डेन सर्वलोकसुखप्रद।
रामायण महोदार पुष्पं तेऽद्य समर्पयं॥

इति पुष्पाणि पुष्पमालां च समर्पयामि।

ॐ यस्यैकश्लोकपाठस्य फलं सर्वफलाधिकम्।
तस्मै रामायणायाद्य दशाङ्गं धूपमर्पये॥

इति धूपमाघ्रापयामि।

ॐ यस्य लोके प्रणेतारो वाल्मीक्यादिमहर्षयः।
तस्मै रामचरित्राय घृतदीपं समर्पये॥

इति दीपं दर्शयामि।

ॐ श्रूयते ब्रह्मणो लोके शतकोटिप्रविस्तरम्।
रूपं रामायणस्यास्य तस्मै नैवेद्यमर्पये॥

इति नैवेद्यं समर्पयामि।

पूजा करने के बाद कर्पूर की आरती करके चार बार प्रदक्षिणा कर पुष्पाञ्जलि अर्पण करे। फिर साष्टांग प्रणाम कर इस प्रकार नमस्कार करे :-

वाल्मीकिगिरिसम्भूता भुवनं रामसागरगामिनी।
पुनाति पुण्या रामायणमहानदी॥
श्लोकसारसमाकीर्णं सर्गकल्लोलसंकुलम्।
काण्डग्राहमहामीनं वन्दे रामायणार्णवम्॥

इसके उपरान्त ब्राह्मणवादी की पूजा कर पाठ का संकल्प करके ऋष्यादिन्यास करे।

राम भगवान विष्णु प्रजापति के अवतार माने जाते हैं। वैदिक साहित्य में 'राम' का उल्लेख प्रचलित रूप में नहीं मिलता है। ऋग्वेद में केवल दो स्थलों पर ही 'राम' शब्द का प्रयोग हुआ है। (10/3/3 तथा 10/93/14)। उनमें से भी एक जगह काले रंग (रात के अंधकार) के अर्थ में तथा शेष एक जगह ही व्यक्ति के अर्थ में प्रयोग हुआ है लेकिन वहां भी उनके अवतारी पुरुष या दशरथ के पुत्र होने का कोई संकेत नहीं है। नीलकण्ठ चतुर्धर ने ऋग्वेद के अनेक मन्त्रों को स्वविवेक से चुनकर उनके रामकथा परक अर्थ किये हैं परन्तु यह उनकी निजी मान्यता है। ऋग्वेद के उन प्रकरणों में उल्लिखित विवरण से एवं भाष्यकारों के द्वारा उन मंत्रों का रामकथापरक अर्थ सिद्ध नहीं हो पाया है। ऋग्वेद में एक स्थल पर इक्ष्वाकुः (10/60/4) का तथा एक स्थल पर दशरथ (1/126/4) शब्द का भी प्रयोग हुआ है परन्तु उनके राम से सम्बद्ध होने का कोई संकेत नहीं मिल पाता है।

ब्राह्मण साहित्य में 'राम' शब्द का प्रयोग ऐतरेय में दो स्थानों पर (7/5/1, 7/7/27) तथा (7/5/8, 7/7/34) हुआ है। वहाँ उन्हें 'रामो मार्गवेयः' कहा गया है। जिसका अर्थ आचार्य सायण के अनुसार 'मृगवु' नामक स्त्री का पुत्र है। एक स्थल पर 'राम' शब्द का प्रयोग हुआ है (4/6/1-7)। यहां 'राम' यज्ञ के आचार्य के रूप में है तथा उन्हें 'राम औपतपस्विनि' कहा गया है। तात्पर्य यह कि प्रचलित राम का अवतारी रूप वाल्मीकीय रामायण एवं पुराणों की ही देन है।

पवित्र दार्शनिकता

महर्षि वाल्मीकि की अद्भुत कविता एवं महत्ता में उनकी तपस्या ही है। वाल्मीकि रामायण साक्षी है। **'तपःस्वाध्यायनिरतं तपस्वी वाग्विदां वरम्'** से इस काव्य का 'तप' शब्द से ही आरम्भ होता है और प्रथम अर्धाली में ही दो बार 'तप' शब्द आया और 'तपस्वी' शब्द द्वारा महर्षि ने एक प्रकार से अपनी जीवनी भी लिख दी। तपद्वारा ही ब्रह्माजी को उन्होंने साक्षात् किया। रामायण की दिव्य काव्यता का आशीर्वाद लिया और रामचरित्र का दर्शन किया। विश्वामित्र के विचित्र तप का वर्णन, गङ्गाजी के आगमन में भगीरथ की

अद्भुत तपस्या, चूली ऋषि की तपस्या, भृगु की तपस्या आदिका भी वर्णन है। इनके मत से स्वर्गादि सभी सुख भोगों का हेतु तप है। किमधिकं, रावणादि के राज्य, सुख, शक्ति, आयु आदि का मूल भी तप है। राम तो शुद्ध तपस्वी हैं। वह तपस्वियों के आश्रम में प्रवेश करते हैं। वहाँ वह वैखानस, बालखिल्य, सम्प्रक्षाल, मरीचिप (केवल चन्द्र किरण पान करने वाले), पत्राहारी, उन्मज्जक (सदा कण्ठ तक पानी में डूबकर तपस्या करने वाले), पञ्चाग्निसेवी, वायुभक्षी, जलभक्षी, स्थण्डिलशायी, आकाशनिलयी एवं ऊर्ध्ववासी (पर्वत, शिखर-वृक्ष, मचान आदि पर रहने वाले) तपस्वियों को देखते हैं। यह सभी तप में लीन थे (अरण्यकाण्ड 6ठां सर्ग)। इनका जप सम्भवतः 'श्रीराम' मन्त्र रहा हो क्योंकि इनमें से अधिकांश राम को देखते ही योगाग्नि में शरीर छोड़ देते हैं। वस्तुतः काव्य विधि से कान्तासम्मित मधुर वाणी में वाल्मीकि का यही दार्शनिक उपदेश है। उनका मूल तत्त्व इस प्रकार पवित्रता पूर्वक रहकर तपोऽनुष्ठान करते हुए ईश्वर की आराधना करना एवं अधर्म से सदा दूर रहना ही है।

कुछ लोग रामायण में नरचरित्र मानते हैं और राम के ईश्वरता प्रतिपादक माने जाते हैं (वाल्मीकि कृत रामायण, बालकाण्ड 15-18 संपूर्ण सर्ग, एवं 76/17,19, में राम मानव रूप में ईश्वर के समान बताए गए हैं।) रामायण के अयोध्या काण्ड 1/7 में महर्षि वाल्मीकि उल्लेख करते हैं :-

स हि देवैरुदीर्णस्य रावणस्य वधार्थिभिः।
अर्थितो मानुषे लोके जज्ञे विष्णुः सनातनः॥

अर्थात, इसका एक कारण और भी था-वे साक्षात् सनातन विष्णु थे और परम प्रचण्ड रावण के वध की अभिलाषा रखने वाले देवताओं की प्रार्थना पर मनुष्य लोक में अवतीर्ण हुए थे।

रामायण के अरण्य काण्ड में वाल्मीकि ने उल्लेख किया है -

अहो बत महत्कर्म रामस्य विदितात्मनः।
अहो वीर्यमहो दार्ढ्यं विष्णोरिव हि दृश्यते॥

(वाल्मीकि कृत रामायण, अरण्य काण्ड, 30/32)

अर्थात, राम का यह कर्म महान् और अद्भुत है। इनका बल वे बोले - 'अहो! अपने स्वरूप को जानने वाले भगवान् पराक्रम भी अद्भुत है और इनमें भगवान् विष्णु की भाँति आश्चर्यजनक दृढ़ता दिखायी देती है।' महर्षि आगे उल्लेख करते हैं कि -

इत्येवमुक्त्वा ते सर्वे ययुर्देवा यथागतम्।
ततो राजर्षयः सर्वे संगताः परमर्षयः॥
सभाज्य मुदिता रामं सागस्त्या इदमब्रुवन्।

(वाल्मीकि कृत रामायण, अरण्य काण्ड, 30/33)

अर्थात, ऐसा कहकर वे सब देवता जैसे आये थे, वैसे ही चले गये। तदनन्तर बहुत से राजर्षि और अगस्त्य आदि महर्षि मिलकर वहाँ आये तथा प्रसन्नतापूर्वक राम का सत्कार करके उनसे इस प्रकार बोले :-

एतदर्थं महातेजा महेन्द्रः पाकशासनः॥
शरभङ्गाश्रमं पुण्यमाजगाम पुरंदरः।
आनीतस्त्वमिमं देशमुपायेन महर्षिभिः॥

(वाल्मीकि कृत रामायण, अरण्य काण्ड, 30/34-35)

अर्थात, रघुनन्दन! इसीलिये महातेजस्वी पाक शासन पुरंदर इन्द्र शरभङ्ग मुनि के पवित्र आश्रम पर आये थे और इसी कार्य की सिद्धि के लिये महर्षियों ने विशेष उपाय करके आपको पञ्चवटी के इस प्रदेश में पहुँचाया था।

एषां वधार्थं शत्रूणां रक्षसां पापकर्मणाम्।
तदिदं नः कृतं कार्यं त्वया दशरथात्मज॥
स्वधर्मं प्रचरिष्यन्ति दण्डकेषु महर्षयः।

(वाल्मीकि कृत रामायण, अरण्य काण्ड, 30/36-37)

अर्थात, मुनियों के शत्रुरूप इन पापाचारी राक्षसों के वध के लिये ही आपका यहाँ शुभागमन आवश्यक समझा गया था। दशरथनन्दन! आपने हम लोगों का यह बहुत बड़ा कार्य सिद्ध कर दिया। अब बड़े-बड़े ऋषि-मुनि दण्डकारण्य के विभिन्न प्रदेशों में निर्भय होकर अपने धर्म का अनुष्ठान करेंगे।

महर्षि वाल्मीकि रामायण के सुन्दर काण्ड, सर्ग 31 में हनुमान द्वारा राम के ईश्वरत्व का वर्णन करते हैं। इस सर्ग में हनुमान लंका की अशोक वाटिका में बैठी सीता को राम के विषय में विस्तार से बताते हुए राम की तुलना देवताओं से करते हैं।

वाल्मीकि रामायण के सुन्दर काण्ड में हनुमान द्वारा लंकापति रावण को अपना परिचय इस प्रकार देते हैं :-

सत्यं राक्षसराजेन्द्र शृणुष्व वचनं मम।
रामदासस्य दूतस्य वानरस्य विशेषतः॥

(वाल्मीकि कृत रामायण, सुंदर काण्ड, 51/38)

अर्थात, राक्षसों के राजाधिराज! मैं भगवान् श्रीरामका दास हूँ। दूत हूँ और विशेषतः वानर हूँ। मेरी सच्ची बात सुनो।

महर्षि वाल्मीकि ने रामायण के युद्ध काण्ड के सर्ग 111में रावण वध के उपरांत विलाप करती हुई रावण की पत्नी मंदोदरी से राम को भगवान शब्द से संबोधित करवाया है। रामायण के युद्ध काण्ड के 117वें सर्ग में भी राम को ईश्वर तुल्य माना गया है।

यहां भी राम का स्वागत कुछ इस तरह के शब्दों में होता है।

इदानीं च विजानामि यथा सौम्य सुरेश्वरैः।
वधार्थं रावणस्येह विहितं पुरुषोत्तमम ॥

(वाल्मीकि कृत रामायण, युद्ध काण्ड,119/18)

अर्थात, सौम्य! आज इन देवताओं के द्वारा मुझे मालूम हुआ कि रावण का वध करने के लिये स्वयं पुरुषोत्तम भगवान् ही तुम्हारे रूप में अवतीर्ण हुए हैं।

और भी पढ़िए :-

एतत् तदुक्तमव्यक्तमक्षरं ब्रह्मसम्मितम्।
देवानां हृदयं सौम्य गुह्यं रामः परंतपः॥

(वाल्मीकि कृत रामायण, युद्ध काण्ड,119/32)

अर्थात, सौम्य ! शत्रुओं को संताप देने वाले ये श्रीराम देवताओं के हृदय और परम गुह्य तत्त्व हैं। ये ही वेदों द्वारा प्रतिपादित अव्यक्त एवं अविनाशी ब्रह्म हैं।

यहां यह स्पष्ट होता है कि महर्षि वाल्मीकि ने राम के चरित्र को ईश्वर तुल्य स्वीकार कर लिया था। यह भी स्पष्ट होता है कि राम के लिए ऐश्वर्य प्रदर्शक वचन नहीं है किंतु आज आस्था और श्रद्धा से यह अभिप्राय निकाला गया है। जो गलत भी नहीं है।

हनुमान ने सीता के सामने और रावण के सामने राम के गुणों की जो व्याख्या की है। उनमें राम की तुलना ईश्वर के समान की है। वह एक ही क्षण में समस्त स्थावर-जंगमात्मक विश्व को संहत कर दूसरे ही क्षण पुनः इस संसार का ज्यों-का-त्यों निमार्ण कर सकते हैं। हनुमान का यह कथन राम के पराक्रम को दर्शाता है ईश्वरीय तत्व को नहीं। यथा - इस कथन में क्या ईश्वरता का भाव स्पष्ट नहीं हो जाता ? कितनी स्पष्टता है ? यह आपके विवेक पर निर्भर है।

सत्यं राक्षसराजेन्द्र शृणुष्व वचनं मम।
दूतस्य वानरस्य रामदासस्य विशेषतः॥
सर्वाल्लोकान् सुसंहृत्य सभूतान् सचराचरान्।
पुनरेव तथा त्रष्टुं शक्तो रामो महायशाः॥

(वाल्मीकि रामायण, सुन्दरकाण्ड 51/38-39)

ऐतरेय ब्राह्मण के अनुसार **'परोक्षप्रिया इव हि देवाः, प्रत्यक्षद्विषः'** (1/3/14, बृहदारण्यक, 4/2/2) अर्थात, प्रेम की मधुरता उसकी गूढ़ता में ही है। देवताओं के लिए कहा भी जाता है कि वह 'परोक्षप्रिय' होते हैं। महर्षि वाल्मीकि ने गूढ़ प्रेम की गाथा प्रस्तुत ही की है।

ऐतिहासिक दृष्टि

तत्कालीन अनुकूल एवं प्रतिकूल परिस्थितियों का स्पष्ट उल्लेख मिलता है। वाल्मीकि का वर्णन आधुनिक ऐतिहासिक शैली से नहीं है। यह भी कहा जा सकता है कि महर्षि वाल्मीकि का उद्देश्य इतिहास लेखन नहीं था अपितु उस समय की वास्तविकता को दर्शाना था। बुद्धिजीवियों का एक वर्ग इसे इतिहास रूप में स्वीकार नहीं करता।

धर्मार्थकाममोक्षाणामुपदेशसमन्वितम्।
पूर्ववृत्तं कथायुक्तमितिहासं प्रचक्षते।। *(विष्णुधर्म,3/15/1)*

विस्तृत एवं दीर्घ कालिक विश्व का इतिहास तो रामायण-महाभारत की भाँति ही हो सकता है और धर्म, अर्थ, लोक-व्यवहार, परलोक-सुख की दृष्टि से वही लाभकर भी सिद्ध हो सकता है।

भौगोलिक विवरण

वाल्मीकि कृत रामायण में वर्णित भूगोल पर अनेक इतिहासकारों ने अनुसंधान किया। कनिंघम की 'ऐन्शेन्ट डिक्शनरी' एवं एक अन्य पुस्तक 'जागरफिकल डिक्शनरी' में पर अनुसंधान हुआ। लंदन के 'एशियाटिक सोसाइटी जर्नल' में एक महत्त्वपूर्ण लेख छपा था। 'लंका' पर ही कई प्रबन्ध हैं। 'सर्वेश्वर' के एक लेख में 'मालदीप' को लंका सिद्ध किया है। कुछ लोग इसे ध्वस्त मज्जित या दुर्ज्ञेय भी मानते हैं। (वाल्मीकि 1/22) की कौशाम्बी प्रयाग से 14 मील दक्षिण-पश्चिम कोसम गांव है। धर्मारण्य आज की गया नगरी है। 'महोदय' नगर कुशनाभ की कन्याओं के कुब्ज होने से आगे चलकर कान्यकुब्ज, पुनः कन्नौज हुआ, गिरिव्रज 'राजगिर' है।

केकय देश कुछ लोग 'गजनी' को और कुछ झेलम एवं कीकना को कहते हैं। बालकाण्ड 2/3-4 में आयी तमसा नदी पर वाल्मीकि जी का आश्रम था। यह उस तमसासे सर्वथा भिन्न है। जिसका उल्लेख गङ्गाके उत्तर तथा अयोध्या के दक्षिण में मिलता है। वाल्मीकि आश्रम का उल्लेख 2/56/16 में भी आया है। पश्चिमोत्तर शाखीय रामायण के 2/114 में भी इस आश्रम का उल्लेख है। सम्मेलन पत्रिका 143/2 के 133 पृष्ठ पर वाल्मीकि आश्रम प्रयाग झाँसी रोड और राजापुर-मानिकपुर रोड के सङ्गम पर स्थित बतलाया गया है। कुछ लोग कानपुर के बिठूर को भी वाल्मीकाश्रम मानते हैं। 2/56/16 की टीका में कतक, तीर्थ, गोविन्दराज, शिरोमणिकार आदि इनका समाधान करते हुए लिखते हैं कि ऋषि प्रायः घूमते रहते थे। राम के वनवास के समय वह चित्रकूट के समीप तथा राज्यारोहण काल में गङ्गातट पर (बिठूर) रहते थे। वाल्मीकि 7/66/1 तथा 7/71/14 से भी वाल्मीकाश्रम बिठूरमें ही सिद्ध होता है।

*

अध्याय - 12

लोक साहित्य में राम

अयोध्या में भारतीय पुरातत्व सर्वेक्षण विभाग द्वारा उत्खनन में प्राप्त प्राचीन अवशेष

राम को भारत की आत्मा माना जाता है। केवल भारत में ही नहीं अपितु विश्व के विभिन्न भूखंड में रामकथा सम्मानित रही है। मध्यकाल में आक्रांताओं ने राम और हनुमान से जुड़े मंदिरों और स्मारकों का अस्तित्व ढूंढ-ढूंढकर मिटाया था। इसका सबसे बड़ा कारण यह था कि तत्कालीन आक्रांताओं में ज्ञान की कमी थी। एक कारण यह भी हो सकता है कि रामकथा की महत्ता बताने वाली पीढ़ी समाप्त हो गई और तत्कालीन युवाओं में धार्मिक सांस्कृतिक और अपनी धरोहर को संजोकर रखने की प्रवृत्ति समाप्त प्रायः हो गई थी। उन्हें अपने अस्तित्व को बचाए रखने का प्रश्न मुख्य हो गया। संभवतः यह संक्रांति काल था और शिक्षक लुप्तप्राय हो गए थे। मार्गदर्शक कोई नहीं था।

लोकोक्तियां

लोकोक्ति को समाज का सही मार्गदर्शन दिखाने के लिए रची गई। धार्मिक एवं नैतिक उपदेश इनमें निहित है। हास्य-व्यंग्य और मनोरंजन की लोकोक्तियां प्रचलन में आई हैं। संपूर्ण विश्व में सर्वव्यापी एवं सर्वग्राही हैं। प्रत्येक समाज में प्राचीन काल से परंपरागत रूप

से चलती आ रही है। लोकोक्तियों की यह विशेषता है कि वह जीवन के हर पहलू को संबंध रखती हैं। हमारे पूर्वजों ने अपने अनुभव पर आधारित जीवनोपयोगी सुझावों को ऐसे शब्दों में रचा कि वह पीढ़ी-दर-पीढ़ी चली आ रही हैं। सरल भाषा में गहरी-से-गहरी बात को सूक्ष्म-से-सूक्ष्म शब्दों में समेट देना मानव ज्ञान का श्रेष्ठ उदाहरण हैं लोकोक्तियां। लोकोक्तियों की एक और सबसे विशिष्टता यह है कि किसी भी कटु बात को मनोरंजक अंदाज में बयां करती हैं। जिससे बात कहने और सुनने वाले के मध्य किसी तरह का तनाव उत्पन्न नहीं होता। इतना ही नहीं बल्कि लोकोक्तियां समाज के प्रत्येक वर्ग को एक स्तर पर जोड़ने का काम करती हैं।

लोकोक्तियों का चलन प्राचीन समय से ही होता आ रहा है। अतः लोकोक्तियों के माध्यम से हम हमारे पूर्वजों का जीवन के प्रति दृष्टिकोण और उस समय की व्यवस्था को समझ सकते हैं। पांच गंवई लोकोक्तियों, गंवई गीतों या लोकगीतों के बोल से लोकमानस में राम पीढ़ियों से सारी दुनिया के मानव समाज में रचे बसे रहे हैं। राम पर आम जनमानस कितना विश्वास करता है, कितना आत्मीय रिश्ता रखता है, देवता भी मानता है, सखा भी और अपने घर के सदस्य जैसा भी, अर्थात राममय रहा है प्राचीन काल से मनुष्य।

रामजी के चिरईं रामजी के खेत, खा ले चिरइयां, भर भर पेट

गांव में गाया जाने वाले गीतों में मनुष्यों के भोजन या संसाधन पर दूसरे जीवों का भी बराबर हक है इसका बोध कराया जाता है। इसका भावार्थ है कि सब चिड़ियों राम का ही है। राम जी की ही चिरईं है, राम जी का ही खेत है इसलिए चिरईं पहले भर पेट खेत में खाएगी, तब दूसरे को मिलेगा।

रामे रामे रामे हो रामा,
रामेजी के नइया हो,
रामे लगइहें बेंड़ा पार नु ए राम

भोजपुरी लोकगायन में एक मशहूर कथागीत गायन की विधा है सोरठी। इसका पूरा नाम है सोरठी बिरजाभार। इस सोरठी बिरजाभार में बोल गीत की आधार पंक्तियों की तरह होता है। इसका भावार्थ है कि यह जो जीवन की नाव है, वह राम जी की ही कृपा से है और इस नाव का बेंड़ा राम जी ही पार लगाएंगे।

रामजी के माया, कहीं धूप कहीं छाया

राम को लेकर हर समाज में एक अलग विश्वास रहा है। जीवन में दुख आने के बाद लोग कहते हैं कि सब राम जी की माया है और इसके लिए इस मुहावरे का इस्तेमाल करते हैं कि यह राम जी की माया है कि कहीं धूप है तो कहीं छाया है। कहीं सुख है तो कहीं दुख है।

राम नाम सत्य है

मृत्यु के समय में अर्थी जब निकलती है तो पीछे चलने वाले राम का ही स्मरण करते हुए चलते हैं। यह परंपरा कब और किसने शुरू की, यह अज्ञात है।

जिसके राम धनी, उसे कौन कमी

जो भगवान के भरोसे रहता है, उसे किसी चीज की कमी नहीं होती। यह दर्शाता है कि प्राचीन काल में राम पर जनमानस का अटूट विश्वास था। श्रद्धा थी। आस्था थी।

मुंह में राम बगल में छुरी

बाहर से मित्रता दिखाना मगर अंदर बैर का भाव रखना। यह समाज के वैचारिक और सामाजिक मूल्यों के विघटन का सूचक है। इसके बाद भी राम जनमानस के हृदय में बसे रहे।

दुविधा में दोऊ गए, माया मिली न राम

अनिश्चय की स्थिति में काम करने पर एक में भी सफलता नहीं मिलती। दुविधा मानसिक असंतुलन को दर्शाती है। यदि राम पर विश्वास है तो पूरी शिद्दत से काम को शुरू करने वाले की कभी हार नहीं होती। वह कार्य संपन्न करके ही दम लेता है। यही कारण है कि बड़े-बुजुर्ग हमेशा यही शिक्षा देते थे कि जो भी काम करो मन लगाकर उसे पूरा करो।

राम मिलाई जोड़ी, एक अंधा एक कोढ़ी

दो मनुष्यों के एक ही तरह का होना। सामाजिक विविधताओं और लक्षणों को भी लोकोक्तियों में स्थान मिला। यहां व्यंग्यात्मक शैली में यह कथन है। दो व्यक्तियों के स्वभाव, कार्य और मित्रता पर व्यंग्य है। दोनों महामूर्ख हैं। उनके काम भी उसी के अनुरूप हैं।

राम राम जपना, पराया माल अपना

ढोंगी मनुष्य दूसरों का माल हड़पने वाले होते हैं। समय परिवर्तनशील है और समाज भी उसी बदलाव का एक भाग है। परिस्थितियां मनुष्य को बदलने पर विवश कर देती हैं और ऐसी स्थिति में मनुष्य सत्कर्म के स्थान पर दुष्कर्म की ओर अग्रसर हो जाता है।

सारी रामायण सुन गये, सीता किसकी जोय (जोरू)

सारी बात सुनने के बाद साधारण-सी बात का भी ज्ञान न होना मनुष्य के मानसिक असंतुलन को प्रदर्शित करता है। विवेक की कमी दर्शाता है। अशिक्षित होने का आभास होता है।

लोकगीत

प्राचीन काल से संगीत, मानव-मन को शांति प्रदान करने का एकमात्र साधन रहा है। मनुष्य अपनी भावनाओं को संप्रेषित करने के लिए संगीत का सहारा लेता है। 'लोक' का अभिप्राय साधारण जनता से है, जिसकी कोई व्यक्तिगत पहचान नहीं होती अपितु सामूहिक पहचान होती है। लोकगीत, कोई एक व्यक्ति नहीं, बल्कि पूरा लोक समाज अपनाता है। सामान्यतः लोक में प्रचलित, लोक द्वारा रचित एवं लोक के लिए गाये गीतों को लोकगीत कहा जाता है। 'रामचरितमानस' के पात्रों से प्रभावित कई लोक गीत प्रसिद्ध हैं, जिनमें श्री राम जनम, उनकी शौर्य गाथा तथा सिया-राम विवाह से जुड़े असंख्य लोकगीत जो आज भी शादी-ब्याह की शान हैं।

लोकगीतों के प्रकार

विद्वानों ने लोकगीत के अनेक प्रकार बताए हैं।

कृषि संबंधी लोकगीत, वीर रस से परिपूर्ण लोकगीत, लोरिकायन, झूमर गीत या बिरहा गीत, ललना गीत, उपनयन संस्कार लोकगीत, मनोकामना पूर्ति लोकगीत, परछावन गीत, चौताल गायन और अंतिम संस्कार लोकगीत आदि।

कृषि लोकगीत

राम से संबंधित अनेक लोकगीत प्रचलित हैं। विषय विस्तार को संकुचित करने के उद्देश्य से यहां एक ही लोकगीत दिया गया है।

रामजी रामजी हंसुआ द
उ हंसुआ काहे के
धनवा कटावे के
उ धनवा काहे के
चउरा बनावे के
उ चउरा काहे के
भउजी के खियावे के
उ भउजी काहे के
लइका जनमावे के

यह गांवों में लोकप्रिय लोक गीत रहा है। जिसमें धान की खेती के समय नयी बहुओं को चिढ़ाने के लिए गाया जाता था। कुछ एक प्रसंग ऐसे भी मिले हैं कि गर्भवती स्त्री को भी सुनाया जाता था। यह एक प्रहसनी लोकोक्ति गीत है लेकिन इसमें भी राम का नाम पहले लिया जाता है।

ललना गीत

विद्वानों का मत है कि लोकगीत को संस्कार गीत भी कहा जाता है। जिसे श्रद्धा-भक्ति से गाया जाता है। शिशुओं के जन्मोत्सव पर गाये जाने वाले गीत, मुंडन संस्कार के गीत, उपनयन संस्कार आदि गीत इसके कुछ एक उदाहरण है। जब संस्कार गीत की बात होती है, तो ललना गीत सब से प्रचलित है। यथा :-

"अयोध्या में बाजे ला बधाइयाँ श्री राम जी जनम भये हो...
अहो ललना...
अहो ललना...गोदिया में खेले श्री राम जी...
कौशल्या खेलावे ला हो..."

यह ललना आज भी उतना ही लोकप्रिय और प्रसिद्ध है, जितना कि त्रेतायुग में राम जी के जन्म पर रहा होगा।

"दादा के अंगनवा में कुइयां खदैयला हो...
अहो ललना...अहो ललना
कुइयां के पियर-पियर मटिया हो...
जाइ के जाग्यअ उनकर दादा के नाती जनम लेले हो...
अहो ललना..."

हमारी दादी-नानी थलियां-लोटा बजाकर गाया करती थीं। आज भी यह परम्परा ग्रामीण क्षेत्रों में प्रचलित है। रेडियो के माध्यम से जन्मदिन के अवसर पर ललना गीतों की मांग अभी भी की जाती है तथा स्थानीय कलाकार अपने धुन में इन गीतों को गाते-सुनाते रहते हैं।

उपनयन संस्कार गीत

सोलह संस्कारों में दसवां संस्कार है उपनयन है। इसे यज्ञोपवीत भी कहा जाता है। प्राचीन काल से विद्या ग्रहण से पूर्व यह संस्कार शिक्षार्थी के सर्वांगीण विकास के लिए किया जाता रहा है। बाल्यावस्था में राम अपने तीनों भाई सहित जब गुरुकुल के लिए प्रस्थान हो रहे थे, उसी सन्दर्भ में एक लोकगीत है। उपनयन संस्कार गीत -

"चिकन माटी के चौका बनयली...
चाहि चौका पर बैठेलन राजा दशरथ...
राम बरवा गोदिया लेले...
जेकर जनेववा होवे...
पिछवरया पंडित भइया वेगी चली आवो..."

मनोकामना पूर्ति गीत :

भारतीय समाज एवं सनातन धर्म में संस्कारों का बहुत बड़ा महत्त्व है। हम जीवन में कुछ नया कार्य प्रारंभ करने हेतु तत्पर होते हैं तो कार्य की सफलता के लिए परम पिता परमेश्वर से प्रार्थना करते हैं। सीता भी अपने विवाह से पूर्व माता गौरी से योग्य वर व देवर की कामना करती है। ऐसी ही मनोकामना पूर्ति पर आधारित यह लोकगीत -

'सीता जी मांगे ला हो...
दशरथ ऐसन ससुर...
अहो सीता जी मांगे ला अयोध्या के राज सरजू नहनर को...
कौशल्या ऐसन सासू...
अहो सीता जी मांगे ला अयोध्या के राज सरजू नहनर को...
सीता जी मांगे लाहो लक्ष्मण ऐसन देवर...
अहो सीता जी मांगे ला अयोध्या के राज सरजू नहनर को...
राम ऐसन भगवन...
अहो सीता जी मांगे ला अयोध्या के राज सरजू नहनर को ..."

बिरहा लोकगीत :

बड़े-बुज़ुर्ग कहा करते थे कि हमारे परदादा अपनी व्यथा बिरहा गाकर सुनाया करते थे। परिस्थिति चाहे जैसी भी हो, घर की चाहे जैसी भी दशा हो, बहु-बेटियाँ हर मुश्किल का सामना करती हुई जीवन ले जाती थी, पर कभी बड़ों के सामने मुँह नहीं खोलती थीं। उनमें अपार सहन शक्ति थी। घर-गृहस्थी पर कभी आँच आने नहीं देती। बस प्रभु राम नाम का ही आसरा था। बिरहा -

"पिस पिस जंतवा चढ़यले गेहुवा...
आजू भैया अय्ह्लन पहुनवा...हो राम
मच्या बैसलहन...सासु बरहैतीं
काहे देबो भैया जेवनरन्या हो राम..."

लोकगीत सामान्य मानव की सहज संवेदना से जुड़े हैं। भारतीय राष्ट्रपिता महात्मा गांधी जी के शब्दों में- "लोकगीतों में धरती गाती है, पर्वत गाते हैं, नदियाँ गाती हैं, फसलें गाती हैं और उत्सवों के अवसर पर मधुर कंठों से लोक समूह लोकगीत गाते हैं।"

चौताल गायन

पूर्व काल में होली के अवसर पर चालीस दिनों तक चौताल गायन हुआ करता था। आज भी अनेक स्थानों पर चौताल की प्रतियोगिताएं होती हैं। जिनमें बुज़ुर्ग और युवा सभी

भाग लेते हैं। झाल-मंजीरा, ढोलक बजाते लोग बड़ी खुशी के साथ चौताल गाते थे और गाते हैं। विश्वास है कि लोकगीत की यह प्रथा आगे भी जारी रहेगी। मॉरीशस में चौताल गायन परंपरा आज भी जीवित है। चौताल -

"काहंवा से आ...वेला...राम और लक्ष्मण
काहंवा से आवे हनुमान...
डाले तुलसी के मा...ला (2)
उत्त...र से आवे ला...राम...और लक्ष्मण
दक..क्षिण...से आवे हनुमान...
डाले तुलसी के मा...ला।"

परछावन गीत

विवाह से पूर्व वर पक्ष एवं कन्या पक्ष से सम्बंधित लोकगीत का भी उल्लेख मिलता है। यह गीत रामायण से पूर्णतः सम्बन्ध रखते हैं। इन्हीं लोकगीतों में से एक अंश -

"शुभदिन आज तुम्हार आयो जी, वर ब्याहन जायो
मंगल मूर्ति, सुन्दर सुरती...
कर जोर नमस्ते सुनाओ जी, वर ब्याहन जायो
चंदन, थार, कपूर, सुगंधी...
प्रेम से आरती उतार जी, वर ब्याहन जायो..."

यह लोकगीत आज भी हमारी संस्कृति से जुड़े हुए हैं। आधुनिक विवाह गीत युवा जनमानस में कितने ही लोकप्रिय हो जाएं फिर भी बुजुर्ग महिलाएं पारंपरिक लोकगीतों से ही विवाह समारोह की शोभा बढ़ाती हैं।

राम, लक्ष्मण और सीता चौदह वर्ष वनवास के लिए अयोध्या से निकलकर गंगा नदी के तट पहुँचते हैं। जहां केवट मिलता है। राम केवट से नाव मांगते हैं लेकिन केवट नहीं मानता है। कहता है कि मैं तुम्हारा भेद जान गया :-

"मांगी नाव न केवटू आना।
कहइ तुम्हार मरमु में जाना॥"

तुम्हारे चरणों के स्पर्श से पत्थर सुन्दर स्त्री बन गयी थी। मेरी नाव तो लकड़ी की है और यही मेरे परिवार के भरण पोषण का आधार है :-

"छुअत सिला भइ, नारि सुहाइ।
पाहन ते न काठ कठिनाई॥"

केवट राम के चरण धोते हैं। इसके बाद ही उन्हें श्रद्धा भाव के साथ गंगा पार करवाते हैं। यह लोकगीत हमारे सांस्कृतिक धरोहर हैं।

अंतिम संस्कार लोकगीत-

"राम चले वन में, लखन चले वन के,
सीता चले वन के...
दशरथ चले धाम हो...
सर धुनी-धुनी रोवे ला, कोसिला हो माई ...
आज मोरे आंगन में पता झरे ला हो...डारवा टूटे ला हो...
कोन दिसवा से आवे ला पवनवा..."

रामायण मानव चेतना के निर्माण का अद्भुत रसायन है। लोक मंगल, मर्यादा व विवेक से रहने की कला रामायण से प्राप्त होती है, अर्थात् रामायण से निःसृत लोकगीतों की प्रासंगिकता आज भी है। रामचरितमानस संतमुखश्रुत से लोकगीतों के रूप में विख्यात होने लगा। इसमें निहित उपदेशों को लोक जीवन में नित्य रूप से उतारा गया। राम का चरित्र लोक हिताय है। यही कारण है कि लोकगीतों में श्री राम की छवि मनभावन बन पड़ी है।

निस्संदेह महर्षि वाल्मीकि कृत रामायण ग्रंथ मानव जीवन के प्रत्येक पहलु से संबंधित है। जन्म से लेकर अंतिम यात्रा तक रामायण के मूल्यों से लोक जीवन को दिशा प्राप्त होती है। इस मोह-माया के बंधन से मुक्त होकर जब मनुष्य अपनी काया को छोड़ अपनी अंतिम यात्रा की तरफ़ चल पड़ता है, तब भी सगे-सम्बन्धी रामनाम सत्य दोहराते हुए ले चलते हैं।

मॉरीशस में लोकगीत

श्रीरामचरितमानस से मॉरीशस का बहुत गहरा संबंध है। इतिहास पीढ़ी-दर-पीढ़ी यही साक्षात्कार करता आ रहा है कि 18वीं शताब्दी में लगभग 468,000 शर्तबंध मजदूरों को भारत से यहां दीन-हीन अवस्था में लाया गया था। हमारे पूर्वज साहसी थे। ऐसी विषम परिस्थिति में उनकी अपनी संस्कृति, संस्कार और साहित्य ही एक मात्र साथी था। संस्कृति और संस्कार जीवनशैली के रूप में विद्यमान थे और हाथों में था अमर साहित्य श्री रामचरितमानस। श्रीरामचरितमानस ने इन लोगों के जीवन में संजीवनी बूटी का काम किया। राम से बड़ा राम का नाम होता है। यह लोकोक्ति अमृतवाणी बन गई। अमृतवाणी ने राम नाम से ऐसी लीला मॉरीशस में रचाई कि आज भी वहां राम का नाम सर्वमुख है।

मॉरीशस छोटा-सा देश है परन्तु जिस गति से रामायण के लोकगीतों का प्रचार-प्रसार यहां हुआ है वह प्रशंसनीय है। ज्ञातव्य है कि मॉरीशस में 31 अगस्त, 1990 को आयोजित

छठे रामायण सम्मेलन के समय मॉरीशस के दो गांवों के नाम बदले गए थे। उत्तर प्रान्त में 'हेर्मिताज़' गांव का नाम 'पंचवटी' और 'अपर वाले दे प्रेत्र' का नामकरण हुआ था 'चित्रकूट'।

लोकसंगीत

प्रकृति के कण-कण में भी संगीत की सुरमई धुनें व्याप्त हैं। हवा संगीत लहरी है। पत्तों की सरसराहट में संगीत से संगीत उपजता है। नदियों में कल-कल करती धाराएं बहते पानी में संगीत का आभास कराती हैं। पक्षियों के कलरव में भी संगीत झलकता है। झींगुरों के ध्वनि समूह-गान की भांति प्रतीत होती हैं। सर्वत्र व्याप्त संगीत से भला कोई कैसे अलग रह सकता है। क्या प्रकृति के बीच पला-बढ़ा व्यक्ति संगीत से दूर रह सकता है ?

संगीत हमारी सांस्कृतिक धरोहर है। हमारे पूर्वजों ने अपने साथ न सिर्फ अपने धार्मिक-ग्रन्थ, अपितु अमूर्त विरासत के रूप में लोकगीत को भी नहीं छोड़ा। सुख-दुख के साथी 'रामचरितानस' से निःसृत लोकगीतों ने हर कदम पर साथ हर युग में एवं हर भूखंड पर निभाया है।

संगीत के बिना गीत एवं नृत्य अधूरे हैं। गीत, संगीत और नृत्य से पूरी होती है लोक संस्कृति। ऐसे उदाहरण अति प्राचीन काल में मिलते हैं।

*

अध्याय - 13

विश्वव्यापी रामकथा

अयोध्या में भारतीय पुरातत्व सर्वेक्षण विभाग द्वारा उत्खनन में प्राप्त प्राचीन अवशेष

त्रेतायुग में ही महर्षि वाल्मीकि सातों महाद्वीपों में पूज्यनीय हो गए थे। सातों महाद्वीपों में महर्षि वाल्मीकि के जीवन से संबंधित अलग-अलग कहानियां प्रचलित रही हैं। प्राचीन काल में सातों महाद्वीपों के निवासियों ने महर्षि वाल्मीकि कृत रामायण को सबसे पवित्र ग्रंथ स्वीकार किया। इतिहासकारों का एक वर्ग ऐसा मानता है कि ईसा की प्रारंभिक शताब्दियों में रामायण वहां पहुँच गयी थी। इनके अतिरिक्त अन्य साक्ष्यों से यह भी ज्ञात होता है कि रामकथा दक्षिण-पूर्व एशिया में प्रवाहित हो रही थी। इतिहासकार एवं रामायण के विद्वानों का मत है कि प्राचीन जावानी भाषा में विरचित रामायण का काबीन है। जिसकी तिथि नौवीं शताब्दी का पूर्वार्ध है। पंद्रहवी शताब्दी में इंडोनेशिया के इस्लामीकरण के बावजूद वहां जवानी भाषा में सेरतराम, सेरत कांड, राम केलिंग आदि अनेक रामकथा काव्यों की रचना हुई। जिनके आधार पर अनेक विद्वानों द्वारा वहां के राम साहित्य का

विस्तृत अध्ययन किया गया है। कंपूचिया के अनेक शिलालेखों में रामकथा की चर्चा हुई है। वहां उस पर आधारित मात्र एक कृति रामकेर्ति उपलब्ध है। चंपा अर्थात वर्तमान वियतनाम के एक प्राचीन शिलालेख में वाल्मीकि के मंदिर का उल्लेख है। वहां रामकथा के नाम पर मात्र लोक कथाएं ही उपलब्ध हैं। लाओस के निवासी स्वयं को भारतवंशी मानते हैं। ऐसा माना जाता है कि कलिंग युद्ध के बाद उनके पूर्वज इस क्षेत्र में आकर बस गये थे। फ्रलक फ्रलाम (रामजातक), ख्वाय थोरफी, ब्रह्मचक्र और लंका नोई यह रचनाएं यहां आज भी उपलब्ध हैं।

थाईलैंड

थाईलैंड में रामकथा पर आधारित प्रमुख रचनाएं हैं :-

1. तासकिन रामायण,
2. सम्राट राम प्रथम की रामायण,
3. सम्राट राम द्वितीय की रामायण,
4. सम्राट राम चतुर्थ की रामायण (पद्यात्मक),
5. सम्राट रामचतुर्थ की रामायण (संवादात्मक), और
6. सम्राट राम षष्ठ की रामायण (गीति-संवादात्मक)।

बर्मा

बर्मा में रामकथा साहित्य के सोलह ग्रंथ मिलते हैं। इसमें रामवत्थु प्राचीनतम कृति है।

मलेशिया

मलयेशिया में रामकथा से संबद्ध चार रचनाएँ उपलब्ध है :-

1. हिकायत सेरी राम,
2. सेरी राम,
3. पातानी रामकथा, और
4. हिकायत महाराज रावण।

फिलिपींस

फिलिपींस की रचना 'महालादिया लावन' का स्वरूप रामकथा से बहुत मिलता-जुलता है। विद्वानों का मत है कि इसका कथ्य बिल्कुल विकृत है।

चीन

चीन में रामकथा बौद्ध जातकों के माध्यम से पहुँची थीं। चीन में दो ग्रंथ मिले हैं। यथा -

1. अनामक जातक और
2. दशरथ कथानम।

इन दोनों ग्रंथों का क्रमश: तीसरी और पाँचवीं शताब्दी में अनुवाद किया गया था। दोनों रचनाओं के चीनी अनुवाद उपलब्ध हैं।

तिब्बत

तिब्बती रामायण की छह पांडुलिपियाँ तुन-हुआन नामक स्थल से प्राप्त हुई हैं। इनके अतिरिक्त वहाँ राम कथा पर आधारित दमर-स्टोन तथा संघ श्री विरचित दो अन्य रचनाएँ भी हैं।

तुर्किस्तान

तुर्किस्तान के पूर्वी भाग को खोतान कहा जाता है। यहां की भाषा खोतानी है। खोतानी रामायण की प्रति पेरिस पांडुलिपि संग्रहालय से प्राप्त हुई है। इस पर तिब्बत्ती रामायण का प्रभाव परिलक्षित होता है।

मंगोलिया

मंगोलिया में राम कथा पर आधारित जीवक जातक नामक रचना है। इसके अतिरिक्त वहाँ तीन अन्य रचनाएँ भी हैं जिनमें रामचरित का विवरण मिलता है।

जापान

जापान के एक लोकप्रिय कथा संग्रह होबुत्सुशु में संक्षिप्त रामकथा संकलित है। इसके अतिरिक्त वहां अंधमुनिपुत्रवध की कथा भी है।

श्रीलंका

श्रीलंका में कुमार दास के द्वारा संस्कृत में जानकी हरण की रचना हुई थी। वहां सिंहली भाषा में भी एक रचना है - मलयराजकथाव।

नेपाल

नेपाल में रामकथा पर आधारित अनेक रचनाएँ जिनमें भानुभक्त कृत रामायण सर्वाधिक लोकप्रिय है।

इंडोनेशिया की रामकथा : काकावीन

वर्तमान इंडोनेशिया में नब्बे प्रतिशत आबादी मुसलमान की हैं। इसके बावजूद उनकी संस्कृति पर रामायण की गहरी छाप है। फादर कामिल बुल्के (1982 ईस्वी) लिखते हैं - "पैंतीस वर्ष पहले मेरे एक मित्र ने जावा के किसी गांव में एक मुस्लिम शिक्षक को रामायण पढ़ते देखकर पूछा था - "आप रामायण क्यों पढ़ते है ?"

उस मुस्लिम शिक्षक ने उत्तर दिया - "मैं और अच्छा मनुष्य बनने के लिए रामायण पढ़ता हूँ।"

यहां उपलब्ध प्राचीनतम कृति 'रामायण काकावीन' है। यह नौवीं शताब्दी की रचना मानी जाती है। इसके रचनाकार योगीश्वर कहे जाते हैं। यहां की एक अन्य प्राचीन रचना है -'उत्तरकांड।' यह रचना गद्य में है। चरित रामायण अथवा कवि जानकी में रामायण के प्रथम छह कांडों की कथा के साथ व्याकरण के उदाहरण भी दिये गये हैं। बाली द्वीप के संस्कृत साहित्य में अनुष्ठभ छंद में पचास श्लोकों की संक्षिप्त रामकथा है। रामकथा पर आधारित परवर्ती रचनाओं में 'सेरतकांड', 'रामकेलिंग' और 'सेरी राम' का नाम उल्लेखनीय है। इनके अतिरिक्त ग्यारहवीं शताब्दी की रचना 'सुमनसांतक' में इंदुमती का जन्म, अज का विवाह और दशरथ की जन्मकथा का वर्णन हुआ है। चौदहवीं शताब्दी की रचना अर्जुन विजय की कथावस्तु का आधार अर्जुन सहस्त्रवाहु द्वारा रावण की पराजय है।

रामायण काकावीन की रचना कावी भाषा में हुई है। यह जावा की प्राचीन शास्त्रीय भाषा है। काकावीन का अर्थ महाकाव्य है। रामायण को काकावीन में सर्वोच्च स्थान प्राप्त है। रामायण का कावीन छब्बीस अध्यायों में विभक्त एक विशाल ग्रंथ है। जिसमें महाराज दशरथ को विश्वरंजन की संज्ञा से विभूषित किया गया है और उन्हें शैव मतावलंबी कहा गया है। इस रचना का आरंभ राम जन्म से होता है। विश्वामित्र के साथ राम और लक्ष्मण के प्रस्थान के समय अष्टनेम ऋषि उनकी मंगल कामना करते हैं और दशरथ के राज प्रसाद में हिंदेशिया का वाद्य यंत्र गामलान बजने लगता है।

द्वितीय अध्याय में बसंत ऋतु के उल्लेख के साथ इंडोनेशायाई परिवेश विवरण मिलता है। विश्वामित्र के साथ राम और लक्ष्मण के यात्रा-क्रम में हिंदेशिया की प्रकृति का भव्य चित्रण हुआ है। विश्वामित्र आश्रम में दोनों राजकुमारों को अस्त्र-शस्त्र एवं ज्ञान-विज्ञान की शिक्षा दी जाती है और ताड़का वध के बाद विष्णु का अवतार मान कर उनकी वंदना की जाती है। इस महाकाव्य में मिथिला गमन, धनुभंग और विवाह का वर्णन अत्यंत संक्षिप्त है। इस महाकाव्य में श्री राम के अतिरिक्त उनके अन्य किसी भाई के विवाह की चर्चा नहीं हुई है।

अयोध्याकांड में राम के राज्यभिषेक की तैयारी, कैकेयी कोप, राम वनवास, राजा दशरथ की मृत्यु और भरत के अयोध्या आगमन की घटनाएँ यहाँ पलक झपकते ही समाप्त हो जाती हैं। भरत नागरिकों और गुरुजनों को बुलाकर चंद्रोदय के पूर्व पिता का श्राद्ध करने के उपरांत सदल-बल श्री राम की खोज में वन-प्रस्थान करते हैं।

राम भरत को अपनी चरण पादुका देते हैं और उन्हें शासन संचालन और लोक कल्याण से संबद्ध विधि-निषेधपूर्ण लंबा उपदेश देते हैं। राम के उपदेश का सारांश यह है कि राजा की योग्यता और शक्ति की गरिमा प्रजा के कष्टों का निवारण कर उनका प्रेमपूर्वक पालन करने में निहित है।

रामायण का काकावीन में शूपंणखा प्रकरण से सीता हरण तक की घटनाओं का वर्णन वाल्मीकीय परंपरा के अनुसार हुआ है।

सुग्रीव मिलन और बालि वध की घटनाओं का वर्णन वाल्मीकीय परंपरा के अनुसार हुआ है। वर्षा वर्णन के उपरांत शरद ऋतु का चित्रण हुआ है। सीतान्वेषण और राम-रावण युद्ध का इस महाकाव्य में बहुत विस्तृत वर्णन हुआ है। रावण वध और विभीषण के राज्याभिषेक के बाद श्रीराम 'मेघदूत' के यक्ष की तरह हनुमान से काले-काले बादलों को भेदकर आकाश मार्ग से अयोध्या जाने का आग्रह करते हैं।

राम राज्योभिषेक के बाद महाकवि रामकथा के महत्त्व पर प्रकाश डालते हैं। उनकी मान्यता है कि राम चरित्र जीवन की संपूर्णता का प्रतीक है। राम के महान आदर्श का अनुकरण जनजीवन में हो, इसी उद्देश्य से इस महाकाव्य की रचना की गयी है। राम के जनानुराग की चरण धूलि के रुप में यह कथा संसार की महानतम पवित्र कथाओं में एक है। इस रचना के अंत में महाकवि योगीश्वर अपनी विनम्रता का परिचय देते हुए उत्तम विचार वाले सभी विद्वानों से क्षमा याचना करते हैं।

कंपूचिया की राम कथा : रामकेर्ति

कंपूचिया की राजधानी फ्नाम-पेंह के एक बौद्ध संस्थान में ख्मेर लिपि में दो हजार ताढ़ पत्रों पर लिपिबद्ध पांडुलिपियां संकलित हैं। 'ख्मेर' कंपूचिया की भाषा का नाम है। इस संकलन में कंपूचिया की रामायण की एक प्रति भी है। कंपूचिया की रामायण को वहां के लोग 'रिआमकेर' के नाम से जानते हैं। साहित्य जगत में यह 'रामकेर्ति' के नाम से विख्यात है। 'रामकेर्ति' ख्मेर साहित्य की सर्वश्रेष्ठ कृति है। हिंदी में साधारण अर्थ है - राम की कीर्ति, राम की प्रसंशा आदि। रामकेर्ति ग्रंथ दो खंडों में है।

रामकेर्ति ग्रंथ के पहले खंड की कथा विश्वामित्र के यज्ञ से आरंभ होती है। दूसरे खंड में सीता त्याग से उनके पृथ्वी प्रवेश तक की कथा है। इतिहासकारों एवं रामायण के विद्वानों

के एक वर्ग का मत है कि 'रामकेर्ति' का रचना किसी बौद्ध भिक्षुक ने की होगी क्योंकि वह राम को नारायण का अवतार मानता है और राम को 'बोधिसत्व' की उपाधि प्रदान करता है। इतिहासकारों और रामायण के विद्वानों के दूसरे वर्ग का मानना है कि 'रामकेर्ति' का कथानक वाल्मीकि रामायण से अत्यधिक साम्य रखता है। कथानक के पात्रों का चरित्र चित्रण वाल्मीकि रामायण से थोड़ा भिन्न हैं। कथासार वाल्मीकि कृत रामायण समतुल्य ही है।

कंपूचियाई रामायण राजा जनक हल चला रहे थे। उन्होंने सीता को एक बेड़े पर देखा और उसे प्राप्त कर पुत्रीवत पालन-पोषण किया। सीता स्वयंवर के समय तेंतीस देवता बारी-बारी से धनुष परीक्षा में अनुत्तीर्ण हो जाते हैं। अंत में राम धनुष पर बाण चढ़ा कर उसे छोड़ते हैं। यहां धनुभंग की चर्चा नहीं हुई है, किंतु जनक का दूत दशरथ से कहता है कि धनुष छोड़ने पर मेघ गर्जना से दस हजार गुना विकराल ध्वनि हुई थी।

कैकेयी राम और लक्ष्मण दोनों के लिए चौदह वर्ष वनवास का वर मांगती है। यह सुनकर लक्ष्मण उसकी हत्या कर देना चाहते हैं, किंतु राम उन्हें शांत कर देते हैं। सीता हरण के समय सीता की अंगूठी छीन कर रावण जटायु पर प्रहार करता है। रामकेर्ति के अनुसार हनुमान जब राम के पास जाते है, तब वे उनके कुंडल को देखकर उनको पहचान लेते हैं। सुग्रीव मिलन का उल्लेख यहां दक्षिण-पूर्व एशिया की परंपरा के अनुसार हुआ है।

बाली आहत होने से पूर्व राम के बाण को हाथ से रोक लेता है। राम इस शर्त पर उसे जीवित छोड़ देना चाहते हैं कि उसके शरीर पर बाण के घाव का निशान आजीवन रहेगा। बाली पराजित होकर जीने की अपेक्षा विष्णु के बाण से मरना श्रेयस्कर समझता है। बाण को हाथ से छोड़ देने पर वह उसके शरीर में प्रवेश कर जाता है और उसका प्राणांत हो जाता है।

लंका पहुँचने पर हनुमान रावण के राजभवन में प्रवेश कर रावण और मंदोदरी के बाल एक साथ बांध देते हैं और मंत्र पढ़कर यह लिख देते हैं कि जब तक मंदोदरी रावण के सिर पर थप्पड़ नहीं मारेगी, वह बंधन नहीं खुलेगा।

सेतु निर्माण के समय मछलियों द्वारा बाधा पहुंचाने पर राम समुद्र पर बाण प्रहार करने के लिए उद्यत होते हैं, तब समुद्र द्वारा क्षमा मांगने पर वह शांत होते हैं।

नवीन प्रसंग

दक्षिण-पूर्व एशिया की रामकथाओं में सीता त्याग की घटना के साथ एक नया आयाम जुड़ गया है। सीता द्वारा रावण का चित्र बनाना। रामकेर्ति में रावण का निकट संबंधी अतुलय सीता की सखी बन जाती है। वह अनुनय-विनय कर सीता से रावण का

चित्र बनवाती है और उसके अंदर स्वयं प्रवेश कर जाती है। सीता के बहुत प्रयत्न करने पर भी वह चित्र मिट नहीं पाता है। वह उसे पलंग के नीचे छिपा देती हैं। राम जैसे ही पलंग पर लेटते हैं, तीव्र ज्वर से पीड़ित हो जाते हैं। यथार्थ से अवगत होने पर वे लक्ष्मण से वन में ले जाकर सीता के वध करने का आदेश देते हैं और मृत सीता का कलेजा लाने के लिए कहते हैं। वन पहुँचकर लक्ष्मण जब सीता पर तलवार प्रहार करते हैं, तब वह पुष्पहार बन जाता है। सीता लक्ष्मण को वह पुष्पहार अर्पित करती है, तब वह फिर तलवार बन जाता है। उसी समय इंद्र मृग रुप धारण कर मर जाते हैं। लक्ष्मण उसी मृत मृग का कलेजा राम को दिखाने के लिए ले जाते हैं।

रामकेर्ति में सीतपुत्रों के नाम

रामकेर्ति में सीता के पुत्रों के नाम 'राम लक्ष्मण' और 'जप लक्ष्मण' है। वाल्मीकि से धनुर्विद्या की शिक्षा ग्रहण करने के बाद वह दोनों अपने बाण से एक विशाल वृक्ष को नष्ट कर देते हैं। जिससे अयोध्या में भूकंप होता है। ज्योतिष शास्त्र के ज्ञाताओं ने राम जानकारी दी कि किसी महान राजा द्वारा बाण प्रहार से भूकंप आया था। उस राजा के तलाशने के लिए राम के द्वारा घोड़ा छोड़ा गया। भरत, शत्रुघ्न और हनुमान उसका अनुसरण कर रहे थे। सीता पुत्रों ने घोड़ा पकड़ लिया। उन्होंने हनुमान को युद्ध में पराजित कर दिया और उनके हाथ-पांव बांध कर उनके चेहरे पर लिख दिया कि उनका स्वामी ही उनके बंधन खोलने में समर्थ हो सकता हैं। भरत और लक्ष्मण के विफल होने पर स्वयं राम उनका बंधन खोलते हैं। बंधन खुलने पर हनुमान दोनों भाईयों को बंदी बनाकर अयोध्या ले जाते हैं। जब लक्ष्मण अपनी माता की अंगूठी की सहायता से अपने भाई को मुक्त करवाता है, तब सीता पुत्रों और राम के बीच युद्ध होता है। अंत में राम लक्ष्मण के बाण पुष्पहार बना गये और राम के बाण मिष्टान्न।

लक्ष्मण से सीता त्याग के यथार्थ को जानकर राम सीता के पास गये। उन्होंने सीता से क्षमा याचना की, किंतु वह द्रवित नहीं हुईं। उन्होंने अपने दोनों पुत्रों को राम के साथ जाने दिया और स्वयं पृथ्वी में प्रवेश कर गयी। हनुमान ने पाताल जाकर सीता से लौटने का अनुरोध किया। उन्होंने उस आग्रह को भी ठुकरा दिया। रामकेर्ति की खंडित प्रति की कथा यहीं पर आकर अटक जाती है।

वस्तुत: रामकेर्ति ग्रंथ में उपर्युक्त दोनों प्रसंग महर्षि वाल्मीकि कृत रामायण में उल्लेखित नहीं हैं। ऐसा प्रतीत होता है कि रचनाकार ने क्षेत्रीय आधार पर नवीनता लाने के उद्देश्य से यह कथानक जोड़ा हो। दूसरा कारण यह भी यह भी हो सकता है। कंपूचिया में इस तरह की लोककथा प्रचलित रही हो। इस कारण से रचनाकार ने लोकमान्यताओं को सम्मान देते हुए यह प्रसंग जोड़ दिए हों। यह विशेष शोध का विषय है।

थाईलैंड की राम कथा : रामकियेन

सन् 1238 ईस्वी में प्राचीन स्याम नामक भूखंड थाईलैंड के रूप में एक स्वतंत्र राष्ट्र बना। अपने नवीन नामकरण से पूर्व ही यहां रामायण कालीन संस्कृति विकसित हो गई थी। थाईलैंड वासी राम कथा से सुपरिचित थे। इतिहासकारों के अनुसार तेरहवीं शताब्दी में राम वहां की जनता के नायक के रुप में प्रतिष्ठित हो गये थे। राम कथा पर आधारित सुविकसित साहित्य अठारहवीं शताब्दी में ही उपलब्ध होता है।

राजा बोरोमकोत का शासन काल सन् 1732-58 ईस्वी के मध्य था। इसके रजत्व काल की रचनाओं में रामकथा के पात्रों तथा घटनाओं का उल्लेख हुआ है। कालांतर में जब तासकिन ने सन् 1767 ईस्वी में थोनबुरी की सत्ता का अधिग्रहण किया तब उन्होंने थाई भाषा में रामायण को छंदोबद्ध किया। जिसके चार खंड़ हैं। सम्राट राम प्रथम ने अपने शासनकाल 1782-1809 ईस्वी में अनेक कवियों के सहयोग से रामायण की रचना करवाई। यही थाई भाषा में पूर्ण रामायण है। राम द्वितीय के शासनकाल 1809-24 ईस्वी में एक संक्षिप्त रामायण की भी रचना की गई। तदुपरांत राम चतुर्थ ने स्वयं पद्य में रामायण की रचना की। इसके अतिरिक्त थाईलैंड में राम कथा पर आधारित अनेक कृतियां हैं।

'रामकियेन' नामक ग्रंथ में राम और रावण के वंश विवरण शुरू में मिलता है। यही पर अयोध्या और लंका की स्थापना उल्लेख किया गया है। इसके बाद बाली, सुग्रीव, हनुमान, सीता आदि की जन्म कथा का उल्लेख हुआ है। विश्वामित्र के आगमन के बाद कथा तारतम्य के साथ आगे बढ़ती है। जिसमें राम विवाह से सीता त्याग और पुन: युगल जोड़ी के पुनर्मिलन तक की समस्त घटनाओं का समावेश हुआ है। रामकियेन अनेक उपकथाएं भी सम्मिलित की गई हैं। इसकी तुलना हनुमान की पूँछ से की जाती है।

नवीन प्रसंग

रामकियेन ग्रंथ में अनेक ऐसे भी प्रसंग हैं जो थाईलैंड को छोड़कर अन्यत्र अप्राप्य हैं। इसमें विभीषण पुत्री वेंजकाया द्वारा सीता का स्वांग रचना, ब्रह्मा द्वारा राम और रावण के बीच मध्यस्थ की भूमिक निभाना आदि के प्रसंग विशेष रूप से उल्लेखनीय हैं। नाराई अर्थात नारायण ध्यानावस्था में थे। उसी समय क्षीर सागर से एक कमल पुष्प की उत्पत्ति हुई। उस कमल पुष्प से एक बालक अवतरित हुआ। नाराई उसे लेकर शिव के पास गये। शिव ने उसका नाम अनोमतन रख दिया और उसे पृथ्वी का सम्राट बनाकर उसके लिए इंद्र को एक सुंदर नगर का निर्माण करने के लिए कहा।

अयोध्या का नाम 'अयु'

इंद्र ऐरावत पर आरुढ़ होकर जंबूद्वीप में एक अत्यंत रमणीय स्थल पर पहुंचे। जहां अजदह, युक्खर, ताहा और याका नामक ऋषि तपस्यारत थे। उन्होंने ऋषियों के समक्ष शिव के प्रस्ताव की चर्चा की। ऋषियों ने द्वारावती नामक स्थल को नगर निर्माण के लिए सर्वोत्तम स्थल बताया जहां पूर्व दिशा में राजकीय छत्र के समान एक विशाल वृक्ष था। नगर निर्माण के बाद इंद्र ने उन्हीं चार ऋषियों के नाम के आद्यक्षरों के आधार पर उस नगर का नाम अयु अर्थात अयोध्या रख दिया। अनोमतन उस नगर के प्रथम सम्राट बने। इंद्र ने एक अन्य द्वीप पर जाकर मैनीगैसौर्न नामक एक अपूर्व सुंदरी की सृष्टि की। सम्राट अनोमतन का विवाह उसी महासुंदरी से हुआ। उसे एक पुत्र हुआ जिसका नाम अच्छवन था। अपने पिता के बाद वह अयोध्या का सम्राट बना। उसका विवाह थेपबसौर्न नामक सुंदरी से हुआ। दशरथ उन्हीं के पुत्र थे।

लंका द्वीप का नाम 'रंका द्वीप'

लंका के निर्माण के विषय में एक अलग कथा प्राप्त होती है। यह कहानी महर्षि वाल्मीकि के कथानक से सर्वथा भिन्न है। निम्नलिखित कथा विश्व साहित्य में नहीं मिलती।

लंका निर्माण कथा

ब्रह्मा अपने चचेरे भाई सहमालिवान को रंका (लंका) द्वीप से पाताल की ओर भागते देखकर चिंतित हो गये। लंका द्वीप पर नीलकल नामक एक गगनचुंबी काला पहाड़ था। उसकी चोटी पर कौवों का एक विशाल घोसला था। ब्रह्मा ने उसे शुभलक्षण का संकेत मानकर वहां एक नगर निर्माण करने का निश्चय किया। उनके आदेश से विश्वकर्मा ने उस द्वीप पर दोहरे प्राचीर वाले एक सुरम्य नगर का निर्माण किया। ब्रह्मा ने उस नगर का नाम विजयी लंका रखा और अपने चचेरे भाई तदप्रौम को उसका अधिपति बना दिया। उन्होंने उसे चतुर्मुख की उपाधि प्रदान की। चतुर्मुख रानी मल्लिका के अतिरिक्त सोलह हजार पटरानियों के साथ वहां रहने लग। कालांतर में मल्लिका के गर्भ से एक पुत्र उत्पन्न हुआ जिसका नाम लसेतियन था। वह पिता के स्वर्गवास के बाद लंकाधिपति बना। उसे पांच रानियां थीं। पांचों रानियों से पांच पुत्र उत्पन्न हुए। जिनके नाम कुपेरन (कुबेर), तपरसुन, अक्रथद, मारन और तोत्सकान (दशकंठ) थे। कालांतर में रचदा के गर्भ से कुंपकान (कुंभकर्ण), पिपेक (विभीषण), तूत (दूषण), खौर्न (खर) और त्रिसियन (त्रिसिरा) नामक पांच पुत्र और सम्मनखा (सूपंणखा) नामक एक पुत्री उत्पन्न हुई।

दशग्रीव जन्म कथा

नंतौक (नंदक) नामक हरित देहधारी दानव को शिव ने कैलाश पर्वत पर देवताओं के पादप्रक्षालनार्थ नियुक्त किया था। देवगण ने अकारण उसके बाल नोच उसे गंजा कर दिया। नंदक से शिव उसकी व्यथा सुनने के बाद उसकी तर्जनी ऊँगली में शक्ति दी कि वह जिसकी ओर इंगित करेगा उसकी तत्काल मृत्यु हो जाएगी। नंदक शक्ति का दुर्पयोग करने लगा। देवगण व्यग्र होकर शिव के पास गए। शिव ने नारायण को बुलाकर नंदक का वध करने को कहा। नारायण नर्तकी का रूप में नंदक के पास पहुँचे। नंदक मोहित हो गया। नर्तकी रूपधारी नारायण ने चतुराई से नृत्य कर नंदक को अपनी ऊँगली अपने ओर इंगित करने के लिया विवश किया और उसकी मृत्यु हो गयी। मृत्यु के पूर्व उसने नर्तकी को नारायण रीप धारण करते हुए देख लिया। तब नारायण ने कहा - "अगले जन्म में वह दस सिर और बीस भुजाओं वाले दानव के रूप में उत्पन्न होगा और वह मनुष्य रूप में अवतरित होकर उसका उद्धार करेंगे।"

वानर जन्म कथा

अयोध्या के निकट साकेत नामक एक नगर का सम्राट कौदम (गौतम) संतानहीन था। वह वन में तपस्या करने चला गया। तपस्या के काल खंड में उसकी दाड़ी लंबी और सफेद हो गई जिसमें गौरैया की एक जोड़ी ने घोसला बना लिया। एक दिन मादा पक्षी ने नर-पक्षी पर विश्वासघात का आरोप लगाया। नर पक्षी ने सारा आरोप कौदम के सिर मढ़ दिया। नर पक्षी ने कहा कि नि:संतान होना पाप है। कौदम अपने निवास लौट गया। उन्होंने तपोबल से एक सुंदरी का सृजन कर अपनी पत्नी बना उसका नाम अंजना रखा। कौदम अंजना के स्वाहा नामक पुत्री का जन्म हुआ। एक दिन अंजना का इंद्र से संपर्क हुआ और उसने हरित देहधारी एक पुत्र को जन्म दिया। एक बार सूर्य अंजना के संयोग से अंजना ने पुन: एक पुत्र को जन्म दिया जो आदित्य के समान ही देदीव्यमान था। गौतम दोनों को अपना पुत्र समझते थे। एक दिन स्वाहा ने सारा भेद खोल दिया। गौतम ने क्रुद्ध होकर तीनों को यह कहकर जल में फैंक दिया कि उनकी अपनी संतान उनके पास लौट आयेगी और दूसरों की संतति बंदर बन जायेंगे। स्वाहा लौट कर उनके पास आ गयी, किंतु उनके दोनों पुत्र बंदर बन गये। हरित बंदर पाली (वालि) और लाल बंदर सुक्रीप (सुग्रीव) के नाम से विख्यात हुआ।

संपूर्ण 'रामकियेन' विचित्र आख्यानों से परिपूर्ण है। रामकथा के मौलिक रूप में अंतर नहीं दिखाई पड़ता।

लाओस की रामकथा : राम जातक

लाओस नामक देश भाषा को 'लाओ' कहा जाता है। लाओस का शाब्दिक अर्थ है 'विशाल' अथवा 'भव्य।' लाओवासी स्वयं को भारतवंशी मानते हैं। लाओ साहित्य के अनुसार अशोक (273-237 ईसा पूर्व) द्वारा कलिंग पर आक्रमण करने पर दक्षिण भारत के बहुत सारे लोग असम-मणिपुर मार्ग से हिंद चीन चले गये। लाओस के निवासी अपने को उन्हीं लोगों के वंशज मानते हैं। इतिहासविद रमेश चंद्र मजुमदार के अनुसार थाईलैंड और लाओस में भारतीय संस्कृति का प्रवेश ईसा पूर्व दूसरी शताब्दी में हुआ था। उस समय चीन के दक्षिण भाग की उस घाटी का नाम 'गांधार' था। लाओस संसार के मानचित्र पर मध्यकाल में अस्तित्व में आया। लाओ साहित्य के अनुसार राजकुमार फाल्गुन को लाओस का संस्थापक माना जाता है।

लाओस में रामकथा पर आधारित अनेक रचनाएं प्राप्त होती हैं। जिनमें मुख्य रूप से फ्रलक-फ्रलाम (राम जातक), ख्वाय थोरफी, पोम्मचक (ब्रह्म चक्र) और लंका नाई के नाम उल्लेखनीय हैं। 'फ्रलक फ्रलाम' का शाब्दिक अर्थ है 'प्रिय लक्ष्मण प्रिय राम।' फ्रलक-फ्रलआम अर्थात 'रामजातक' नामक ग्रंथ लाओस के आचार-विचार, रीति-रिवाज, स्वभाव, विश्वास, वनस्पति, जीव-जंतु, इतिहास और भूगोल का विश्वकोश है। राम जातक दो भागों में विभक्त है। इसके प्रथम भाग में दशरथ पुत्री चंदा और दूसरे भाग में रावण तनया सीता के अपहरण और उद्धार की कथा है।

सीता रावण की पुत्री

तप परमेश्वर के इंद्रप्रस्थ से प्रस्थान के बाद रावण ने भी उस नगर को परित्याग दिया। वह अपनी प्रजा के साथ समुद्र के बीच एक निर्जन द्वीप पर चला गया जिसका नाम लंका था। वहां चंदा के गर्भ से सीता का जन्म हुआ। ज्योतिषविदों द्वारा उस कन्या के अनिष्टकारी होने की बात सुनकर रावण ने उसे एक नाव पर सुलाकर समुद्र में छोड़ दिया। वह कन्या एक ऋषि को मिली। ऋषि ने पुत्रीवत उसका पालन किया। तदुपरांत धनुष यज्ञ और राम विवाह का वर्णन हुआ है।

राम जातक में घटनाओं का वर्णन लाओस की शैली में हुआ है। अन्य जातक कथाओं की तरह इसके अंत में बुद्ध कहते हैं - "पूर्व जन्म में वह ही राम थे, यशोधरा सीता थी और देवदत्त रावण था।"

बर्मा की राम कथा : रामवत्थु

बर्मावासियों को प्राचीन काल से ही रामायण की जानकारी थी। ऐतिहासिक साक्ष्यों से

ज्ञात होता है कि ग्यारहवीं सदी के पहले से ही रामायण अनेक रुपों में वहां के जनजीवन को प्रभावित कर रही थी। लोककथाओं और लोकगीतों में राम कथा की परंपरा वहां विद्यमान थी। बर्मा की भाषा में राम कथा साहित्य का उदय अठारहवीं शताब्दी में ही दृष्टिगत होता है। रामवत्थु (1775 ईस्वी के पूर्व), राम सा-ख्यान (1775 ईस्वी), सीता रा-कान, राम रा-कान (1784 ईस्वी), राम प्रजात (1789 ईस्वी), का-ले रामवत्थु, महारामवत्थु, सीरीराम (1849 ईस्वी), पुंटो राम प्रजात (1803 ईस्वी), रम्मासुङ्गुई (1904 ईस्वी), पुंटो रालक्खन (1935 ईस्वी), टा राम-सा-ख्यान (1906 ईस्वी), राम रुई (1907 ईस्वी), रामवत्थु (1935 ईस्वी), राम सुम: मुइ (१९३ ई.) और रामवत्थु आ-ख्यान (1957 ईस्वी) आदि ग्रंथ विभिन्न काल खंडों में प्राप्त होते हैं।

राम कथा पर आधारित बर्मा की प्राचीनतम गद्य कृति 'रामवत्थु' है। इसकी तिथि अठारहवीं शताब्दी निर्धारित की गयी है। इसमें अयोध्या कांड तक की कथा का छह अध्यायों में वर्णन हुआ है और इसके बाद उत्तर कांड तक की कथा का समावेश चार अध्यायों में ही हो गया है। रामवत्थु में जटायु, संपाति, गरुड़, कबंध आदि प्रकरण का अभाव है।

सीता का जन्म

गंधर्व अप्सरा रावण से बदला लेने के लिए पृथ्वी पर अवतरित होती है। दशग्रीव उसे लोहे के बक्सा में बंद कर समुद्र में डुबा देता है। वह बक्सा मिथिला पहुँच जाता है। मिथिला नरेश उसका पुत्रीवत पालन करते हैं और उसका नाम सीता रखते हैं।

रामवत्थु में पवन पुत्र के संबंध में कहा गया है कि एक ऋषि के शाप से वह सामान्य बंदर बन जाते हैं। शूपंणखा का नाम यहां गांबी है। सीता को तलाशने के क्रम में 'गियो' वृक्ष के नीचे राम-लक्ष्मण को थुगइक (सुग्रीव) से भेट होती है। सेतु निर्माण के समय 'गंधम' नामक एक विशाल केकड़ा हनुमान को पकड़ लेता है। हनुमान उससे मुक्त हो जाते है।

लंका युद्ध, रावण वध और सीता की अग्नि परीक्षा का परंपरानुसार वर्णन हुआ है। सीता निर्वासन के कई कारण बताये गये हैं।

मलयेशिया की रामकथा : हिकायत सेरीराम

इतिहासकारों के अनुसार मलय रामायण की प्राचीनतम पांडुलिपि बोडलियन पुस्तकालय में सन् 1633 ईस्वी में लाई गई थीं। इससे ज्ञात होता है कि मलयवासियों पर रामायण का इतना प्रभाव था कि इस्लामीकरण के बाद भी लोग उसके परित्याग नहीं कर सके। मलयेशिया का इस्लामीकरण तेरहवीं शताब्दी के आस-पास माना जाता है।

मलयेशिया में रामकथा पर आधरित एक विस्तृत रचना है 'हिकायत सेरीराम।' इसका रचनाकार कौन है यह अभी तक ज्ञात नहीं हुआ है। इसकी रचना तेरहवीं से सत्रहवीं शताब्दी के बीच मानी जाती है। इसके अतिरिक्त यहां के लोककथाओं के रूप में रामकथाएं प्राप्त होती हैं। मैक्सवेल द्वारा संपादित 'सेरीराम', 'पातानी रामकथा' और ओवरवेक द्वारा प्रस्तुत 'हिकायत महाराज रावण' नामक पुस्तकें उल्लेखनीय हैं।

'हिकायत सेरीराम' विचित्रताओं का अजायब घर है। इसका आरंभ रावण की जन्म कथा से हुआ है।

चक्रवर्ती के पुत्र दशरथ इस्पबोगा के राजा थे। वह एक सुंदर नगर बसाना चाहते थे। इसके लिए उन्होंने अपने मंत्री पुष्पजय क्रम को नियुक्त किया। उसने एक पहाड़ की चोटी पर नया नगर बसाने की योजना बनाई। नये नगर का निर्माण हो गया। उसका नाम मदुरापुर रखा गया। संतान के लिए राजा ने एक ऋषि के कहने पर उन्होंने यज्ञ किया। यज्ञोदन को छह भागों में विभाजित किया गया। उसमें से तीन भाग मंडू देवी या मंदुदरी और तीन भाग बलियादारी को दिया गया। बलियादारी के हिस्से का एक भाग एक काक लेकर भाग गया। वह रावण का संबंधी था। ऋषि ने शाप दिया कि काक मंदुदरी के पुत्र द्वारा मारा जायेगा और जो कोई उस यज्ञोदन को खायेगा, उसे एक पुत्री होगी। उसका विवाह मदुदरी के पुत्र से होगा। काक यज्ञोदन लेकर लंका पुरी गया जहाँ रावण उसे खा गया। कालांतर में मंदुदरी को सेरी राम और लक्ष्मण नामक दो पुत्र हुए। बलियादारी ने बेरदन (भरत) और चित्रदन (शत्रुघ्न) को जन्म दिया।

रावण विवाह

रावण को मंदुदरी के अनुपम सौंदर्य का पता चला। वह ब्राह्मण वेश में मदुरापुर पहुँचा और राजभवन के सात तालों को मंत्र द्वारा खोलकर अंदर चला गया और वीणा बजाने लगा। वीणा की ध्वनि सुनकर दशरथ अंत:पुर से बाहर निकले, तो ब्राह्मण वेशधारी रावण ने उनसे मंदुदरी को देने का आग्रह किया। उन्होंने पहले तो उसके अनुरोध को ठुकरा दिया, किंतु बाद में अपनी स्वीकृति दे दी। मंदुदरी ने भी पहले उसके साथ जाने से इन्कार किया, किंतु बाद में उसने अपने समान एक सुंदरी का सृजन कर उसे दे दिया। रावण नकली मंदुदरी को लेकर चला गया। रास्ते में उसकी भेंट एक तपस्वी से हुई। उसने तपस्वी से पूछा कि वह आदमी है अथवा बंदर। वह तपस्वी विष्णु का भक्त था। उसने रावण को शाप दिया कि उसकी मृत्यु आदमी या बंदर के द्वारा होगी। रावण ने धूमधाम से नकली मंदुदरी के साथ विवाह किया। कुछ दिनों बाद उसे एक पुत्री हुई जो सोने के समान सुंदर थी। रावण के भाई बिवुसनभ (विभीषण) ने उसकी कुंडली देखकर कहा कि इस कन्या का पति उसके पिता

का वध करेगा। यह जानकर रावण उसे लोहे के बक्से में बंदकर समुद्र में फेंक दिया। लोहे का बक्सा बहकर द्वारावती चला गया। महर्षि कलि समुद्र स्नान कर रहे थे। उसी समय वह बक्सा उनके पैर से टकराया। वे बक्सा लेकर अपनी पत्नी मनुरमा देवी के पास गये। बक्सा खोलने पर पूरा घर प्रकाशमान हो गया। उसमें एक अत्यंत सुंदर कन्या थी। महर्षि कलि ने उसका नाम सीता देवी रखा। उन्होनें उसी समय चालीस ताल वृक्ष रखा। उन्होंने उसी समय चालीस तान वृक्ष इस उद्देश्य से लाग दिया कि जो कोई उन्हें एक ही बाण से खंडित कर देगा, उसी से सीता देवी का विवाह होगा।

आदि से अंत तक 'हिकायत सेरी राम' इसी प्रकार की विचित्रताओ से परिपूर्ण है। यद्यपि इसमें वाल्मीकीय परंपरा का बहुत हद तक निर्वाह हुआ है। इसमें सीता के निर्वासन और पुनर्मिलन की कथा में भी विचित्रता है।

फिलिपींस की रामकथा : महालादिया लावन

इंडोनेशिया और मलयेशिया की तरह फिलिपींस के इस्लामीकरण के बाद वहां की राम कथा को नये रुप रंग में प्रस्तुत किया गया। ऐसी भी संभावना है कि इसे बौद्ध और जैनियों की तरह जानबूझ कर विकृत किया गया। डॉ जॉन आर फ्रैंसिस्को ने फिलिपींस की मारनव भाषा में संकलित एक विकृत रामकथा की खोज की है जिसका नाम मसलादिया लाबन है। इसकी कथावस्तु पर सीता के स्वयंवर, विवाह, अपहरण, अन्वेषण और उद्धार की छाप स्पष्ट रुप से दृष्टिगत होता है।

तिब्बत की रामकथा

तिब्बत के लोग प्राचीन काल से वाल्मीकि रामायण की मुख्य कथा से सुपरिचित थे। तिब्बती रामायण की छह प्रतियाँ तुन-हुआंग नामक स्थल से प्राप्त हुई है। राम कथा की उत्तरवाहिनी धारा कब तिब्बत पहुँची ? यह सुनिश्चित रूप से नहीं कहा जा सकता है।

रावण का शीष दान

किंरस-पुंस-पा की रामकथा के आरंभ में कहा गया है कि शिव को प्रसन्न करने के लिए रावण द्वारा दसों सिर अर्पित करने के बाद उसकी दश गर्दनें शेष रह जाती हैं। इसी कारण उसे दशग्रीव कहा जाता है।

कैकयी को वरदान

दशरथ देवासुर संग्राम में घायल हो जाते हैं। स्वस्थ होने पर राजा उसकी कोई एक इच्छा पूरी करने का वरदान देते हैं। कालांतर में केकैई अपने पुत्र को राज्य और रामन को बारह वर्ष वनवास का वर मांग लेती है।

रावण की पुत्री सीता :

रावण के घर एक रूपवती कन्या का जन्म होता है। ऐसा संकेत मिलता है कि कन्या के लंका में रहने से दानवों का विनाश हो सकता है। उस नवजात को तांबे के बक्से में बंद कर जल में फेंक दिया जाता है। वह कन्या एक कृषक को मिलती है। वह उसका नाम रौल-रेंड-मा रख देता है। उसका विवाह राम से होता है। तब उसका नाम सीता रख दिया जाता है।

कुंभकर्ण ने बंदरों के कान में पिघला हुआ कांसा डाल दिया। राम और हनुमान को छोड़कर संपूर्ण सेना कंकाल बन गयी। हिमगिरि से औषधि के बहाने हनुमान पूरे पहाड़ को ही उठाकर ले आये। राम ने स्वयं औषधि ढूंढकर सबका उपचार किया। राम ने हनुमान से पर्वत को पुन: यथा स्थान रख कर आने के लिए कहा गया, तो उन्होंने उसे वहीं से उठाकर अपनी जगह पर फेंक दिया। जिससे उसकी चोटी टेढ़ी हो गयी। उसी पर्वत का एक भाग टूट कर गिर गया जो तिसे (कैलास) के नाम से विख्यात हुआ। अंत में सीता सहित राम पुष्पक विमान से अयोध्या लौट गये। भरत ने उनका भव्य स्वागत किया।

चीन की रामकथा

चीनी साहित्य में राम कथा पर आधारित कोई मौलिक रचना नहीं हैं। बौद्ध धर्म ग्रंथ त्रिपिटक के चीनी संस्करण में रामायण से संबद्ध दो रचनाएँ मिलती हैं। 'अनामकं जातकम्' और 'दशरथ कथानम्।' फादर कामिल बुल्के के अनुसार- "तीसरी शताब्दी ईस्वी में 'अनामकं जातकम्' का कांग-सेंग-हुई द्वारा चीनी भाषा में अनुवाद हुआ था।" जिसका मूल भारतीय पाठ अप्राप्य है। चीनी अनुवाद लियेऊ-तुत्सी-किंग नामक पुस्तक में सुरक्षित है। अहिंसा की प्रमुखता के कारण चीनी राम कथाओं पर बौद्ध धर्म का प्रभाव स्पष्ट रुप से परिलक्षित होता है।

'अनामकं जातकम्' में किसी पात्र का नामोल्लेख नहीं हुआ है। कथा रामायण पर आधारित है। यह नायिका विहीन रचना है।

'दशरथ कथानम्' के अनुसार राजा दशरथ जंबूद्वीप के सम्राट थे। राजा की प्रधान रानी के पुत्र का नाम लोमो (राम)। दूसरी रानी के पुत्र का नाम लो-मन (लक्ष्मण) था। राजकुमार लोमो में ना-लो-येन (नारायण) का बल और पराक्रम था। उनमें 'सेन' और 'रा' नामक अलौकिक शक्ति थी तीसरी रानी के पुत्र का ना पो-लो-रो (भरत) और चौथी रानी के पुत्र का नाम शत्रुघ्न था। राजा तीसरी रानी पर आसक्त थे। वह उसकी इच्छापूर्ति हेतु सर्व न्योछावर करने की बात करते थे। रानी ने उनके वचन को धरोहर के रूप में रख छोड़ा था।

खोतानी रामकथा

तुर्किस्तान के पूर्वी भाग को खोतान कहा जाता है। यहां खोतानी भाषा बोली जाती है। एक पाश्चात्य विद्वान एच डब्लू बेली ने पेरिस पांडुलिपि संग्रहालय से खोतानी रामायण को खोजा। उनके अनुसार यह रामायण नौवीं शताब्दी है। खोतानी रामायण अनेक स्थलों पर तिब्बती रामायण के समान है। इसमें अनेक ऐसे वृत्तांत हैं जो तिब्बती रामायण में नहीं हैं।

खोतानी रामायण के अनुसार राजा दशरथ के प्रतापी पुत्र सहस्त्रवाहु एक दिन वन में शिकार खेलने गये। वहां उनकी भेंट एक धर्मनिष्ठ ब्राह्मण से हुई। जिन्होंने अपनी तपस्या से चिंतामणि और कामधेनु गाय को प्राप्त किया था। कामधेनु गाय की कृपा से ब्राह्मण ने राजा का भव्य स्वागत किया। प्रस्थान करते समय राजा की आज्ञा से उनके अनुचर ब्राह्मण की गाय लेकर चले गये। इसकी जानकारी ब्राह्मण पुत्र परशुराम को हुई। उसने सहस्त्रवाहु का वध कर दिया। परशुराम के भय से सहस्त्रवाहु की पत्नी ने अपने पुत्र राम और रैषमा (लक्ष्मण) को पृथ्वी के अंदर छिपा दिया। बारह वर्षों के बाद दोनों बाहर आये। राम धनुर्धर थे। उन्होंने अपने अनुज रैषमा को राज्य संभालने के लिए कहा और स्वयं अपने पिता के हत्यारे परशुराम को ढूंढ़ कर वध कर दिया।

रावण की पुत्री सीता

दानवराज दशग्रीव को एक पुत्री हुई। भविष्यवक्ताओं ने उसकी कुंडली देखकर कहा कि वह अपने पिता के साथ समस्त दानव कुल के नाश का कारण बनेगी। इसलिए उसे बक्से में बंदकर नदी में बहा दिया गया। वह बक्सा एक ऋषि को मिला। उन्होंने उसका पालन पोषण किया। वह रक्षा वलय के बीच एक वाटिका में रहती थी। राम और रैषमा उसे देखकर मोहित हो गये। खोतानी रामायण में यह स्पष्ट नहीं हुआ है कि राम और रैषमा का उसके साथ कैसा संबंध था।

खोतानी रामायण के अनुसार चमत्कारी मृग की सौ आंखे थी। राम और रैषमा ने उसकी पीछा किया। इसी अंतराल में दशग्रीव वहां पहुंचा। वह रक्षा वलय को पार नहीं कर सका। इसके बाद वह भिक्षुक वेश में सीता के पास गया और रक्षा वलय के बाहर आने पर उन्हें उठाकर भाग गया।

राम और रैषमा वानरी सेना के साथ समुद्र तट पर गये। नंद के सहयोग से सेतु का निर्माण हुआ और सेना सहित राम और रैषमा लंका पहुंचे।

बंदरों के कोलाहल से दशग्रीव उत्तेजित हो गया। दशग्रीव ने समुद्र से एक विषधर सांप को पकड़ कर बानरी सेना पर प्रहार किया। नागास्त्र से राम आहत हो गये। नंद अमृत-संजीवनी लाने के क्रम में हिमवंत पर्वत को ही उखाड़कर ले आया। औषधि के प्रयोग से राम स्वस्थ हो गये।

रावण का अंगूठा

रावण का जीवन उसके अंगूठे में है। राम ने उसे अंगूठा दिखाने के लिए कहा। दशग्रीव ने जैसे ही अंगूठा दिखाया राम ने उस पर बाण प्रहार कर उसे मूर्छित कर दिया। आत्मसमपर्ण करने के बाद उसे मुक्त कर दिया गया। बौद्ध प्रभाव के कारण उसका वध नहीं किया गया। राम और रैषमा ने सीता के साथ सौ वर्ष बिताए। इसी बीच लोकापवाद के कारण सीता धरती में प्रवेश कर गयी। अंत में शाक्य मुनि कहते हैं कि इस कथा का नायक राम स्वयं वे ही थे और मैत्रेय रैषमा था।

मंगोलिया की रामकथा

मंगोलियावासियों को रामकथा की विस्तृत जानकारी है। वहां के लामाओं के निवास स्थल से वानर-पूजा की अनेक पुस्तकें और प्रतिमाएं मिली हैं। वानर पूजा का संबंध राम के प्रिय हनुमान से स्थापित किया गया है। मंगोलिया में राम कथा से संबद्ध काष्ठ चित्र उपलबध हैं। ऐसा अनुमान किया जाता है कि बौद्ध साहित्य के साथ संस्कृत साहित्य की भी बहुत सारी रचनाएं वहां पहुंची। इन्हीं रचनाओं के साथ रामकथा भी वहां पहुँच गयी। दम्दिन सुरेन ने मंगोलियाई भाषा में लिखित चार राम कथाओं की खोज की है। इनमें राजा जीवक की कथा विशेष रुप से उल्लेखनीय है जिसकी पांडुलिपि लेलिनगार्द में सुरक्षित है।

जीवक जातक की कथा का अठारहवीं शताब्दी में तिब्बती से मंगोलियाई भाषा में अनुवाद हुआ था। इसके मूल तिब्बती ग्रंथ की कोई जानकारी नहीं है। आठ अध्यायों में विभक्त जीवक जातक पर बौद्ध प्रभाव स्पष्ट रुप से दिखाई पड़ता है। इसमें सर्वप्रथम गुरु तथा बोधिसत्व मंजुश्री की प्रार्थना की गयी है। कथा के अनुसार जीवक पूर्व जन्म में बौद्ध सम्राट थे। जीवक ने अपनी पत्नी तथा पुत्र का परित्याग कर दिया। इस कारण पत्नी और पुत्र दोनों ने शाप दे दिया कि अगले जन्म में वह संतानहीन हो जायेंगे। जीवक की भेंट भगवान बुद्ध से हुई।

जीवक नामक राजा के तीन रानियां थीं। तीनों को कोई संतान नहीं थी। राजा ने एक बार पुत्र का स्वप्न देखा। वह उंदुबरा नामक पुष्प की तलाश में समुद्र तट पर गये। वहां से पुष्प लाकर उन्होंने रानी को दिया। पुष्प भक्षण से रानी को एक पुत्र हुआ जिसका नाम राम रखा गया। कालांतर में राम राजा बने। उनके राज्य में प्रजा सुखी थी। उन्होंने अपने राज्य में बौद्ध धर्म के प्रचार हेतु कुकुचंद को आमंत्रित किया।

राम वानर सेना के साथ लंका पहुंचे। वह दानव राज को पराजित कर अपनी पत्नी के साथ देश लौट गये, जहाँ वे सुख से जीवन व्यतीत करने लगे।

जापान की रामकथा

'होबुत्सुशू'। जापान के एक लोकप्रिय कथा संग्रह। इस संग्रह की कथावस्तु है राम कथा। यह संक्षिप्त रूप में है। इतिहासकारों का मत है कि इसकी रचना तैरानो यसुयोरी ने बारहवीं शताब्दी में की थी। रचनाकार ने कथा के अंत में घोषणा की है कि इस कथा का स्रोत चीनी भाषा का ग्रंथ 'छह परिमिता सूत्र' है। यह कथा वस्तुत: चीनी भाषा के 'अनामकंजातकम्' पर आधारित है। इन दोनों में अनेक प्रसंग भिन्न हैं।

कथा के अनुसार तथागत शाक्य मुनि एक विख्यात साम्राज्य के स्वामी थे। उनके राज्य में प्रजा सुखी थी। उसी समय पड़ोसी राज्य 'किउसी' में बहुत बड़ा अकाल पड़ा। वहां के लोगों ने तथागत के राज्य पर आक्रमण कर अन्न प्राप्त करने की योजना बनाई। उन्होंने युद्ध में अनगिनत लोगों के मारे जाने की संभावना को देखते हुए अपने मंत्रियों को युद्ध करने से मना कर दिया और स्वयं अपनी रानी के साथ तपस्या करने पहाड़ पर चले गये। उन लोगों ने बिना युद्ध किये ही शत्रु के समक्ष आत्मसमपंण कर दिया।

राजा पहाड़ पर कंदमूल खाकर तपस्या करने लगे। एक दिन एक ब्राह्मण तपस्वी राजा के पास आया। राजा को उसे देखकर प्रसन्नता हुई। वह राजा के साथ रहकर उनकी सेवा करने लगा। राजा एक दिन पहाड़ पर फल लाने गये. उनकी अनुपस्थिति में ब्राह्मण ने रानी का अपहरण कर लिया। लौटने पर रानी को नहीं देखकर राजा विचलित हो गये। वह रानी की खोज में निकल पड़े। उसी क्रम में उनको एक विशाल मरणासन्न पक्षी से भेंट हुई। उसके दोनों पंख टूटे हुए थे। उसने उन्हें बतलाया का ब्राह्मण सेवक ने रानी का अपहरण किया है।

पक्षी की बात पर विश्वास कर राजा दक्षिण की ओर चल पड़े। उन्होंने रास्ते में हज़ारों बंदरों को गर्जना करते देखा। बंदरों ने बताया कि उनके पहाड़ पर पड़ोसी देश के राजा ने कब्जा कर लिया है। युद्ध होना निश्चित है। बंदर राजा को अपना सेनापति बनाया। युद्ध आरंभ हुआ। वानर विजयी हुए।

राजा ने बंदरों को अपनी पत्नी के अपहरण की बात बतायी। राजा वानर दल के साथ समुद्र तट पर पहुँचे। समुद्र के मध्य स्थित नागराज के भवन तक पहुँचने के लिए बंदरों को लकड़ी और जड़ी-बूटी की सहायता से पुल तैयार किया।

वर्फीले तूफान से आहत वानर योद्धा बेहोश हो गये। लघु कपि ने हिमालय से महावटी की शाखा लाकर उनका उपचार किया। उस दिव्य औषधि के प्रभाव से सब में शक्ति का संचार हुआ। वानरी सेना राजभवन में प्रवेश कर गयी। नाग भवन से रानी की मुक्ति के साथ सात रत्नों की प्राप्ति हुई। राजा रानी के साथ देश लौट गये। उसी समय 'किउसी' के राजा की मृत्यु हो गयी। वहाँ की प्रजा ने भी उन्हें अपना राजा मान लिया। इस प्रकार वे अपने देश के साथ 'किउसी' के भी सम्राट बन गये।

श्रीलंका की राम कथा

श्रीलंका के सिंहली सम्राट पांडुवासव देव के समय ईसा के पांच सौ वर्ष पूर्व मलेराज कथाव अर्थात पुष्प राज की कथा कहने का प्रचलन शुरू हुआ था। यह कथा कोहंवा देवता की पूजा के समय कही जाती थी।

मलेराज की कथा के अनुसार राम के रुप में अवतरित हुए भगवान विष्णु पर एक बार शनि की साढ़े साती का अत्यधिक प्रभाव पड़ा। राम ने शनि की साढ़े साती के दुष्प्रभाव से बचने के लिए हाथी का रूप धारण कर सात वर्ष व्यतीत किया। इस समय सीता उनके साथ नहीं थीं। सात वर्ष का समय पूर्व ही दानवराज रावण ने सीता का अपहरण कर लिया।

लंका विजय

सात वर्ष बाद घर लौटने पर राम ने निवास पर सीता को अनुपस्थित देख वह उनकी तलाश में निकल पड़े। वह जंगल में भटकते रहे। राम ने वानरराज का वध कर दिया। बालि को अपनी पत्नी मिल गयी। पूँछ में आग लग जाने पर वालि उछल कर महल की छत पर चढ़ गया। उसने संपूर्ण नगर को जला दिया। उसी अस्त-व्यस्तता में वह सीता को लेकर राम के पास चला गया। लंका से लौटने के बाद सीता गर्भवती हो गयीं। उसी समय राम देवताओं की सभा में भाग लेने चले गये। लौटने पर रावण का चित्र बनाने के कारण उन्होंने लक्ष्मण से वन में ले जाकर सीता का वध कर देने के लिए कहा। लक्ष्मण ने उन्हें वन में छोड़ दिया और किसी वन्य प्राणी का वध कर रक्त रंजित तलवार लिए राम के पास लौटे।

लव-कुश की जन्म गाथा

सीता ने वाल्मीकि आश्रम में एक पुत्र को जन्म दिया। एक दिन वह उसे बिछावन पर सुलाकर वन में फल लाने गयीं। बच्चा बिछावन से नीचे गिर गया। वाल्मीकि ने बिछावन पर शिशु को नहीं देखकर उस पर एक कमल पुष्प फेंक दिया। वह शिशु बन गया। वन से लौटने पर उन्होंने दूसरे शिशु का रहस्य जानना चाहा। ऋषि ने सच्ची बात बता दी। सीता को विश्वास नहीं हुआ। उन्होंने ऋषि को फिर वैसा करने के लिए कहा, तो ऋषि ने कुश के पत्ते से एक अन्य शिशु की रचना कर दी। तीनों बच्चे जब सात वर्ष के हुए। तब वह मलय देश चले गये। वहां उन्होंने तीन राज भवनों का निर्माण करवाया। तीनों राजकुमार सदलिंदु, मल और कितसिरी के नाम से विख्यात हुए। इस कथा के अतिरिक्त सिंहली साहित्य में राम कथा पर आधारित कोई स्वतंत्र रचना नहीं है।

नेपाल की राम कथा : भानुभक्त कृत रामायण

नेपाल में रामकथा मुख्य रूप से वाल्मिकि तथा अध्यात्म रामायण के आधार पर विकसित मानी जाती है। नेपाली काव्य और गद्य साहित्य में अनेक राम कथाएं मिलती हैं। नेपाल के राष्ट्रीय अभिलेखागार में वाल्मीकि कृत रामायण की दो प्राचीन पांडुलिपियां सुरक्षित हैं। एक पांडुलिपि के किष्किंधा कांड की पुष्पिका पर तत्कालीन नेपाल नरेश गांगेय देव और लिपिकार पंडित गोपति का नाम अंकित है। इसकी तिथि संवत 1076 तदनुसार 1019 ईस्वी है। दूसरी पांडुलिपि की तिथि नेपाली संवत् 795 तदनुसार 1674-76 ईस्वी है।

नेपाली में भानुभक्त कृत रामायण को सर्वाधिक महत्वपूर्ण माना जाता है। नेपालवासी इसे ही अपना आदि रामायण मानते हैं। भानुभक्त का जन्म पश्चिमी नेपाल में चुंदी-व्यांसी क्षेत्र के रम्घा ग्राम में 29 आसढ़ संवत 187 तदनुसार 1814 ईस्वी में हुआ था। संवत् 1910 तदनुसार 1853 ईस्वी में उनकी रामायण पूरी हो गयी थी। अनेक विद्वानों का मत है कि युद्धकांड और उत्तर कांड की रचना 1855 ईस्वी में हुई थी। भानुभक्त कृत रामायण की कथा अध्यात्म रामायण पर आधारित है। इसमें उसी की तरह सात कांड हैं, बाल, अयोध्या, अरण्य, किष्किंधा, सुंदर, युद्ध और उत्तर। भनुभक्त के पूर्व नेपाली राम काव्य परंपरा में गुमनी पंत और रघुनाथ का नाम उल्लेखनीय है। रघुनाथ कृत रामायण की रचना उन्नीसवीं शताब्दी के पूर्वार्द्ध की मानी जाती है। इसका प्रकाशन सन् 1932 ईस्वी में हुआ।

विद्वानों के एक वर्ग का कहना है कि भानुभक्त कृत रामायण अध्यात्म रामायण का अनुवाद है। भानुभक्त कृत रामायण शिव-पार्वती संवाद से प्रारंभ होती है।

इतिहासकारों एवं विद्वानों के अनुसार भानुभक्त कृत रामायण में अध्यात्म रामायण के उत्तर कांड में वर्णित 'राम गीता' को सम्मिलित नहीं किया गया था। भानुभक्त के मित्र पंडित धर्मदत्त ग्यावली को इसकी कमी खटक रही थी। विडंबना यह थी कि उस समय भानुभक्त मृत्यु शय्या पर पड़े थे। वह स्वयं लिख नहीं सकते थे। मित्र के अनुरोध पर महाकवि द्वार अभिव्यक्त 'राम गीता' को उनके पुत्र रामकंठ ने लिपिबद्ध किया। इस प्रकार नेपाली भाषा की यह महान रचना पूरी हुई जो कालांतर में संपूर्ण नेपाल वासियों का कंठहार बन गयी।

राम कथा का विश्वव्यापी रूप हमें दिखाई देता है। इसके अनेक कारण हो सकते हैं। प्रथमतया, इससे पूर्व कोई और इतनी रोचक एवं रोमांचकारी कथा तत्कालीन समाज में प्रचलित नहीं रही होगी। द्वितीय, महर्षि वाल्मीकि को सभी महाद्वीपों में सम्मान प्राप्त था। तृतीय, त्रेतायुग में यह एक महत्वपूर्ण घटना थी। चतुर्थ, संपूर्ण विश्व आतंकवादी घटनाओं से मुक्त हो गया था। यहां सबसे महत्वपूर्ण तथ्य यह भी है कि इच्छा मृत्यु की यह पहली

घटना थी। दशग्रीव ने ब्रह्मा जी से वरदान लेकर इच्छा मृत्यु का एक नया आयाम दिया था। संभवत: दशग्रीव की अंतिम अभिलाषा थी कि शांति प्रिय मानव जाति के एक योद्धा द्वारा उसे मोक्ष मिले। क्योंकि दशग्रीव ने तत्कालीन सभी आतंकी जातियों पर अपना आधिपत्य स्थापित कर लिया था और दशग्रीव जानता था कि तत्कालीन समय में मानव जाति ही विश्व को वसुधैव कुटुम्बकम् का संदेश देते में सक्षम थी। इस प्रकार हम देखते हैं कि दशग्रीव ने अपना सर्वस्व त्याग कर संपूर्ण विश्व को आतंकवाद से मुक्त करवा कर वसुधैव कुटुम्बकम् ज्ञान दिया। रावण का योगदान तो सभी ने भूला दिया और संपूर्ण विश्व में राम का प्रचार-प्रसार हो गया।

*

अध्याय - 14

शिला चित्रों में रामायण

अयोध्या में भारतीय पुरातत्व सर्वेक्षण विभाग द्वारा उत्खनन में प्राप्त प्राचीन अवशेष

विश्व साहित्य में राम कथा का उल्लेख मिलना एक गौरवशाली विषय है। इसके कारणों पर हमने पिछले अध्याय में विस्तार से चर्चा की लेकिन दुनिया के विभिन्न क्षेत्रों में शिलाओं पर रामायण के रेखाचित्रों का प्राप्त होना भी कम गौरवशाली नहीं है। दक्षिण-पूर्व एशिया के अनेक स्थलों पर शिलाचित्रों में रामकथा के साक्ष्य मिले हैं। अनेक देशों में शिलाचित्र श्रृंखलाओं में रामचरित का वर्णन हुआ है। उनमें जवा के प्रम्बनान तथा पनातरान, कंपूचित्रा के अंकारेवाट और थाईलैंड के जेतुवन विहार के नाम उल्लेखनीय हैं।

जावा के शैलचित्र : प्रम्वनान पुरावशेष

जावा द्वीप इंडोनेशिया का सबसे अधिक जनसंख्या वाला द्वीप है। प्राचीन काल में इसका नाम यव द्वीप था और इसका वर्णन भारत के ग्रन्थों में बहुत आता है। यहां लगभग 2000 वर्ष तक हिन्दू सभ्यता का प्रभुत्व रहा। आज भी यहां हिन्दुओं की बस्तियां अनेक स्थानों पर पाई जाती हैं। विशेषकर पूर्व जावा में मजापहित साम्राज्य के वंशज टेंगर लोग रहते हैं जो अब भी हिन्दू हैं।

इंडोनेशिया के पुरातत्व विभाग ने सन् 1919 ईस्वी में प्रम्बनान मंदिर परिसर स्थित विशाल शिवालय के पुनर्निमाण का कार्य पूर्ण वैज्ञानिक पद्धति से आरंभ किया। इस कार्य में अनेक यूरोपीय विद्वानों ने सक्रिय रूप से सहयोग किया। सन् 1953 ईस्वी में यह कार्य पूर्ण हुआ। इसे वास्तव में पुरातत्त्व अभियंत्रण का चमत्कार ही कहा जा सकता है। इसके अंदर रामायण शिलाचित्रों को यथास्थान स्थापित कर दिया गया है। जर्मन विद्वान विलेन स्टूरहाइम ने इन रामायण शिलाचित्रों का अध्ययन किया है।

प्रम्वनान का शिव मंदिर

जावा का प्रम्वनान पुरावशेष चंडी सेवू विख्यात है। इसे चंड़ी लाराजोंगरांग भी कहा जाता है। इस परिसर में 235 मंदिर के भग्नावशेष पाए गए हैं। इसके वर्गाकार आंगन में तीन मंदिर हैं। इसके बीच में शिव मंदिर है। शिव मंदिर के उत्तर में ब्रह्मा तथा दक्षिण में विष्णु मंदिर हैं। शिव और ब्रह्मा मंदिर में राम कथा और विष्णु मंदिर में कृष्ण लीला के शिलाचित्र अंकित हैं। इतिहासकारों के अनुसार चंडी लाराजोंगरंग के मंदिरों का निर्माण दक्ष नामक राजकुमार ने नौवीं शताब्दी के उत्तरार्ध में करवाया था। प्रम्बनान के शिव मंदिर में रामकथा के 42 और ब्रह्मा मंदिर में 30 शिलाचित्र हैं। 72 शिलाचित्रों में यहां संपूर्ण राम कथा रुपायित हुई है। प्रम्बनान के शिलाचित्रों में उत्कीर्ण अनेक प्रसंग राम कथा से मेल नहीं खाते हैं। इनमें सीता द्वारा जटायु को अंगूठी देना, सेतु निर्माण के समय मछलियों द्वारा पत्थरों को निगलना, रावण के दरबार में अंगद का कान काटा जाना आदि प्रसंग वाल्मीकि रामायण में नहीं हैं।

प्रम्बनान के मंदिरों में रामायण से संबंधित शिला शिल्प के चित्र

प्रम्बनान के मंदिरों को सन् 1549 ईस्वी के आस-पास मेरापी ज्वालामुखी के विस्फोट में काफी क्षति पहुँची। वह सदियों तक ज्वालामुखी के लावा के नीचे दबे रहे। योग्यकार्टा के पुरातत्व विभाग द्वारा सन् 1885 ईस्वी में उसकी खुदाई शुरु हुई। लगभग तीन सौ वर्ष पूर्व यहां के निवासी मुसलमान बने। अपने धर्म की चिंता किए बिना यहां के स्थानीय निवासी पुरातत्व विभाग द्वारा खोजे गए मंदिर में धूप-दीप लेकर पूजा अर्चना करने दौड़ पड़े। इस घटना का चशमदीद गवाह फ्रांसीसी यात्री जूल ने हाजियों को भी हिंदू मंदिर में पूजा करते देखा था।

इंडोनेशिया के पुरातत्व विभाग द्वारा संरक्षित प्रम्बनान के मंदिर

जावा के शैलचित्र : पनातरान पुरावशेष

प्रम्बनान के शिलाचित्रों के चार सौ वर्ष बाद पूर्वी जावा में पनातरान के शिला शिल्प में पुन: राम कथा की अभिव्यक्ति हुई है। यह चंडी पनातरान ब्लीटार जिला में केतुल पर्वत के पास दक्षिण-पश्चिम की तलहटी में स्थित है। यहां वृत्ताकार दीवार से घिरा एक शिव मंदिर है। इस मंदिर का मुख्य द्वार पश्चिम की ओर है। ऐसा माना जाता है कि इसका निर्माण कार्य मजपहित वंश के राजकुमार हयमबुरुक की माता जयविष्णुवर्धनी के राजत्व काल में 1347 ईस्वी में पूरा हुआ था। किंतु अनेक इतिहासकारों और विद्वानों का मत है कि इसका आरंभ किसी पूर्ववर्ती सम्राट ने ही किया था।

चंडी पनातरान में राम कथा के 106 शिलाचित्र हैं। इनमें मुख्य रूप से हनुमान के पराक्रम को प्रदर्शित किया गया है। ऐसा माना जाता है कि प्रम्बनान के शिलाचित्र हिंदू-जावा शैली में उत्कीर्ण है। जबकि पनातरान का शिलाशिल्प पूरी तरह जावा शैली है। इनमें चित्रित वस्राभूषण तथा अस्त्र-शस्त्र के साथ पात्रों की आकृतियों पर भी जावा शैली का प्रभाव है।

कंपूचिया के शैलचित्र

कंपूचिया स्थित अंकोरवाट मंदिर का निर्माण सम्राट सूर्यवर्मन द्वितीय (1112-53 ईस्वी) के राजत्व काल में हुआ था। इस मंदिर के गलियारे में तत्कालीन सम्राट के बल-वैमन का साथ स्वर्ग-नरक, समुद्र मंथन, देव-दानव युद्ध, महाभारत, हरिवंश तथा रामायण से संबद्ध अनेक शिलाचित्र हैं। यहां के शिलाचित्रों में रुपायित राम कथा बहुत संक्षिप्त है। इन शिलाचित्रों की श्रृंखला रावण वध हेतु देवताओं द्वारा की गयी आराधना से आरंभ होती है।

कंपूचिया स्थित अंकोरवाट मंदिर

उसके बाद सीता स्वयंवर का दृश्य है। बालकांड की इन दो प्रमुख घटनाओं की प्रस्तुति के बाद विराध एवं कबंध वध का चित्रण हुआ है। अगले शिलाचित्र में राम धनुष-बाण लिए स्वर्ण मृग के पीछे दौड़ते हुए दिखाई पड़ते हैं। इसके उपरांत सुग्रीव से राम की मैत्री का दृश्य है। फिर, वालि और सुग्रीव के द्वंद्व युद्ध का चित्रण हुआ है।

कंपूचिया स्थित अंकोरवाट मंदिर में मूर्तियां

परवर्ती शिलाचित्रों में अशोक वाटिका में हनुमान की उपस्थिति, राम-रावण युद्ध, सीता की अग्नि परीक्षा और राम की अयोध्या वापसी के दृश्य हैं। अंकोरवाट के शिलाचित्रों में रुपायित राम कथा यद्यपि अत्यधिक विरल और संक्षिप्त है, तथापि यह महत्वपूर्ण है, क्योंकि इसकी प्रस्तुति आदिकाव्य की कथा के अनुरुप हुई है।

थाईलैंड के शैलचित्र

थाईलैंड में राम मंदिर

थाईलैंड की हिंदू मूर्तियाँ पूरे देश में देखी जा सकती हैं। कुछ उल्लेखनीय मूर्तियाँ हैं। जो लोकप्रिय आकर्षण हैं। सुवर्णभूमि हवाई अड्डे और बैंकॉक के ग्रैंड पैलेस में हिंदू भगवानों की आकर्षक मूर्तियाँ हैं। जिन्हें याक के नाम से भी जाना जाता है।

बैंकॉक में इरावन श्राइन में ब्रह्मा की एक छोटी, सुनहरी मूर्ति है। राम कथा के शिलाचित्रों में थाईलैंड का भी महत्वपूर्ण स्थान है। थाईलैंड की राजधानी बैंकाक के राजभवन परिसर के दक्षिणी किनारे पर वाट-पो या जेतुवन विहार है। इसके दीक्षा कक्ष में संगमरमर के 152 शिलापटों पर राम कथा के चित्र उत्तीर्ण हैं।

थाईलैंड में राम की अयोध्या

जे एम कैडेट की पुस्तक 'रामकियेन' में उनके चित्र हैं। इस ग्रंथ में उन शिलाचित्रों को नौ खंडों में विभाजित कर उनका विश्लेषण किया गया है - 1.सीता-हरण, 2.हनुमान की लंका यात्रा, 3.लंका दहन, 4.विभीषण निष्कासन, 5.छद्म सीता प्रकरण, 6.सेतु निर्माण, 7.लंका सर्वेक्षण, 8.कुंभकर्ण तथा इंद्रजीत वध, और 9.अंतिम युद्ध।

थाईलैंड में प्राप्त राम की मूर्ति का दुर्लभ चित्र

दक्षिण-पूर्व एशिया के रामायण शिलाचित्रों का चलन नौंवी शताब्दी से प्रारंभ होता है जबकि भारत में वैष्णव और शैव विचारों की प्रवृत्ति मध्यकाल में विकसित होती दृष्टिगोचर होती है।

भारत में शैलचित्र

जिले के गोटीटोला-चारामा-कांकेर मार्ग पर ग्राम लखनपुरी से आठ किलोमीटर दूर गोटीटोला के मधुवन पारा के नजदीक सीताराम गुड़ा नामक स्थान पर कई पौराणिक शैल चित्र मिले हैं, जिनमें राम कथा के दृश्य विशेष रूप से उल्लेखनीय हैं। ये शैल चित्र सफेद रंग से अंकित किए गए हैं।

यहां सीताराम गुढ़ा पर पौराणिक शैलाश्रय प्राप्त हुआ है। जिसके चित्रों में रामकथा से सम्बंधित चित्रों का भी अंकन है। इसके आलावा और अन्य जगह जहाँ शैल चित्र प्राप्त हुए है। जो की क्लुगांव, कान्हागांव, इसके अतिरिक्त बस्तर जिले में केशकाल लिंगदारीहा सरगुजा जिले में सितलेखनी, ओढ़गी कुदरगढ़ आदि अनेक स्थानों पर शैलाश्रय शैलचित्र प्राप्त हुए है।

*

अध्याय - 15

भित्तियों पर रामचरित-चित्रावली

अयोध्या में भारतीय पुरातत्व सर्वेक्षण विभाग द्वारा उत्खनन में प्राप्त प्राचीन अवशेष

मनुष्य को ईश्वर ने अपनी अभिव्यक्ति के अनेक माध्यम दिए हैं। बोलना और लिखना तो मनुष्यों में सहज रूप से विकसित हो गया लेकिन अभिव्यक्ति के अन्य माध्यम मनुष्य ने अपने परिश्रम से विकसित किए। भाव संप्रेषण के क्षेत्र में चित्रकला की भूमिका चित्र विशेष का आकर्षक होती है। रेखांकन के उपरांत चित्रकला विकसित हुई। लाओस, कंपूचिया और थाईलैंड के राजभवनों तथा बौद्ध विहारों की भित्तियों पर उकेरी गयी रामकथा चित्रावली उसी प्रकार संरक्षित हैं।

लाओस

लाओस की सीमाएं उत्तर पश्चिम में म्यान्मार और चीन से, पूर्व में कंबोडिया, दक्षिण में वियतनाम और पश्चिम में थाईलैंड से मिलती है। इसे हजार हाथियों की भूमि भी कहा जाता है।

लाओस के अनेक बौद्ध विहारों में भी राम कथा के चित्र उरेहे गये हैं। लाओस का उपमु बौद्ध विहार राम कथा-चित्रों के लिए विख्यात है। विहार के लगभग बीस मीटर लंबी

और सवा पाँच मीटर ऊँची दीवार पर वहाँ की रामायण 'फ्रलक-फ्रलाम' अर्थात् 'प्रिय लक्ष्मण प्रियराम' की कथा क्षेत्रीय पृष्ठभूमि में रुपायित है।

उपमुंग विहार की चित्रावली में राम कथा का आरंभ लाओ रामायण के अनुसार रावण के जन्म से हुआ है और लंका युद्ध के बाद राम की अयोध्या वापसी तक की कथा का संक्षेप में निर्वाह भी हुआ है, किंतु इसमें कुछ प्रसंग अन्यत्र से भी संकलित हैं। यह चित्रावली लाओस लोक कला का उत्कृष्ट नमूना है।

लाओस के वाट के में भी राम कथा के चित्र हैं। लुआ प्रवा के निकट एक छोटी पहाड़ी के ऊपर यह विहार स्थित है। इसका निर्माण 1803 ईस्वी में हुआ था और उसी समय एक चित्रकार के द्वारा उसकी भित्तियों पर राम कथा के चित्र उरेहे गये थे। इस चित्रावली में राम कथा का आरंभ सिउहान (विद्युज्जिह्ववा) प्रकरण से हुआ है। वह अपनी जिह्ववा से लंका को ठंक कर उसकी रक्षा कर रहा है।

थाईलैंड :

थाईलैंड के राज भवन परिसर स्थित वाटफ्रकायों (सरकत बुद्ध मंदिर) की भित्तियों पर संपूर्ण थाई रामायण 'रामकियेन' को चित्रित किया गया है। ऐसा अनुमान किया जाता है कि इन चित्रों का निर्माण 'रामकियेन' की रचना के बाद 1798 ईस्वी में हुआ था। थाई सम्राट चूला लौंग तथा उनके साहित्यमंडल के मित्रों ने मिलकर इन भित्तिचित्रों में रुपादित रामकथा को काव्यबद्ध किया था। उन पद्यों को शिलापट पर उत्कीर्ण करवाकर उन्हें यथास्थान भित्तिचित्रों के सामने स्तंभों में जड़वा दिया गया। इससे स्पष्ट होता है कि थाईवासी अपनी इस सांस्कृतिक विरासत के प्रति कितने संवेदनशील है।

मरकत

मरकत बुद्ध मंदिर में रामकथा के 178 चित्र हैं जिनमें सीता के जन्म से रामराज्याभिषेक तक की कथा के साथ जानकी के निर्वासन से उनकी अयोध्या वापसी तक के संपूर्ण वृत्तांत का चित्रण हुआ है।

कंपूचिया

कंबोडिया को पूर्व काल में कंपूचिया के नाम से जाना जाता था। दक्षिण पूर्व एशिया का एक प्रमुख देश है। कंपूचिया के राजभवन की भित्तियों, सिंहासन कक्ष की छत और राजकीय बौद्ध विहार में रामायण के दृश्यों के रंगीन चित्र हैं।

वहाँ की स्थिति यह है कि चित्रकारों के अभाव में थाई कलाकारों द्वारा उन चित्रों का उद्धार करवाया गया है। कंपूचिया के अतिरिक्त इंडोनेशिया के बाली द्वीप में रामकथा के चित्र मिलते हैं। वहाँ सीता की अग्नि परीक्षा का चित्र बहुत लोकप्रिय है। हिंदू बहुल बाली द्वीप दक्षिण-पूर्व एशिया का जीता-जागता भारत है।

*

अध्याय -16

रामलीला के साक्ष्य

अयोध्या में भारतीय पुरातत्व सर्वेक्षण विभाग द्वारा उत्खनन में प्राप्त प्राचीन अवशेष

मंदिरों, मूर्तियों, रेखाचित्रों के अतिरिक्त दक्षिण-पूर्व एशिया में ऐसे साक्ष्य मिलते हैं जो इस ओर संकेत करते हैं कि प्राचीन काल से ही रामलीला का प्रचलन था। जावा के सम्राट वलितुंग के एक शिलालेख में एक समारोह का विवरण है जिसके अनुसार सिजालुक ने उपर्युक्त अवसर पर नृत्य और गीत के साथ रामायण का मनोरंजक प्रदर्शन किया था। इस शिलालेख की तिथि 907 ईस्वी है।

थाई नरेश बोरमत्रयी (ब्रह्मत्रयी) लोकनाथ की राजभवन नियमावली में रामलीला का उल्लेख है जिसकी तिथि 1458 ईस्वी है। बर्मा के राजा ने 1767 ईस्वी में स्याम (थाईलैड) पर आक्रमण किया था। युद्ध में स्याम पराजित हो गया। विजेता सम्राट अन्य बहुमूल्य सामग्रियों के साथ रामलीला कलाकारों को भी बर्मा ले गया। बर्मा कि राजभवन में थाई कलाकारों द्वारा रामलीला का प्रदर्शन होने लगा। माइकेल साइमंस ने बर्मा के राजभवन में राम नाटक 1795 ईस्वी में देखा था।

एशिया के विभिन्न देशों में रामलीला के अनेक नाम और रूप हैं। उन्हें प्रधानत: दो वर्गों में विभाजित किया जा सकता है :-

1. मुखौटा रामलीला, और
2. छाया रामलीला।

मुखौटा रामलीला

मुखोटा रामलीला के अंतर्गत इंडोनेशिया और मलेशिया के 'लाखोन', कंपूचिया के 'ल्खोनखोल' तथा बर्मा के 'यामप्वे' का प्रमुख स्थान है। इंडोनेशिया और मलयेशिया में 'लाखोन' के माध्यम से रामायण के अनेक प्रसंगों को मंचित किया जाता है।

कंपूचिया में रामलीला का अभिनय 'ल्खोनखोल' के माध्यम के होता है। 'ल्खोन' इंडोनेशाई मूल का शब्द है जिसका अर्थ नाटक है। कंपूचिया की भाषा खमेर में खोल का अर्थ बंदर होता है। इसलिए 'ल्खोनखोल' को बंदरों का नाटक या हास्य नाटक कहा जा सकता है। 'ल्खोनखोल' वस्तुत: एक प्रकार का नृत्य नाटक है जिसमें कलाकार विभिन्न प्रकार के मुखौटे लगाकर अपनी-अपनी भूमिका निभाते हैं। इसके अभिनय में मुख्य रुप से ग्राम्य परिवेश के लोगो की भागीदारी होता है। कंपूचिया के राजभवन में रामायण के प्रमुख प्रसंगों का अभिनय होता था।

थाईलैंड का खौन

मुखौटा नाटक के माध्यम से प्रदर्शित की जाने वाली रामलीला को थाईलैंड में 'खौन' कहा जाता है। इसमें संवाद के अतिरिक्त नृत्य, गीत एवं हाव-भाव प्रदर्शन की प्रधानता होती है। 'खौन' का नृत्य बहुत कठिन और समय साध्य है। इसमें गीत और संवाद का प्रसारण पर्दे के पीछे से होता है। केवल विदूषक अपना संवाद स्वयं बोलता है। मुखौटा केवल दानव और बंदर-भालू की भूमिका निभानेवाले अभिनेता ही लगाते हैं। देवता और मानव पात्र मुखौटे धारण नहीं करते।

थाईलैंड में नंग

थाईलैंड में छाया-रामलीला को 'नंग' कहा जाता है। नंग के दो रुप है- 'नंगयाई' और 'नंगतुलुंग'। नंग का अर्थ चर्म या चमड़ा और याई का अर्थ बड़ा है। 'नंगयाई' का तात्पर्य चमड़े की बड़ी पुतलियों से है। इसका आकार एक से दो मीटर लंबा होता है। इसमें दो डंडे लगे होते हैं। नट दोनों हाथों से डंडे को पकड़कर पुतलियों के ऊपर उठाकर नचाता है। इसका प्रचलन अब लगभग समाप्त हो गया है।

'नंग तुलुंग' दक्षिणि थाईलैंड में मनोरंजन का लोकप्रिय साधन है। इसकी चर्म पुतलियाँ नंगयाई की अपेक्षा बहुत छोटी होती हैं। नंग तुलुंग के माध्यम से मुख्य रुप से थाई रामायण रामकियेन का प्रदर्शन होता है। थाईलैंड के 'नंग तुलुंग' और जावा तथा मलेशिया

के 'वेयांग कुलित' में बहुत समानता है। वेयांग कुलित को वेयंग पूर्वा अथवा वेयांग जाव भी कहा जाता है। यथार्थ यह है कि थाईलैंड, मलयेशिया और इंडोनेशिया में विभिन्न नामों से इसका प्रदर्शन होता है।

वेयांग प्रदर्शित करने वाले मुख्य कलाकार को 'दालांग' कहा जाता है। वह बाजे की ध्वनि पर पुतलियों को नचाता है। इसके अतिरिक्त वह गाता भी है। वेयांग में दालांग के अतिरिक्त सामान्यत: बारह व्यक्ति होते हैं, किंतु व्यवहार में इनकी संख्या नौ या दस होती है।'वेयांग' में सामान्यत: 148 पुतलियाँ होती हैं जिनमें सेमार का स्थान सर्वोच्च है। सेमार ईश्वर का प्रतीक है।

बर्मा और यामप्वे

बर्मा की मुखौटा रामलीला को 'यामप्वे' कहा जाता है। बर्मा की रामलीला स्याम से आयी थी। इसके गीत, वाद्य और नृत्य पर स्यामी प्रभाव है। बर्मा आने के बाद यह स्याम की रामलीला नहीं रह गयी, बल्कि यह पूरी तरह बर्मा के रंग डूब गयी। बर्मा के लोग हास्यरस के प्रेमी होते हैं। 'यामप्वे' में विदूषक की प्रधानता होती है।

मॉरीशस में रामलीला

इतिहासकारों और विद्वानों के अनुसार सन् 1840 से 1890 के अंतराल में भारत के बिहार राज्य, उत्तर प्रदेश, तमिलनाडु, महाराष्ट्र, केरल तथा अन्य कई प्रान्तों से बड़ी संख्या में लोग नए सपने संजोये, अपनी नयी दुनिया बसाने मॉरीशस आये थे। विपरीत विध्वंसक परिस्थितियों में परिश्रम से प्रवासी भारतीयों ने अपनी संस्कृति को जीवित रखा। अनेक रामायण मंडलियों का गठन मॉरीशस में हुआ। मंडलियों द्वारा नित्य रूप से रामलीला का आयोजन होने लगा। बच्चे-बच्चे राम लीला में प्रस्तुत लोकगीतों को गाते-गुनगुनाते रहते थे।

मध्य 19वीं शताब्दी से देश भर में राम लीला का भव्य आयोजन आरंभ हो गया। नाट्य शैली के माध्यम से रामचरितमानस का अक्षुण्ण अमृत धारा जन-जन को शीतलता प्रदान करने लगी। छोटे से बड़े सभी एकजुट होकर, हर्षोल्लास के साथ अपनी इस अमूर्त विरासत को नए आयाम तक पहुँचाने की दिशा में कार्यरत हो गए। सन् 2005 में यूनेस्को द्वारा रामलीला को विश्व अमूर्त विरासत की सूची में शामिल कर दी गयी।

रामचरितमानस क्षणे-क्षणे हमारे पूर्वजों के लिए एक आशीर्वादात्मक ग्रन्थ बन गया। ऐसा इसलिए संभव हो पाया क्योंकि तुलसी के राम ने साधारण मनुष्य की भांति अपना जीवन मुश्किलों का सामना करते हुए बिताया।

राम-लीला का प्रचलन विकसित हो रहा था। राम-लीला में सभी भाग नहीं ले पाते थे। दर्शक छोटी-छोटी टोलियां बनकर रामलीला देखने को तैयार रहते। झाल-ढोलक, मंजीरा जैसे पारंपरिक संगीत वाद्य-यंत्रों के साथ रामायण गान शुरू हुआ और चौताल भी गाये जाने लगे और हमारी संस्कृति ने गति ली। रामायण मंडलियों की शोभा में चार चाँद तब नज़र आने लगे, जब विशेष आयोजनों में गाँव-गाँव की मंडलियाँ पूरी तैयारियों के साथ अपनी पारंपरिक धोती-कुर्ता व पगड़ी धारण किये जोश के साथ रामायण-गान रात भर करती। मॉरीशस में रामायण से निःसृत लोकगीत बैठकों से निकलकर बरामदों व कुटियों में पहुंची और कालांतर में रामलीला का मंचन शुरू हुआ। पूर्व काल में जहाँ पेड़ों की छांव तले, गली-गलियारों में रामायण मंडलियां अपना गायन प्रस्तुत करती थीं, वही आज मॉरीशस में भव्य रूप से आधुनिक सुविधाओं के साथ रामलीला का मंचन होता है। आज देश के हरेक गांव-शहर में लगभग एक दर्जन रामायण मंडलियां हैं। इन मंडलियों के उल्लास को देखते हुए संबद्ध संस्थाएं रामायण गान प्रतियोगिताओं का आयोजन करने लगीं।

भारत में रामलीला

वर्धन वंश के हर्षवर्धन की मृत्यु के उपरांत उत्तर भारत में सनातनधर्मी साम्राज्य विनाश की ओर अग्रसर हो गया। कालांतर में गजनवी-गौरी के आक्रमणों की एक लंबी श्रृंखला मिलती है। सत्ता की होड़ ने सांस्कृतिक मूल्यों का दोहन कर दिया। धार्मिक आस्था और विश्वास सीमित होता चला गया। शैक्षणिक आश्रम व्यवस्था न्यूनतम स्तर पर पहुंच कर मरणासन्न हो गई। शासक बदले। धार्मिक एवं सांस्कृतिक धरोहर घरों की चारदीवारी में कैद हो गई। ऐसा प्रतीत होता है कि कुछ एक परिवारों में राम-कृष्ण की जीवनलीला जीवित रही। लोग छिपते-छिपाते अपने दोनों आराध्यों का स्मरण कर लिया करते थे।

रामलीला का चलन कब शुरू हुआ ? कहां शुरू हुआ ? किसने शुरू किया ? क्यों शुरू किया ? इन सभी प्रश्न के उत्तर आज तक नहीं मिल पाए हैं। संभावनाएं तुलसीदास कृत श्रीरामचरितमानस के प्रकाशन के बाद ही दृष्टिगोचर होती हैं। ऐसा माना जाता है कि उस समय के काशी नरेश ने गोस्वामी तुलसीदास के रामचरितमानस को पूरा करने के बाद रामनगर में राम कराने का संकल्प किया था। विद्वानों का मानना है कि इसकी शुरुआत 16वीं सदी में वाराणसी में हुई थी। एक अन्य साक्ष्य के अनुसार 16वीं शताब्दी में तुलसीदास के छात्र मेघा भगत ने सन् 1625 ईस्वी में रामचरितमानस पर आधारित रामलीला की शुरुआत की थी। भारतविद एवं देवत्व धार्मिक अध्ययन के प्रोफेसर नॉरविन हेन के अनुसार - "रामलीला सन् 1625 से पहले प्रचलन में थी। यह कम-से-कम 1200

और 1500 ईस्वी के बीच उत्तर भारत में प्रचलित थी लेकिन यह वाल्मीकि की रामायण पर आधारित थीं।" एक अन्य विद्वान रिचर्ड शेचनर के अनुसार - "समकालीन रामलीला की जड़ें गहरी हैं, क्योंकि इसमें प्राचीन संस्कृत ग्रंथों की शिक्षा और आधुनिक रंगमंच तकनीक दोनों शामिल हैं।" जेम्स प्रिंसेप ने सन् 1834 में लिखा था कि काशी के रामनगर की रामलीला काशी नरेश के सामने होती है। एच निहस ने सन् 1905 में गाजीपुर की रामलीला और नॉर्विन हेन ने सन् 1949 और 1950 की रामलीला का वर्णन किया, जो ब्रिटिश भारत के बाद भारत में सामाजिक-राजनीतिक उथल-पुथल की अवधि थी। हेन ने मथुरा में रामलीला से अपनी टिप्पणियों की सूचना दी।

तुलसीदास ने मरणासन्न अवस्था से सनातन धर्म को श्रीरामचरितमानस की रचना कर जागृत किया और रामकथा को अमरत्व प्रदान किया। तुलसीदास ने रामकथा को ही क्यों चुना? इस विषय पर बौद्धिक मताधिनों के सैंकड़ों विचार पढ़ने को मिलते हैं। उस प्रसंग पर हम यहां विमर्श नहीं करेंगे। यह शाश्वत सत्य है कि हर व्यक्ति अपने पूर्वजों की विचारधारा को बदलते सामाजिक परिवेश में भी जीवित रखता है। अपने परिवार में। अपने भाई-बंधुओं में। फिर कोई-न-कोई पुरातन विचारधारा को परंपरा में परिवर्तित कर समाज में प्रचलित कर देता है। इन्हीं परंपराओं से शिक्षा ग्रहण कर लेखक अपनी रचना को आकार देता है और फिर प्रकाशित होती है पुस्तक। ऐसा प्रतीत होता है कि तुलसीदास ने अपने बचपन में राम और कृष्ण कथाओं को अपने परिजनों, मित्रों, समाज और धार्मिक गुरुओं से सुनी, सीखी और स्मरण कर अपने यौवनावस्था में रामकथा पर आधारित श्रीरामचरितमानस की रचना की। घर-परिवार, समाज-समुदाय और मित्रमंडली में मनोरंजन के लिए राम से संबंधित छुटपुट प्रसंगों के प्रस्तुतीकरण ने कालांतर में संस्कृत विद्वानों से राम के विषय में जानकारी लेकर एक ऐसी कथाशैली तैयार की गई जो किसी स्थान पर प्रहसन के रूप में प्रस्तुत की जा सके। उत्सवधर्मी हिंदुस्तानी समाज में लोकगीत-संगीत का इतिहास बहुत प्राचीन है। रामलीला मंचन की पटकथा लेखक कौन था यह भी स्पष्ट नहीं है। साक्ष्य उपलब्ध नहीं होने पर असंख्य संभावनाएं जन्म लेती हैं। पाठक जो उचित समझें उसे स्वीकार करें। एक किंवदंति का संकेत है कि त्रेता युग में श्री रामचंद्र के वनगमनोपरांत अयोध्यावासियों ने चौदह वर्ष की वियोगावधि राम की बाल लीलाओं का अभिनय कर बिताई थी। एक अन्य जनश्रुति से यह प्रमाणित होता है कि इसके आदि प्रवर्तक मेघा भगत थे जो काशी के कतुआपुर महल्ले में स्थित फुटहे हनुमान के निकट के निवासी माने जाते हैं। एक बार पुरुषोत्तम रामचंद्र जी ने इन्हें स्वप्न में दर्शन देकर लीला करने का आदेश दिया ताकि भक्त जनों को भगवान के चाक्षुष दर्शन हो सकें। इससे सत्प्रेरणा

पाकर इन्होंने रामलीला संपन्न कराई। कुछ लोगों के मतानुसार रामलीला की अभिनय परंपरा के प्रतिष्ठापक गोस्वामी तुलसीदास हैं, इन्होंने हिंदी में जन मनोरंजनकारी नाटकों का अभाव पाकर इसका श्रीगणेश किया। इनकी प्रेरणा से अयोध्या और काशी के तुलसी घाट पर प्रथम बार रामलीला हुई थी।

रामलीला का शाब्दिक 'राम की लीला या खेल' प्राचीन हिंदू महाकाव्य के अनुसार राम के जीवन के किसी भी नाटकीय लोक फिर से अधिनियमन है रामायण या माध्यमिक साहित्य में इस तरह के रूप में यह के आधार पर रामचरितमानस। राम से संबंधित नाटकों और नृत्य कार्यक्रमों का आयोजन भारत में नवरात्रि के वार्षिक शरद उत्सव के दौरान आयोजित किए जाते हैं। रामलीला में नृत्य, संगीत की प्रधानता नहीं होती क्योंकि चरितनायक गंभीर, वीर, धीर, शालीन एवं मर्यादाप्रिय पुरुषोत्तम हैं। अब कुछ पेशेवर लोग मंडलियाँ बनाकर लीलाभिनय से अर्थोपार्जन करते हैं।

भारत के ग्वालियर, जयपुर, इलाहाबाद आदि नगरों में इसका मूक अभिनय होता है। रामलीला देखने से भारतेंदु हरिश्चंद्र के हृदय से रामलीला गान की उत्कंठा जगी। परिणामत: हिंदी साहित्य को "रामलीला" नामक चंपू की रचना मिली। उत्तर भारत में अधिकांश रामलीलाएं रामायण पर 16वीं शताब्दी के माध्यमिक कार्य पर आधारित हैं। रामलीला उत्सव को यूनेस्को द्वारा 2008 में "मानवता की अमूर्त सांस्कृतिक विरासत" में से एक के रूप में घोषित किया गया था। वर्तमान में रामलीला का सांस्कृतिक उत्सव अर्थात रामलीला का आयोजन दुनिया के विभिन्न देशों में होने लगा है। यथा - कैरिबियन, मॉरीशस, अफ्रीका, फिजी, मलेशिया, सिंगापुर, संयुक्त राज्य अमेरिका, कनाडा, यूनाइटेड किंगडम, नीदरलैंड, ऑस्ट्रेलिया और न्यूजीलैंड इत्यादि।

वाराणसी की रामलीला

वाराणसी के रामनगर मोहल्ला में रामलीला के मंचन की परंपरा पुरातन काल से चली आ रही है। सन् 1830 में काशी नरेश महाराजा उदित नारायण सिंह ने पंडित लक्ष्मी नारायण पांडे के परिवार (वर्तमान व्यास) की मदद से शुरू की थी। उनके उत्तराधिकारी महाराज ईश्वरी प्रसाद नारायण सिंह के शासनकाल के दौरान लोकप्रियता में वृद्धि हुई। काशी के रामनगर की लीला भाद्रपद शुक्ल चौदह को प्रारंभ होकर शरत्पूर्णिमा को पूर्णता प्राप्त करती है और नक्खीघाट की शिवरात्रि से चैत्र अमावस्या अर्थात् 33 दिनों तक चलती है। इसकी समाप्ति रावण के पुतले के दहन के साथ होती है। रामलीला की शुरुआत के बारे में कई स्थानीय किंवदंतियाँ मौजूद हैं। इसका पहला मंचन पास के एक गांव छोटा मिर्जापुर में किया गया था। क्योंकि उस समय वाराणसी बाढ़ के कारण बाधित हो गया था। जब

दशहरा उत्सव होता है तो काशी नरेश जुलूस के सिर पर हाथी की सवारी करते हैं।

कानपुर की रामलीला

कानपुर की पहली ऐतिहासिक रामलीला सन् 1849 में शिवली ग्राम के रामशाला मंदिर में शुरू हुई। पहली बार रामचरित मानस के आधार पर रामलीला मंचन शुरू हुआ। इसका आयोजन चौबे सधारी लाल की देखरेख में पंडित चंद्रबली त्रिपाठी और गंगासेवक बाजपेयी ने किया। सरसौल क्षेत्र में पाल्हेपुर की रामलीला इसकी स्थापना 1861 में हुई। कानपुर शहर में होने वाली परेड ग्राउंड की रामलीला की शुरुआत सन् 1877 में हुई थी। कानपुर की ख्यातिप्राप्त रामलीला कैलाश मंदिर के संस्थापक गुरुप्रसाद शुक्ल ने उसी मंदिर में सन् 1880 में शुरू की। इसकी खासियत है कि रामलीला के लिए 'रामयश दर्पण नाटक' के नाम से तीन भागों में पुस्तक लिखी गई। इसमें लिखे संवाद ही पात्र बोलते हैं।

कुमाऊँनी रामलीला

उत्तराखण्ड के कुमायूं में रामलीला का मंचन गीत-नाट्य शैली में किया जाता है। पहले यहां की रामलीला विशुद्ध मौखिक परंपरा पर आधारित थी। उस समय की रामलीला मशाल, लालटेन व पैट्रोमैक्स की रोशनी में मंचित की जाती थी। कुमायूं में रामलीला का मंचन अठारहवीं सदी के अंतिमकाल में शुरू हुआ। ऐसा माना जाता है कि कुमायूं में पहली रामलीला सन् 1860 में अल्मोड़ा नगर के बद्रेश्वर मन्दिर में हुई थी। कुमाऊं क्षेत्र के इतिहासकारों के अनुसार तत्कालीन डिप्टी कलैक्टर देवीदत्त जोशी ने यहां रामलीला मंचन का शुभारंभ किया था। कालांतर में सन् 1880 में नैनीताल में, सन् 1890 में बागेश्वर में और सन् 1902 में पिथौरागढ़ में रामलीला नाटक का मंचन प्रारम्भ हुआ। अल्मोड़ा नगर में सन् 1940-41 में विख्यात नृत्य सम्राट पंडित उदय शंकर ने छाया चित्रों के माध्यम से रामलीला में नवीनता लाने का प्रयास किया।

दिल्ली की रामलीला

दिल्ली में रामलीलाओं का इतिहास बहुत पुराना है। यहां सबसे पहली रामलीला बहादुरशाह ज़फर के समय पुरानी दिल्ली के रामलीला मैदान में हुई थी। लवकुश रामलीला कमेटी, अशोक विहार रामलीला कमेटी आदि दिल्ली की प्राचीन रामलीलाओं में से हैं। राम भारतीय कला केन्द्र द्वारा रामलीला का मंचन तीन घंटों में दर्शाया जाता है।

बुंदेलखंड की धनुष यज्ञलीला

गोस्वामी तुलसीदास द्वारा रचित रामचरित मानस महाकाव्य में खंड काव्य के रूप

में धनुष यज्ञलीला है। इसका उद्गम स्थल बुंदेलखंड को ही माना जाता है। कानपुर नगर, देहात, उन्नाव, बांदा, फतेहपुर, जालौन, हरदोई, इटावा, मैनपुरी, फर्रुखाबाद, हमीरपुर आदि जिलों में बरसात को छोड़कर वर्ष भर यह लोकनाट्य स्वतंत्र रूप से मंचित होता है। इसमें विशेषकर परशुराम-लक्ष्मण संवाद आकर्षित करते हैं।

सांस्कृतिक संगम की रामलीला

पूर्वी उत्तर प्रदेश के देवरिया जिले में सलेमपुर की "सांस्कृतिक संगम" संस्था द्वारा रामायण का मंचन एक नए आयाम में प्रस्तुत किया गया है। इस संस्था का उद्देश्य है कि वर्तमान में अश्लील शब्दावली को समाप्त कर एक विशुद्ध रामलीला का मंचन हो। यह संस्था "रामलीला" शब्द का प्रयोग न कर रामायण मंचन के नाम से प्रस्तुति देती है, ताकि इसमें अच्छे कुलीन घर के लोग, स्त्री एवं पुरुष, दूरदर्शन व सिने कलाकार भी सम्मिलित होकर यह पुनीत कार्य कर सके। इसमें 60 कलाकार भाग लेते हैं।

जिला बुलंदशहर की रामलीला

जिला बुलंदशहर में सबसे पहले उपनगर खुर्जा में रामलीला कमेटी का गठन सन् 1949 में हुआ था और यहीं से सबसे पहले मंच के माध्यम से रामलीला की शुरूआत हुई थी। पुराने समय में जिलेभर के लोग रामलीला देखने के लिए खुर्जा आते थे।

*

अध्याय - 17

वनवास मार्ग

वाल्मीकि कृत रामायण में एक स्थान पर कथानक में आश्चर्यजनक मोड़ आता है जब राजा दशरथ ने राम को युवराज बनाने की घोषणा की। संपूर्ण अयोध्या में यह समाचार खुशियों की सौगात लेकर आया लेकिन जब तक यह घोषणा महोत्सव में बदलती उससे पहले ही माता कैकेई कोपभवन में पहुंच गई। सभी प्रयास विफल हो गए। अतः राम को वनवास जाना पड़ा।

युवराज की घोषणा

अयोध्या नरेश दशरथ वृद्ध हो चले थे। अतः परंपरा के अनुसार बड़े पुत्र राम को उन्होंने युवराज बनाने की घोषणा कर दी। राजसभा में सभी ने तालियां बजाकर राजा दशरथ की घोषणा का स्वागत किया। सभी प्रफुल्लित हो गये। सभी को राजा दशरथ से यही आशा थी और परंपरा भी यही थी। इसमें आश्चर्य जैसा कुछ नहीं था। राज ऋषि और राज पुरोहित ने अगले दिन को विशेष तिथि बताकर शुभष्य शीघ्रम कहा। दशरथ ने भी सभी विद्वत जनों के कथन को स्वीकार कर अयोध्या में भव्य आयोजन की घोषणा कर दी। नगर में ढोल-नगाड़ों से वातावरण खुशनुमा हो गया।

लक्ष्मण ने राम को बधाई देते हुए कहा - “आशा के विपरीत राजाज्ञा की घोषणा आश्चर्य चकित हैं। शिव इस घोषणा की रक्षा करें।”

राम केवल मुस्कुराए थे। कहा कुछ नहीं।

युवराज पद पर राम के नाम की घोषणा राजप्रासाद में पहुंची तो एक दूसरे को बधाई देने का तांता लग गया। इस शुभ सूचना से कोई एक था जो आहत हुआ। आहत होने का कारण भी था। कारण था एक वचन और दो वरदान। वचन-दशरथ और कैकेई का विवाह से पूर्व कैकेई के पिता को दिया गया वह वचन की कैकेई की कोख से जन्म लेने वाला पुत्र ही युवराज होगा। वचन दो। दशरथ कैकेई के सौन्दर्य पर मोहित थे। दे दिया वचन। वरदान, एक युद्ध के समय राजा दशरथ के प्राण बचाने के एवज में दशरथ ने कैकेई को दो वरदान मांगने को कहा। कैकेई ने सही समय पर वरदान फलीभूत होने की बात कहकर उस दशरथ को मुक्त कर दिया।

वनवास प्रसंग

न दशरथ को आशा थी और न राजपरिवार को कि राम के युवराज पद पर सुशोभित करने की घोषणा एक ऐसा विवाद पैदा कर देगा जो भविष्य के लिए एक सबक बन जाएगा। परंपराएं कैसे टूटती हैं यह सभी ने देखा। परंपराओं का दोहन कैसे किया जाता है यह एक उदाहरण बन गया। राजपरिवार में आंतरिक द्वेष को सभी ने महसूस किया। राजपरिवार में एक पत्नी और एक मां का मोह क्या होता है ? बहुपत्नी प्रथा का दुष्प्रणाम क्या होता है ? पिता की विवशता ? राजपरिवार में बच्चों में भी भेद किया जाता है ? ऐसे ही प्रश्न घर-घर में एक दूसरे से पूछे जा रहे थे। असलियत क्या है कोई नहीं जानता था। जो राजकर्मचारियों से परिचित थे वह ज्यादा उत्सुक थे। राजकर्मचारी मौन धारण किए हुए हैं। शपथ जो ले रखी है गोपनीयता की।

इधर राजा दशरथ को एक सेवक ने सूचना दी कि महारानी कैकेई अपने कक्ष में बंद हो गई हैं। किसी को न तो प्रवेश की अनुमति दे रही हैं और न किसी से बात कर रही हैं। राज्योत्सव के चिंतन-मनन में व्यस्त दशरथ को समझ नहीं आया कि अचानक महारानी कैकेई को क्या हुआ ? विमुखता का क्या कारण हो सकता है ? इस खुशनुमा माहौल में ऐसी बेरूखी ? वृद्ध राजा दशरथ को दो सेवकों ने सहारा देकर सिंहासन से उठाकर खड़ा किया और महारानी कैकेई के कक्ष के द्वार पर ले गये।

दशरथ ने कक्ष में प्रवेश करते हुए कहा - "कैकेई! विमुखता का क्या कारण है ?"

"वचन और वरदान।"

"अर्थात ?" दशरथ ने चौंकते हुए कहा।

"वचन! जो आपने मेरे पिता को दिया था। वृद्धावस्था में आपकी स्मृति क्षीण हो गई है।"

"नहीं कैकेई! क्षीण नहीं हुई है। स्मरण है। अक्षरत: स्मरण है। लेकिन...।"

दशरथ अपनी बात पूरी करते उससे पहले ही कैकेई बोल पड़ी- "लेकिन क्या दश! उनको दिया वचन पूर्ण कीजिए।"

"प्रिय! परंपराओं का निर्वहन भी एक सामाजिक दायित्व है।"

हंसते हुए कैकेई बोली- "परंपरा! कौन-सी परंपरा दश ? कहां उल्लिखित हैं परंपराएं?...और जो वचन पूर्ति की परंपरा है उसका क्या ? वचन देना भी एक परंपरा है और वचन पूरा करना भी परंपरा है दश।"

परंपराओं की दुहाई देने वाले राजा दशरथ उत्तरहीन हो गये। पर्यंक पर धम्म से बैठते हुए कंपकंपाती हुई आवाज में बोले - "तुम क्या चाहती हो प्रिय ?"

"दोनों वरदान मांगती हूं आज।"

गहरी सांस लेकर राजा दशरथ बोले - "मांगों क्या मांगती हो। मैं भी ऋणमुक्त होना चाहता हूं ताकि प्रातः काल के उत्सव का निर्देशन कर सकूं।"

"मेरे पिता को दिया वचन और पहले वरदान के रूप में मेरे पुत्र भरत को राजगद्दी...।"

इतना सुनते ही दशरथ कांपते हुए बोले - "क्या मांग रही हो तुम ?"

दशरथ की बात को अनसुना करते हुए कैकेई ने कहा - "...और दूसरे वरदान में राम को वनवास...।"

"क्या ?"

"...चौदह साल का वनवास। समझ गये आप?"

दशरथ मूर्क्षित हो गये।

सीता ने राम के चरण स्पर्श करते हुए कहा- "आर्य! मेरे जीवन में यह पल अतिशीघ्र आएगा मुझे तो विश्वास ही नहीं हो रहा। आपको हार्दिक शुभकामनाएं आर्य।"

राम मुस्कुराए। बोले- "हर्ष विकंपित कर से तुमने अपना पत्नीव्रता धर्म का निर्वहन किया है। मैं तुम्हारी भावनाओं का सम्मान करता हूं। लेकिन...।" इतना कहकर राम मौन हो गये।

हल्की मुस्कान के साथ सीता ने कहा- "लेकिन! लेकिन क्या आर्य ? यह शब्द तो मैंने पहली बार सुना है आपके मुख से। बताइए न लेकिन का तात्पर्य क्या है आर्य ?" बच्चों की भांति मचलते हुए सीता ने कहा।

गंभीर होकर राम ने कहा - "ब्रह्मचर्य आश्रम में गुरुश्री ने एक अवसर पर कहा था - किसी भी कार्य को तब संपन्न माना जाना चाहिए जो बिना किसी बाधा के पूरा हो। कार्य संपन्न होने से पूर्व प्रसन्नता छलावा है।"

"स्वीकार्य आर्य। आपका कथन स्वीकार है। गुरुश्री की शिक्षा को भी नमन है आर्य। अर्ध-दिवस पश्चात हार्दिक प्रसन्नता का अवसर मिलने वाला है तो इस पर को व्यर्थ क्यों करें।"

"सत्य कथन सीते। धैर्य मनुष्य को प्रतिभाशाली बनाता है। अतः धैर्यपूर्वक प्रातः काल की प्रतीक्षा करना हमारा कर्तव्य है। धर्म है।"

"आपको संशय क्यों है आर्य ?"

"आपके गूढ़ रहस्य को समझ पाना मेरे लिए संभव नहीं है। संभव और असंभव...।"

सीता अपनी बात पूरी कह पाती उससे पहले ही एक दासी ने आकर हाथ जोड़ते हुए कहा - "असंभव संभव हो गया देवी।" इतना कहकर दासी कांपने लगी। राम ने दासी की स्थिति को देखते हुए कहा - "अभय। दासी अभय। निश्चिंत होकर कहो। क्या असंभव संभव हो गया ?"

वनवास गमन

चौदह वर्ष का वनवास दिया गया था। राम के साथ उनकी पत्नी सीता और भाई लक्ष्मण अयोध्या स्थित अपने राजप्रासाद से निकले और निम्नलिखित स्थानों से होते हुए वह आगे बढ़ते-बढ़ते लंका तक पहुंच गए। अपने 14 वर्ष के वनवास के दौरान अयोध्या से लंका के बीच इन 7 जगहों पर रुके थे राम, लक्ष्मण और सीता।

श्रीरामचरितमानस के अनुसार जब राम को वनवास हुआ तब उन्होंने अपनी यात्रा अयोध्या से शुरू करते हुए श्रीलंका में खत्म की थी। इस दौरान उनके साथ जिस जगह भी जो घटनाएं हुई। अनेक शोधकर्ताओं ने लगभग 200 स्थानों की पहचान की है जहां राम ने वनवास के चौदह वर्ष व्यतीत किए। यहां आज हम आपको उनमें से सात ऐसे प्रमुख स्थानों के बारे में बता रहे हैं जहां वनवास के समय श्रीराम होकर गए थे या ठहरे थे।

अयोध्या

वर्तमान अयोध्या उत्तर प्रदेश में फैजाबाद के समीप एक उपनगर है। अयोध्या नगरी राम के जन्मस्थान के रूप में जानी जाती है। यहां अनेक मंदिर और अन्य धार्मिक स्थल हैं। जो इन्हें रामायण से जोड़ते हैं। कनक भवन मंदिर, हनुमान गढ़ी मंदिर, सरयू नदी घाट आदि रमणीय स्थल हैं। इसी अयोध्या नगर को त्याग कर राम अपनी पत्नी सीता और भाई लक्ष्मण के साथ वनवास के लिए निकले थे। भोर में अनेक प्रशासनिक अधिकारियों और अयोध्यावासियों को सोते हुए छोड़ कर सरयू नदी पार कर चुपचाप निकल गए थे। जब अयोध्या से राम निकले तो वह वेदी कुंड, सीता कुंड, जनौरा आदि स्थलों से होते हुए आगे बढ़े। कुछ दूर तक अयोध्या के निवासी भी उनके साथ चले थे। वाल्मीकि कृत रामायण के दूसरे अध्याय में इसका उल्लेख मिलता है। रामचरितमानस के 1/346 से 2/84 दोहे तक इसका विवरण है।

अयोध्या से चित्रकूट तक यात्रा प्रसंग

वनवास मिलने के उपरांत राम अपनी पत्नी सीता और भाई लक्ष्मण के साथ अयोध्या के राजप्रासाद से निकलने के उपरांत अनेक स्थानों पर ठहरे। उन स्थानों का विवरण निम्नलिखित है -

तमसा नदी तट फैजाबाद

अयोध्या के समीप है तमसा नदी। मान्यता है कि राम ने वनवास जाते समय पहली रात यहां ही विश्राम किया था। आज इस स्थान को मंडाह भी कहा जाता है। यह स्थान अयोध्या से करीब 20 किलोमीटर दूर है (वाल्मीकि कृत रामायण 2/46/1-17 तथा 28)।

चकिया, फैजाबाद

पुरवा चकिया तमसा नदी के तट से कुछ दूर गौराघाट के पास है। यह वह स्थान है जिससे आगे की यात्रा श्रीराम ने तय की थी। उनके पीछे आ रहे अयोध्यावासियों को यहां से वापस भेज दिया था। यहां आज राम का मंदिर है।(वाल्मीकि रामायण 2/46/18-34)।

टाहडीह, फैजाबाद

चकिया के समीप एक स्थान है टाडडीह। स्थानीय मान्यता के अनुसार इस स्थान का नाम 'डाह' की वजह से पड़ा है। स्थानीय बोली में डाह का अर्थ होता है एक साथ रोना। कहा जाता है कि राम के चले जाने के बाद यहां काफी लोग एक साथ रोने लगे थे। जिसके बाद इसका नाम टाहडीह पड़ा। यहां अभी राम परिवार का मंदिर है। वाल्मिकी कृत रामायण 2/47/1- 13 में इसका उल्लेख मिलता है।

सूर्य कुंड, फैजाबाद

टाहडीह से आगे चलने पर दो किलोमीटर दूरी पर है एक कुंड। जिसे सूर्यकुंड कहा जाता है। ऐसा कहा जाता है कि राम ने यहां स्नान किया था। यहां राम ने सूर्य की पूजा की थी। इस कारण से इसका नाम सूर्य कुंड रखा गया। (वाल्मीकि कृत रामायण 2/46/21-34)।

सीता कुंड, सुल्तानपुर

यहां गोमती नदी के किनारे महर्षि वालमीकि का आश्रम है। इस स्थान से राम ने गोमती नदी पार की थी। संभवतः यहां सीता जी ने स्नान भी किया था।

कलेवातारा, प्रतापगढ़

ऐसा माना जाता है कि इस रास्ते से होते हुए राम वनवास में आगे बढ़े थे। कलेवातारा नदी का वर्तमान नाम बकुलाही है।

श्रृंगवेरपुर, इलाहाबाद

इस स्थान का नाम सिंगरोर है। यह स्थान इलाहाबाद से लगभग 20 किलोमीटर दूर गंगाजी के किनारे है। वाल्मीकि कृत रामायण के अनुसार यहां केवट प्रसंग हुआ था। इसके आसपास अनेक स्थान रामायणकालीन प्रसंगों से जोड़े जाते हैं (वाल्मीकि कृत रामायण 2/50/28-2/52/92)।

रामसैया, इलाहाबाद

सिंगरोर में एक रामसैया नाम का स्थान भी है। जिसके विषय में कहा जाता है कि यहां राम ने रात में विश्राम किया था। निशाद राज गुह ने यहां घास की शैया तैयार की थी। इसके अलावा इसके समीप वीरासन नामक स्थान के विषय में कहा जाता है कि रात को

लक्ष्मण जी ने वीरासन पर बैठ कर रात को पहरा दिया था। इसके पास एक सीताकुंड है। जहां से सुमंत को वापस अयोध्या भेजा था।

कुरई, इलाहाबाद

कहते हैं कि शृंगवेरपुर में गंगा नदी पार करते समय सीता गंगा पार से एक मुट्ठी रेत लाई थीं। उस रेत की कूरी कर उन्होंने भगवान शिव की पूजा की थीं। आज इस जगह पर भगवान शिव का मंदिर है। इसके बाद राम ने यहां रात का विश्राम किया था। (वाल्मीकि कृत रामायण 2/52/92 एवं 93)

भरद्वाज आश्रम, इलाहाबाद

प्रयागराज में एक टीले पर यह आश्रम बना हुआ है। इस स्थान के लिए कहा जाता है कि राम और भरत का मिलन इसी स्थान पर हुआ था। इसके अतिरिक्त यहां राम ने अक्षयवट में पूजा और परिक्रमा की थी। यमुनाघाट पर ही राम, सीता और लक्ष्मण ने रात्रि विश्राम किया था। इसके बाद राम शिव मंदिर ऋषियन से होते हुए आगे बढ़े थे। (वाल्मीकि कृत रामायण 2/54/5 एवं 2/55/1-11)

चित्रकूट, मध्य प्रदेश

वाल्मीकि कृत रामायण और पौराणिक साक्ष्यों के आधार पर माना जाता है कि यात्रा के सबसे महत्वपूर्ण पड़ावों में से एक चित्रकूट नामक स्थान पर राम, सीता और लक्ष्मण ने लगभग ग्यारह वर्ष यहां ठहरे थे। यहीं पर राम और सीता की मुलाकात सात अमर संतों में से एक अत्री और उनकी पत्नी अनुसूया देवी से हुई थी। वर्तमान चित्रकूट में सब कुछ राम से संबंधित है। रामघाट, हनुमान धारा, कामदगिरी, जानकी कुंड, स्फटिक शिला, गुप्त गोदावरी, सीता की रसोई, देवी अनुसूया मंदिर हैं।

सीता पहाड़ी, चित्रकूट

सीता रसोई समेत अनेक प्रसंग इस पहाड़ी से जुड़े हुए बताए जाते हैं। लोक मान्यताओं के अनुसार यहां सीता ने चावल पसाए थे। आज जिसे चिकनी शिला कहा जाता है, इसके पास एक सीता पहाड़ी है। जिसके विषय में कहा जाता है कि यहां राम ने विश्राम किया था। (वाल्मीकि कृत रामायण 2/55/23-33)

चित्रकूट और उसके आस-पास के क्षेत्रों में राम, सीता और लक्ष्मण ने बहुत समय व्यतीत किया था। स्थानीय निवासी यहां की अनेक कहानियां सुनाते हैं।

दशरथ कुंड

यहां एक कुंड है। इसे दशरथ कुंड कहते हैं। 'लोरी' नामक स्थान के पास ही राम को दशरथ जी के स्वर्गवास का आभास हो गया था। इसके बाद उन्होंने यहां बिना दर्शन किए दशरथ जी का श्राद्ध किया था।

प्राचीन आश्रम

लालापुर में पहाड़ की चोटी पर महर्षि वाल्मीकि का एक प्राचीन आश्रम है। यहां राम की महर्षि वाल्मीकि से भेंट हुई थी।

कामद गिरि

लोक मान्यताओं के अनुसार कामद गिरि में लंबे समय तक राम रहे थे।

कोटितीर्थ

चित्रकूट में कोटितीर्थ नामक एक स्थान है। ऐसा विश्वास किया जाता है कि एक कोटि मुनि से मिलने राम आए थे।

देवांगना

चित्रकूट के देवांगना नामक स्थान पर राम के दर्शन के लिए देव कन्याएं यहां एकत्रित हुई थीं।

रामघाट

रामघाट चित्रकूट का प्रसिद्ध स्थल है। यह वह स्थान है जहां वनवास काल में राम, सीता और लक्ष्मण रहते थे। स्थानीय मान्यताओं के अनुसार गोस्वामी तुलसीदास को यहां राम और लक्ष्मण के दर्शन हुए थे।

भरत कूप

चित्रकूट में एक कूप अर्थात कुंआ है। इसे भरत कूप कहते हैं। ऐसा माना जाता है कि भरत राम के राज्याभिषेक के लिए जब सभी तीर्थों का जल लाए थे तो भरत ने चित्रकूट आकर इस कूप का जल भी लिया था।

गुप्त गोदावरी

गुप्त गोदावरी में सीता यहां स्नान करती थीं। यहीं मयंक नामक चोर ने उनके वस्त्राभूषण चुराए थे और लक्ष्मण मयंक नामक चोर को दण्ड दिया था।

अमरावती आश्रम

अमरावती आश्रम के लिए राम विश्राम की बात कही जाती है। (वाल्मीकि कृत रामायण तीसरा अध्याय।)

पुष्करणी

पुष्करणी टिकरिया के लिए कहा जाता है कि टिकरिया और मारकुंडी के बीच एक विशाल पुष्करणी में राम ने अपने हथियार और कपड़े धोये थे।

मारकुंडी

मारकुंडी मार्कण्डेय के लिए कहा जाता है कि वहां भगवान राम ने शिव की पूजा की थी।

चित्रकूट में राम लगभग 12 वर्ष तक रहे थे। इसके विपरीत अनेक विद्वानों का मत है कि राम 12 साल 5 महीने तक चित्रकूट के अलावा अन्य स्थानों पर रहे थे। एक अन्य मान्यता के अनुसार राम लगभग करीब डेढ़ वर्ष तक ही चित्रकूट में रहे थे। अयोध्या से चित्रकूट तक आने में राम को लगभग दस दिन लगे थे। इसके बाद लंबे समय तक वह चित्रकूट और उसके समीपवर्ती स्थानों पर रहे। चित्रकूट से राम सुतीक्षण आश्रम तक गए थे और यहां आस पास घूमते रहे थे और उन्होंने इस दौरान कई ऋषि मुनियों के दर्शन किए थे।

चित्रकूट और उसके समीपवर्ती क्षेत्रों में एक लंबा समय व्यतीत करने के उपरांत राम सीता और लक्ष्मण के साथ दक्षिण दिशा की ओर चले।

शरभंगा, सतना

चित्रकूट के बाद राम वर्तमान मध्यप्रदेश के सतना नगर से होकर आगे बढ़े थे। सतना में एक शरभंग आश्रम है। चित्रकूट के बाद भगवान राम यहां पहुंचे थे। ऐसी मान्यता है कि राम को देवराज इन्द्र के दर्शन यहां हुए थे। शरभंग नाम को लेकर कहा जाता है कि शरभंग मुनि ने योगाग्नि में स्वयं को भस्म किया था।

अश्वमुनि आश्रम, सतना

वाल्मीकि कृत रामायण में अश्वमुनि के आश्रम का वर्णन ऋषियों के लिए सुरक्षित स्थल के रूप में आया है। शरभंग आश्रम के पास अश्वमुखी देवी का मंदिर है। इसके पास एक सिद्धा पहाड़ है, जिसके लिए कहा जाता है कि यह ऋषियों की अस्थियों के ढेर से बना है। इसमें रंग-बिरंगी बजरी निकलती है। ऐसा भी कहा जाता है कि यहां राम ने इस भूमि को राक्षसों से विहीन करने की भीष्म प्रतिज्ञा की थी। (वाल्मीकि कृत रामायण, तीसरा अध्याय)। इसके अतिरिक्त मध्यप्रदेश में अनेक स्थान ऐसे भी हैं जिनका उल्लेख वाल्मीकि कृत रामायण में नहीं मिलता है लेकिन स्थानीय लोगों की मान्यता के अनुसार उन स्थानों को रामायण से जोड़ा जाता है।

रक्सेलवा, सतना

सतना में अवस्थित रक्सेलवा गांव का नाम राकस यानि राक्षस के अपभ्रंश से बना है। कहा जाता है कि यहां पर श्रीराम ने बड़ी संख्या में राक्षसों का निर्मम संहार किया था। यह

स्थान सीता रसोई से चार किलोमीटर की दूरी पर लेड़हरा पर्वत के पास है। इसका प्राचीन नाम रामशैल माना जाता है।

बृहस्पति कुंड, पन्ना

राम वर्तमान में पन्ना नगर के बृहस्पति कुंड के समीप से होकर निकले थे। ऐसा माना जाता है कि बृहस्पति कुंड के समीप देव गुरु बृहस्पति ने यज्ञ किया था। संभवतः आश्रम की स्थापना के कारण यह यज्ञ किया गया था। यह स्थान पहाड़ी खेरा से लगभग 6 किलोमीटर दूर है।

सारंगधर, पन्ना

सारंगधर को लेकर माना जाता है कि श्रीराम ने भुजा उठाकर राक्षसों के वध की प्रतिज्ञा की थी। तभी हाथ उठाने के लिए उन्होंने सारंग धनुष धरती पर टिकाया था। इस कारण इस स्थान का नाम सारंगधर पड़ा। इस जगह को आज एक अद्भुत वट वृक्ष की वजह से भी जाना जाता है। इसके पत्ते बड़े होकर दोने का आकार ले लेते हैं।

भरभरा, कटनी

पन्ना से होते हुए भगवान राम कटनी पहुंचे थे। यह स्थान कटनी जबलपुर मार्ग पर कटनी से 60 किलोमीटर दूर है। लोक प्रचलित मान्यताओं के अनुसार भरभरा गांव में राम ने शिव की पूजा की थी। यह स्थान एक नदी के किनारे है।

रामघाट पिपरिया, जबलपुर

वर्तमान जबलपुर में नर्मदा नदी के पास मगरमुहा के पास राम घाट है। राम ने यहां से नर्मदा नदी पार की थी।

पासी घाट, होशंगाबाद

नर्मदा के किनारे उमरधा के निकट पासी घाट में राम ने एक स्थान पर रात्रि विश्राम किया था और अगले दिन प्रातःकाल में स्नान किया था। नर्मदा जी के किनारे राम ने बिल्व पत्रों से भगवान शिव की पूजा की थी। अतः इसे बिल्वाम्रक तीर्थ कहा जाता है।

रामगिरि, नागपुर

लोक कथाओं में कहा जाता है कि सुतीक्षण आश्रम जाते समय सीता जी ने यहां स्नान किया था। अब यहां राम मंदिर है और इस गांव का नाम रामगिरि हैं। यह जगह नागपुर से लगभग 60 किलोमीटर दूर है।

सालबर्डी, अमरावती

वनगमन के समय नागपुर के सालबर्डी गांव के पास राम ने एक रात्रि विश्राम किया और शिव पूजा की थी। यहां मोढू नदी में सीता नहानी और श्रीराम मन्दिर हैं।

सप्तश्रृंगी पर्वत, नासिक

सुतीक्ष्ण मुनि के अनेक आश्रम मिले हैं। राम की सुतीक्ष्ण मुनि से संभवतः यहीं भेंट हुई थी। राम दस वर्ष दण्डक वन में घूमकर वापस इसी आश्रम में आए थे। इसके अलावा सप्तश्रृंगी देवी मंदिर पंचवटी प्रवास की अवधि में भगवान राम यहां दुर्गा मां के दर्शन के लिए आते थे। यह स्थान उनके मार्ग से थोड़ा अलग है। उन्होंने अनेक नदियां पार कर विकट मार्गों से होते हुए सुतीक्ष्ण मुनि से भेंट की थी।

टेकारी, नागपुर

वर्तमान महाराष्ट्र के नागपुर जिले में टेकारी में अवस्थित यह सरोवर उस स्मृति से जुड़ा है जब राम वनवास के समय में यहां आए थे। ऐसा माना जाता है कि पहले यहां पानी का अभाव था। किन्तु अब इसमें जल हमेशा उपलब्ध रहता है। ऐसी भी मान्यता है कि स्थानीय लोगों का दुख दूर करने के लिये राम ने स्वयं इस सरोवर के निर्माण में हाथ बंटाया था। इतना ही नहीं राम ने स्थानीय लोगों को यह आश्वासन दिया था कि इसमें हमेशा जल बना रहेगा।

नया दरबार, उमरिया

प्रचलित मान्यताओं के अनुसार सोनभद्र और महानदी के पवित्र संगम पर राम ने दशरथ जी का श्राद्ध किया था। आज भी सोनभद्र के किनारे प्राचीन बस्ती के अवशेष नदी में मिलते हैं। यहां मार्कण्डेय ऋषि का आश्रम हुआ करता था जो डूब क्षेत्र में आ गया है। ऐसा माना जाता है कि राम यहां मार्कण्डेय ऋषि से मिलने आए थे।

ताला बांधगढ़, उमरिया

ताला बांधगढ़ राष्ट्रीय उद्यान में एक पहाड़ी पर राम का प्राचीन मन्दिर स्थित है। यहां लक्ष्मण शैया, भगवान वराह, कच्छपावतार, मत्स्यावतार, हनुमान जी आदि के अनेक मन्दिर हैं। राम दण्डकारण्य भ्रमण करते हुए यहां आये थे।

गंधिया, शहडोल

शहडोल जिले में जयसिंह नगर से लगभग 15 किलोमीटर दूर गंधिया नामक ग्राम

के पास राम एक रात्रि यहां रुके थे और भोजन किया था। यहां एक रसोई बनी है। जिसे सीतामढ़ी के रूप में जाना जाता है।

हरचोका

यहां मबइ नदी के किनारे सीतामढ़ी है। माना जाता है कि सीता मां ने यहां भोजन किया था। बता दें कि अयोध्या से पंचवटी तक अनेक सीता रसोइयां मिली हैं और यह भी उनमें से एक है।

थापा

इसके बाद रापा में भी एक सीतामढ़ी है। रापा नदी के किनारे पहाड़ी पर एक तल घर में भगवान शिव का प्राचीन विग्रह है। ऐसी मान्यता है कि वनवास काल में राम जी ने यहाँ रात्रि विश्राम किया था।

छतोड़ा

छतोड़ा में भी नेऊर नदी के किनारे एक सीतामढ़ी है। जिसके लिए कहा जाता है कि यहां राम ने भोजन किया था और विश्राम किया था।

विश्रामपुर

अम्बिकापुर का प्राचीन नाम विश्रामपुर माना जाता है। यहां राम का मंदिर है। माना जाता है कि राम और सीता यहां अनेक वर्षों तक रहे थे।

उड़गी

यह स्थान राम के लिए नहीं बल्कि उनके भाई लक्ष्मण जी के कारण काफी लोकप्रिय है। ऐसा कहा जाता है कि वनवास काल में राम सरगुजा के जंगलों में लंबी अवधि तक रहे हैं। उनकी यात्रा की स्मृति में अन्य अवशेषों के साथ लक्ष्मण पंजा भी मिलता है अर्थात् यहां लक्ष्मण जी के पावन चरण चिह्न हैं। आज वनवासी लोग यहां भंडारा करते हैं और लक्ष्मण जी से मन्नत मांगते हैं। मनोकामना पूरी होने के बाद वनवासी पुनः यहां आते हैं।

पायन मरहट्टा

पायन का अर्थ चरण है। ऐसा माना जाता है कि वनवास काल में राम, लक्ष्मण और सीता इसी मार्ग से गए थे। यहां से आगे उन्होंने महानदी पार की थी और यहां उनके चरण चिन्ह हैं।

सरासोर

सरासोर श्रीराम ने सरा नामक असुर का वध किया था। भगवान शिव की पूजा की थी। ऐसा माना जाता है कि सरा नामक असुर तपस्वियों को परेशान करता था और राम ने उसे मारकर क्षेत्र सुरक्षित किया था। आजकल यहां मेला भी लगता है।

शिव मंदिर बगीचा

यहां सीता जी ने वनवासियों को शीत ज्वर से बचाने के लिए तुलसी के पौधों का बगीचा लगाया था। यह क्षेत्र बगीचा के नाम से प्रसिद्ध हो गया। ऐसी प्रचलित मान्यता है कि सीता अपने साथ तुलसी के पौधों के लिए बीज लेकर चलती थीं और हर स्थान पर तुलसी के बीजों को रोप दिया करतीं थीं।

लक्ष्मण पंजा, रिंगार घाट

लक्ष्मण ने वराह रूप में विचर रहे राक्षस का संहार किया था यहां। लक्षमण के पांवों के निशान यहां एक पत्थर पर बने हैं जिनकी पूजा की जाती है। यहां अब कार्तिक पूर्णिमा को मेला लगता है।

लक्ष्मीगुड़ी, जसपुर

सीता ने यहां वनवासी महिलाओं को बांस की टोकरी बनाना सिखाया था। इसी के समीप रायपुर घरघोड़ा मार्ग पर गेरवानी गांव के पास जंगल में लक्ष्मण के पांवों की पूजा होती है। माना जाता है कि राम जानकी यहां से ही गए थे। रायगढ़ से रायगढ़ से 21 किलोमीटर दूर भूपदेवपुर स्टेशन के पास जंगल में राम झरना है। इस झरने के लिए कहा जाता है कि राम, सीता और लक्ष्मण ने यहां स्नान किया था। एक चमत्कार है कि झरने का पानी किसी भी मौसम में घटता बढ़ता नहीं है।

पैसर घाट, पैसर

वनवास के समय राम जी ने यहां से नदी पार की थी। इसके बाद विश्राम वट गिधोरी है। जहां एक प्राचीन वट वृक्ष है। जिसे विश्राम वट कहते हैं। ऐसी मान्यता है कि तीनों ने यहां विश्राम किया था। राम वन गमन पथ में महर्षि वाल्मीकि के अनेक आश्रमों में मिले थे। यहीं पास में तुरतुरिया में भी एक आश्रम है।

श्रीराम मंदिर, गुल्लू

ऐसी मान्यता है कि यहां नदी के किनारे-किनारे यात्रा करते हुए गुल्लू के निकट राम ने महानदी पार की थी। कभी महानदी गुल्लू से सट कर बहती थी। तभी नदी का पानी मंदिर

की बावड़ी में आता था। वहीं, रायपुर से 49 किलोमीटर दूर आरंग में एक प्राचीन शिव मंदिर है। इसके विषय में कहा जाता है कि वनवास के समय राम ने इसकी स्थापना की थी। इसके अतिरिक्त फिंगेश्वर नाथ मंदिर की भी स्थापना राम ने की थी।

दंडकारण्य

राम ने वनवास का काफी वक्त दंडकारण्य में बिताया था। आज उस दंडकारण्य को छत्तीसगढ़ कहा जाता है।

माण्डव्य आश्रम

छत्तीसगढ़ के राजिम में फिंगेश्वर मार्ग पर प्राचीन माण्डव्य आश्रम में राम ऋषि दर्शन के लिए आए थे। इसी स्थान के पास सरगी नाला नाम की एक जगह है। जिसके लिए कहा जाता है कि यहां राम ने अपने हथियार धोए थे। राजीम में राजीव लोचन नामक स्थान पर राम ने विष्णु भगवान की पूजा की थी।

कुलेश्वर नाथ मंदिर

राजीम में एक कुलेश्वर नाथ मंदिर है, जिसके लिए कहा जाता है कि यहां सीता ने जनक वंश के कुल देव भगवान शिव की पूजा की थी. अभी यहां कुलेश्वर नाथ मंदिर की बहुत मान्यता है. इसके अलावा एक लोमश ऋषि का आश्रम है।

धमतरी

धमतरी से 5 किलोमीटर दूर महानदी के किनारे भगवान शिव का प्राचीन मन्दिर है। इस मंदिर को लेकर मान्यता है कि यहां से राम गुजरे थे। वहीं पास ही में विश्रामपुर में एक मंदिर है। जिसे राम लक्षमण मंदिर कहा जाता है। यहां राम और लक्ष्मण रुके थे।

ऋषि मण्डल नगरी, धमतरी

यहां अनेक मंदिर या आश्रम हैं। ऐसा माना जाता है कि राम यहां लंबे तक रुके थे। उन्होंने लोमश (राजीम), वाल्मीकि (तुरतुरिया), माण्डव्य (फिंगेश्वर), शृंगी (सिहावा), शरभंग (दलदली), लोमश और शरभंग (डोंगरी) अंगीरा (घटुला) अगस्त्य (हर्दीभाटा या खारूगढ़), पुलस्त्य (दुधावा), कर्क या कंक (कांकेर डोगरी) जैसे ऋषियों से भेंट की थी।

अगस्त आश्रम

अगस्त्य आश्रम ऋषि मण्डल में सभी सात ऋषियों के आश्रम हैं। ऐसा कहा जाता है कि राम सभी आश्रमों के दर्शन के लिए गए थे। वह यहां भी आए थे।

शरभंग आश्रम

शरभंग जी के और भी अनेक आश्रम मिले हैं। ऐसा कहा जाता है कि सभी स्थलों पर राम व शरभंग जी की भेंट नहीं हुई थी लेकिन श्रीराम यहां रहने वाले संतों के दर्शन के लिए यहां आए थे।

अंगिरा आश्रम

अंगिरा आश्रम घटुला नगरी से करीब 20 किलोमीटर दूर है। यहां राम अंगिरा ऋषि से मिलने आए थे।

मुचकुंद आश्रम

मुचकुंद आश्रम नगरी से 27 किलोमीटर दूर है और यहां मैचका नाम के एक गांव में मुचकुंद ऋषि का आश्रम है। आश्रम के पास सुंदर तालाब और सीता एवं अन्य देवों की प्रतिमाएं हैं।

वाल्मीकि आश्रम

वाल्मीकि आश्रम सीता अभ्यारण्य सिहावा से दक्षिण दिशा में सीता नदी को चित्रोत्पला नदी कहते हैं। ऐसा कहा जाता है कि राम वनगमन के पूरे रास्ते में वाल्मीकि आश्रम थे।

कर्क आश्रम

राम ने काफी रास्ता महानदी के किनारे पूरा किया था और माना जाता है कि ऋषि कर्क ने राम को शत्रु के हथियार ध्वस्त करने की विद्या सिखाई थी।

गड़िया मंदिर

वनवास के समय राम कांकेर जिले के दुधावा कर्क ऋषि आश्रम पहुंचे और यहां से रामपुर जुनवानी, कांकेर गढिय़ा पहाड़, भंडारीपारा प्राचीन शिवमंदिर होते केशकाल की ओर बढ़ गए थे। ऐसा कहा जाता है कि जोगी गुफा में राम कंक ऋषि से मिलने आए थे।

शिव मंदिर कांकेर

गढिय़ा पहाड़ में कंक ऋषि से मिलने के बाद राम वर्तमान शहर के भंडारीपारा क्षेत्र में पहुंचे थे। मान्यता है कि राम ने भंडारीपारा में तालाब किनारे रामनाथ महादेव की स्थापना करते शिव पूजन किया था। इसके पास एक और शिव मंदिर है। इसके विषय में कहा जाता है कि यहां भी राम का आगमन हुआ था।

राकस हाडा, नारायणपुर

नारायणपुर में राकस हाडा में राम ने यहां राक्षसों का भयंकर विनाश किया था। यहां तक कहा जाता है कि नारायणपुर से 11 किलोमीटर दूर श्रीराम द्वारा मारे गए राक्षसों की हड्डियों का ढेर है। राकस हाड़ा का अर्थ हैं- राक्षस की हड्डियां। इसके पास ही कुछ गुफाएं भी हैं। इससे भी जुड़े रामायण के कई प्रसंग हैं।

शिव मंदिर चित्रकोट, बस्तर

राम वनगमन मार्ग में ऐसे अनेक स्थान हैं जहां भगवान शिव का मंदिर है। ऐसा कहा जाता है कि राम ने अपने वनवास के दौरान कई जगह शिवलिंग की स्थापना की थी। आज वहां शिवजी के मंदिर हैं। इन्द्रावती नदी के पास भी राम रुके थे। यहां भी राम ने शिवलिंग की स्थापना की थी।

शिव मंदिर इंजरम, कोंटा

कोंटा नगर से लगभग 8 किलोमीटर दूर उत्तर में शबरी नदी के किनारे इंजरम गांव के पास एक शिव मंदिर है। इसके विषय में कहा जाता है यहां राम ने भगवान शिव की पूजा की थी।

कोरापुट

ऐसा माना जाता है कि छत्तीसगढ़ के कोंटा के बाद राम उड़ीसा की तरफ बढ़े थे। ऐसी मान्यता है कि कोरापुट के गुप्तेश्वर रामगिरी में रामगिरि पर्वत पर राम के आने का पवित्र चिह्न है।

मल्कानगिरी

उड़ीसा के मल्कानगिरी में खैरपुट बाली मेला और गोविन्द पल्ली मार्ग पर खैरपुट नाम का एक गांव है। इसके पास एक प्राकृतिक कुंड है और इस कुंड के विषय में कहा जाता है कि यहां सीता स्नान करती थीं। इसके अतिरिक्त इस कुंड में पाई जाने वाली मछलियों की कहानी भी सीता से जुड़ी हुई हैं। इसके अलावा खैरपुट के अम्मा कुंड से 15 किलोमीटर दूर एक सीता कुंड भी है और यहां सीता की तलवार ठकुराइन की तलवार के नाम से आज भी पूजी जाती है।

बालीमेला, मल्कानगिरी

बालीमेला को सुग्रीव के भाई बाली से जोड़कर देखा जाता है। इसके समीप मल्लीकेश्वर

नाम का एक मंदिर है। जहां भगवान शिव की पूजा की गई थी। यहां के आदिवासियों का मानना है कि किष्किंधा यही है।

शबरी सलेरू संगम, मल्कानगिरी

यहां सलेरू और शबरी नदी का पवित्र संगम है। ऐसा माना जाता है कि सीता जी ने यहां स्नान किया था। इस नदी के किनारे आगे की यात्रा तय की थी। इस नदी के आगे का हिस्सा वर्तमान तेलंगाना में भी है। वहां से राम के अनेक प्रसंग जुड़े हैं।

कोनावरम, खम्मम

यहां शबरी और गोदावरी नदी का संगम है। ऐसा कहा जाता है कि इसके पास राम स्वामी देव स्थानम है। यहां राम कुछ समय तक रहे थे। इसके पास भद्राचलम से कुछ दूरी पर पर्णशाला है। इसके विषय में कहा जाता है कि राम ने यहां कुछ दिन निवास किया था।

पर्णशाला

पर्णशाला एक ऐसी जगह है, जिसे लेकर कई अन्य कहानियां भी प्रसिद्ध है। अनेक विद्वानों का मत है कि पंचवटी यहीं है। यहां से ही सीता का अपहरण हुआ था। अनेक दस्तावेजों में पंचवटी के नासिक में होने का उल्लेख मिलता है। यहां तक कि पर्णशाला के पास अनेक ऐसे स्थान हैं, इनके विषय में कहा जाता है यहां श्रीराम की कुटिया थी।

कंदकुर्ती, निजामाबाद

निजामाबाद से करीब 30 किलोमीटर दूर गोदावरी माजरा और हल्दीहोल नदी का संगम है। कहा जाता है कि वनवास के दौरान राम यहां आए थे।

श्रीराम मंदिर, बासर

बासर के विषय में कहा जाता है कि यह वह स्थान है जहां पूर्वकाल में राजा दशरथ भी आ चुके थे। उसके बाद राम गए थे। ऐसी मान्यता है कि यही वह स्थान है जहां राजा दशरथ ने पुत्रेष्ठि यज्ञ का संकल्प लिया था।

राम के वनवास का लंबा समय वर्तमान महाराष्ट्र में व्यतीत हुआ। वर्तमान महाराष्ट्र में भी रामायण कालीन स्थल पाए जाते हैं।

रालेगांव, यवतमाल

रालेगांव से वर्तमान महाराष्ट्र राज्य की सीमा प्रारंभ हो जाती है। यवतमाल जनपद के रालेगांव में सीता का मंदिर है। सीता के श्राप से अभी भी इस गांव में गेहूं पैदा नहीं होता है।

यवतमाल में नांदेड़ की सीमा के पास उनकेश्वर नामक स्थल पर श्ररभंग ऋषि का आश्रम है। यहां से राम निकले थे।

रामेश्वर माहुर, नांदेड़

राम ने यहां एक दिन का विश्राम किया था और भगवान शिव की पूजा की थी। इसके समीप है मुर्डेश्वर। मुर्डेश्वर के विषय में कहा जाता है कि राम को देखने के लिए यहां शिवजी मुड़ गए थे इसलिए इसे मुर्डेश्वर कहा जाता है.

सिंदखेड़ राजा, बुलढाणा

बुलढाणा जिले के सिंदखेड राजा में एक अत्यन्त प्राचीन शिव मंदिर है। ऐसा कहा जाता है कि इसकी स्थापना राम ने की थी।

नागरतास मंदिर, जालना

ऐसा माना जाता है कि यहां शेवली के पास राम ने किसानों को हल चलाना सिखाया था और शिव पूजा की थी। आज भी यहां किसान शिव मंदिर में पूजा करते हैं और हल की पूजा की जाती है। इसके समीप है शेवली तालुका। इसके विषय में कहा जाता है कि यहां राम ने शम्भू नाम के राक्षस का वध किया था। वहीं रामतीर्थ में दशरथ जी के श्राद्ध करने की बात कही जाती है।

राक्षसभुवन, बीड़

शनैश्वर मंदिर के बारे में कहा जाता है कि यहां राम पर शनि की साढ़ेसाती लगी थी। उन्होंने शनि देव की यहां विशेष पूजा अर्चना की थी। आज भी शनि को शांत करने के लिए दूर-दूर से लोग गोदावरी के किनारे शनि पूजा के लिए आते हैं।

पाटौदा, नासिक

पंचवटी प्रवास के दौरान राम आस-पास के क्षेत्रों में भ्रमण करते रहे थे। तभी उन्होंने पाटौदा गांव में रामेश्वर लिंग की स्थापना की थी। यहां स्थापित शिव लिंग में आज भी सर्वदा पानी रहता हैं। इसके पास ही एक प्राचीन अगस्त्येश्वर आश्रम है। कहा जाता है कि राम और अगस्त्य मुनि की यहां भेंट हुई थी।

जनस्थान, नासिक

वाल्मीकि कृत रामायण में नासिक का उल्लेख पंचवटी के रूप में मिलता है। ऐसा माना जाता है कि यही वह स्थान है जहां पर लक्ष्मण ने सुपर्णखा की नाक काटी थी।

संभवतः इसी कारण इस स्थान का नाम नासिक पड़ा। यहां का राम मंदिर पंचवटी के सबसे प्रसिद्ध मंदिरों में जाना जाता है। इसके अतिरिक्त यहां सीता गुफा और कपालेश्वर मंदिर भी हैं। हर 12 साल में तीर्थयात्री यहां कुंभ मेला देखने आते हैं।

नासिक में पंचवटी से लगभग 8-10 किलोमीटर दूर गोदावरी और कपिला नदी के संगम पर ये जगह है। ऐसा कहा जाता है कि इसी जगह पर लक्ष्मण जी ने शूर्पणखा की नाक काटी थी। नासिका काटने की कहानी को लेकर ही इस शहर का नाम नासिक है। ऐसा माना जाता है कि त्रेतायुग में यह क्षेत्र जन स्थान के नाम से प्रसिद्ध था। राक्षस राजा रावण का यह प्रमुख केंद्र था। वाल्मीकि कृत रामायण के अनुसार यहां राक्षस खर 14 हजार राक्षसों के साथ रहता था। ऐसा कहा जाता है कि अगस्त्य मुनि ने राम को पूरी तरह हथियारों से सुसज्जित कर पंचवटी भेजा था।

पंचवटी, नासिक

नासिक गोदावरी के किनारे पांच वट वृक्षों का एक स्थान है। इसे पंचवटी कहा जाता है। जहां रावण ने माता सीता का अपहरण किया था। तेलंगाना में पर्णशाला नाम की एक जगह है। यहां की पर्णशाला के पास कुछ ऐसे स्थान हैं, जिनके लिए कहा जाता है वहां राम की कुटिया थी।

सीता सरोवर, नासिक

पंचवटी के पास म्हसरूल में दो सरोवर राम और सीता के नाम पर हैं। ऐसा कहा जाता है कि दोनों इन सरोवरों में स्नान करते थे। इसके अतिरिक्त इसके पास रामसेज पर्वत नाम की जगह है। जहां के विषय में मान्यता है कि यहां राम और सीता ने विश्राम किया था।

सिद्धेश्वर प्रवरा संगम, अहमदनगर

सिद्धेश्वर प्रवरा संगम पर यह तीर्थ है। लोक प्रचलित मान्यताओं के अनुसार हरिण रूपी मारीच राम से डरकर यहां छुप गया था। इसके पास एक ठाण नाम के कई गांव हैं। इसके विषय में कहा जाता है कि हिरण रूपी मारीच जंगल में पेड़ों और झाड़ियों के पीछे जान बचाने के लिए छिपता रहा। जहां-जहां से राम ने खड़े होकर निशाना साधते थे उस जगह को ठाण कहा जाता है।

कोठरे नेफाड

यहां एक बाणेश्वर मंदिर है। इसके विषय में कहा जाता है कि यहां खड़े होकर राम ने मारीच को बाण मारा था।

मृग व्याधेश्वर, नासिक

यहां मारीच को बाण लगा था। बाण लगते ही उसके टुकड़े-टुकड़े हो गए थे। यह स्थल नेफाड़ से करीब 12 किलोमीटर है। मारीच ने बाण लगने के बाद राम की आवाज की नकल करते हुए लक्ष्मण से सहायता की गुहार की थी। सीता की प्रेरणा से लक्ष्मण राम से मिलने गए। तब मध्यमेश्वर में राम और लक्ष्मण की भेंट हुई थी। रामेश्वर खाण्ड गांव के बारे में कहा जाता है कि जब राम ने मारीच को बाण मारा तो उसके टुकड़े-टुकड़े हो गए और उसका धड़ काय गांव में गिरा और सिर टोक गाँव में गिरा। लोक मान्यता के अनुसार राम के बाण से मृत मारीच का धड़ (काया) रामेश्वर मंदिर में गिरा था।

सर्वतीर्थ घोटी ताकेद, नासिक

जब रावण सीता को ले जा रहा था। तब रावण का जटायु से युद्ध हुआ था। यहां राम को जटायु जमीन पर मिले थे और राम ने उनका अग्नि संस्कार किया और जलांजलि दी। इसके बाद राम और लक्ष्मण सीता को खोजते हुए मुंबई आए थे।

रामलिंग देव स्थानम शिरूर, पुणे

लोक कथा के अनुसार राम ने लंका अभियान के समय घोड़ नदी के किनारे रूर नामक राक्षस का वध किया था। राक्षस का सिर यहां गिरा था इसलिए यह स्थल सिररूर था जो शिरूर हो गया है। यहां राम द्वारा स्थापित भगवान शिव का एक बहुत विशाल मंदिर है।

श्रीराम वरदायिनी तुलजापुर, उस्मानाबाद

तुलजापुर में सती मां ने राम की परीक्षा लेने के बाद राम को सीतान्वेषण में सफल होने का वरदान दिया तभी नाम राम वरदायिनी हुआ है। इसके अतिरिक्त तुलजापुर में मां सती ने राम को एक शिला पर अपने वास्तविक स्वरूप के दर्शन दिए और दक्षिण दिशा में सीता को खोजने के लिए कहा था। जिस शिला पर उन्होंने राम को दर्शन दिए वह आज घाटशिला मंदिर के रूप में प्रसिद्ध है।

अयोध्यापटटनम, सेलम

कर्नाटक में लंबा रास्ता तय करने के बाद राम वर्तमान तमिलनाडु होते हुए आगे बढ़े थे। ऐसा माना जाता है कि राम लंका जाते हुए यहां से होते हुए आगे बढ़े थे। विद्वानों के एक वर्ग के अनुसार राम जब लंका से अयोध्या वापस जा रहे थे तो स्थानीय नागरिकों ने यहां उनका पट्टाभिषेक किया था। एक स्थान है त्रिशिरापल्ली। यहां से राम सेना आगे बढ़ी थी। इस स्थान एक कहानी मिलती है कि यह नगर रावण के भाई त्रिशिरा बसाया था।

तंजावुर

यह रामलिंग अर्थात शिव मंदिर रामेश्वरम की तरह ही बनाया गया है। यहां कुल 108 शिवलिंग स्थापित किए गए हैं। ऐसा माना जाता है कि इसी तंजावुर में जब राम कावेरी की शाखा के किनारे चलते हुए यहां पहुँचे तो ऋषियों ने उन्हें वहीं रहने को कहा। राम ने उन्हें अपना एक विग्रह देकर ऋषियों से आगे जाने की अनुमति प्राप्त की और लंका की ओर चले गए।

कैकरई, तिरुवारुर

तिरूवारूर से लगभग 3 किलोमीटर दूर राम ने अपने पिता दशरथ का श्राद्ध किया था। आज भी स्थानीय लोग अपने पूर्वजों का श्राद्ध करने यहां आते हैं। इसी के समीप है राम स्वामी मंदिर। यहां भी वानर सेना रुकी थी।

वेदारण्यम, नागपट्टनम

इस स्थान के विषय में कहा जाता है कि इस जंगल में भगवान शिव के डमरू से वेदों का उद्घोष हुआ था। इस नाते इस भूमि का भगवान शिव से विशेष संबंध है। अतः लंका अभियान पर जाते समय राम ने यहां भगवान शिव की पूजा की थी। वर्तमान में यहां भगवान शिव का एक अति प्राचीन मंदिर है।

करई, नागपट्टनम

लोक प्रचलित कथा के अनुसार राम ने कोड़ी करई से पुल बनाना शुरू किया था। किसी कारणवश स्थान बदलना पड़ा। वेदारण्यम से सात किलोमीटर दूर समुद्र के किनारे जंगल में राम के चरण चिह्न बनाये गए हैं।

तिल्लईविलायम, तिरुवारुर

यह ऐसा स्थान हैं जहां राम को रौद्र रूप में दिखाया गया है। ऐसा माना जाता है कि राम यहां से वानर सेना के साथ गुजर रहे थे। उस समय उनके मन में रावण के लिए काफी गुस्सा था और इस आक्रोश को यहां दिखाया गया है।

मुत्तुकुड़ा, पोदुकोटई

यहां से भी राम का काफिला गुजरा था और यहां शिवपूजा की थी।

तीरतांड धाणम, रामनाथपुरम

तीरताण्ड धाणम में ऋषि अगस्त्य के आदेश पर राम ने शिव पूजा की थी। इसी मार्ग में राम को अगस्त्य ऋषि मिले थे।

रामनाथपुरम

ऐसा माना जाता है कि लंका की ओर जाते वक्त सूर्य के ताप से थके राम और लक्ष्मण ने यहां स्नान किया और गणेश देव की पूजा की थी। भगवान गणेश ने यहां भावी युद्ध में विजय का आशीर्वाद दिया। इसी के समीप है।

देवी पट्टनम

रामनाथ पुरम के समीप है देवी पट्टनम। इस स्थान पर राम ने शनिदेव को शांत करने के लिए नवग्रह की पूजा की थी। कहते हैं कि यहां राम ने विष्णु चक्र की पूजा की थी और उन्हें आशीर्वाद मिला कि वानर सेना को समुद्री लहरें परेशान नहीं करेंगी।

दर्भशयनम त्रिपुल्लाणी, रामनाथपुरम

माना जाता है कि त्रिपुल्लाणी समुद्र तट पर पहुंच कर राम समुद्र से रास्ता लेने के लिए तीन दिन तक तपस्यारत पृथ्वी पर लेटे रहे। इसी जगह राम ने शिवलिंग की स्थापना की थी और इसे आदि रामेश्वर माना जाता है। इसके बाद यहां ही समुद्र ने प्रकट होकर भगवान राम को पुल बनाने का तरीका बताया था।

छेदुकरई, रामनाथपुरम

ऐसा कहा जाता है कि यहां सेतु की आधार शिला रखी गई थी। स्थानीय लोग दावा है कि छेदुकरई से समुद्र में दो किलोमीटर अंदर जाने पर सेतु के अवशेष देखे जा सकते हैं। ये सेतु के स्तम्भ हो सकते हैं। ये सेतु समुद्र में 10-11 फुट गहराई में हैं।

विलुंडी तीर्थ, रामनाथपुरम

यहां राम ने सेना के लिए शुद्ध मीठे जल के लिए बाण मार कर जल स्त्रोत बनाया था। ऐसे में तंगचिमडम से लगभग दस किलोमीटर दूर समुद्र में स्थित इस कुएं से मीठा पानी निकलता है। यह भी कहा जाता है कि बैशाख और आषाढ़ के महीनों में यहां पानी विशेष रूप से मीठा होता है।

एकान्त राम मंदिर, रामनाथपुरम

रामेश्वरम धाम से कुछ दूरी पर जंगल में एकान्त स्थान पर एक मंदिर हैं। ऐसा कहा जाता है कि लंका जाने से पूर्व राम ने युद्ध नीति पर पहले स्वयं और बाद में मंत्रियों के साथ मंत्रणा की थी। इसके साथ ही रामनाथपुरम में ही समुद्र के किनारे एक छोटी पहाड़ी है, जिसे गन्दमादन कहते हैं। यहां खड़े होकर राम ने समुद्र का दृश्य देखा था। इसे रामझरोखा कहा जाता है।

कोदंडराम मंदिर, रामनाथपुरम

ऐसा विश्वास किया जाता है कि इसी स्थान पर विभीषण राम की शरण में आए थे और यहीं उनका राज्याभिषेक किया था।

जटा तीर्थ, रामनाथपुरम

जटा तीर्थ रामेश्वरम मंदिर से धनुषकोटि के मार्ग में जटातीर्थ है। यहां राम ने अपनी जटाएं धोयी थीं। यहां स्नान करने से संतान की प्राप्ति होती है।

अग्नि तीर्थ रामेश्वरम धाम, रामनाथपुरम

अग्नि तीर्थ में राम ने स्नान कर मुख्य मंदिर के दर्शन किए जाते हैं।

रामनाथ मंदिर रामेश्वरम धाम, रामनाथपुरम

रामनाथ मंदिर भगवान शिव के 12 ज्योतिर्लिंगों में से एक है। राम ने इसकी स्थापना की थी। मंदिर परिसर में बने 22 कुण्डों में सभी के जल का स्वाद भिन्न-भिन्न है।

रामलिंग आलमेल, बीजापुर

राम दक्षिण दिशा में बढ़े। यह स्थान सिंडगी के उत्तर की ओर 20 किलोमीटर पर है और उन्होंने यहां भगवान शिव की पूजा की थी। अतः इसे राम लिंग भी कहा जाता है।

रामेश्वर रामतीर्थ, बेलगांव

रामतीर्थ अथणी तालुका में रामतीर्थ गांव में राम से पूजा करवाने के लिए खुद शिव सपरिवार यहां आए थे। राम के आग्रह पर शिवजी ने शिवलिंग का अलंकरण, नाम रामेश्वर, गर्मजल से जलाभिषेक और केतकी के फूलों से पूजा स्वीकार की। आज भी यहां ये चारों परम्पराएं हैं। इसके पास रामतीर्थ नाम की एक जगह है और वहां भी शिव जी की पूजा करने की बात कही जाती है।

अयोमुखी गुफा

यह स्थान रामदुर्ग से 16 किलोमीटर दूर है। जिसे राक्षसी की गुफा कहा जाता है। ऐसा माना जाता है कि उसने भोग विलास की कामना से लक्ष्मण को पकड़ लिया था। जिसके बाद लक्ष्मण ने उसके नाक, कान काट डाले थे।

शबरी आश्रम, सुरेबान

शबरी आश्रम सुरेबान रामदुर्ग से लगभग 14 किलोमीटर दूर गुन्नगा गांव के समीप

सुरेबान नामक एक स्थान है। आश्रम के आस-पास बेरी वन है। यहां शबरी की पूजा वन शंकरी, आदि शक्ति और शाकम्भरी देवी के रूप में की जाती है। एक मान्यता के अनुसार यहां ही राम और शबरी की भेंट हुई थी। इसके बाद उन्होंने आगे की यात्रा कबंध के कहने के अनुसार पूरी की थी।

पम्पासर, हम्पी

हनुमान हल्ली में एक सरोवर है। जिसके किनारे मंदिरों की कतार है। यहां राम माता सीता को खोजने के लिए आए थे और शबरी से मिलने के बाद इसे राम का अगला पड़ाव माना जाता है।

हनुमान मंदिर, हम्पी

कबंध के बताए मार्ग पर चलते हुए राम की भेंट हनुमान से हुई थी। ऐसा माना जाता है कि जहां राम, हनुमान जी से मिले थे वह यहीं गांव है। यहां हनुमान और राम का मिलन हुआ था। पास ही एक पर्वत पर हनुमान की मां अंजना देवी का मंदिर भी है। एक तरह से यहां से किष्किंधाकांड की शुरुआत मानी जाती है और इसके आगे राम की भेंट सुग्रीव आदि से होती है।

ऋष्यमूक पर्वत, हम्पी

सुग्रीव और राम, लक्ष्मण का मिलन हम्पी में ऋष्यमूक पर्वत पर हुआ था। तब सुग्रीव बाली के भय से यहीं रहते थे। यहां पहाड़ी में एक कंदरा को सुग्रीव गुफा कहा जाता है। इस पर्वत के लिए यह भी कहा जाता है कि यहां पहले सुग्रीव अपने सचिवों सहित रहते थे। ऐसा माना जाता है कि जब रावण सीता को वायु मार्ग से ले जा रहा था, तब माता सीता ने पांच वानरों को यहां बैठे देखकर अपने वस्त्र में कुछ आभूषण लपेट कर यहां डाल दिए थे।

चिन्तामणि, हम्पी

अनागुंडी तुंगभद्रा नदी यहां धनुषाकार घुमाव लेती है। ऐसा माना जाता है कि नदी के एक ओर बाली और सुग्रीव का युद्ध हुआ था और दूसरे किनारे पर वृक्षों की ओट से राम ने बाली को बाण मारा था।

किष्किंधा, हम्पी

यह रामायणकालीन अनागुन्डी गांव ही प्राचीन किष्किंधा है। यहां वाल्मीकि रामायण में वर्णित दृश्य मिलते हैं। यहां राजवंश स्वयं को अंगद का वंशज मानता है।

प्रस्त्रवण पर्वत

राम ने वर्षा ऋतु के चार माह प्रस्त्रवण चोटी पर बिताए थे और वहीं से सीता का पता पाकर लंका के लिए प्रस्थान किया था। हम्पी से 4 किलोमीटर दूर माल्यवंत पर्वत की चोटी का नाम प्रस्त्रवण चोटी है।

स्फटिक शीला

हनुमान ने राम को यहां सीता की खोज की सूचना दी थी। यह वह स्थान माना जाता है जहां वानरों की सभा हुई थी। वर्तमान में यह स्थान राम कचहरी के नाम से प्रसिद्ध है।

करसिद्धेश्वर मंदिर

यह होसदुर्ग से 25 किलोमीटर दूर है। इसे रामगिरि पहाड़ी कहते हैं। राम ने लंका जाते समय भगवान शिव की पूजा की थी। अतः पहाड़ी का नाम रामगिरि और मंदिर का नाम रामेश्वर रखा गया है। इसी के समीप एक हाल रामेश्वर नाम की एक स्थान है। जहां राम के शिव पूजा करने की बात कही जाती है।

बाणेश्वर मंदिर

कन्नड शब्द बाणहोरा का अर्थ है - बाण नहीं उठा सकता। इस संदर्भ में एक स्थानीय कहानी मिलती है कि लक्ष्मण ने राम को धनुष बाण ले कर चलने से मना कर दिया था। यहां भगवान शिव ने स्थानीय प्रभाव बता कर दोनों को शांत किया था। इस वजह से इस जगह का खास महत्व है।

रामेश्वर, रामनाथपुरा

लंका की तरफ जाते हुए राम ने किष्किंधा के बाद कावेरी नदी के साथ-साथ सेना सहित लंबी यात्रा की थी। उस वक्त उन्होंने यहां शिवलिंग की स्थापना की थी।

कोदण्ड श्रीराम मंदिर

लोक प्रचलित मान्यता है कि कावेरी नदी के किनारे चुन्चा-चुन्ची नाम के राक्षस दम्पति को राम ने उचित शिक्षा देकर सात्विक बनाया था। उनसे ऋषियों की रक्षा की थी।

शिव मंदिर गावी रायन बेटटा

मैसूर जिले में तलकाड के पास कावेरी नदी के किनारे एक पहाड़ का नाम गावी रायन बेट्टा है। ऐसा कहा जाता है कि लंका पर चढ़ाई करते समय राम ने गावी दैत्य का वध किया था। फिर उन्होंने शिव पूजा की थी। यह भी माना जाता है कि यहां राम ने दशरथ जी का श्राद्ध किया था। आज भी लोग यहां पूर्वजों का श्राद्ध करने आते हैं।

लेपाक्षी, आंध्र प्रदेश

लेपाक्षी आंध्र प्रदेश का एक प्रसिद्ध पुरातात्विक स्थल है। महर्षि वाल्मीकि कृत रामायण में यही वह स्थान है जहां पर जटायु ने रावण से सीता को बचाने के लिए युद्ध किया था। युद्ध में घायल होकर जटायु नीचे गिर गया था। अनेक शोधकर्ताओं ने लेपाक्षी स्थान को चिन्हित किया है जहां ये घटना हुई थी।

किष्किंधा, कर्नाटक

किष्किंधा जो आज हम्पी के नाम से जाना जाता है। उस समय इस स्थान पर वानरों ने अपने राज्य की स्थापित थी। यह वह स्थान है जहां सुग्रीव बाली का प्रसिद्ध युद्ध हुआ था। यही राम और लक्ष्मण हनुमान और सुग्रीव से मिले थे। यहां एक गुफा में सुग्रीव ने सीता के गहने छिपाए थे। चट्टानों पर निशान और धारियां हैं। कहते हैं यह निशान सीता के आभूषणों से बने हैं। हम्पी में विरुपाक्ष मंदिर और विट्ठल मंदिर के अतिरिक्त तुंगभद्रा नदी के तट पर एक गुफा है। संभवतः यह गुफा रामायणकालीन है। जिसका उल्लेख ऊपर किया गया है। आज हम्पी यूनेस्को की साइटों में से एक है।

रामेश्वरम, तमिलनाडु

सभी स्थानों में सबसे प्रसिद्ध स्थल है रामेश्वरम। मान्यताओं के अनुसार यही वह स्थान है, जहां राम की सेना द्वारा भारत और श्रीलंका के बीच पुल का निर्माण किया गया था। यह स्थान सुंदर विवेकानंद मंदिर और शिव मंदिर के लिए भी प्रसिद्ध है। ऐसा भी माना जाता है कि सीता ने श्रीलंका से लौटते समय यहां एक शिवलिंग की स्थापना भी की थी।

तलाईमन्नार, श्रीलंका

तलाईमन्नार श्रीलंका में है। कहते हैं यह वही स्थान है, जहां राम ने रावण का वध किया था। राम के आदेश पर रावण के भाई विभीषण लंका का राजा घोषित किया गया था। इसके उपरान्त राम सीता और लक्ष्मण को लेकर अयोध्या के लिए रवाना हो गए थे। वर्तमान में यह स्थान मन्नार द्वीप के उत्तर-पश्चिमी तट पर स्थित है।

सिगिरिया

वर्तमान श्रीलंका में एक स्थान है सिगिरिया। ऐसा माना जाता है कि वहां रावण का महल हुआ करता था। रावण का महल जिस चट्टान पर था। यह अत्यंत दुर्गम स्थल है। ऐसा माना जाता है कि रावण का साम्राज्य मध्य श्रीलंका में बदुल्ला, अनुराधापुरा, केंडी, पोलोन्नुरुवा और नुवारा एलिया तक फैला हुआ था। यह महल भी कुबेर द्वारा निर्मित

बताया जाता है। कुबेर रावण के भाई हैं। सिगरिया चट्टान पर एक प्राचीन महल का अवशेष है। यह किलेबंदी, सीढ़ीदार बगीचे, तालाब, नहर, गलियों और फव्वारों से घिरा हुआ है। यह भी कहा जाता है कि यहां कुछ ही दिन माता सीता को रखा था। इसके बाद सीता को दूसरे बगीचे में स्थानांतरित कर दिया था।

नुवासा एलिया

श्रीलंका में इस जगह ही सबसे ज्यादा दिन तक सीता को रखा गया था। यहां अब सीता माता का मंदिर बना हुआ है। इस स्थान को सीता एलिया कहा जाता है। यहीं पर अशोक वाटिका थी। बताया जाता है कि इस जगह से ही हनुमान ने लंका में आग लगाने का काम शुरू किया था। ऐसा माना जाता है कि लगभग एक साल तक सीता को यहां रखा गया था। हनुमान सीता से मिलने यहां आए थे। इसके समीप एक नदी है। इसे सीता नदी कहा जाता है। ऐसा विश्वास किया जाता है कि जब राम ने लंका पर चढ़ाई शुरू की तो सीता जी को यहां से दूसरे स्थान पर भेज दिया गया था।

एल्ला

नउवाबाग एलिया से सीता को एल्ला नामक स्थान पर स्थानांतरित कर दिया था। यहां एक बहुत बड़ी और अनोखी गुफा है। यह गुफा काफी गहरी है। यह गुफा अनेक खंड हैं। इस रावण गुफा में विशेष सुरंगनुमा गुप्त मार्गों की व्यवस्था है। जिसे सुरंग का जाल कहा जा सकता है। ऐसा माना जाता है कि इसका प्रयोग रावण अनेक बार करता था। यह गुफा आज भी है। इसके पास एक नदी है। इस नदी के विषय में ऐसी मान्यता है कि यहां सीता इसी जलधारा में स्नान किया करती थी। यह भी लोक प्रचलित मान्यता है कि रावण यहां ही पर रावणहत्था वाद्ययंत्र बजाया करता था।

कुरुनेगाला

इस स्थान पर रावण के अंतरिक्ष यात्रा के प्रमाण मिलते हैं। ऐसा माना जाता है कि रावण के अनेक हवाई अड्डे थे। रावण अपने काल में काफी हवाई यात्रा करता था। इसके अलावा अनुराधापुर में एक रहस्यमयी चट्टान है, जहां एक खास यंत्र बना हुआ है। इससे जुड़ी अनेक कहानियां हैं कि यह पूरे ब्रह्मांड का मानचित्र है। अनेक विद्वानों का मत है कि यह अंतरिक्ष तक का मानचित्र है।

वानावतुना

यह श्रीलंका की सबसे अलग जगह मानी जाती है। यह एक उभरा हुआ क्षेत्र है। यहां

की वनस्पति भी अन्य स्थानों से भिन्न है। यहां एक पहाड़ी है। इसके आसपास की वनस्पति भी अलग प्रकार की है। ऐसा कहा जाता है कि जब हनुमान लक्ष्मण के लिए संजीवनी बूटी के लिए पूरा पहाड़ ला रहे थे तो उसका एक भाग यहां गिर गया था। इस कारण से यहां की वनस्पति अलग है। विद्वानों और वैज्ञानिकों का मत है कि यहां पृथ्वी के अन्य क्षेत्रों के मुकाबले चुंबकीय शक्ति सर्वाधिक है। यह चुंबकीय शक्ति इतनी अधिक है अगर इसके ऊपर से कोई उपग्रह गुजरे तो वह भी अपना रास्ता भटक जाता है।

दिवरुमपोला

रामायण से जुड़ी अनेक कथाओं में विवरण मिलता है कि राम ने सीता की पवित्रता पर संदेह किया था और माता सीता को अग्नि परीक्षा देनी पड़ी थी। बताया जाता है कि जिस जगह पर अग्नि परीक्षा ली गई थी, वह स्थान दिवरुमपोला था। आज यहां एक मंदिर है। जिस तरह न्यायालय में भगवान की शपथ ली जाती है, वैसी ही यहां आकर लोग वादे की कसम खाते हैं।

लंका विजय उपरांत अयोध्या वापसी

रावण वध किया गया। लंका विजित हुई। कहते हैं कि रावण का वध करने के उपरांत अयोध्या पहुंचने राम को करीब 20 दिन का समय लगा था। रावण के अंतिम संस्कार के उपरांत उसके भाई विभीषण को लंकापति बनाने की प्रक्रिया शुरू हुई। विभीषण का राज्याभिषेक हुआ। इसके बाद किस तरह लंका से अयोध्या वापस आए थे राम, सीता, लक्ष्मण और हनुमान आदि ? यह भी रोचक प्रसंग है। वाल्मीकि कृत रामायण में वर्णित है कि राम सभी को लेकर पुष्पक विमान से अयोध्या वापस आए थे।

उपस्थापय मे शीघ्रं विमानं राक्षसेश्वर।
कृतकार्यस्य मे वासः कथं स्यादिह सम्मतः॥

(वाल्मीकि रामायण, युद्धकाण्ड, 121/22)

अर्थात, राम ने विभीषण को संबोधित करते हुए कहा - "राक्षसराज! अब शीघ्र मेरे लिये पुष्पक विमान को यहाँ मँगाओ। जब मेरा यहाँ कार्य समाप्त हो गया, तब यहाँ ठहरना मेरे लिये कैसे ठीक हो सकता है ?" राम के ऐसा कहने पर राक्षसराज विभीषण ने बड़ी उतावली के साथ उस सूर्यतुल्य तेजस्वी विमान का आहवान किया। यथा -

एवमुक्तस्तु रामेण राक्षसेन्द्रो विभीषणः।
विमानं सूर्यसंकाशमाजुहाव त्वरान्वितः॥

(वाल्मीकि रामायण, युद्धकाण्ड, 121/23)

नवनियुक्त लंकापति विभीषण के आदेश का तुरंत पालन किया गया। जो पुष्पक विमान लाया गया उसका विवरण महर्षि वाल्मीकि ने इस प्रकार दिया है। यथा -

ततः काञ्चनचित्राङ्गं वैदूर्यमणिवेदिकम्।
कूटागारैः परिक्षिप्तं सर्वतो रजतप्रभम्॥

(वाल्मीकि रामायण, युद्धकाण्ड, 121/24)

अर्थात, उस विमान का एक-एक अङ्ग सोने से जड़ा हुआ था। जिससे उसकी विचित्र शोभा होती थी। उसके भीतर वैदूर्य मणि (नीलम) की वेदियाँ थीं। जहाँ-तहाँ गुप्त गृह बने हुए थे और वह सब ओर चाँदी के समान चमकीला था। महर्षि आगे उल्लेख करते हैं -

पाण्डुराभिः पताकाभिर्ध्वजैश्च समलंकृतम्।
शोभितं काञ्चनैर्हर्म्यैर्हेमपद्मविभूषितैः॥

(वाल्मीकि रामायण, युद्धकाण्ड, 121/25)

अर्थात, वह श्वेत-पीत वर्ण वाली पताकाओं तथा ध्वजों से अलंकृत था। उसमें सोने के कमलों से सुसज्जित स्वर्णमयी अट्टालिकाएँ थीं, जो उस विमानकी शोभा बढ़ाती थीं। इसके सौंदर्य को इस तरह से लिखा गया है।

प्रकीर्णं किङ्किणीजालैर्मुक्तामणिगवाक्षकम्।
घण्टाजालैः परिक्षिप्तं सर्वतो मधुरस्वनम्॥

(वाल्मीकि रामायण, युद्धकाण्ड, 121/26)

अर्थात, सारा विमान छोटी-छोटी घंटियों से युक्त झालरों से व्याप्त था। उसमें मोती और मणियों की खिड़कियाँ लगी थीं। सब ओर घंटे बंधे हुए थे। जिससे मधुर ध्वनि होती थी।

तं मेरुशिखराकारं निर्मितं विश्वकर्मणा।
बृहद्भिर्भूषितं हर्म्यैर्मुक्तारजतशोभितैः॥

(वाल्मीकि रामायण, युद्धकाण्ड, 121/27)

अर्थात, वह विश्वकर्मा का बनाया हुआ विमान सुमेरु शिखर के समान ऊँचा तथा मोती और चाँदी से सुसज्जित बड़े-बड़े कमरों से विभूषित था।

तलैः स्फटिकचित्राङ्गैर्वैदूर्यैश्च वरासनैः।
महार्हास्तरणोपेतैरुपपन्नं महाधनैः॥

(वाल्मीकि रामायण, युद्धकाण्ड, 121/28)

अर्थात, उसकी फर्श विचित्र स्फटिक मणि से जड़ी हुई थी। उसमें नीलम के बहुमूल्य सिंहासन थे। जिन पर महामूल्यवान् बिस्तर बिछे हुए थे।

उपस्थितमनाधृष्यं तद् विमानं मनोजवम्।
निवेदयित्वा रामाय तस्थौ तत्र विभीषणः॥

(वाल्मीकि रामायण, युद्धकाण्ड, 121/29)

अर्थात, उसका मन के समान वेग था और उसकी गति कहीं रुकती नहीं थी। वह विमान सेवा में उपस्थित हुआ। विभीषण राम को उसके आने की सूचना देकर वहाँ खड़े हो गये।

तत् पुष्पकं कामगमं विमान मुपस्थितं भूधरसंनिकाशम्।
दृष्ट्वा तदा विस्मयमाजगाम राम :ससौमित्रिरुदारसत्त्वः।।

(वाल्मीकि रामायण, युद्धकाण्ड, 121/30)

अर्थात, पर्वत के समान ऊँचे और इच्छानुसार चलने वाले उस पुष्पक विमान को तत्काल उपस्थित देख लक्ष्मण सहित उदारचेता राम को बड़ा विस्मय हुआ।

त्रिन्कोमली

राम सीता को लेकर वापस अयोध्या जा रहे थे तब राम ने लंका में एक स्थान पर रूककर तपस्या की थी। रावण यानि एक महाविद्वान ब्राह्मण की ब्रह्महत्या के पाप का प्रायश्चित करने के उद्देश्य से यहां तपस्या की थी। अनेक विद्वान भारत में अनेक स्थानों को लेकर दावा करते जहां राम ने ब्रह्महत्या के पाप से मुक्त होने को तपस्या की थी।

धनुषकोटि

राम इस रास्ते से होकर लंका में गए थे। राम वापस आते समय भी धनुषकोटि होकर ही अयोध्या की ओर वापस गए थे। ऐसा कहा जाता है कि राम जब अयोध्या जा रहे थे तो उन्होंने विभीषण के अनुरोध पर धनुष की नोक से पुल तोड़ दिया था। वह स्थान आज धनुषकोटि के नाम से प्रसिद्ध है। विद्वानों का मानना है कि विभीषण ने ऐसा इसलिए किया था ताकि कोई लंका पर पुनः आक्रमण नहीं कर सके। इसके अतिरिक्त समुद्र ने भी सेतु तोड़ने के लिए कहा था। जिससे कोई समुद्र पार नहीं कर सके।

चक्रतीर्थ अनागुंडी, हम्पी

धनुषकोटि से चलने के बाद राम, माता सीता तुंगभद्रा नदी पर ठहरे थे। यहां यह नदी धनुषाकार घुमाव लेती है। उसे चक्रतीर्थ कहा जाता है। ऐसा माना जाता है कि सीता के आग्रह पर विमान यहां उतारा था। विश्वास किया था। कालांतर में सुग्रीव ने यहां कोदण्ड राम मंदिर बनवाया था।

यहां से राम अयोध्या पहुंचे थे। अनेक लोक कथाओं के अनुसार राम इलाहाबाद के भारद्वाज आश्रम में महर्षि से मिले थे। यहां महर्षि ने राम को ब्राह्मण हत्या के पाप से मुक्त होने के अनेक उपाय बताए थे। जिसमें एक उपाय था कि राम अनेक स्थानों शिवलिंग बनवाएं।

भादर्शा, अयोध्या

राम विमान से अयोध्या पहुंचे तो सबसे पहले भादर्शा नामक बाजार में पहली बार अयोध्यावासियों ने राम को विमान में देखा। भादर्शा का शाब्दिक अर्थ है - भये दर्शन।

रामकुण्ड पुहपी

यही वह स्थान है जहां राम का पुष्पक विमान उतरा था। कालांतर में इस स्थान का नाम पुष्पकपुरी रखा गया। वर्तमान में यह स्थान पुहपी के नाम से जाना जाता है। इसके समीप नन्दी ग्राम में भरत राम के वापस अयोध्या आने की प्रतीक्षा कर रहे थे। इसी समय राम ने हनुमान को अपने समाचार देकर भरत से मिलने भेजा था। इस स्थल पर हनुमान व भरत की भावुक भेंट हुई थी।

भरत कुण्ड, नन्दीग्राम

राम और भरत का मिलन स्थल अयोध्या से लगभग दस किलोमीटर दूर है। इसके समीप एक जटा कुंड है। इसके विषय में कहा जाता है कि यहां राम ने पहले भरत और लक्ष्मण की जटाएं साफ करवायीं थी। फिर शोभा यात्रा के साथ मंदिर में प्रवेश किया। यहां एक सुग्रीव कुंड है। जिसमें सुग्रीव ने स्नान किया था। वहीं एक हनुमान, सीता, राम कुंड हैं, जहां क्रमश: हनुमान, सीता, राम ने स्नान किया था।

राम के अयोध्या में पहुंचने के बाद उस रात पूरी अयोध्या में घी के दिए जलाए। इसके साथ ही भगवान राम की वनवास यात्रा समाप्त हुई।

डॉ रामऔतार ने 14 वर्षों के वनवास के दौरान राम द्वारा देखे गए स्थानों पर शोध किया है। वे अयोध्या से शुरू होकर सीधे रामेश्वरम तक गए। उन्हें 189 से अधिक स्थान एवं कालांतर में पहचाने गए 60 स्थान चिन्हित किए गए। जो रामायण में दिए गए विवरण से भी मेल खाते हैं। यह विवरण उनकी पुस्तक 'इन द फूटस्टेप्स ऑफ श्रीराम' में संकलित है।

*

अध्याय - 18

अयोध्या को किस रूप में जाना जाता है

अथर्ववेद में अयोध्या को स्वर्ग के बराबर बताया गया है। अथर्ववेद (10/2/31) में कहा गया है **'अष्टचक्रा नवद्वारा देवानां पूरयोध्या' तस्यां हिरणमयः कोशः स्वर्गो ज्योतिषावृतः।।'** अर्थात 'आठ चक्र और नौ द्वारों वाली अयोध्या देवताओं की नगरी है।' वाल्मीकि कृत रामायण के अनुसार यह नगर सूर्य वंश की राजधानी था। अयोध्या की स्थापना मनु ने की थी। यह पुरी सरयू के तट पर बारह योजन अर्थात लगभग 144 किलोमीटर लम्बाई और तीन योजन यानी लगभग 36 किलोमीटर चौड़ाई में बसी थी। अनेक शताब्दी तक यह नगर सूर्यवंशी राजाओं की राजधानी रहा।

अयोध्या मथुरा माया काशी काञ्ची अवन्तिका।
पुरी द्वारावती चैव सप्तैता मोक्षदायिका:।।

सात पवित्र नगरों में क्रमशः अयोध्या, मथुरा, माया (हरिद्वार), काशी, कांची (कांचीपुरम), अवंतिका, उज्जैन और द्वारिका शामिल हैं। इन सात नगरों को सप्तपुरी भी कहा जाता है। अयोध्या के धार्मिक महत्व के कारण ही प्राचीन सप्तपुरियों में पहला स्थान अयोध्या को दिया गया है।

स्कन्दपुराण के अनुसार सरयू के तट पर दिव्य शोभा से युक्त दूसरी अमरावती के समान अयोध्या नगरी है। अयोध्या मूल रूप से मंदिरो का शहर है। जैन मत के अनुसार यहां चौबीस तीर्थंकरों में से पांच तीर्थंकरों का जन्म हुआ था। क्रम से पहले तीर्थंकर ऋषभनाथ जी, दूसरे तीर्थंकर अजितनाथ जी, चौथे तीर्थंकर अभिनंदननाथ जी, पांचवे तीर्थंकर सुमतिनाथ जी और चौदहवें तीर्थंकर अनंतनाथ जी। इसके अलावा जैन और वैदिक दोनों मतो के अनुसार राम का जन्म भी इसी भूमि पर हुआ। ऐसा माना जाता है कि सभी तीर्थंकर इक्ष्वाकु वंश से थे।

पहले अयोध्या नगर कोसल जनपद की राजधानी था। प्राचीन उल्लेखों के अनुसार तब इसका क्षेत्रफल 96 वर्ग मील था। सातवीं शाताब्दी में चीनी यात्री ह्वेनसांग ने अयोध्या का भ्रमण किया और उसके अनुसार यहां 20 बौद्ध मंदिर थे तथा 3000 भिक्षु रहते थे।

रामजन्मभूमि : अयोध्या नगर के पश्चिमी हिस्से में स्थित रामकोट में स्थित अयोध्या का सर्वप्रमुख स्थान रामजन्मभूमि है।

कनक भवन

हनुमान गढ़ी के निकट स्थित कनक भवन एक मंदिर है। टीकमगढ़ की रानी ने सन् 1891 में बनवाया था।

हनुमान गढ़ी

नगर के केन्द्र में स्थित है। ऐसी मान्यता है कि यहां हनुमान जी सदैव वास करते हैं। यहां का सबसे प्रमुख हनुमान मंदिर "हनुमानगढ़ी" के नाम से प्रसिद्ध है। कहा जाता है कि हनुमान जी यहां एक गुफा में रहते थे और रामजन्मभूमि और रामकोट की रक्षा करते थे। इस मन्दिर के निर्माण के पीछे की एक कथा प्रचलित है। सुल्तान मंसूर अली अवध का नवाब था। एक बार उसका एकमात्र पुत्र गंभीर रूप से पड़ गया। प्राण बचने के आसार नहीं रहे, रात्रि की कालिमा गहराने के साथ ही उसकी नाड़ी उखड़ने लगी तो सुल्तान ने थक हार कर संकटमोचक हनुमान जी के चरणों में माथा रख दिया। हनुमान ने अपने आराध्य प्रभु श्रीराम का ध्यान किया और सुल्तान के पुत्र की धड़कनें पुनः प्रारम्भ हो गई। अपने इकलौते पुत्र के प्राणों की रक्षा होने पर अवध के नवाब मंसूर अली ने बजरंगबली के चरणों में माथा टेक दिया। जिसके बाद नवाब ने न केवल हनुमान गढ़ी मंदिर का जीर्णोंद्धार कराया। ताम्रपत्र पर लिखकर ये घोषणा की कभी भी इस मंदिर पर किसी राजा या शासक का कोई अधिकार नहीं रहेगा और न ही यहां के चढ़ावे से कोई कर वसूल किया जाएगा। उसने 52 बीघा भूमि हनुमान गढ़ी व इमली वन के लिए उपलब्ध करवाई। लेकिन कहते हैं कि अयोध्या न जाने कितनी बार बसी और उजड़ी, लेकिन फिर भी एक स्थान जो हमेशा अपने मूल रूप में रहा वो हनुमान टीला है जो आज हनुमान गढ़ी के नाम से प्रसिद्ध है।

आचार्य पीठ श्री लक्ष्मण किला

महान संत स्वामी श्री युगलानन्यशरण जी महाराज की तपस्थली यह स्थान देश भर में रसिकोपासन के आचार्य पीठ के रूप में प्रसिद्ध है। ईस्वी सन् 1818 में ईशरामपुर (नालन्दा) में जन्मे स्वामी युगलानन्यशरण जी का रामानन्दीय वैष्णव-समाज में विशिष्ट स्थान है। 52 बीघे में विस्तृत आश्रम की भूमि आपको ब्रिटिश काल में शासन से दान-स्वरूप मिली थी।

राजद्वार मंदिर

यह अयोध्या के महत्वपूर्ण स्थलों में से एक है, जो उत्तर प्रदेश के अयोध्या क्षेत्र, हनुमान गढ़ी के पास स्थित है। यह भव्य मंदिर एक उच्च पतला शिखर वाला एक उच्च भूमि पर खड़ा है और दूर से दिखाई देता है। मंदिर राम को समर्पित है।

नागेश्वर नाथ मंदिर

ऐसा कहा जाता है कि नागेश्वर नाथ मंदिर को राम के पुत्र कुश ने बनवाया था। माना जाता है जब कुश सरयू नदी में नहा रहे थे तो उनका बाजूबंद खो गया था। बाजूबंद एक नाग कन्या को मिला जिसे कुश से प्रेम हो गया। वह शिवभक्त थी। कुश ने उसके लिए यह मंदिर बनवाया। कहा जाता है कि यही एकमात्र मंदिर है जो विक्रमादित्य के काल के पहले से है।

श्रीअनादि पञ्चमुखी महादेव मन्दिर

अन्तर्गृही अयोध्या के शिरोभाग में गोप्रतार घाट पर पञ्चमुखी शिव का स्वरूप विराजमान है। इसे अनादि माना जाता है।

राघवजी का मन्दिर

यह एकमात्र ऐसा मंदिर है जिसमें राम के साथ सीता की मूर्ति बिराजमान नहीं है।

सप्तहरि

राम की लीला के अतिरिक्त अयोध्या में श्रीहरि के अन्य सात प्राकट्य हुए हैं। जिन्हें सप्तहरि के नाम से जाना अलग-अलग समय देवताओं और मुनियों की तपस्या से प्रकट हुए भगवान् विष्णु के सात स्वरूपों को ही सप्तहरि के नाम से जाना जाता है। इनके नाम भगवान "गुप्तहरि", "विष्णुहरि", "चक्रहरि", "पुण्यहरि", "चन्द्रहरि", "धर्महरि" और "बिल्वहरि" हैं। इनके अलावा यहां जैन मंदिर बौद्ध धर्म, इस्लाम और अनेक संतों की तपस्या स्थली के आश्रम मौजूद हैं।

*

अध्याय - 19

वनवास : वरदान या मोक्ष का प्रश्न

वाल्मीकि कृत रामायण में अनेक प्रश्न अनुत्तरित हैं। उनके विषय में अलग से शोध कार्य होना चाहिए। इस संदर्भ में यहां हम दो प्रश्नों पर विचार विमर्श करेंगे। पहला - वनवास को चौदह वर्ष तक क्यों सीमित किया गया ? दूसरा - राम ने एक ही वन में चौदह वर्ष व्यतीत क्यों नहीं किए ?

इन दो मुख्य प्रश्नों के अतिरिक्त कुछ और भी प्रश्न हैं जिन पर चर्चा करेंगे। उनमें प्रमुख हैं - मंथरा से मंथन करने के बाद कैकेई ने दशरथ से राम को वनवास भेजने को क्यों कहा ? क्या मंथरा गुप्तचर थी ? मंथरा ने कैकेई के साथ किसी राजनीतिक स्थिति पर चर्चा की थी? राम सीता को अपने साथ वनवास में क्यों ले गए और उर्मिला को अयोध्या में क्यों छोड़ गए ? क्या राम और लक्ष्मण उचित मात्रा में बाण लेकर गये थे ? यदि नहीं तो उन्हें बाण कौन उपलब्ध करवा रहा था ? ऐसे ही अनेक प्रश्न विस्तार में उपजेंगे।

दिल्ली विश्वविद्यालय से संबद्ध पीजी डीएवी महाविद्यालय में हिंदी प्रवक्ता डॉ. अवनिजेश अवस्थी ने एक साक्षात्कार में बताया "नक्षत्रों में परिवर्तन हर चौदह साल में होता है इसलिए राम को चौदह वर्ष का वनवास दिया गया था।"

आइए पहले जानते हैं नक्षत्रों के विषय में। नक्षत्रों की कुल संख्या 27 है। राम का जन्म अभिजित नक्षत्र में हुआ था। यह पूर्व में माना जाता था क्योंकि पूर्वाषाढ़ा के अंदर ही आ जाता है अभिजित नक्षत्र। रामायाण में कहा गया है कि चैत्र शुक्ल नवमी के दिन भगवान राम का जन्म अभिजित नक्षत्र में हुआ था। वाल्मीकि रामायण में उल्लेख करते हैं कि जिस समय राम का जन्म हुआ उस समय पांच ग्रह अपनी उच्च राशि में स्थिति थे।

फ्यूचर की एक वेबसाइट के अनुसार रात्रिकाल में खगोल मंडल में असंख्य देदीप्यमान पिंडों या तारों में कुछ संख्या पूर्व से पश्चिम की ओर क्रमशः स्थित उन बहुमूल्य तारों की भी है जिन्हें पुरातन काल से ही ज्योतिषीय सिद्धांत में नक्षत्र की संज्ञा देकर उनके द्वारा प्रसारित रश्मियों के प्राकृतिक जगत पर पड़ने वाले प्रत्यक्ष व अप्रत्यक्ष शुभाशुभ प्रभावों के आधारभूत स्रोतों को उल्लेखित किया जाता रहा है। वस्तुतः ज्ञान की यह खोज प्राचीन भारतीय ज्योतिर्विदों की 5000 वर्ष पूर्व की एक उच्च-स्तरीय कृति है। जिसके

पूर्ण अवलोकन के लिए शास्त्रीय अनुभवों, भौगोलिकीय जानकारी तथा अक्षांशीय व देशान्तरीय स्थिति का ज्ञान होना परम आवश्यक है।

नक्षत्र ज्ञान की प्राचीनता वैदिक काल में वार के स्थान पर "नक्षत्र दिवस" के प्रयोग की परंपरा नक्षत्र ज्ञान की प्राचीनता का साक्षात उदाहरण है। शास्त्रों से विदित होता है कि उस काल में वर्तमान व भविष्य के दिशा निर्देशन या फलादेश में राशियों की जगह नक्षत्रों या तारों को ही मुख्य रूप से प्रधान व प्रभावकारी माना जाता था। इसके अतिरिक्त रामायण कथा में राम के वनवास के पूर्व राजा दशरथ के द्वारा "अंगारक (मंगल) ग्रह मेरे नक्षत्र को पीड़ित कर रहा है" के कथन तथा महाभारत काल में कृष्ण व कर्ण के भेंट के उपरांत कर्ण के द्वारा ग्रह स्थिति के वर्णन "शनि रोहिणी नक्षत्र से मंगल ग्रह को पीड़ित कर रहा है। मंगल ग्रह ज्येष्ठा नक्षत्र में वक्री होकर अनुराधा नक्षत्र से युति कर रहा है।" आदि के उल्लेख भी नक्षत्र ज्ञान की प्राचीनता के मुख्य रूप से परिचायक हैं।

पृथ्वी की दशा व चंद्रमा की स्पष्ट गति की सूक्ष्मता सदा एक समान न होने के कारण इन नक्षत्रों का मान या आदि व अंत के निश्चित सीमा का गणित सर्वदा एक समान नहीं रहता, जो समय व काल के अनुसार प्राकृतिक तौर पर बदलता रहता है। इसके अतिरिक्त इस शास्त्र में नक्षत्रों के साथ जुड़ी ग्रहों की क्रियाएं व उनके स्वामित्व की महत्ताओं के साथ-साथ कुंडली में नक्षत्र के आधार पर नाम, नाड़ी, योनि, गोत्र, गण आदि का निर्धारण व जन्म महादशा का प्रारंभ तथा नक्षत्रों की प्रवृत्ति उनके विभिन्न चरणों के प्रभाव आदि की प्रधानताएं भी मुख्य रूप से उल्लेखनीय हैं।

नक्षत्रों की संख्या अथर्ववेद के नक्षत्र कल्प परिशिष्ट सचूी मे नक्षत् की संख्या 28 तक बर्ताइ गई है। इसी के समान समकालीन जैन ग्रंथों में भी 28 नक्षत्रों की पूर्ण पुष्टि होती है। यदि प्रथम नक्षत्र की ओर दृष्टि ले जाई जाए तो ईसा से 6-7 शताब्दी पूर्व वेदांग ज्योतिष काल में नक्षत्रों की आरंभिक सूची में धनिष्ठा नक्षत्र का नाम सर्वप्रथम लिया जाता था। इससे विदित होता है कि महाभारत युग के अग्रज भीष्म पितामह भी अपने प्राण त्यागने तक इसी उत्तरायण की प्रतीक्षा में शर-शैय्या पर लेटे रहे।

ऐतिहासिक तथ्यों से ऐसा ज्ञात होता है कि विभिन्न कालों में प्रथम नक्षत्र बनने का सौभाग्य भिन्न-भिन्न नक्षत्रों को प्राप्त हुआ। कहीं बसंत सम्पात जिस नक्षत्र से प्रारंभ हुआ तो उसे ही प्रथम नक्षत्र की संज्ञा दे दी गई तो यदि कहीं शरद सम्पात अथवा मकर संक्रांति उत्तरायण का प्रारंभ हुआ तो उसे ही प्रथम नक्षत्र के रूप मे स्वीकार लिया गया। किंतु कालांतर में यह सम्पात कृतिका से भरणी फिर अश्विनी से हातो हुआ अतं रवे ती के यागे नक्षत्र तक पहचं गया तथा तभी से धीरे धीरे अश्विनी नक्षत्र को प्रथम नक्षत्र मानने की परंपरा की शुरूआत होने लगी।

ऐसे तो प्रारंभ में इन नक्षत्रों की संख्या क्रमशः 28 थी किंतु कालांतर में ईसा की प्रारंभिक शताब्दियों के आते-आते ज्योंहि भारतीय ज्योतिषीय विद्या में बेबीलोन व यूनानी ज्ञानों का समावेश हुआ, इन नक्षत्रों के साथ राशिगत प्रक्रिया भी समन्वित होने लगी। परंतु हर एक राशि में 30 अंश होने के परिणाम स्वरूप 12 राशियों के साथ 28 नक्षत्रों का गणितीय समायोजन कर पाना संभव न हो सका, जिस कारण इस सूची से अभिजीत नक्षत्र को हटाकर इन नक्षत्रों की संख्या 27 कर दी गई। जिसमें प्रथम 9 नक्षत्रों अर्थात अश्विनी से अश्लेषा के 36 चरणों से प्रथम चार राशियां मेष से कर्क, अगले 9 नक्षत्रों मघा से ज्येष्ठा के 36 चरणों से अगली चार राशियां सिंह से वृश्चिक तथा अंतिम 9 नक्षत्रों मूल से रेवती के 36 चरणों से अंतिम चार धनु से मीन के अंतर्गत व्यवस्थित हुई।

इस प्रकार वृत्ताकार भचक्र तीन समान अंशात्मक भागों में विभक्त हुआ तथा प्रत्येक 120 अंश के एक भाग को तृतीयांश की संज्ञा दी गई। भचक्र में नक्षत्र, उनकी राशियां व स्वामी ग्रहों की वृत्ताकार रेखांकित सूची- नक्षत्रों से संबंधित कुछ योग व मुहूर्त ज्योतिष शास्त्र में नक्षत्रों के स्वभावों व उनकी प्रवृत्तियों तथा तिथि, वारों, ग्रहों आदि के सम्मिश्रण से बने योगों व उनसे उत्पन्न प्रभावों को मुख्य रूप से प्रधानता दी गई है।

अतः इस प्रकरण में नक्षत्रों के गुण- विशेषताओं व उनकी भूमिकाओं के संयोगों से निर्मित कुछ निम्नांकित योगों व मुहूर्तों के विवरण प्रस्तुत किए जा रहे हैं: ध्रुव व स्थिर नक्षत्र रविवार के दिन पड़ने वाले उत्तरा-फाल्गुनी, उत्तराषाढ़ा, उत्तरा भाद्रपद व रोहिणी नक्षत्र को ध्रुव व स्थिर नक्षत्र की संज्ञा दी जाती है। वस्तुत: हम जिस युग का विमर्श कर रहे हैं उस युग में रविवार होता ही नहीं था। अतः आज के युग की कोई भी ज्योतिषी गणना मान्य कैसे हो सकती है।

*

अध्याय - 20

राम मंदिर : काल खंड

अथर्ववेद, स्कंद पुराण और वाल्मीकि कृत रामायण में अयोध्या का विस्तृत वर्णन है। इसके विषय में आप पिछले अध्यायों में पढ़ चुके हैं। अयोध्या वर्तमान में सरयू नदी के तट पर स्थित घाटों और मंदिरों की प्रसिद्ध धार्मिक नगरी है। अयोध्या में सरयू नदी के किनारे 14 प्रमुख घाट हैं। इनमें गुप्तद्वार घाट, कैकेयी घाट, कौशल्या घाट, पापमोचन घाट, लक्ष्मण घाट आदि का विशेष महत्व है। राम को भगवान विष्णु का सातवां अवतार माना जाता है। संपूर्ण विश्व के सनातनधर्मियों द्वारा राम की पूजा की जाती है।

महत्व

वर्तमान में अयोध्या उत्तर प्रदेश के जिला फैजाबाद के समीप एक नगर है। इसे साकेत के नाम से भी जाना जाता है। अयोध्या प्राचीन कोसल साम्राज्य की राजधानी हुआ करती थी। ऐसा माना जाता है कि राम का जन्म अवध क्षेत्र के अयोध्या नगर में हुआ था। इस कारण से सनातनधर्मी के लिए अयोध्या सात सबसे महत्वपूर्ण तीर्थ स्थलों में से एक माना जाता है। स्थानीय मान्यता के अनुसार राम के जन्म स्थान पर एक मंदिर हुआ करता था। इसी मंदिर को मुगल बादशाह बाबर के आदेश से ध्वस्त कर दिया गया था। मंदिर के स्थान पर एक मस्जिद बना दी गई थी।

पुरातत्व साक्ष्य

इसी अयोध्या नगरी में राम को चौदह वर्ष का वनवास मिला और रावण वध के बाद वनवास समाप्त करने के उपरांत राम ने यहां शासन किया। भारतीय पुरातत्व सर्वेक्षण विभाग को उत्खनन के समय यहां एक मंदिर होने के साक्ष्य मिले हैं।

किंवदंती

इतिहासकारों के एक वर्ग के अनुसार अयोध्या शहर को लगभग 9,000 वर्ष पुराना माना जाता है। ऐसी भी मान्यता है कि इस नगर की स्थापना मनु द्वारा की गई। इसे 'अयोध्या' का नाम दिया था। जिसका अर्थ होता है अ-योध्या अर्थात् 'जिसे युद्ध के द्वारा प्राप्त न किया जा सके।' प्रसिद्ध चीनी यात्री ह्वेन-त्सांग सातवीं शताब्दी में यहां आया था। उसके अनुसार यहाँ 20 बौद्ध मंदिर थे तथा 3000 भिक्षु रहते थे।

राजा आयुध

इतिहासकारों का एक वर्ग अपुष्ट स्रोतों से बताते हैं कि अयोध्या नगर की स्थापना आयुध नामक एक राजा ने की थी। उसी के नाम पर इस नगर का नाम अयोध्या पड़ा। यह आयुध नामक राजा किस राजवंश से संबंधित था, इस विषय में कोई भी साक्ष्य उपलब्ध नहीं हैं। आयुध नामक राजा ने कब शासन किया इसकी भी पुष्टि नहीं हुई है। एक आयुध राजवंश का उल्लेख इतिहास में मिलता है। इस राजवंश ने कन्नौज पर शासन किया था। ऐसा उल्लेख मिलता है कि कन्नौज पर आयुधों ने कब्जा कर लिया था। इतिहासक्रम में यह घटना 8वीं-9वीं शताब्दी की है।

अन्य साक्ष्य

स्कंद और अन्य पुराणों में अयोध्या को प्रतिष्ठित शहरी समुदायों में से एक के रूप में माना जाता है। अथर्ववेद ने अयोध्या को एक ऐसे शहर के रूप में चित्रित किया है जो भगवान द्वारा बनाया गया है और स्वयं स्वर्ग के रूप में समृद्ध है।

इसका आरंभिक प्रशासक शासक इक्ष्वाकु था। जो सूर्योन्मुख परिवार सूर्यवंश का था और वैवस्वत मनु का सबसे बड़ा पुत्र था। इस वंशवृक्ष के छठे स्वामी पृथु, ध्वन्यात्मक रूप से पृथ्वी की व्युत्पत्ति मानी जाती है। मांधात्री भी शासक थे। उनके शासन के 31वें स्वामी हरिश्चंद्र थे। वह अपनी ईमानदारी, सत्य-संधाता के लिए जाने जाते थे। राजा सगर ने यहां अश्वमेध यज्ञ किया था। लोककथाओं के अनुसार उनके विश्वसनीय पोते भागीरथ ने पश्चाताप के माध्यम से जलमार्ग गंगा को पृथ्वी पर पहुंचाया। कालांतर में राजा रघु हुए। जिनके नाम पर यह राजवंश रघुवंश कहा गया। उनके पोते कौशल प्रशासन के राजा दशरथ और राम के पिता थे।

राम जन्मभूमि

राम की जन्मभूमि माना जाता है। अयोध्या में राम मंदिर हमेशा सनातन धर्मावलंबियों के लिए प्रमुख रहा है। राम के मंदिर के निर्माण के विषय में अनेक कथानक मिलते हैं। इनकी ऐतिहासिक पुष्टि नहीं होती। विभिन्न ग्रंथों में उल्लेख मिलता है।

कुश द्वारा निर्मित मंदिर

ऐसी मान्यता है कि राम के जल समाधि लेने के बाद अयोध्य धीरे-धीरे उजड़ती जा रही थी। राम जन्मभूमि पर बना महल वैसा ही था। राम के पुत्र कुश ने अयोध्या को पुनर्निर्माण किया। इसके बाद सूर्यवंश की 44 पीढ़ियों ने यहां पर शासन किया। सूर्यवंश के आखिरी राजा महाराजा बृहद्बल तक राम जन्मभूमि की देखभाल होती रही।

विक्रमादित्य ने खोजी अयोध्या

महाभारत युद्ध के दौरान सूर्यवंश के आखिरी राजा महाराजा बृहद्बल की मृत्यु अभिमन्यु के हाथों हुई। इसके बाद भी पूजा-पाठ का कार्य जारी रहा। कालातंर में मंदिर तो बना रहा लेकिन अयोध्या का धीरे-धीरे उजड़ती गई। इतिहासकारों के अनुसार सम्राट विक्रमादित्य ने राममंदिर का निर्माण करवाया।

विक्रमादित्य और चमत्कार

एक समय की बात है जब उज्जैन के सम्राट विक्रमादित्य टहलते-टहलते अयोध्या पहुंच गए थे। जब वह थक गए तो उन्होंने सरयू नदी पर एक पेड़ के नीचे विश्राम किया। तब उनको वहां पर कई चमत्कार दिखाई दिए। उस वक्त तक अयोध्या में कोई बसावट नहीं बची थी। केवल जंगल था। तब विक्रमादित्य ने खोज शुरू की तब साधु-संतों से पता चला कि यह राम की जन्मस्थली है।

विक्रमादित्य द्वारा राम मंदिर

सम्राट विक्रमादित्य ने भव्य राम मंदिर निर्माण के साथ-साथ सरोवर, महल, कूप आदि कई विकास के कार्य किए। विक्रमादित्य के बाद कई राजाओं ने मंदिर की देखभाल करते रहे और पूजा-पाठ का कार्य जारी रहा।

पुष्यमित्र द्वारा मंदिर का जीर्णोद्धार

शुंग वंश के प्रथम शासक पुष्यमित्र शुंग ने राम जन्मभूमि पर बने मंदिर का जीर्णोद्धार करवाया था। पुष्यमित्र को अयोध्या से एक शिलालेख मिला। जिसमें पता चलता है कि अयोध्या गुप्तवंशीय चंद्रगुप्त द्वितीय की राजधानी रही थी। साथ ही उस समय के कालिदास ने भी कई बार अयोध्या के राममंदिर का उल्लेख किया है। उसके बाद अनेक राजा-महाराजा आए और राम मंदिर की देखभाल करते रहे।

बौद्ध केंद्र के रूप में हुआ विकसित

इतिहासकारों के अनुसार 5वीं शताब्दी में अयोध्या बौद्ध केंद्र के रूप में विकसित हुआ। यहां पर आदिनाथ सहित 5 तीर्थकारों का जन्म हुआ। तब इसका नाम साकेत हुआ करता था। 5वीं से लेकर 7वीं शताब्दी तक यहां पर कम से कम 20 बौद्ध मंदिर थे। उनके साथ हिंदुओं का एक भव्य मंदिर भी था।

जयचंद

11वीं शताब्दी में कन्नौज के राजा जयचंद ने मंदिर से सम्राट विक्रमादित्य का शिलालेख हटवाकर अपना नाम लिखवा दिया।

सिकंदर लोदी

सिंकदर लोदी के शासनकाल के दौरान भी भव्य राममंदिर था।

मंदिरों का विध्वंस

पानीपत के युद्ध के दौरान राजा जयचंद की मृत्यु हो गई और उसके बाद बाहर से कई आक्रमणकारी आए और उन्होंने अयोध्या समेत, मथुरा, काशी पर आकम्रण कर दिया और मंदिर को तोड़ा गया। 14वीं शताब्दी तक वह अयोध्या में बने राममंदिर को तोड़ नहीं पाए।

मुगल

14वीं शताब्दी के बाद मुगलों का अधिकार हो गया। सन् 1527-28 के दौरान भव्य राममंदिर को तोड़कर उसकी जगह मस्जिद बना दी गई।

आधुनिक मंदिर

अयोध्या में राम मंदिर निर्माण के लिए एक लंबी कानूनी लड़ाई उत्तर प्रदेश के उच्च न्यायालय और उच्चतम न्यायालय में लड़ी गई। उच्चतम न्यायालय ने राम मंदिर और

मस्जिद के लिए अलग-अलग स्थान निर्धारित कर अंतिम फैसला सुनाया। भारत के सर्वोच्च न्यायालय के आदेश पर 5 अगस्त, 2020 को राम मंदिर निर्माण का कार्य फिर से शुरू हुआ।

राम मंदिर

विश्व में मंदिर निर्माण की परंपरा कब शुरू हुई इसके कोई साक्ष्य उपलब्ध नहीं है यही स्थिति भारत की भी है। भारत में पहला मंदिर कब, कहां, किसने और किस देवता या देवी को समर्पित किया यह सुनिश्चित नहीं है। यह भी स्पष्ट नहीं है कि पहला मंदिर देवता का था या देवी का। शिवलिंग स्थापित करने का उल्लेख तो मिलता है किन्तु शिवलिंग स्थापित करने के बाद कोई ढांचा खड़ा किया गया था इस विषय में कोई उल्लेख किसी भी प्राचीन ग्रंथ में नहीं मिलता। पुरातत्वविदों को उत्खनन में शिवलिंग या अन्य देवी-देवताओं की मूर्तियां तो प्राप्त होती है लेकिन किसी भवन के अवशेष नहीं मिलते। यहां तक कि सिंधु घाटी सभ्यता के जितने भी नगरावशेष मिले हैं वहां भी किसी मंदिर या देवस्थल के अवशेष नहीं मिले हैं। उल्लेखनीय है कि प्राचीन सभ्यताओं के अधिकांश अवशेष उत्तर और पश्चिम भारत में मिले हैं जबकि मंदिरों की लंबी शृंखला दक्षिण भारत में।

*

अध्याय - 21

पहला राम मंदिर

ऐसा माना जाता है कि राम के पुत्र कुश ने उजड़ी हुई अयोध्या का पुनर्निर्माण किया इसके न तो पुरातात्विक साक्ष्य मिलते हैं और न अवशेष। इसका महत्वपूर्ण कारण यह है कि अभी तक इतिहासकार और पुरातत्वविद त्रेतायुग का काल निर्धारित कर सके हैं। न लंका युद्ध की तिथियां सुनिश्चित हो सकीं हैं और न राम का शासन। सामाजिक परिवेश को दृष्टिगत करते हुए यह कहना औचित्यपूर्ण ही लगता है कि राम के पुत्र कुश ने अपने पूर्वजों की उजड़ती नगरी का पुनर्निमाण किया। मनुष्य का यह जन्मगत स्वभाव है कि वह अपने पैतृक संपत्ति और भूमि को कभी भूल नहीं सकता। कमोबेश यही स्थिति आज भी है। मनुष्य के इस स्वभाव का ज्वलंत उदाहरण सन् 2020 में कोविड महामारी के समय सभी ने देखा। जब देश के विभिन्न क्षेत्रों से कोई वाहन सुविधा उपलब्ध न होने पर असंख्य परिवार अपने बच्चों को लेकर पैदल ही अपने-अपने गांव की ओर निकल पड़े। संभव है कि उजाड़ हो रही अयोध्या के निवासियों ने कुश से संपर्क कर नगर का विकास करने की प्रार्थना की होगी। तब कुश ने जीवन की न्यूनतम आवश्यकताओं में यथासंभव सुधार किया होगा। परिस्थितियां सामान्य नहीं रही होंगी। एक बार पुनर्निमाण प्रक्रिया के बाद दोबारा विकास कार्य की कोई सूचना नहीं मिलती। वस्तुतः कुश द्वारा अयोध्या के पुनर्निर्माण का कोई लिखित साक्ष्य उपलब्ध नहीं है। यह केवल जनश्रुतियों पर आधारित है।

इतिहास साक्षी है कि तत्कालीन समय में स्मारक, मंदिर, देवालय और पूजा स्थल विशेष निर्मित करने की परंपरा विकसित नहीं हुई थी। अतः यह कहना औचित्यहीन होगा कि राम पुत्र लव या कुश में से किसी ने कोई स्मारक, मंदिर, देवालय और पूजा स्थल का निर्माण किया था। इतिहासकार अभी तक यह सिद्ध करने में सफल नहीं हुए हैं कि अयोध्या में पहला मंदिर कब और किसने बनाया। लोक मान्यताओं में अयोध्या आस्था का केंद्र बनी रही। संतों का आवागमन होता रहा।

धार्मिक महत्ता, वाल्मीकि कृत रामायण में अयोध्या का उल्लेख, लोक मान्यताओं और मनुष्य के स्वभाव को दृष्टिगत करते हुए यह अनुमान लगाया जा सकता है कि किसी संत ने अयोध्या में अपना आश्रम बनाया होगा। कब ? किस संत ने बनाया होगा ? यह निर्धारित नहीं किया जा सकता लेकिन सम्राट विक्रमादित्य के अयोध्या आगमन से पूर्व

ही यह संभव हुआ होगा। इतिहासकारों के अनुसार सम्राट विक्रमादित्य उज्ज्यनी से जब यहां पहुंचे तब यहां आबादी नहीं थी। विशाल वन क्षेत्र था। ऐसा माना जाता है कि सम्राट विक्रमादित्य को संतों से ज्ञात हुआ था कि यह क्षेत्र राम की जन्म स्थली है।

यहां यह उल्लेखनीय है कि रामायण काल में काष्ठ शिल्प अपने चरम पर था। संभवतः उस काल में शिलाओं से भवन निर्माण कला विकसित नहीं हुई थी। अतः राम कालीन भवन, राजप्रासाद, मंत्रियों के आवास, सुरक्षा स्तंभ, अयोध्यावासियों के घर एवं नगर सुरक्षा प्रकोष्ठ सभी लकड़ी के बने हुए थे। धीरे-धीरे जनविहिन होती गई अयोध्या नगरी की सभी भवन धराशाई हो गए और उनका नाम-ओ-निशान मिट गया। ऐसी स्थिति में सम्राट विक्रमादित्य को न तो नगर के अवशेष मिले और न आबादी। संभवतः सरयू नदी तट के समीप किसी संत या संतों के आश्रम मिले होंगे और उन्हीं संतों से ज्ञात हुआ होगा कि यह राम जन्म भूमि है। इतिहासकारों के अनुसार सम्राट विक्रमादित्य ने यहां राम मंदिर का निर्माण किया। इस मंदिर का निर्माण घने जंगल को काट कर किया गया या अन्य स्थान पर, इस विषय पर इतिहासकार सर्वदा मौन हैं। सम्राट विक्रमादित्य द्वारा निर्मित मंदिर कौन-सा है यह भी स्पष्ट नहीं है। उसका अस्तित्व अभी भी है या नहीं यह भी स्पष्ट नहीं है। मंदिर के अतिरिक्त सम्राट विक्रमादित्य ने सरोवर, महल, कूप आदि का निर्माण करवाया था। वह सब कहां हैं ? कोई नहीं जानता।

इतिहासकारों के एक वर्ग के अनुसार शुंग वंश के प्रथम शासक पुष्यमित्र ने अयोध्या में बने मंदिर का जीर्णोद्धार कराया। संभवतः यह वही मंदिर था जिसका निर्माण सम्राट विक्रमादित्य ने किया था। कालिदास ने भी अयोध्या के राम मंदिर का उल्लेख किया है। सम्राट विक्रमादित्य ने सबसे पहले अयोध्या में राम मंदिर का निर्माण किया यह तो स्पष्ट होता है लेकिन इससे पहले किसने राम मंदिर का निर्माण किया यह अज्ञात है।

5वीं शताब्दी में अयोध्या बौद्ध केंद्र बना। ऐसे साक्ष्य इतिहासकारों के पास हैं कि उस काल में यहां 20 बौद्ध मंदिर थे और उनके साथ एक भव्य मंदिर भी था। इससे स्पष्ट होता है कि 5वीं शताब्दी में बौद्ध केंद्र के रूप में विकसित हुए अयोध्या में बौद्ध धर्मावलंबियों ने सनातन धर्म का सम्मान करते हुए मंदिर को हानि नहीं पहुंचाई। संभवतः यह सम्राट विक्रमादित्य द्वारा निर्मित राम मंदिर रहा होगा। इतिहासकारों के अनुसार 11वीं शताब्दी में कन्नौज के राजा जयचंद ने यह सिद्ध करने के लिए कि राम मंदिर का निर्माण उसने करवाया है, शिलालेख से सम्राट विक्रमादित्य का नाम हटवाकर अपना नाम लिखवा दिया। सिंकदर लोदी के शासनकाल के दौरान भी भव्य राममंदिर था। विदेशी आक्रांताओं ने सनातन धर्म के पवित्र स्थलों का विध्वंस करना शुरू किया और संभवतः उसी क्रम में सम्राट विक्रमादित्य द्वारा निर्मित राम मंदिर भी आक्रांताओं की भेंट चढ़ गया।

*

अध्याय - 22

आधुनिक राम मंदिर

प्रधानमंत्री राजीव गांधी ने वर्ष 1989 में विश्व हिंदू परिषद को शिलान्यास की अनुमति दी। प्रारम्भ में केंद्र और राज्य सरकार विवादित स्थल के बाहर शिलान्यास पर सहमत हुई थीं। 9 नवम्बर, 1989 को विश्व हिंदू परिषद के नेताओं और साधुओं के एक समूह ने विवादित भूमि पर 7 घन फुट गड्ढे खोदकर आधारशिला रखी। इस शिलान्यास समारोह में तत्कालीन गृहमंत्री बूटा सिंह सम्मिलित हुए थे। सिंहद्वार यहां स्थापित किया गया था। बिहार के एक दलित नेता कामेश्वर चौपाल पत्थर बिछाने वाले प्रमुख व्यक्तियों में से एक थे।

6 दिसम्बर, 1992 को विवादित बाबरी मस्जिद का विध्वंस हुआ। सन् 2019 अयोध्या विवाद पर उच्चतम न्यायालय का निर्णय लिया गया था कि विवादित भूमि को सरकार द्वारा गठित एक ट्रस्ट को सौंप दिया जाए।

वास्तुकार

राम मंदिर के लिए मूल डिजाइन सन् 1988 में अहमदाबाद के सोमपुरा परिवार द्वारा तैयार किया गया था। सोमपुर कम-से-कम 15 पीढ़ियों से दुनिया भर के 100 से अधिक मंदिरों के डिजाइन का हिस्सा रहा है। राम मंदिर के लिए एक नया डिजाइन, मूल डिज़ाइन से कुछ बदलावों के साथ, सन् 2020 में सोमपुरवासियों द्वारा तैयार किया गया था। यह मंदिर 235 फीट चौड़ा, 360 फीट लंबा और 161 फीट ऊंचा होगा। मंदिर के मुख्य वास्तुकार चंद्रकांत सोमपुरा है और इस कार्य में उनके वास्तुशास्त्री दो बेटे निखिल सोमपुरा और आशीष सोमपुरा सहयोग कर रहे थे। सोमपुरा परिवार ने राम मंदिर को 'नागर' शैली की वास्तुकला के बाद बनाया है, जो भारतीय मंदिर वास्तुकला के प्रकारों में से एक है।

मंदिर परिसर में एक प्रार्थना कक्ष होगा। एक व्याख्यान कक्ष रामकथा कुंज, एक वैदिक पाठशाला, एक संत निवास और एक यति निवास अर्थात आगंतुकों के लिए छात्रावास। इसके अतिरिक्त संग्रहालय और अन्य सुविधाओं की पूर्ति हेतु अन्य भवन होंगे। यह मंदिर परिसर दुनिया का तीसरा सबसे बड़ा मंदिर होगा।

निर्माण

श्री राम जन्मभूमि तीर्थक्षेत्र ट्रस्ट ने मार्च, 2020 में राम मंदिर के निर्माण का पहला चरण शुरू किया। कोविड महामारी और लॉकडाउन के कारण निर्माण कार्य कुछ दिनों के लिए स्थगित कर दिया गया था। 25 मार्च, 2020 को भगवान राम की मूर्ति को उत्तर प्रदेश के मुख्यमंत्री योगी आदित्यनाथ की उपस्थिति में एक अस्थायी स्थान पर ले जाया गया।

लार्सन एंड टूब्रो मंदिर परियोजना के ठेकेदार हैं। केंद्रीय भवन अनुसंधान संस्थान, राष्ट्रीय भूभौतिकीय अनुसंधान संस्थान और मुंबई, गुवाहाटी और मद्रास भारतीय

प्रौद्योगिकी संस्थान मिट्टी परीक्षण, कंक्रीट और डिजाइन जैसे क्षेत्रों में सहायता कर रहे हैं। ऐसा भी कहा गया है कि भारतीय अंतरिक्ष अनुसंधान संगठन (इसरो) ने सरयू की एक धारा की पहचान की, जो मंदिर के नीचे बहती है।

राजस्थान से आए 600 हजार क्यूबिक फीट बलुआ पत्थर बंसी पर्वत पत्थरों से निर्माण कार्य पूरा किया जाएगा।

देश भर के अनेक धार्मिक स्थानों यथा मंदिरों, गुरुद्वारों और जैन मंदिरों से मिट्टी अयोध्या लाई गई। इनमें से पाकिस्तान में स्थित शारदा पीठ की मिट्टी भी शामिल है। संयुक्त राज्य अमेरिका, कनाडा और कैरिबियन द्वीपों के मंदिरों ने इस अवसर को मनाने के लिए एक आभासी सेवा का आयोजन किया। टाइम्स स्क्वायर पर भगवान राम की छवि दिखाई गई। हनुमानगढ़ी के 7 किलोमीटर के दायरे के सभी 7000 मंदिरों में दीए प्रज्ज्वलित कर उत्सव का रूप दिया गया। अयोध्या में मुस्लिम भक्त जो भगवान राम को अपना पूर्वज मानते हैं, वह भी भूमि-पूजा के लिए तत्पर रहे। इस अवसर पर सभी धर्मों के आध्यात्मिक गुरुओं को भी आमंत्रित किया गया था। प्रधानमंत्री नरेंद्र मोदी ने उसी स्थान पर भूमि पूजन किया, जहां राम लल्ला विश्राम करते थे।

राम मंदिर निर्माण सामग्री

राम मंदिर के भूमि पूजन के अवसर पर सभी पवित्र नदियों के जल के साथ-साथ लगभग 8000 पवित्र स्थलों का जल एवं मिट्टी को अयोध्या लाया गया। श्री बद्रीनाथ धाम, श्री रंगनाथस्वामी मंदिर, तमिलनाडु, श्री महाकालेश्वर

मंदिर के अतिरिक्त छत्रपति शिवाजी महाराज के रायगढ़ दुर्ग, चंद्रशेखर आजाद एवं बिरसा मुंडा आदि की जन्मभूमि की मिट्टी भी अयोध्या लाई गई है। अयोध्या में राम मंदिर निर्माण कार्य अपने चरम पर है। इसमें मुख्य बात यह है कि दिल्ली के 11 पवित्र स्थलों की मिट्टी मंदिर की नींव में डाली गई है। दिल्ली के सिद्ध पीठ कालका जी मंदिर, पांडव कालीन दुर्ग के पार्श्व में भैरव मंदिर, गुरुद्वारा शीशगंज, गौरीशंकर मंदिर, चांदनी चौक, श्री दिगंबर जैन मंदिर, चांदनी चौक, हनुमान मंदिर कनॉट प्लेस, प्राचीन काली माता मंदिर बंग्ला साहिब, श्री लक्ष्मीनारायण बिरला मन्दिर, भगवान वाल्मीकि मंदिर, मंदिर मार्ग, और बद्री भगत झंडेवालान मंदिर करोलबाग आदि।

मंदिर में कुल 17,000 ग्रेनाइट पत्थरों का इस्तेमाल किया जाएगा। जिनमें से प्रत्येक का वजन करीब 2 टन है। मंदिर के आधार के निर्माण के लिए 4 लाख घन फीट गुलाबी पत्थर मिर्जापुर से मंगवाए गए हैं। शिखर के लिए राजस्थान के बंसी पहाड़पुर से 1 लाख घन फीट संगमरमर का उपयोग हुआ है। इन पर नक्काशी की गई है। मंदिर के निर्माण में 21 लाख क्यूबिक फीट ग्रेनाइट, बलुआ पत्थर और संगमरमर का उपयोग किया जा रहा है। गुलाबी और लाल बंसी पहाड़पुर बलुआ पत्थर राजस्थान के भरतपुर जिले की बयाना तहसील में पाया जाता है।

मंदिर की नींव 50 फीट गहरी और पूरी तरह से पत्थर, सीमेंट और दूसरी सामग्री की बनी हुई है। मंदिर निर्माण में स्टील या लोहे का कहीं भी इस्तेमाल नहीं किया गया है। नींव के लिए पहले एक 50 फीट गहरा, 400 फीट लंबा और 300 फीट चौड़ा गड्ढा खोदा गया जिसे फ्लाइ एश (राख) और छोटे पत्थरों सहित अन्य निर्माण सामग्री और ठोस सीमेंट की परतों से भरा गया है।

कुल 162 स्तंभ तैयार हैं और इन स्तंभों पर केरल और राजस्थान के कारीगर मिलकर 4,500 से अधिक मूर्तियां बना रहे हैं। यह मूर्तियां भक्तों को त्रेता युग की एक झलक देंगी।

राम मंदिर का ढांचा संगमरमर से बना है। दरवाजे महाराष्ट्र से लाई गई सागौन की लकड़ी से बनाए गए हैं। इन दरवाजों पर नक्काशी का काम चल रहा है। मंदिर को न केवल भव्य बनाया जा रहा है बल्कि एक

हजार साल तक मंदिर को किसी मरम्मत की जरूरत नहीं पड़ेगी। मंदिर को इस तरह से बनाया गया है कि 6.5 रिक्टर पैमाने जैसी उच्ची तीव्रता वाले भूकंप भी इसे हिला नहीं पाएंगे।

परियोजना निदेशक विनोद कुमार मेहता के अनुसार- "जहां पिलर की मोटाई को बढ़ाया है वहीं दीवारों में भी भारी पत्थरों का इस्तेमाल किया है. इसके साथ ही नींव को मजबूत बनाने के लिए उसमें भी भारी पत्थरों को ही लगाया गया है. कुल मिलाकर इमारत को नीचे से ऊपर तक इतना मजबूत तैयार किया गया है कि बड़े झटके भी इसे किसी तरह की क्षति नहीं पहुंचा सकते हैं।"

मंदिर का फर्श सफेद मकराना मार्बल का होगा। यह पत्थर राजस्थान से मंगवाया गया है। नेपाल के काली गंडकी जलप्रपात से दो बड़े शालिग्राम पत्थर अयोध्या लाए गए हैं। शालिग्राम शिला से निर्मित राम मंदिर में मूर्तियां लगाई जाएंगी। लोक मान्यता है कि यह चट्टानें भगवान विष्णु का ही रूप हैं। नया मंदिर 360 फीट लंबा, 235 फीट चौड़ा और 161 फीट ऊंचा होगा। मंदिर पुराने शहर की किसी भी इमारत से तीन गुना ऊंचा होगा।

राम मंदिर के लिए 2,100 किलो का घंटा एटा से आ रहा है। घंटे की कीमत 21 लाख रुपए होगी और यह घंटा 6 फीट लंबी और 5 फीट चौड़ा होगा। पुस्तक तैयार करते समय तक लगभग 400 किलो चांदी की ईंटें दान में आ चुकी हैं।

पुस्तक तैयार करते समय 21 लाख क्यूबिक फीट ग्रेनाइट, बलुआ पत्थर और संगमरमर प्रयोग में लाया जा चुका है। राम मंदिर के भूतल पर 80% से अधिक निर्माण कार्य पूरा हो चुका है। मंदिर इतना मजबूत बनाया जा रहा है कि एक हजार साल तक मंदिर को न तो किसी मरम्मत की जरूरत पड़ेगी और न ही इसमें किसी तरह का कोई वास्तुशिल्प का दोष उत्पन्न होगा। मंदिर का निर्माण कार्य इस तकनीकी से किया जा रहा है कि 6.5 रिक्टर पैमाने जैसी उच्ची तीव्रता वाले भूकंप भी इसे हिला नहीं पाएंगे।

एक ओर जहां खंबों की मोटाई को बढ़ाया है वहीं दीवारों में भी भारी पत्थरों का इस्तेमाल किया है। इसके साथ ही नींव को मजबूत बनाने के लिए उसमें भी भारी पत्थरों को ही लगाया गया है। राम मंदिर का निर्माण राजस्थान के बंसी पहाड़पुर के पिंक स्टोन पत्थरों से किया जा रहा है।

मंदिर के सभी फर्श को सफेद मकराना मार्बल से निर्मित किया गया है। परकोटा अत्यंत भव्य होगा। मंदिर का परकोटा आयताकार होगा। मंदिर के परिसर के बाहर राजस्थान के ही पत्थरों से 800 मीटर परिधि में लगभग एक किलोमीटर भव्य परकोटे का निर्माण किया जाएगा। जिसके चारों कोनों पर पंचदेव के मंदिर होंगे।

शालिग्राम पत्थर

पौराणिक मान्यता है कि शालिग्राम पत्थर भगवान विष्णु की तरह दिखता है। यह

जीवाश्म पत्थर हैं जिन्हें पवित्र माना जाता है। पत्थर एक अम्मोनीट का जीवाश्म है, जो एक प्रकार का मोलस्क है जो लाखों साल पहले रहता था। यह हिमालय की नदियों में पाया जाता है, जिसे हिंदू पौराणिक कथाएं पवित्र कहती हैं।

भगवान राम भगवान विष्णु के सातवें अवतार हैं। जिन्होंने दुनिया को बनाया और सुरक्षित रखा। पौराणिक कथाओं में उल्लेख मिलता है कि भगवान विष्णु के सबसे समर्पित अनुयायियों में से एक, वृंदा ने विष्णु को श्राप दिया। जिससे विष्णु पत्थर में परिवर्तित हो गए। ऐसी मान्यता है कि वृंदा भगवान शिव की तीसरी आंख से निकलने वाली ज्वाला से पैदा हुई थी। वृंदा शक्तिशाली राक्षस राजा जालंधर की पत्नी थी। वह शक्तिशाली भी क्योंकि ब्रह्मा ने उसे उपहार दिए थे। जालंधर तब तक अपराजेय था जब तक उसकी पत्नी ने उसे धोखा नहीं दिया।

चट्टानें गंडकी नदी के तट पर हैं। नेपाल में काली गंडकी नामक एक जलप्रपात है। यह दामोदर कुंड से शुरू होता है, जो गणेश्वर धाम गंडकी से लगभग 85 किलोमीटर उत्तर में है। यह स्थान समुद्र तल से 6,000 फीट ऊपर है। इन्हें करोड़ों साल पुराना माना जाता है। अयोध्या में मंदिर निर्माण हेतु दो चट्टानें नेपाल के मस्तंग जिले में सालिग्राम या मुक्तिनाथ अर्थात मोक्ष का स्थान के पास गंडकी नदी से आई हैं। इन पत्थरों की आयु 60 मिलियन वर्ष मानी जाती है। सीता की प्रतिमा शालिग्राम पत्थर से निर्मित की जाएगी।

मंदिर का शिलान्यास

अयोध्या राम मंदिर का पहला शिलान्यास सर्वोच्च न्यायालय का फैसला आने के बाद, 5 अगस्त, 2020 को प्रधानमंत्री नरेंद्र मोदी ने किया। अयोध्या मंदिर का क्षेत्रफल 54,700 वर्ग फुट है, जो लगभग 2.7 एकड़ है। राम मंदिर परिसर कुल मिलाकर लगभग 70 एकड़ में फैला होगा और एक बार में लगभग दस लाख उपासकों को समायोजित करने में सक्षम होगा। राम जन्मभूमि परिसर को बनाने में 1000 करोड़ रुपए खर्च होंगे। हर महीने जनता से करीब 1 करोड़ रुपए मिलते हैं। जून 2022 तक जनता ने ट्रस्ट को 3,400 करोड़ रुपए दान के रूप में दिए थे। अतिरिक्त धन अयोध्या के निर्माण में लगाया जाएगा।

*

अध्याय - 23

राज्यवार प्रमुख राम मंदिर

भारत के हर प्रदेश में राम मंदिर है। हर मंदिर में राम और सीता की प्रतिमा है। अनेक राम मंदिर प्राचीन है। उत्तर और दक्षिण भारत में राम मंदिर अधिक हैं। इससे स्पष्ट है कि राम भक्त सारे देश में फैले हुए हैं। विदेशों में भी राम भक्त एवं राम मंदिर हैं। जिनका उल्लेख पहले ही किया जा चुका है। प्राचीन और अर्वाचीन मंदिरों में एक विशेष अंतर उनकी वास्तु कला का है। आधुनिक मंदिर उतने कलात्मक नहीं है जितने प्राचीन मंदिर हैं। यहां हम कुछ प्रसिद्ध मंदिरों के विषय में संक्षिप्त परिचय दे रहे हैं।

जम्मू-कश्मीर, रघुनाथ मंदिर, जम्मू

रघुनाथ मंदिर, जम्मू

हिमालय की गोद में बसा हुआ जम्मू-कश्मीर धरती पर स्वर्ग माना जाता है। यहां देशी-विदेशी पर्यटकों का आना-जाना लगा रहता है। जम्मू और कश्मीर सूबे के जम्मू शहर में स्थित राम को समर्पित मंदिर आकर्षक वास्तुकला का नमूना है। इस मंदिर का निर्माण कार्य सन् 1835 ईस्वी में महाराजा गुलाब सिंह ने शुरू किया किया था लेकिन उनके जीवन काल में यह बनकर तैयार नहीं हुआ था। सन् 1860 ईस्वी में महाराजा रणवीरसिंह के काल में यह मंदिर बनकर तैयार हुआ। इस प्राचीन मंदिर को रघुनाथ मंदिर कहते हैं। यह

तवी नदी के उत्तर में 1,150 फीट की ऊंचाई पर स्थित है। यह मंदिर उत्तर भारत का सबसे बड़ा और सबसे प्रमुख मंदिर है। मंदिर के परिसर में अनेक देवताओं की प्रतिमाएँ हैं। मंदिर में एक शिलालेख है जो प्रवेश द्वार पर पर स्थित है, उसमें ब्राह्मिक लिपि द्वारा गुलाब सिंह और उनके भाई ध्यान सिंह को 1827 ईस्वी में एक महंत जगन्नाथ के सम्मान में मंदिर बनाने का श्रेय दिया जाता है। इस मंदिर में सात ऐतिहासिक धार्मिक स्थल मौजूद है अर्थात रघुनाथ मंदिर में सात मंदिर हैं। जिनमें से प्रत्येक का अपना शिखर है। यह भारत के सबसे बड़े मंदिर परिसरों में से एक है।

मुख्य मंदिर के अलावा, अन्य मंदिरों में भगवान विष्णु के विभिन्न अवतार शामिल हैं। भगवान सूर्य का एक और उल्लेखनीय मंदिर है, जिसमें भगवान के विभिन्न रूप हैं। मंदिर के अंदर अन्य मंदिर भी हैं जिनमें सनातन देवी-देवताओं की विशाल मूर्तियां हैं। यहाँ यह उल्लेख करना उल्लेखनीय है कि मंदिर के तीन ओर आंतरिक दीवारों पर सोने की चादरें ढँकी हुई हैं। इसमें एक गैलरी भी है, जहां विभिन्न 'लिंगम' (भगवान शिव का लिंग रूप) और 'शालिग्राम' रखे गए हैं। रघुनाथ मंदिर में हिंदू पंथियन के लगभग सभी चित्र शामिल हैं, जो मंदिर वास्तुकला में एक असामान्य अवतार हैं। मंदिर के प्रवचन और अनुष्ठानों में सुबह और शाम की आरती दोनों शामिल हैं। मंदिर के भीतर की दीवारों पर तीन तरफ से सोने की परत चढ़ी हुई है। इसके अलावा मंदिर के चारों ओर कई मंदिर स्थित है जिनका सम्बन्ध रामायण काल के देवी-देवताओं से हैं। मंदिर की आंतरिक सूचियों में जम्मू स्कूल ऑफ पेंटिंग के चित्र हैं, जिनमें रामायण, महाभारत, भगवद गीता, और हिंदू महाकाव्यों के चित्र हैं, जिनमें गणेश, कृष्ण, शेषनाग विष्णु जैसे देवताओं को प्रदर्शित किया गया है। मंदिर के अंदर पौराणिक कथाओं से संबंधित विषयों के अलावा, कुछ चित्र धर्मनिरपेक्ष कथाओं से संबंधित हैं, जैसे कबीर, एक संत, बुनाई में लगे हुए और डोगरा और सिख समुदायों के सैन्यकर्मी इत्यादि। मंदिर के मुख्य तीर्थस्थल में भगवान राम की मूर्ति, जो डोगरा संप्रदाय के लोगों के पारिवारिक देवता है, गर्भगृह में बनी हुई है। इस मंदिर की सबसे विशेष बात यह है कि इसमें रामायण व महाभारत काल के कई चरित्रों की प्रतिमाएं भी स्थापित हैं। जो भगवान राम के जीवन काल को दर्शातीं हैं।

रघुनाथ मंदिर के स्थापत्य वैभव में मुगल चिनाई की झलक देखी जा सकती है। नक्काशी और मेहराब असाधारण रूप से देदीप्यमान होने के कारण हर किसी का ध्यान खींच लेते हैं। मंदिर परिसर में एक पुस्तकालय है, जिसमें दुर्लभ संस्कृत पुस्तकें और पांडुलिपियां हैं। लोग बड़ी संख्या में इस मंदिर में देवता को श्रद्धांजलि अर्पित करने और भगवान से आशीर्वाद लेने के लिए जाते हैं।

मंदिर के प्रवेश द्वार पर सूर्य का चिन्ह बना हुआ है और यह एक अष्टकोणीय आकार में 5 फीट अर्थात 1.5 मीटर की ऊँचाई वाले मंच के ऊपर भी बनाया गया है। मंदिर के अंदर की दीवारों को सूर्य एवं शिव सहित कई देवताओं के 300 तरह के प्रतीकों से सजाया गया है जो मंदिर मंदिर को आकर्षित बनाते है। मंदिर के अंदर एक स्कूल और एक पुस्तकालय है जो शारदा लिपि तथा संस्कृत पांडुलिपियों के एक उल्लेखनीय संग्रह के साथ कई भारतीय भाषाओं में 6,000 से अधिक पांडुलिपियों को संरक्षित करता है। रघुनाथ मंदिर शारदा लिपि पांडुलिपियों का एक महत्वपूर्ण विद्वान एवं महत्वपूर्ण स्रोत है और कश्मीर परंपरा के हिंदू और बौद्ध ग्रंथों के सबसे बड़े संग्रह में से एक है।

रघुनाथ मंदिर घरों की पांडुलिपियों के डिजिटलीकरण की पहल का प्रारंभिक प्रेरित करने वाला रहा है और भारत के अन्य हिस्सों से प्राचीन पांडुलिपियों को डिजिटलीकरण करने के लिए पहल की शुरुआत की है। इस मंदिर का रामनवमी का त्यौहार दर्शनीय होता है। जो भगवान राम के जन्मोत्सव पर मनाया जाता है। रघुनाथ मंदिर बाहर से पांच कलश के रूप में नजर आता है। मंदिर के गर्भ गृह में राम-सीता व लक्ष्मण की प्रतिमाएं स्थापित हैं।

रघुनाथ मंदिर पर वर्ष 2002 में मार्च और नवम्बर के महीने में मंदिर में दो आतंकवादी हमले हुए थे। जिसमें पहला हमला आतंकवादी संगठन द्वारा हुआ था और दूसरा लश्कर-ए-तैयबा के हमलावरों द्वारा किया गया था। हमले में आतंकवादियों ने ग्रेनेड पर गोलीबारी भी की थी। इस घटना में 13 श्रद्धालुओं की मौत हो गई थी और 40 श्रद्धालु घायल हो गए थे। जिसके बाद मंदिर को बंद कर दिया था। परंतु 2003 में मंदिर को दोबरा खोल दिया गया।

हिमाचल प्रदेश, राम मंदिर, मणिकर्ण एवं कुल्लू

राम मंदिर मणिकर्ण

रामलला की जन्मभूमि अयोध्या और देवभूमि कुल्लू का 370 साल पुराना अटूट रिश्ता है। रघुनाथपुर में रघुनाथ की स्थापना 1660 में की गई। रघुनाथ जी मंदिर में सन् 1651 ई में कुल्लू के राजा द्वारा राम की मूर्ति स्थापित की गई थी। दस साल तक रघुनाथ को मकराहड़ और धार्मिक स्थली मणिकर्ण में रखा गया।

भगवान राम की मूर्ति को अयोध्या से मणिकर्ण में लाया गया। इसके बाद कुल्लू लाया गया था । मणिकर्ण में भगवान राम का प्राचीन मंदिर है। कुल्लू से पहले मणिकर्ण में दशहरा मनाया गया था। यहां पर दशहरा के दौरान भगवान रामचंद्र को रथ में बिठाकर

रथयात्रा निकाली जाती है। धार्मिक नगरी मणिकर्ण में दो प्रसिद्ध मंदिर हैं। पहला राम मंदिर और दूसरा हिडिंबा मंदिर।

एक लोक प्रचलित है इस क्षेत्र में। कहते हैं कि एक दिन राजा को एक दरबारी ने सूचना दी कि मड़ोली या टिप्परी के ब्राह्मण दुर्गादत्त के पास सुच्चे मोती हैं। जब राजा ने मोती मांगे तो राजा के भय से दुर्गादत्त ने खुद को अग्नि में जलाकर समाप्त कर दिया। उसके पास मोती नहीं थे। इससे राजा को रोग लग गया। ब्रह्म हत्या के निवारण को राजा जगत सिंह के राजगुरु तारानाथ ने सिद्धगुरु कृष्णदास पथहारी से मिलने को कहा। पथहारी बाबा ने सुझाव दिया कि अगर अयोध्या से त्रेतानाथ मंदिर में अश्वमेध यज्ञ के समय की निर्मित राम-सीता की मूर्तियों को कुल्लू में स्थापित किया जाए तो राजा रोग मुक्त हो सकता है। पथहारी बाबा ने यह काम अपने शिष्य दामोदर दास को दिया। सन् 1650 ईस्वी में तत्कालीन कुल्लू के राजा जगत सिंह के आदेश पर भगवान रघुनाथ, सीता और हनुमान की मूर्तियां अयोध्या से दामोदर दास नामक व्यक्ति लाया था। मूर्ति लाने के बाद राजा ने रघुनाथ के चरण धोकर पानी पिया। इससे राजा का रोग खत्म हो गया। कहते हैं कि इसके बाद राजा ने अपना सारा राजपाठ भगवान रघुनाथ को सौंप दिया और भगवान रघुनाथ के मुख्य छड़ीबरदार बन गए। राजा जगत सिंह ने अपनी राजधानी को नग्गर से स्थानांतरित कर सुल्तानपुर में बसा लिया था।

उत्तराखंड, श्रीराम दरबार मंदिर हरिद्वार

उत्तराखंड, श्रीराम दरबार मंदिर हरिद्वार

यह राम मंदिर उत्तराखंड के हरिद्वार जिले में हरकी पौड़ी से 4 किलोमीटर की दूरी में सप्तसरोवर रोड पर स्थित है। इस मंदिर में कुछ अनोखे तरीके के कांच का प्रयोग किया गया है। कांच से बना यह राम मंदिर अपनी भव्यता को दर्शाता है। श्री राम दरबार मंदिर एक शीशमहल मंदिर है। राम सेतु के निर्माण में प्रयुक्त किया गया एक पत्थर भी है। जो 21 किलो 800 ग्राम का हैं।

उत्तर प्रदेश, कनक भवन, अयोध्या

उत्तर प्रदेश, कनक भवन, अयोध्या

कनक भवन के विषय में मान्यता है कि यह भगवान श्रीराम और देवी सीता का भवन है जिसे माता कौशल्या ने देवी सीता को मुंह दिखाई में दिया था।

वर्तमान कनक भवन का निर्माण ओरछा के राजा सवाई महेन्द्र प्रताप सिंह की धर्मपत्नी महारानी वृषभानु कुंवरि ने करवाया है। इन्होंने प्राचीन मूर्तियों के साथ सन् 1891 ईस्वी में मंदिर में दो नए राम सीता के विग्रह की भी स्थापना भी करवाई है। प्राचीन विग्रह के विषय में मान्यता है कि भगवान राम और देवी सीता के देहत्याग के बाद उनके पुत्र कुश ने उनकी मूर्ति बनवाकर स्थापित की थी।

कनक भवन को लेकर एक कथा यह भी है कि अयोध्या नगरी के पराभव के बाद यह भवन जीर्ण हो गया था। कृष्ण अवतार के समय जरासंध वध के बाद भगवान श्रीकृष्ण जब यहां आए तो उन्होंने मंदिर का फिर से निर्माण करवाया और मूर्तियों को स्थापित करवाया।

बिहार, हरिहरनाथ मंदिर, सोनपुर

बिहार, हरिहरनाथ मंदिर, सोनपुर

भगवान विष्णु को समर्पित हरिहरनाथ मंदिर का निर्माण भगवान राम ने त्रेता युग में करवाया था। माना जाता है कि श्रीराम ने यह मंदिर तब बनवाया था, जब वे सीता स्वयंवर में जा रहे थे।

सारण और वैशाली जिले की सीमा पर गंगा और गंडक नदी के संगम पर स्थित इस मंदिर का निर्माण राजा मानसिंह ने करवाया। वर्तमान में जो मंदिर है, उसका जीर्णोद्धार तत्कालीन राजा राम नारायण ने करवाया था।

दरभंगा राम मंदिर

दरभंगा राम मंदिर

प्राचीन काल और मध्य काल में राजा-महाराजाओं, सामंतों, जमींदारों और धनपतियों द्वारा अपनी आस्था और श्रद्धा का दर्शाने के लिए मंदिरों के निर्माण करवाने की परंपरा रही है। इसी परंपरा का एक उदाहरण है बिहार के दरभंगा में स्थित राम मंदिर।

रामेश्वर सिंह ने अपने शासनकाल 1898–1929 में एक मंदिर अयोध्या में बने राम मंदिर जैसा एक राम मंदिर का निर्माण करवाया गया था। यह मंदिर संभवतः विवादित बाबरी मस्जिद राम मंदिर का समनिदर्श है।

नरगोना परिसर के अंदर इस विशालकाय मंदिर में काले पत्थर से निर्मित रामलाल की मूर्ति के साथ सीता की मूर्ति स्थापित की गई। इस मंदिर की विशेषता यह है कि यह मंदिर अयोध्या के राम मंदिर से मिलता-जुलता है। साथ में गर्भ गृह में रामलला के गुरु के साथ हनुमान लक्ष्मण भरत शत्रुघ्न सभी के प्रतिमाएं मौजूद है। वहीं गर्भ गृह के बाहर एक और शिव पार्वती तो दूसरी और राधा कृष्ण की प्रतिमा स्थापित है।

मंदिर में एक काले पत्थर से निर्मित राम की प्रतिमा के साथ सीता की प्रतिमा स्थापित है। मंदिर की विशेषता यह है कि इस मंदिर को बनाने वाले कर्मचारियों के गुरु की प्रतिमा भी राम सीता के साथ स्थापित की गई है।

यह मंदिर अपने आप में एक अद्भुत और विशालकाय है। लेकिन समुचित देखरेख नहीं होने की वजह से अपनी सुंदरता को खो चुकी। जरूरत है इसे संरक्षित रखने का ताकि आने वाले पीढ़ी को क्या दिखाया जा सके। इस मंदिर के ऊपर बने गुंबज क्षतिग्रस्त हो गए हैं। अयोध्या में सदियों पुरानी निर्मित राम मंदिर का ढांचा और गुंबज था। उसी के नक्शे पर इस मंदिर का निर्माण दरभंगा महाराज के द्वारा करवाया गया था। गुंबज के ऊपर लगे वस्तुएं क्षतिग्रस्त हो गई है। कुछ तो टूट गए और कुछ टूटने के कगार पर है।

आज यह खंडहर हो गया है। मैथिल ब्राह्मण जमींदार खण्डवाल कुल से थे। जिसके संस्थापक महेश ठाकुर का शाण्डिल्य गोत्र था। उन्होंने 16वीं शताब्दी के शुरुआत में अपने साम्राज्य की स्थापना की थी। दरभंगा के इस राज परिवार के द्वारा बनाया गया यह मंदिर उपेक्षा के कारण खंडहर में तब्दील हो गया है।

मंदिर के गर्भ गृह के बाहर विशाल स्थान है आरती के समय यहां भक्तों की अपार भीड़ एकत्र हुआ करती थी। आज भी इस स्थान पर लगभग 100 भक्त एक समय में एक साथ एकत्र हो सकते हैं। मंदिर के फर्श चमकीले और छिछलेदार है। मंदिर के सामने एक तालाब है, जो इस मन्दिर की सुंदरता को और बढ़ा देता है।

महाराष्ट्र, सीताहरण 'सर्वतीर्थ', नासिक

जटायु वध की स्मृति में वर्तमान महाराष्ट्र के नासिक जिला के इगतपुरी से लगभग 56 किलोमीटर दूर ताकेड गांव में 'सर्वतीर्थ' नामक स्थान पर आज भी संरक्षित है। ऐसा माना जाता है कि जटायु की मृत्यु सर्वतीर्थ नाम के स्थान पर हुई थी। इस स्थान को सर्वतीर्थ

इसलिए कहा गया क्योंकि यहीं पर मरणासन्न जटायु ने सीता माता के बारे में बताया। राम ने यहां जटायु का अंतिम संस्कार करके पिता और जटायु का श्राद्ध-तर्पण किया था। इसी तीर्थ पर लक्ष्मण रेखा थी।

मध्यप्रदेश, राम वन तीर्थ, सतना

पंचवटी तीर्थ, नासिक

उस काल में पंचवटी जनस्थान या दंडक वन के अंतर्गत आता था। पंचवटी या नासिक से गोदावरी का उद्गम स्थान त्र्यंबकेश्वर लगभग 20 मील अर्थात लगभग 32 किलोमीटर दूर है। वर्तमान में पंचवटी भारत के महाराष्ट्र के नासिक में गोदावरी नदी के किनारे स्थित विख्यात धार्मिक तीर्थ स्थान है।

अगस्त्य मुनि ने श्रीराम को अग्नि शाला में बनाए गए शस्त्र भेंट किए। नासिक में श्रीराम पंचवटी में रहे और गोदावरी के तट पर स्नान-ध्यान किया। नासिक में गोदावरी के तट पर 5 वृक्षों का स्थान पंचवटी कहा जाता है। ये 5 वृक्ष थे - पीपल, बरगद, आंवला, बेल तथा अशोक वट। यहीं पर सीता माता की गुफा के पास 5 प्राचीन वृक्ष हैं जिन्हें पंचवट के नाम से जाना जाता है। माना जाता है कि इन वृक्षों को राम-सीमा और लक्ष्मण ने अपने हाथों से लगाया था।

यहीं पर लक्ष्मण ने शूर्पणखा की नाक काटी थी। राम-लक्ष्मण ने खर व दूषण के साथ युद्ध किया था। यहां पर मारीच वध स्थल का स्मारक भी अस्तित्व में है। नासिक क्षेत्र स्मारकों से भरा पड़ा है, जैसे कि सीता सरोवर, राम कुंड, त्र्यम्बकेश्वर आदि। यहां श्रीराम का बनाया हुआ एक मंदिर खंडहर रूप में विद्यमान है।

मारीच का वध पंचवटी के निकट ही मृगव्याध ईश्वर में हुआ था। गिद्धराज जटायु से श्रीराम की मैत्री भी यहीं हुई थी। वाल्मीकि रामायण, अरण्यकांड में पंचवटी का मनोहारी वर्णन मिलता है।

दण्डकारण्य में मुनियों के आश्रमों में रहने के बाद श्रीराम कई नदियों, तालाबों, पर्वतों और वनों को पार करने के पश्चात नासिक में अगस्त्य मुनि के आश्रम गए। मुनि का आश्रम नासिक के पंचवटी क्षेत्र में था। त्रेतायुग में लक्ष्मण व सीता सहित श्रीरामजी ने वनवास का कुछ समय यहां बिताया।

काला राम मंदिर, नासिक

कलाराम मंदिर भी भारत का एक खूबसूरत राम मंदिर है। यह मंदिर महाराष्ट्र के नासिक नगर के पंचवटी क्षेत्र में स्थित है। कालाराम का शाब्दिक अर्थ है 'काला राम' और मंदिर को यह नाम भगवान राम की 2 फीट ऊंची काली मूर्ति के कारण पड़ा है। मंदिर में देवी सीता और लक्ष्मण की मूर्तियां भी स्थापित हैं। ऐसा माना जाता है कि जब भगवान राम को चौदह वर्ष के वनवास पर भेजा गया था। दसवें वर्ष के बाद, वह सीता और लक्ष्मण के साथ पंचवटी में गोदावरी नदी के किनारे रहने के लिए आए थे। इस मंदिर का निर्माण सरदार रंगारू ओधेकर ने किया था, जिन्होंने सपना देखा था कि राम की एक काली मूर्ति गोदावरी नदी में है जिसे उन्होंने अगले दिन नदी से निकालकर कालाराम मंदिर में स्थापित किया था।

मध्यप्रदेश, राम वन तीर्थ, सतना

मध्यप्रदेश, राम वन तीर्थ, सतना

मध्यप्रदेश के सतना में है रामवन। ऐसा माना जाता है कि वर्तमान मध्यप्रदेश एवं छत्तीसगढ़ के क्षेत्रों में नर्मदा व महानदी नदियों के किनारे 10 वर्षों तक राम ने अनेक ऋषि आश्रमों का भ्रमण किया था। पन्ना, रायपुर, बस्तर और जगदलपुर में अनेक स्मारक विद्यमान हैं। यथा - मांडव्य आश्रम, श्रृंगी आश्रम, राम-लक्ष्मण मंदिर आदि।

राजा राम मंदिर, ओरछा

राजा राम मंदिर, ओरछा

श्रीराम राजा सरकार का महत्व अयोध्या के बाद ओरछा में दिखाई देता है। यहां लोग राम को अपना राजा मानते है। यहां पर राम हर धर्म के राजा हैं। इस मंदिर को ओरछा मंदिर

के नाम से भी जाना जाता है। भारत में यह एकमात्र मंदिर है जहां भगवान राम को राजा के रूप में पूजा जाता है और वह भी एक महल में।

एक दिन मधुकर शाह और कुंवर गणेश बातें कर रहे थे और बातों-बातों में दोनों अपने अपने ईष्ट देव को लेकर झगड़ा करने लगे और महाराजा मधुकर शाह ने महारानी से बोल दिया कि यदि वो एक सच्ची राम भक्त है, तो जाएं अयोध्या और रामजी को यहां ओरछा ले आएं। अब महारानी जी ने भी यह बात मान ली और बोली की या तो अब मैं अपने ईष्ट प्रभु राम को अयोध्या से ओरछा लाऊंगी या फिर अयोध्या में ही अपने प्राण त्याग दूंगी।

महारानी कुंवर गणेश आ गई। अयोध्या और सरयू नदी के किनारे राम जी की पूजा शुरू की। सात दिन हो चुके थे। अनेक विद्वानों का मत है 21 दिन पूजा की तब तक महारानी को श्रीराम ने दर्शन नहीं दिए। अब महारानी हताश होकर अपने प्राण त्यागने का निर्णय लेती है और सरयू में छलांग लगा देती है। तभी मर्यादा पुरुषोत्तम श्रीराम एक बालक के रूप में वहां आ जाते हैं। कुछ लोगों का कहना हैं की सरयू में जब महारानी से छलांग लगाईं थी तो जलधारा में ही भगवान राम महारानी की गोद में बैठ गए थे।

अब महारानी बालक रूप में आये श्रीराम से ओरछा चलने का निवेदन करती हैं। राम मान भी जाते हैं लेकिन तीन शर्तों के साथ अब महारानी कुंवर गणेश भगवान राम से उनकी शर्तें पूछती हैं। ये थीं शर्तें -

पहली शर्त : जहां हम जा रहे हैं, वहां के सिर्फ हम ही राजा होंगे कोई दूसरा नहीं।

दूसरी शर्त : अयोध्या से ओरछा तक आपके साथ हम पैदल जाएंगे वो भी पुण्य नक्षत्र में।

तीसरी शर्त : यदि हम कहीं पर भी बैठ गए तो वहां से उठेंगे नहीं।

महारानी कुंवर गणेश ने श्रीराम की तीनो शर्तें मान ली। श्रीराम एक मूर्ति के रूप में महारानी की गोद में बैठ गए और महारानी पैदल ही ओरछा की तरफ चल दी। 8 महीने 28 दिन में वो ओरछा आ गई थी। यहां यह भी कहा जाता है महारनी के ओरछा पहुँचने से पहले महाराजा मधुकर शाह को सपना आया था कि महारानी भगवान राम को लेकर आ रही है। तो मधुकर शाह ने भगवान राम के लिए मन्दिर बनवाना शुरू कर दिया जिसे चतुर्भुज मन्दिर कहते हैं।

इस चतुर्भुज मन्दिर का निर्माण पूर्ण हो पाता, उससे पहले ही महारानी कुंवर गणेश जी श्रीराम को लेकर ओरछा आ गई और श्रीराम को अपने महल की रसोई घर में थोड़े समय के लिए स्थापित कर दिया। जब चतुर्भुज मंदिर बन गया तब उस मूर्ति को रसोई घर

से उठाकर, इसे चतुर्भुज मंदिर में स्थापित किया जाना था, लेकिन श्रीराम की वह मूर्ति वहां से उठी ही नहीं। इसी को सभी ने भगवान राम का चमत्कार माना और उसी महल को मंदिर बना दिया इसी महलनुमा मंदिर में आज आपको श्री राम राजा दर्शन देते हैं, इस मंदिर को ही श्री राम राजा मन्दिर कहा जाता है।

राम राजा मंदिर भारत का एकमात्र ऐसा मंदिर है जहां राम को भगवान के रूप में नहीं, बल्कि राजा के रूप में पूजा जाता है। इस राम मंदिर का निर्माण एक भव्य किले के रूप में मंदिर के पहरेदार के रूप में कार्यरत पुलिसकर्मियों के साथ मिलकर किया गया है। यहां हर दिन गार्ड ऑफ ऑनर किया जाता है और राजा राम को शस्त्र सलामी दी जाती है। राम राजा मंदिर में भगवान राम की मूर्ति को पहले चतुर्भुज मंदिर में रखा जाना था। लेकिन जिस स्थान पर यह अभी स्थापित है, उस स्थान पर टिक जाने के बाद कोई भी उसे वहां से हिला नहीं पाया। राम राजा मंदिर की दीवारें और संगमरमर का प्रांगण इस मंदिर की सुंदरता को बढ़ाते हैं और इसे भारत के सर्वश्रेष्ठ राम मंदिरों में से एक बनाते हैं।

सम्मानार्थ सेना-प्रदर्शन हर दिन आयोजित किया जाता है। पुलिस कर्मियों को मंदिर में गार्ड के रूप में नामित किया गया है। मंदिर में देवता को प्रदान किया जाने वाला भोजन और अन्य सुविधाएं शाही भोजन हैं। भगवान राम को प्रतिदिन सशस्त्र प्रणाम किया जाता है। इस पवित्र हिंदू तीर्थयात्रा में नियमित रूप से बड़ी संख्या में भक्त आते हैं।

श्रीराम पद्मास में बैठे हैं। केवल बायां पैर दाहिनी जांघ पर पार किया गया है। दोनों पैरों को सामान्य पद्मासन के विपरीत पार नहीं किया गया है। प्रतिदिन पूजा के बाद भगवान राम के बाएं पैर के अंगूठे पर चंदन का टीका लगाया जाता है। ऐसा माना जाता है कि राजा राम दरबार में जाते समय यदि उपासक बाएं पैर के अंगूठे को देखें तो उनकी मनोकामना पूरी होती है। भगवान राम की मूर्ति पर बाएं पैर का बड़ा अंगूठा लगाना आसान नहीं है, बायां पैर मुड़ा हुआ होने के कारण नीचे की ओर नहीं देखना चाहिए, बल्कि भगवान राम के दाहिने हाथ के करीब देखना चाहिए। मंदिर के पुजारी भी पैर के अंगूठे को निकालने में मदद कर सकते हैं। शाम के समय लाइट एंड साउंड शो बहुत आकर्षक होता है।

चित्रकूट का राम मंदिर

चित्रकूट में राम अनुसूया के आश्रम में कई महीनों तक रहे थे। चित्रकूट में ऐसे कई स्थल हैं जो राम, लक्ष्मण और सीता के जीवन से जुड़े हुए हैं। यह पवित्र स्थल हिन्दुओं के लिए अयोध्या से कम नहीं है। यहां पर रामघाट, जानकी कुंड, हनुमानधारा, गुप्त गोदावरी आदि ऐसे कई स्थल हैं।

आंध्रप्रदेश, श्रीराम मंदिर, रामतीर्थ, नेल्लीमारला मंडल

आंध्रप्रदेश, श्रीराम मंदिर, रामतीर्थ, नेल्लीमारला मंडल

रामतीर्थम उन स्थानों में से एक है जिसे भगवान श्रीराम के साथ पारंपरिक संबंध द्वारा पवित्र बनाया गया है। ठोस चट्टान की पहाड़ियों की एक श्रृंखला के आधार पर मंदिर और गाँव, जिस पर पानी के कुछ बारहमासी झरने हैं और विभिन्न स्थान एक तरह से राम के नाम से जुड़े हैं। इस मंदिर में चांदी के कवच में भगवान रामचंद्र स्वामी, सीता और लक्ष्मण की सुंदर मूर्तियां देखी जा सकती हैं। मंदिर के समीप एक सुंदर सरोवर है। इसकी शांति के लिए इस मंदिर के दर्शन करने पड़ते हैं। यहां श्री रामनवमी और वैकुंठ एकादशी के त्योहार धूमधाम से मनाए जाते हैं। हर साल वैकुंठ एकादशी के दौरान रामतीर्थम गिरिप्रदर्शन का आयोजन किया जाएगा। आप कई कछुओं को विष्णु नमः के साथ उनकी पीठ पर मंदिर में घूमते हुए देख सकते हैं। पेड्डा जीयर द्वारा स्थापित एक राम स्तम्भम भी है। बोडी कोंडा में कोडंडा राम मंदिर में श्रीराम की मूर्ति कुछ अज्ञात लोगों द्वारा नष्ट कर दी गई। 29 दिसंबर, 2020 को स्थानीय लोगों ने पाया कि राम की मूर्ति का सिर काट दिया गया था।

जैन धर्मावलंबियों का यहाँ निवास स्थान था। उनके अवशेषों में मुख्य रूप से प्राकृतिक गुफाएँ हैं। जिनमें स्लैब की मूर्तियाँ स्थापित हैं और कुछ छोटे खंडित ईंट मंदिर हैं। यह इस दिशा में उन कुछ जगहों में से एक है जहां जैन मौजूद हैं। यहां दफन अवशेषों की एकमात्र सूचना पुस्तक सिवेल्स लिस्ट्स में है। जहां एक पहाड़ी पर टूटी ईंटों और कटे पत्थरों के बड़े ढेर का उल्लेख है। जिस तक पहुंचना मुश्किल है। यह अब तक अज्ञात था कि यह अवशेष बौद्ध थे। जैन प्राकृतिक गुफाओं, रॉक कला, चित्रों और पहाड़ी के दक्षिण पश्चिम की ओर एक खंडित जैन ईंट मंदिर से बना है।

रामतीर्थम में पूर्व और पश्चिम के समानांतर पहाड़ियों की तीन पंक्तियाँ हैं और प्रत्येक एक संकीर्ण घाटी द्वारा एक दूसरे से अलग होती है। दक्षिणी भाग को बोधिकोंडा के रूप में जाना जाता है और उस पर राम से जुड़े स्थान हैं।

घानीकोंडा की गुफाएं

उत्तरी पहाड़ी दुर्गाकोंडा है, इसलिए उस देवी की एक छवि से नाम दिया गया है जो अपने पश्चिमी आधार पर एक प्राकृतिक गुफा में स्थित है। इस गुफा के सामने तथा इसके ऊपर की चट्टान पर कुछ टीले हैं। इनमें बौद्ध और जैन दोनों अवशेष हैं।

गुरबक्तकोंडा

केंद्रीय पहाड़ी को गुरुबक्तकोंडा (गुरुभक्तुलकोंडा) के रूप में जाना जाता है और यह इसके उत्तरी हिस्से में ऊंचा है जहां बर्बाद बौद्ध मठ खड़ा है। रामचंद्र स्वामी का प्रसिद्ध प्राचीन मंदिर यहां देखा जा सकता है। जैन प्राकृतिक गुफाओं, रॉक कला, चित्रों और पहाड़ी के दक्षिण पश्चिम की ओर एक खंडित जैन ईंट मंदिर से बना है।

श्री सीता रामचंद्र स्वामी मंदिर, भद्राचलम

श्री सीता रामचंद्र स्वामी मंदिर, भद्राचलम

यह मंदिर आंध्रप्रदेश के खम्मण जिले के भद्राचलम शहर में स्थित है। भद्राचलम वनवासी बहुल क्षेत्र है। राम वनवासियों के पूज्य हैं। लोककथाओं के अनुसार राम जब सीता को खोज रहे थे, तब गोदावरी नदी को पार कर इस स्थान पर रुके थे। मंदिर गोदावरी नदी के किनारे ठीक उसी जगह पर बनाया गया है, जहां से राम ने नदी को पार किया था। इस शहर को दक्षिण की अयोध्या के नाम से भी जाना जाता है।

ऐसा माना जाता है कि भद्राचलम से कुछ किलोमीटर दूर एक स्थान पर श्रीराम एक पर्णकुटी बनाकर रहे थे। आज इस स्थान को पर्णशाला कहा जाता है। यहीं पर कुछ ऐसे शिलाखंड भी हैं। जिनके बारे में यह विश्वास किया जाता है कि सीता जी ने वनवास के दौरान यहां वस्त्र सुखाए थे। स्थानीय किंवदंती के अनुसार यहीं से रावण ने सीता का हरण किया था, लेकिन रामायण के अनुसार वह स्थान पंचवटी था। ऐसी मान्यता है कि अपने भक्त भद्र को आशीर्वाद देने के लिए खुद भगवान राम स्वर्ग से उतरकर नीचे आए थे। भगवान राम ने भद्र को आश्वासन दिया था कि वे इसी जगह पर अपने श्रद्धालुओं के बीच मौजूद रहेंगे। तभी से इस जगह का नाम भद्राचलम पड़ गया।

मध्यकाल में राम भक्त कंचली गोपन्ना नामक एक तहसीलदार ने यहां स्थित बांस से बने प्राचीन मंदिर के स्थान पर पत्थरों का भव्य मंदिर बनवाया। मंदिर बनवाने के कारण उनको सभी रामदास कहने लगे। कबीर रामदास के आध्यात्मिक गुरु थे और उन्होंने रामदास को 'रामानंदी संप्रदाय' की दीक्षा दी थी। यह मंदिर दक्षिण की अयोध्या' के नाम से प्रसिद्ध है।

कर्नाटक, श्री तिरु नारायण स्वामी मंदिर, मेलकोट

कर्नाटक, श्री तिरु नारायण स्वामी मंदिर, मेलकोट

कर्नाटक मेलकोट के मांड्या जिला तहसील पांडवपुरा का एक छोटा-सा कस्बा है। यह कस्बा कावेरी नदी के तट पर बसा है। इस स्थान को तिरुनारायणपुरम भी कहते हैं। यह एक छोटी-सी पहाड़ी है। जिसे यदुगिरी कहते हैं। इस यदुगिरी पहाड़ी पर दो मंदिर स्थित है। एक मंदिर भगवान नृसिंह का जो पहाड़ी के रास्ते में पहले पड़ता है और दूसरा चेलुवा नारायण का मंदिर जो पहाड़ी के सबसे उपर स्थित है। यह स्थान मैसूर से 51 किलोमीटर और बेंगलुरु से 133 किलोमीटर किलोमीटर दूर है।

केरल. रामभद्रस्वामी मंदिर, तिरूविलवामाला, त्रिसूर

रामभद्रस्वामी मंदिर केरल के त्रिसूर शहर का विश्वप्रसिद्ध है। दूर-दूर से लोग इस मंदिर की भव्यता देखने आते हैं। त्रिसूर के 47 किलोमीटर दूर स्थित थिरुविल्वमाला है।

थिरुवंगड श्रीराम स्वामी मंदिर, कण्णूर

केरल के कण्णूर जिले में स्थित थालासूसेरी में अंग्रेजों द्वारा बनाया गया एक प्रसिद्ध किला है। यहां से कुछ दूर ही प्रसिद्ध राम मंदिर है। माना जाता है कि इस मंदिर का निर्माण 2,000 वर्ष पूर्व हुआ था। इससे पहले इस स्थान पर परशुराम ने एक विष्णु मंदिर का निर्माण करवाया था। इस स्थान का संबंध अगस्त्य मुनि से भी है। कन्नूर केरल के उत्तरी सिरे में स्थित एक छोटा लेकिन बेहद खूबसूरत तटवर्ती नगर है।

त्रिप्रायर श्रीराम मंदिर : त्रिप्रयार शहर

त्रिप्रायर श्रीराम मंदिर : त्रिप्रयार शहर

केरल में त्रिप्रायर नदी तट पर अवस्थित है श्रीराम मंदिर। यह कोडुन्गल्लुर नगर का प्रमुख मंदिर है। त्रिप्रयार एक नंबूदरी गांव अर्थात उपग्राम था। त्रिप्रयार मंदिर केरल के दो महत्वपूर्ण धार्मिक केंद्रों, गुरुवायुर और कोडुंगल्लूर के बीच स्थित है। मंदिर त्रिशूर से

लगभग 22 किलोमीटर दूर है। मान्यता यह है कि मंदिर में राम का रूप रावण को मारने के बाद पूरी प्रकृति की रक्षा करने वाला है। एक मान्यता यह भी है कि मंदिर में मूर्ति रूप महाविष्णु का है जो रामायण में राक्षस खर के सामने प्रकट हुए थे और उन्हें मोक्ष दिया था।

ऐसा माना जाता है कि त्रिप्रयार मंदिर की मूर्तियां मछुआरों को समुद्र में मिली थी। मछुआरों को राम, भरत, लक्ष्मण और शत्रुघ्न की चार मूर्तियां मिलीं। मछुआरों ने वखायिल कैमल को मूर्ति दी। जो अयिरूर कोविलकम के मंत्री थे।

यह मंदिर भगवान श्री राम को समर्पित है। यहां मूर्ति चतुरभुज धारी विष्णु का रूप है। राम दानव पर विजेता के रूप में दिखाया गया है। कहा जाता है कि ब्रह्मा और शिवजी के अंश भी इस मूर्ती में शामिल है जिसके हिसाब से यह विग्रह एक त्रिमूर्ती माना जाता है।

तमिलनाडु, रामास्वामी मंदिर

तमिलनाडु, रामास्वामी मंदिर

रामास्वामी मंदिर भारत के दक्षिणी राज्य तमिलनाडु में स्थित है। यह भारत के सबसे खूबसूरत राम मंदिरों में से एक है। इस मंदिर पर शानदार नक्काशी महाकाव्य रामायण के समय में हुई सभी प्रसिद्ध घटनाओं को दर्शाती है। इस मंदिर की आकर्षक संरचना को देखने के लिए इस मंदिर में दर्शन करने के लिए जरूर जाए। रामास्वामी मंदिर को दक्षिण भारत का अयोध्या कहा जाता है। यह एकमात्र मंदिर है जहाँ आप भरत और शत्रुघ्न के साथ राम, सीता और लक्ष्मण की मूर्तियाँ देख सकते हैं। मंदिर परिसर में, तीन अन्य मंदिर भी हैं, जिनके नाम अलवर सन्नथी, श्रीनिवास सन्नथी, और गोपालन सन्नथी हैं, जिन्हें आपको अवश्य देखना चाहिए।

*

अध्याय - 24

लंका में रामायण स्थल

दशग्रीव के बिना राम का अस्तित्व नहीं है। एक ओर प्रकांड ब्राह्मण था तो दूसरी ओर पराक्रमी योद्धा। एक पिता निष्ठ था और दूसरा पत्नी निष्ठ। एक ज्योतिष और जड़ी-बूटियों में पारंगत था तो दूसरा अस्त्र-शस्त्रों के संचालन में निपुण। एक मोक्ष का प्रार्थी था और दूसरा मोक्ष दात्री। एक पिता था तो दूसरा पति।

विभिन्न मतों के अनुसार रावण आयुर्वेद पर अनेक ग्रंथ लिखे। वनस्पतियों और जड़ी-बूटियों का रावण को ज्ञान था। रावण रूग्ण का उपचार करता था या नहीं इसका कोई उल्लेख नहीं मिलता। एक लोक प्रचलित मान्यता के अनुसार रावण ने अपनी पत्नी मंदोदरी के अनुरोध पर शिशु के लिए आयुवेदिक उपचार पर पुस्तक भी लिखी थी। ज्ञान विभिन्न विधाओं में पारंगत दशग्रीव एक महान अभियंता भी था। ऐसा भी कहा जाता है कि पुष्पक विमान भी रावण ने निर्मित किया था। रावण की विद्वता की परख रखने वाले राम ने लक्ष्मण को उस समय शिक्षा ग्रहण करने भेजा जब दशग्रीव मृत्यु शय्या पर अंतिम सांसें ले रहा था। लंका में यह मत भी प्रचलित है कि रावण समुद्र के खारे पानी को मीठा बनाना चाहता था। इसके अतिरिक्त सोने में सुगंध डालना चाहता था।

सिगिरिया

श्रीलंका में सिगिरिया नामक एक स्थान है। ऐसा माना जाता है कि वहां रावण का महल हुआ करता था।

रावण का महल जिस चट्टान पर था वह अत्यंत दुर्गम स्थल है। ऐसा माना जाता है कि रावण का साम्राज्य मध्य श्रीलंका में, बदुल्ला, अनुराधापुरा, केंडी, पोलोन्नुरुवा और नुवारा एलिया तक फैला हुआ था।

इस महल के विषय में कहा जाता है कि यह महल कुबेर ने बनाया था। कुबेर रावण का भाई था। सिगरिया रॉक चट्टान के शीर्ष पर एक प्राचीन महल का अवशेष है। जो किलेबंदी, सीढ़ीदार बगीचे, तालाब, नहर, गलियों और फव्वारों से घिरा हुआ है।

नुवासा एलिया

श्रीलंका में नुवासा एलिया वह स्थान है जहां सीता को सर्वाधिक समय तक रखा गया था। यहां अब सीता माता का मंदिर बना हुआ है। इस स्थान को सीता एलिया भी कहा जाता है। इतिहासकारों और विद्वानों के अनुसार नुवासा एलिया में ही अशोक वाटिका थी।

एल्ला की रहस्यमय गुफाएं

ऐसा माना जाता है कि नुवासा एलिया से सीता को एल्ला नामक स्थान पर स्थानांतरित कर दिया गया था। यहां एक बहुत बड़ी, अनोखी, काफी गहरी एवं अनेक खंडों में विभक्त गुफा है। जानकार लोगों के अनुसार इस रावण गुफा में विशेष प्रकार की सुरंग व्यवस्था है।

जिसे सुरंगों का जाल कहा जा सकता है। रावण समय-समय पर इसका प्रयोग करता था। यह गुफा आज भी है और इसके पास एक नदी बहती है। विद्वानों के अनुसार इस नदी में सीता स्नान करने आया करतीं थीं। ऐसा भी कहा जाता है कि रावण यहीं पर ही अपना प्रिय वाद्ययंत्र रावण हत्था बजाया करता था।

कुरुनेगाला हवाई अड्डा

कुरुनेगाला वह स्थान है जहां इस बात के संकेत मिले हैं कि यहां एक हवाई अड्डा प्राचीन काल में रहा होगा। संभवतः यह रावण का हवाई अड्डा था। इसके अतिरिक्त अनेक हवाई अड्डों थे रावण के। रावण को हवाई यात्रा में बेहद रुचि थी और वह अक्सर हवाई यात्रा पर निकल जाया करता था।

अनुराधापुर में रहस्यमय यंत्र

अनुराधापुर में एक रहस्यमयी चट्टान देखने को मिलती है। यहां एक विशेष यंत्र बना हुआ है। इस विषय में अनेक कथाएं श्रीलंका में प्रचलित हैं।

इतिहासकारों, वैज्ञानिकों और विद्वानों के अनुसार यह पूरे ब्रह्मांड का मानचित्र है। एक अन्य मत के अनुसार यह अंतरिक्ष तक का मानचित्र है।

वानावतुना में वानस्पतिक विविधता

यह एक उभरा क्षेत्र है। यहां एक पहाड़ी है। यहां कि वनस्पति श्रीलंका की वनस्पति से भिन्न है। ऐसी मान्यता प्रचलित है कि जब भगवान हनुमान लक्ष्मण के लिए संजीवनी बूटी के लिए पूरा पहाड़ ला रहे थे तो उसका एक हिस्सा यहां गिर गया था। संभवतः इसी कारण से यहां की वनस्पति काफी अलग है। इसके अलावा एक अन्य कहानी भी है। कहते हैं कि यहां चुंबकीय शक्ति सर्वाधिक है। वैज्ञानिकों के अनुसार यहां की चुंबकीय शक्ति इतनी अधिक है कि अगर इसके ऊपर से कोई उपग्रह गुजरे तो वह भी अपना रास्ता भटक जाता है।

दिवरुमपोला, जहां सीता की अग्नि परीक्षा हुई

दिवरुमपोला, जहां सीता की अग्नि परीक्षा हुई

श्रीलंका में वेलीमड़ा नामक जगह पर डिवाउरूम्पाला मंदिर है। यहां पर माता सीता ने अग्नि परीक्षा दी थी। आज यहां एक मंदिर है। जिस तरह न्यायालय में भगवान की कसम खाई जाती है, वैसी ही यहां आकर लोग वादे की कसम खाते हैं।

***

परिशिष्ट

ध्वज एवं चिन्ह

प्रत्येक देवता के ध्वज पर उनको सूचित करने वाला चिह्न, औरत ध्वज होता है।

विष्णु

विष्णु जी की ध्वजा का दण्ड सोने का व ध्वज पीले रंग का होता है। उस पर गरुड़ का चिह्न अंकित होता है।

शिव

शिव जी की ध्वजा का दण्ड चांदी का व ध्वज सफेद रंग का होता है। उस पर वृषभ का चिह्न अंकित होता है।

ब्रह्मा

ब्रह्मा जी की ध्वजा का दण्ड तांबे का व ध्वज पद्मवर्ण का होता है। उस पर कमल (पद्म) का चिह्न अंकित होता है।

गणपति

गणपति की ध्वजा का दण्ड तांबे या हाथीदांत का व ध्वज सफेद रंग का होता है। उस पर मूषक का चिह्न अंकित होता है।

सूर्यनारायण

सूर्यनारायण की ध्वजा का दण्ड सोने का व ध्वज पचरंगी होता है। उस पर व्योम का चिह्न अंकित होता है।

गौरी

गौरी की ध्वजा का दण्ड तांबे का व ध्वज बीरबहूटी के समान अत्यन्त रक्त वर्ण का होता है। उस पर गोधा का चिह्न होता है।

भगवती

देवी की ध्वजा का दण्ड सर्वधातु का व ध्वज लाल रंग का होता है। उस पर सिंह का चिह्न अंकित होता है।

चामुण्डा

चामुण्डा की ध्वजा का दण्ड लोहे का व ध्वज नीले रंग का होता है। उस पर मुण्डमाला का चिह्न अंकित होता है।

कार्तिकेय

कार्तिकेय की ध्वजा का दण्ड त्रिलौह का व ध्वज चित्रवर्ण का होता है। उस पर मयूर का चिह्न अंकित होता है।

बलदेव

बलदेवजी की ध्वजा का दण्ड चांदी का व ध्वज सफेद रंग का होता है। उस पर हल का चिह्न अंकित होता है।

कामदेव

कामदेव की ध्वजा का दण्ड त्रिलौह का (सोना, चांदी, तांबा मिश्रित) व ध्वज लाल रंग का होता है। उस पर मकर का चिह्न अंकित होता है।

यम

यमराज की ध्वजा का दण्ड लोहे का व ध्वज कृष्ण वर्ण का होता है। उस पर महिष (भैंसे) का चिह्न अंकित होता है।

*

रामकथा के शिल्पी : कामिल बुल्के

कामिल बुल्के को आधुनिक भारत में राम कथा का सबसे प्रसिद्ध पैरोकार मना जाता है। बेल्जियम में कामिल बुल्के का जन्म सन् 1909 में हुआ था। वह सन् 1934 में भारत आए। 16 वर्ष बाद सन् 1950 में उन्हें भारत की नागरिकता मिली। इतना ही नहीं सन् 1974 में उन्हें देश के तीसरे सर्वोच्च नागरिक सम्मान पद्मभूषण से नवाजा गया।

डॉ. फादर बुल्के का शोध-प्रबंध हिन्दी माध्यम में प्रस्तुत हिन्दी विषय का पहला शोध-प्रबंध भी है। उस समय विश्वविद्यालय के सभी विषयों के शोध-प्रबंध केवल अंग्रेजी में ही प्रस्तुत करने का विधान था। उन्होंने आग्रह किया कि उन्हें हिन्दी में शोध-प्रबंध प्रस्तुत करने की अनुमति प्रदान की जाय। इलाहाबाद विश्वविद्यालय के तत्कालीन कुलपति डॉ. अमरनाथ झा ने उनके आग्रह पर शोध-संबंधी नियमावली में संशोधन कराया और उन्हें अनुमति दी। डॉ. बुल्के को सन् 1950 में इलाहाबाद विश्वविद्यालय से डीफिल की उपाधि मिली। इसी वर्ष उनकी नियुक्ति सेंट जेवियर्स कॉलेज, राँची के हिन्दी-संस्कृत विभाग के अध्यक्ष पद पर हो गई और वह वहां इस पद पर अवकाश ग्रहण करने अर्थात सन् 1977 तक रहे।

‘रामकथा : उत्पति और विकास’ में संस्कृत, पालि, प्राकृत, अपभ्रंश, हिन्दी, बंगला, तमिल आदि सभी प्राचीन और आधुनिक भारतीय भाषाओं में उपलब्ध रामविषयक विपुल साहित्य का ही नहीं, वरन् तिब्बती, वर्मी, इंडोनेशियाई, थाई आदि भाषाओं में उपलब्ध समस्त राम साहित्य का अत्यंत वैज्ञानिक दृष्टि से अध्ययन किया गया है। इसके प्रकाशन के साथ ही फादर बुल्के की गणना भारत विद्या और हिन्दी के प्रतिष्ठित विद्वान के रूप में होने लगी।

डॉ. बुल्के रामकथा विषय पर 18 वर्षों तक काम करते रहे। रामकथा और तुलसी की भक्ति के बारे में डॉ बुल्के ने लिखा - “वास्तव में रामकथा आदर्श जीवन का वह दर्पण है, जिसे भारतीय प्रतिभा शताब्दियों तक परिष्कृत करती रही। इस प्रकार रामकथा भारतीय आदर्शवाद का उज्जवलतम प्रतीक बन गई है। वाल्मीकि के परवर्ती रामकाव्य के कवियों में तुलसी का स्थान अद्वितीय है। उन्होंने वाल्मीकि और लोकसंग्रह का पूरा-पूरा निर्वाह किया है और उस रामकथा के सोने में भगवद्भक्ति की सुगंध जगा दी है।”

उनके द्वारा रचित छोटी बड़ी पुस्तकों की संख्या 29 है. जिसमें प्रमुख हैं, ‘रामकथा : उत्पत्ति और विकास’, ‘हिंदी-अंगरेजी लघुकोश’, ‘अंगरेजी-हिंदी कोश’, ‘रामकथा और तुलसीदास’, ‘मानस-कौमुदी’, ‘ईसा जीवन और दर्शन’, ‘एक ईसाई की आस्था’, ‘मुक्तिदाता’, ‘नया विधान’, ‘नीलपक्षी’ आदि।

डॉ. कामिल बुल्के लैटिन, ग्रीक, फ्रेंच, फ्लेमिश, अंग्रेजी, हिंदी, संस्कृत जैसी विश्व की कई भाषाओं के ज्ञाता थे। डॉ. कामिल बुल्के का कहना था- “मनुष्य ईश्वर का प्रतिरूप है। यदि हम मनुष्य को प्यार नहीं कर सकते तो हम ईश्वर को भी प्यार नहीं कर सकते हैं।” 17 अगस्त, 1982 को गैंगरीन के कारण एम्स, दिल्ली में इलाज के दौरान उनका निधन हो गया।

*

विदेश में रामायण कालीन नामों के स्थानीकरण

प्राचीन काल में भारतवासी जहां कहीं भी गये वहां की सभ्यता और संस्कृति को तो उन लोगों ने प्रभावित किया ही साथ-ही-साथ वहां के स्थानों के भी नाम बदलकर उनका भारतीयकरण कर दिया। रामायणीय संस्कृति से संबद्ध इस स्थानों का नामकरण कब हुआ। यह कहना कठिन है। इसका एक अभिप्राय यह भी है कि हमारे पूर्वजों ने संपूर्ण विश्व को शिक्षित किया। इसे आर्यावर्त से आर्यों का पलायन भी कहते हैं। आर्यों के वंशजों ने विश्व मानव समाज को समय-समय पर शिक्षित करने के उद्देश्य से संसार के विभिन्न क्षेत्रों में पलायन किया।

इंडोनेशिया

इंडोनेशिया के सुमात्रा द्वीप का नामकरण सुमित्रा के नाम पर हुआ था। जावा के एक मुख्य नगर का नाम योग्याकार्टा है। 'योग्या' संस्कृत के अयोध्या का विकसित रूप है। जावा की भाषा में कार्टा का अर्थ नगर होता है। इस प्रकार योग्याकार्टा का अर्थ अयोध्या नगर है। मध्य जावा की एक नदी का नाम सेरयू है। उसी क्षेत्र के निकट स्थित एक गुफा का नाम किस्केंदा अर्थात किष्किंधा है। जावा के पूर्वी छोर पर अवस्थित एक शहर का नाम सेतुविंदा है जो निश्चय ही सेतुबंध का जावानी रूप है। मुसलमान बाहुल्य इस देश का प्रतीक चिन्ह गरुड़ निश्चय ही भारतीय संस्कृति से अपने सरोकार को उजागर करता है।

मलाया

मलाया स्थित लंग्या सुक अर्थात् लंका के राजकुमार ने चीन के सम्राट को 515 ईस्वी में दूत के माध्यम से एक पत्र भेजा था। जिसमें यह लिखा गया था कि उसके देश में मूल्यवान संस्कृत की जानकारी है उसके भव्य नगर के महल और प्राचीर गंधमादन पर्वत की तरह ऊँचे है। मलाया के राजदरबार के पंडितों को संस्कृत का ज्ञान था। इसकी पुष्टि संस्कृत में उत्कीर्ण वहाँ के प्राचीन शिला लेखों से भी होती है। गंधमादन उस पर्वत का नाम था जिसे मेघनाद के वाण से आहत लक्ष्मण के उपचार हेतु हनुमान ने औषधि लाने के क्रम में उखाड़ कर लाया था। मलाया स्थित लंका की भौगोलिक स्थिति के संबंध में क्रोम नामक डच विद्वान का मत है कि यह राज्य सुमत्रा द्वीप में था। ह्विवटले ने प्रमाणित किया है कि यह मलाया प्राय द्वीप में ही था।

बर्मा

बर्मा का पोपा पर्वत ओषधियों के लिए विख्यात है। वहां के निवासियों को यह विश्वास है कि लक्ष्मण के उपचार हेतु पोपा पर्वत के ही एक भाग को हनुमान उखाड़कर ले गये थे। वह लोग उस पर्वत के मध्यवर्ती खाली स्थान को दिखाकर पर्यटकों को यह बताते हैं कि पर्वत के उसी भाग को हनुमान उखाड़ कर लंका ले गये थे। वापसी यात्रा में उनका संतुलन बिगड़ गया और वह पहाड़ के साथ जमीन पर गिर गये। जिससे एक बहुत बड़ी झील बन गयी। इनवोंग नाम से विख्यात यह झील बर्मा के योमेथिन जिला में है। बर्मा के लोकाख्यान से इतना तो स्पष्ट होता ही है कि वहां के लोग प्राचीन काल से ही रामायण से परिचित थे और उन लोगों ने उससे अपने को जोड़ने का भी प्रयत्न किया।

थाईलैंड

थाईलैंड का प्राचीन नाम स्याम था। द्वारावती (द्वारिका) उसका एक प्राचीन नगर था। थाई सम्राट रामातिबोदी ने 1350 ईस्वी में अपनी राजधानी का नाम अयुध्या (अयोध्या)

रखा। जहां 33 राजाओं ने राज किया। 7 अप्रैल, 1767 ईस्वी को बर्मा के आक्रमण से उसका पतन हो गया। अयोध्या का भग्नावशेष थाईलैंड का एक महत्वपूर्ण ऐतिहासिक धरोहर है। अयोध्या के पतन के बाद थाई नरेश दक्षिण के सेनापति चाओ-फ्रा-चक्री को नागरिकों ने सन् 1785 ईस्वी में अपना राजा घोषित किया। उसका अभिषेक राम प्रथम के नाम से हुआ। राम प्रथम ने बैंकाक में अपनी राजधानी की स्थापना की। राम प्रथम के बाद चक्री वंश के सभी राजाओं द्वारा अभिषेक के समय राम की उपाधि धारण की जाती है। वर्तमान थाई सम्राट राम नवम हैं।

थाईलैंड में लौपबुरी (लवपुरी) नामक एक प्रांत है। इसके अंतर्गत वांग-प्र नामक स्थान के निकट फाली (वालि) नामक एक गुफा है। कहा जाता है कि बाली ने इसी गुफा में थोरफी नामक महिष का वध किया था। वालि नामक गुफा से प्रवाहित होने वाली जलधारा का नाम सुग्रीव है।

थाईलैंड के ही नखोन-रचसीमा प्रांत के पाक-थांग-चाई के निकट थोरफी पर्वत है जहां से वालि ने थोरफी के मृत शरीर को उठाकर 200 किलोमीटर दूर लौपबुरी फेंक दिया था। सुखो थाई के निकट संपत नदी के पास फ्राराम गुफा है। उसके पास ही सीता नामक गुफा भी है।

दक्षिणी थाईलैंड और मलयेशिया के रामलीला कलाकारों को ऐसा विश्वास है कि रामायण के पात्र मूलत: दक्षिण-पूर्व एशिया के निवासी थे और रामायण की सारी घटनाएँ इसी क्षेत्र में घटी थी। वह मलाया के उत्तर-पश्चिम स्थित एक छोटे द्वीप को लंका मानते हैं। अयुध्या बैंक, थाईलैण्ड का एक व्यापारिक बैंक है।

वियतनाम

वियतनाम का प्राचीन नाम चंपा है। थाई वासियों की तरह वहां के लोग भी अपने देश को राम की लीलभूमि मानते हैं। उनकी मान्यता की पुष्टि सातवीं शताब्दी के एक शिलालेख से होती है जिसमें आदिकवि वाल्मीकि के मंदिर का उल्लेख हुआ है जिसका पुनर्निमाण प्रकाश धर्म नामक सम्राट ने करवाया था।

*

शिलालेखों में राम

प्राचीन काल में चंपा नामक एक देश था। इसे आज वियतनाम कहा जाता है। यह प्रशांत महासागर के पश्चिमी तट पर स्थित है। यहां ईस्वी सन् के प्रारंभिक काल से ही भारतीय संस्कृति का वर्चस्व था। वियनाम के बोचान नामक स्थान से प्राप्त एक क्षतिग्रस्त

शिलालेख मिला। इसके कुछ शब्द द्रष्टव्य है, 'लोकस्य गतागतिम्'। दूसरी या तीसरी शताब्दी में उत्कीर्ण यह उद्धरण रामायण के अयोध्या कांड के एक श्लोक का अंतिम चरण है। इसका अभिप्राय यह है कि तत्कालीन राजाओं ने राम और रामायण के महत्व को समझते हुए जनमानस में इसके प्रति आस्था जागृत करने के उद्देश्य से शिलालेख तैयार करवाए। खंडित श्लोक रामायण में इस प्रकार है :-

क्रुद्धमाज्ञाय रामं तु वसिष्ठ: प्रत्युवाचह।
जाबालिरपि जानीते लोकस्यास्यगतागतिम्।।

वियतनाम शिलालेख

वियतनाम के त्रा-किउ नामक स्थल से एक शिलालेख प्राप्त हुआ है। यह क्षतिग्रस्त शिलालेख है। इससे स्पष्ट होता है कि इसे चंपा के राजा प्रकाश धर्म (653-79 ईस्वी) ने खुदवाया था। इस शिलालेख में आदिकवि वाल्मिकि का स्पष्ट उल्लेख है।

कवेराधस्य महर्षे वाल्मीकि।
पूजा स्थानं पुनस्तस्यकृत:।

तात्पर्य यह कि महर्षि वाल्मीकि का एक प्राचीन मंदिर था जिसका प्रकाश धर्म ने पुनर्निमाण करवाया।

कंपूचिया शिलालेख

कंपूचिया के बील कंतेल नामक स्थान से प्राप्त सम्राट भाव वर्मन का एक शिलालेख है। इसकी तिथि 595 ईस्वी है।

द्विजेन्दुराकृति: स्वामी सामवेदविदग्रणी:।
श्री सोम शर्मार्कियुतं स श्रीत्रिभुवनेश्वरम्।।
अतिष्ठापन्महापूजामतिपुष्कल दक्षिणाम्।
रामायण पुराणाभ्यमशेषं भारत ददात्।।
अकृवान्वमच्धेद्यां स च तद्वाचना स्थितिम्।

इसमें अंकित विवरणों के अनुसार सोम शर्मा नामक एक ब्राह्मण को अर्क (सूर्य) सहित त्रिभुवनेश्वर की स्थापना करवाने के लिए भरपूर दक्षिणा मिली थी। इस पवित्र स्थल पर प्रतिदिन रामायण और महाभारत का पाठ होता है।

कंबोज शिलालेख

कंबोज नरेश यशोवर्मन (889-900 ईस्वी) के एक विस्तृत शिलालेख प्राप्त हुआ है।

भूभृन्सुखोदितं यस्य यशो गायन्ति तस्त्रिय:।
वाल्मीकिज मुखोद्गीणर्ं स्वपुत्रो राघवस्यतु।।

इस शिलालेख में एक स्थल पर कहा गया है कि जिस प्रकार आदिकवि वाल्मीकि से सुनकर राघव पुत्रों ने अपने पिता का यश गान किया था, उसी प्रकार अन्य देशों की नारियों के मुख से सम्राट यशोवर्मन का गुणानुवाद सुना जाता है।

यूप अभिलेख

हिंदचीन से हिंदेशिया की ओर अग्रसर होने पर सर्व प्रथम बोर्नियों के यूप अभिलेख पर ध्यान जाता है जिसमें मूल वर्मा की प्रशक्ति इस प्रकार उत्कीर्ण है। 'जयति बल: श्रीमान् मूल वर्मा नृप:।' विद्वान सी शिवराम मूर्ति इस उक्ति की तुलना वाल्मीकि रामायण के निम्नलिखित श्लोक से करते हैं-

जयति बलो रामो लक्ष्मणश्च महाबल:।
राजा जयति सुग्रीवो राघवेणाभिपलित:।

तात्पर्य यह कि शिलालेख की उपर्युक्त पंक्ति आदिकवि की उक्ति से प्रभावित है।

बोर्नियों शिलालेख

बोर्नियों का यह शिलालेख चौथी शताब्दी ईस्वी का है। इसकी अंतिम पंक्ति बहुत क्षतिग्रस्त है। ऐसा प्रतीत होता है कि इसमें मूल वर्मा की तुलना सगरकुल समुत्पन्न राजा भगीरथ से की गयी है।

सगरस्य यथा राज्ञ: समुत्पन्नो भगीरथ:।
..... मूल वर्मा ..... ।।

इन शिला लेखों से तथ्य उद्घाटित होता है कि दक्षिण-पूर्व एशिया में तीसरी शताब्दी से बहुत पहले ही रामकथा का अध्ययन आरंभ हो गया था।

*

राम समर्पित आधुनिक काव्य

वरिष्ठ कवि मधुसूदन रमेश गुप्ता द्वारा रचित कविताएं

श्री मधुसूदन रमेश गुप्ता दूरदर्शन के दिल्ली केंद्र से कार्यक्रम कार्यकारी पद से सेवानिवृत्त हुए हैं। आप विगत तीस वर्षों से काव्य रचना है व्यस्त हैं। निम्नलिखित काव्य रचनाएं इस ओर संकेत करती हैं कि आधुनिक परिवेश में मनुष्य कितना ही रम जाए लेकिन वह अपनी संस्कृति, आस्था, विश्वास और श्रद्धा को कभी नहीं भूलता और न भविष्य में भूलेगा।

स्वर्णमंदिर मन में

जिसको राम बिठा ले बस में
उसके बस में जय श्रीराम
अब आ जाएं आगे आंधी
या पीछे आए तूफ़ान

मंज़िल पर पहुंचा ही देंगे
टिकट सफ़र का मिला तमाम
मेरे जीवन रथ के मालिक
आगे संचालक श्रीराम

एसी बस में सीट मिली है
बैठ गए हैं टांगें तान
चले वहां पर जहां मिल रहा
भारत से हैं पाकिस्तान

ऐसा लगता चिंताओं का
पीछे छूट गया जहान
रखवाली में प्रभु राम के
आगे चलता है सामान

जिस मंदिर में 'वाऽहे गुरु'
जाकर करना वहीं प्रणाम

चलना होगा जहां जहां पर
पदचिन्हों के मिले निशान
तीनों देखो ख़ुश लगते हैं
पति पत्नी संग है संतान
अंधड़ गरमी बरसातें
आगे मौसम से अनजान
दिल्ली थोड़ी दूर अभी है
सफ़र हो गया आधा जान
जान सके तो इतना जान
आगे रस्ता जाने राम

सत्यमेव जयते

ताल ठोककर तालें तोड़
सब तालों के अंदर हैं
तालों में ही राम मिलें हैं
तालों में ही शंकर हैं
अंदर बाहर जगा जगादें
सोए हिंदू को झिंझोड़
सदियों के तू छालें फोड़
रस्ता आगे सुंदर है
ताल ठोककर तालें तोड़
सब तालों के अंदर हैं
पानी पर तैरेंगे पत्थर
इक दिन लंका जीतेंगे
राम मेरे पीनाक उठा
सोया हुआ समंदर हैं
ताल ठोककर तालें तोड़
सब तालों के अंदर हैं
जिस मज़हब में शेख मौलवी
पीर कहीं पैगम्बर है

देने वाले लूट रहे हैं
ये कैसे कलंदर हैं
ताल ठोककर तालें तोड़
सब तालों के अंदर हैं

पूरे जीवन बनें रहें हम
गांधीजी के बंदर है
हम तो ये ही समझे थे के
ईश्वर सबके अंदर हैं
ताल ठोककर तालें तोड़
सब तालों के अंदर हैं

दोनों में ही सर झुकता हैं
दोनों में इक अंतर हैं
मस्जिद जब नहीं मंदर में
मस्जिद में क्यों मंदर है
ताल ठोककर तालें तोड़
सब तालों के अंदर हैं

रघु के हाथों प्रेम मिला है
गिलहरियां ये कहती हैं
'भय बिन प्रीति नहीं' कह गए
अपने रामचंदर हैं
ताल ठोककर तालें तोड़
सब तालों के अंदर हैं

तलवारों ने पावन भूमि
को कुचला है त्राहिमाम
रौंदी जिसने दुनिया सारी
बाबर और सिकंदर हैं
ताल ठोककर तालें तोड़
सब तालों के अंदर हैं
कभी सांची को आंच नहीं है
शिव तो ऊपर आएंगे

सानी क्या होगा टक्कर में
इतने बड़े धुरंधर है
ताल ठोककर तालें तोड़
सब तालों के अंदर हैं

दुश्मन केवल मन है

ऊपरवाले की दुनिया में
वैसे चैनो अमन है
दुनिया में सब अच्छे ही है
दुश्मन केवल मन है
मन को जो पुलकित करता है
राम रतन का धन है
मतलब रखा जिसने मन का
छोटा और निर्धन है
हर कारज से पहले करता
चिंतन और मनन है
राम जोड़कर कहता उसकी
बातों में वज़न है
उसका साईं रखवाला जो
करता सितम सहन है
दुनिया में सब अच्छे ही है
दुश्मन केवल मन है

भारत मेरा महान है

अग्नि जिसके रथ पर बैठी
दसों दिशाएं, सारथी
भारत ने जो रेखा खींचीं
अवाक दुनिया निहारती
अंतरिक्ष देवालय नभ में
शंखनाद करता है 'ओम'

सूरज लेकर खड़ा राह में
नवग्रहों की आरती
सप्तर्षि हैं भविष्यदृष्टा
नक्षत्रों का मंथन हैं
तारामंडल नर्तन करता
निहारिकाएं एवं पुकारती
परमाणु की सूक्ष्मगति है
विराट जिसके नयन उठे
संकल्पों की देख भव्यता
चरण दिव्यता पखारती
मस्तक पर है मंगलटीका
गुरु दिशा दिखलाता है
कंठ चंद्रमा लगा रहा है
धरती मां सम दुलारती
शुक्र चमकता है रजनी में
दिवस जगाए सूर्योदय
क्षितिजों पर हैं अरुणप्रभाएं
आभामंडल उभारती
चंदन करता है अभिनंदन
वंदन करते बादलदल
वन वन उपवन, पुष्पित मधुबन
वायु जिसको संवारती
कमला लेकर कमल हाथ में
संग शारदा पधारती
ऋद्धि सिद्धियां करें साधना
मंत्र शक्तियां उचारती
शक्ति भक्ति करें जागरण
नवदुर्गा के रूप में
स्वर्गलोक से हुई अवतरित
गंगा पापी तारती

विश्वविजय करता है भारत
मात्र हृदय के द्वार से
उत्तर-दक्षिण-पूरब-पश्चिम
गूंजे भारत भारती
अग्नि जिसके रथ पर बैठी
दसों दिशाएं, सारथी

प्रभु राम की उंगली थाम

थम जाए जब कोई काम, मन में कहना जयश्रीराम
पल भर में हो काम तमाम, मनवा को मिलता आराम

मंथन है सारा मन का देवासुर जो करते हैं
जिन्हें किसी का भय नहीं, प्रभु राम से डरते हैं
मन में चलता है संग्राम, रात, दोपहर, सुबहो-शाम,
मन में कहना राम राम, मन में कहना राम राम

बहा पसीना मेहनत कर, फल मांगना, भीख नहीं
निष्फल होते कर्मों से, विचलित होना ठीक नहीं
फल की चिंता तू ना कर ईश्वर ही जाने अंजाम,
मन में कहना राम राम, मन में कहना राम राम

अश्वमेध का घोड़ा है असुरों को ललकार रहा
मनमें बैठे रामजी तू क्यों मन से हार रहा
घर पर बैठे बैठे ही, घूम लिए जा चारों धाम
मन में कहना राम राम, मन में कहना राम राम

जुड़ जाती है रामसेना आगे आगे चलते राम
सागर भी झुक जाता है उठ जाता है अग्निबाण
प्रभु राम की उंगली थाम, शांत कर मन का कोहराम
मन में कहना राम राम, मन में कहना राम राम

प्रभु राम के नाम से शुरू किया जो काम को
पवनपुत्र आ जाते हैं, राम होते नाम को
काम हुआ तो करो प्रणाम, मन ही मन में कहना राम
मन में कहना राम राम, मन में कहना राम राम

रामरचित भवसागर में हम तो बहते तिनके हैं
बाधाएं भी उनकी हैं, समाधान भी उनके हैं
श्रीराम है अंतर्यामी, उनके हैं सारे आयाम
मन में कहना राम राम, मन में कहना राम राम

अंधेरा आंखों के आगे ,पर्वत पैरों के नीचे
राम नाम की लौ जगा आंखों को मींचे मींचे
जीवन से निराशा के, हट जाएंगे पूर्णविराम
मन में कहना राम राम, मन में कहना राम राम

का भजन करूं

चंद्रशेखर के ललाट पर, कैसे मन एकाग्र करूं
मन में उठते गिरते अपने कुविचार का त्याग करूं
तटपर स्थित गंगाजी के वन के भीतर रहने दो
हाथ जोड़कर सिर पर मेरी डबडब आंखें बहने दो
शिव उच्चारण करते करते कब सुख होगा बतलाओ
शिव उच्चारण करते करते कब सुख होगा बतलाओ

शिव चिंतन कर ऐसा व्यक्ति, प्रति गति से रहे परे
जो मनुष्य इस सर्वोत्तम, स्तोत्र का नित पाठ करे
जिसके सुमिरण, वर्णन से इसे अभिव्यक्ति मिलती है
सदा शुद्ध रहता है व्यक्ति शंकर भक्ति मिलती है
\जो मानव रावणरचित इस ,तांडव स्तोत्र को पढ़े
प्राप्त उसको हो जाते हैं, रथ, हाथी और घोड़े

शंकर की अनुकंपा से स्थिर होकर सदा बढ़े
शंकर की अनुकंपा से स्थिर होकर सदा बढ़े

|| शिव तांडव स्तोत्र समाप्त ||

स्वगत

दोनों ही रूपों में साक्षी भाव जगाना होगा,
राम और रावण दोनों के पार जाना होगा।
राम होने का भी अपना अहंकार होता है,
कंचनमृग के पीछे अपनी सीता को खोता है।
सपनों में जगता है मानव, जगा हुआ सोता है,
कब लिखा है जग में केवल रावण ही रोता है।
बार बार क्यों 'मैं' का विषधर फुफकारा करता है,
कुंडल मारे बैठा है जो इसे भगाना होगा,

राम और रावण...

राम की अच्छाई भी तो कोई अभिशाप ढोती है,
सतगुण की बेड़ी भी बेड़ी सोने की होती है,
इस लँका को भी बंधु आग लगाना होगा,
राम और रावण...

हमने ही तो अपने मन से बड़े रचाए सपनें,
अपना जिनको समझा हमने कब होते हैं अपने,
दैव-दानवी दुविधा से ही बाहर आना होगा,
राम और रावण...

मन के चंचल घोड़ों को कुछ और सधाना होगा,
मलिन स्वर्ण को अग्नि में कुछ और तपाना होगा,
जिसको जीता उसे त्यागना कैसी अच्छाई है,
त्याग-भोग में जागे रहना, यही सिखाना होगा,

शब्दों में ही नहीं आचरण में भी लाना होगा,
राम और रावण...

मुक्तिदाता को सीमा में कैद कहाँ करते हो,
मंदिर-मस्जिद से ईश्वर को बडा बनाना होगा,
राम और रावण...

निश्चर रावण लेकर आया तारों की सेनाएँ,
सूर्यवंश को रश्मिरथ पर चढकर आना होगा,
राम और रावण दोनों के पार जाना होगा।

विजयदशमी

अगले दिन आ खड़ा हुआ है जिसे जलाया करते हैं
संख्या और बढ़ा लेता है, जिसे जलाया करते हैं

भले जली सोने की लंका, कारज रावण के बचे
प्रभु राम के बाण कहां है, वंशज रावण के बचे
आज भी वो धरती सागर, नभ पर छाया करते हैं
संख्या और बढ़ा लेता है, जिसे जलाया करते हैं

पूरे साल आतिश भर कर, जिसे सजाया करते हैं
धराशायी जो पड़ा हुआ है, उसे उठाया करते हैं
वही जलाने वाले तो, हर साल आया करते हैं
संख्या और बढ़ा लेता है, जिसे जलाया करते हैं

हरणरूप में सीतामाता, रावण की भिक्षा होगी
तिनका लेकर कितनी बार, सीता की रक्षा होगी
आज भी रावण निशाचर, सेना लाया करते हैं
संख्या और बढ़ा लेता है, जिसे जलाया करते हैं

जहां राम ना आशा है, कैसे संसार में रहते हैं
राम नाम की संज्ञावाले, कारागार में रहते हैं
छद्मनाम से आज भी हम, धोखा खाया करते हैं
संख्या और बढ़ा लेता है, जिसे जलाया करते हैं

अमर हो गई जिस जिह्वा पर, सीता नाम लिखा हुआ
जान गए हैं रावण अमृत, घट नाभि में रखा हुआ

रामबाण से हंसते हंसते, शीश कटाया करते हैं
संख्या और बढ़ा लेता है, जिसे जलाया करते हैं

रीछ, भालू, वानर-सेना, से लड़ जाने देते हैं
यही राम तो, नभ में रावण, को चढ़ जाने देते हैं
बलि चढ़ा देने से पहले, खूब हंसाया करते हैं
संख्या और बढ़ा लेता है, जिसे जलाया करते हैं

विजयादशमी हो जाए तो, दीवाली मनाएंगे
राम हमारे बड़े कृपालु, बार बार वो आएंगे
मायावी है रावण लेकिन, राम माया करते हैं
कोई पाठ सीखा जाए, जिसे जलाया करते हैं

त्याग

मन में रखो त्याग भावना,
मिल जाता है सकल जहान।

रावण मेरे नाम-रूप के
बंद पड़े हैं जेलों में।
क्यों उलझे हो, मायावी के,
बे-सिर-पैर झमेलों में।

राम नहीं है भीड़ भाड़ में
ना दुनिया के मेले में।
आंखें भीतर मोड़ो, मिलता,
तुमसे निपट अकेले में।

समदृष्टि से देखो तो मैं,
फैला सारे व्योम में।
सांसों में हैं, आना जाना,
रमता रोम-रोम में।

*

रामजन्म भूमि परिसर अयोध्या में उत्खनन

भारतीय पुरातत्व सर्वेक्षण विभाग ने वर्तमान अयोध्या में अनेक स्थानों पर अनेक स्तरों तक उत्खनन किया। रामजन्मभूमि परिसर में प्राचीन मंदिर के अवशेषों प्राप्त हुए हैं। जो अवशेष मिले हैं इनमें से कुछ अवशेष दो हजार साल पुराने बताए जाते हैं। उत्खनन में प्राप्त अवशेषों में काली कसौटी के पत्थर के खंभे, गुलाबी बलुआ पत्थर की देवी-देवताओं की मूर्तियां, मिट्टी के कलश और मंदिर में लगे नक्काशीदार पत्थरों के खंडित टुकड़े हैं। भारतीय पुरातत्व सर्वेक्षण विभाग को सन् 2003 में हुए उत्खनन में भी अनेक अवशेषों प्राप्त हुए थे। वर्तमान में भव्य राममंदिर के निर्माण के लिए नींव की खोदाई के समय भी अनेक प्राचीन अवशेष मिलने का दावा किया गया है।

सर्वोच्च न्यायालय के निर्देश पर भारतीय पुरातत्व सर्वेक्षण विभाग ने 5 मार्च, 2023 को रामजन्मभूमि परिसर की खुदाई शुरू की थी। पांच माह तक उत्खनन कार्य चला। इसके उपरान्त भारतीय पुरातत्व सर्वेक्षण विभाग ने 22 अगस्त, 2023 को न्यायालय को अपनी रिपोर्ट सौंपी थी। रिपोर्ट में संबंधित स्थल पर जमीन के नीचे एक विशाल हिंदू धार्मिक ढांचा यानि मंदिर होने का उल्लेख है।

84 स्तंभ

रामजन्मभूमि पर प्रथम शताब्दी ईसा पूर्व के दौरान महाराज विक्रमादित्य ने मंदिर का निर्माण शुरू कराया था। इस तथ्य का उल्लेख मिलता है। नींव की खोदाई के दौरान कसौटी पत्थर के 84 स्तंभ मिले हैं। इतिहासकारों के अनुसार विक्रमादित्य ने इन्हीं स्तंभों पर भव्य मंदिर बनवाया था। सन् 1528 में मीर बाकी के हमले के बाद भी 84 स्तंभों में से कई का वजूद रहा। मीर बांकी इनमें से 12 स्तंभों के सहारे मस्जिद का आकार दिया था। सन् 2003 में हुई खोदाई के दौरान कई क़सौटी के खंभे मिले थे।

रामनगरी के संतों ने इन अवशेषों को हजारों साल पुराना बताया है। महंत डॉ. भरत दास के अनुसार- "यही अवशेष मंदिर के हक में फैसले का आधार बने। ये अवशेष नहीं है, बल्कि विरासत हैं। इस विरासत के इतिहास से सबको परिचित होना चाहिए।"

50 अवशेष

खुदाई के दौरान मिले अवशेषों की संख्या लगभग 50 है। इनमें 8 टूटे खंभे, 6 खंडित मूर्तियां, 5-6 मिट्टी के बर्तन और 6-7 कलश हैं।

*

एक और अयोध्या

भारत के अतिरिक्त थाईलैंड में भी है एक अयोध्या। थाईलैंड में एक राजपरिवार ऐसा भी है जिसके हर राजा को राम का नाम दिया जाता है। थाईलैंड की अयोध्या को थाई भाषा में अयुथ्या कहते हैं। यह अयोध्या शहर बैंकाक से लगभग 80 किलोमीटर दूर है। थाई अयोध्या शहर तीन नदियों के संगम पर बना है। यहां सड़क के किनारे एक खंडित बुद्ध मंदिर है। यहां एक मीनार या स्तूप है। पत्थरों पर रखा है बुद्ध के सिर का अवशेष। महाथाट बुद्ध मंदिर अयोध्या का सबसे प्राचीन मंदिर माना जाता है। कई एकड़ फैले इस मंदिर में अधिकतर खण्हर ही हैं। पीत वस्त्र में बुद्ध की एक प्रतिमा और पंक्तियों में योग मुद्रा में बैठी सिर विहीन प्रतिमाएं हैं। एक बाग में जहां एक तरफ नाचती अप्सरा थी और दूसरी ओर एक अन्य बुद्ध मूर्ती। यहां एक मंदिर है जिसे फ्रा सी सनफेट मंदिर कहते हैं। सनफेट राज भवन का प्राचीन मंदिर था। मंदिर के पीछे की ओर प्राचीन राजभवन के खण्डर भी हैं।

*

रामायण काल के साक्ष्य

श्रीलंका के इंटरनेशनल रामायण रिसर्च सेंटर ने रामायण से जुड़े अनेक ऐसे स्थलों को चिन्हित किया है। जिनका पुरातात्विक और ऐतिहासिक महत्व है। इन स्थानों का उल्लेख वाल्मीकि कृत रामायण में भी उल्लेख मिलता है।

कोबरा हूड केव

रामायण के अनुसार रावण ने सीता का हरण करके सबसे पहले इसी गुफा में रखा था। इस गुफा का आकार एक सांप के सिर जैसा दिखाई देता है, जिसके कारण इस गुफा को कोबरा हूड के नाम से भी जाना जाता है, इस गुफा के अन्दर चारों ओर की नक्काशी से साफ पता चलता है कि यह रामायण कालीन गुफा है, और यह गुफा आज भी श्रीलंका में मौजूद है।

रावण का शव

ऐसा माना जाता है कि रैगला (रानागिल) के जंगलों के बीच एक विशालकाय पहाड़ी पर रावण की गुफा है, जहां उसने घोर तपस्या की थी। उसी गुफा में आज भी रावण का शव

सुरक्षित रखा हुआ है। रैगला के घने जंगलों और गुफाओं में कोई नहीं जाता है, क्योंकि यहां जंगली और खूंखार जानवरों का बसेरा है। रैगला के इलाके में रावण की यह गुफा 8 हजार फुट की ऊंचाई पर स्थित है। जहां 17 फुट लंबे ताबूत में रखा है रावण का शव। आपको बता दें कि इस ताबूत के बाहर एक खास तरह का लेप लगा हुआ है, जिसके कारण यह ताबूत हजारों सालों से जैसा था वैसा ही है।

सुग्रीव की गुफा

बाली के डर से सुग्रीव जिस गुफा में रुके थे वह गुफा आज भी मौजूद है। यहीं पर उनकी मुलाकात राम जी से हुई बाद में राम जी ने बाली का वध किया और सुग्रीव को किष्किंधा का राजा बना दिया था।

*

चित्रकूट रामायण कालीन गुफा

भगवान राम के धाम चित्रकूट में एक 20 फीट चौड़ी गुफा मिली है। ये गुफा चित्रकूट के पास बहने वाली गुप्त गोदावरी नदी के नजदीक है। यह गुफा रामायण काल की बताई जा रही है।

चित्रकूट में दिखी रामायण काल की 20 फीट चौड़ी गुफा! अब जांच करेगा पुरातत्व विभाग।

भगवान राम के धाम चित्रकूट में एक 20 फीट चौड़ी गुफा मिली है। ये गुफा चित्रकूट के पास बहने वाली गुप्त गोदावरी नदी के नजदीक है। यह गुफा रामायण काल की बताई जा रही है। अब विशेषज्ञ इस गुफा की पड़ताल करेंगे।

भगवान श्रीराम की तपोस्थली चित्रकूट के गुप्त गोदावरी नदी के पास 20 फीट चौड़ी रहस्यमयी गुफा दिखाई दी है। इस गुफा की जानकारी वहां के लोगों ने प्रशासन को दी। अब प्रशासन मौके पर पहुंचकर गुफा की जांच करेगा। साथ ही, पुरातत्व विभाग की टीम भी इस गुफा के रहस्य के बारे में जानकारी एकत्रित करेगी। फिलहाल, यह गुफा भगवान राम के समय की बताई जा रही है।

चित्रकूट के महंत दिव्यजीवन दास ने बताया कि यह गुफा मिलना कलयुग में सबसे बड़ी बात है। भगवान राम चित्रकूट में साढ़े 11 वर्ष वनवास में रहे, तब की यह गुफा है। यह चित्रकूट के लोगों के लिए सौभाग्य की बात है। भगवान राम की माया है और ये गुफा चित्रकूट में ऐसे स्थान पर निकली है, जहां पर लाखों की संख्या में श्रद्धालु पहुंचते हैं। बताया कि इस गुफा के मिलने के बाद लोगों के मन में तरह-तरह की बातें आ रही हैं। हमारा मानना यह है कि कलयुग में यह गुफा मिलना अपने आप में भगवान की माया के अलावा है।

5 साल पहले भी मिली चुकी गुफा

5 साल पहले चित्रकूट के गुप्त गोदावरी में एक और गुफा मिली थी। जिस गुफा का जिक्र करते हुए पुरातत्व विभाग ने बताया था कि यह गुफा रामायण काल की है और इस गुफा को संजोकर रखा जाएगा। चित्रकूट में भगवान राम की यादें लगातार देखने को मिल रही हैं।

विशेषज्ञ करेंगे पड़ताल

इस सबंध में न्यूज 18 ने जब चित्रकूट के सतना एसडीएम से बातचीत की तो उन्होंने इस बात की पुष्टि करते हुए कहा कि गुफा मिली है, लेकिन यह जांच का विषय है कि इस गुफा का क्या रहस्य है। इसकी सूचना पुरातत्व विभाग को दी जा चुकी है। पुरातत्व विभाग के आने के बाद इस गुफा के विषय में जानकारी एकत्रित की जाएगी। हालांकि, यह गुफा मिलना रामायण काल की यादों को ताजा करने जैसा है।

*

भारत में महत्वपूर्ण गुफाएं

राम एवं सीता से संबंधित अनेक गुफाएं भारत के विभिन्न क्षेत्रों में हैं। यह प्राकृतिक गुफाएं हैं। वास्तव में यह गुफाएं राम एवं सीता द्वारा प्रयोग में लाई गई या नहीं इसके साक्ष्य उपलब्ध नहीं है। स्थानीय लोकमान्यताओं के अनुसार यह गुफाएं पवित्र तीर्थ के रूप में पूजनीय हैं। स्थानीय लोगों ने कालांतर में इन गुफाओं में राम-सीता के चिह्न उकेर दिए। यहां कुछ गुफाओं का उल्लेख किया गया है।

ग्वालियर गुफा

रामायण और दूसरे ग्रंथों में वर्णित पाताल लोक ग्वालियर और उसके आस-पास का क्षेत्र है। शहर के समीप जंगल में अति प्राचीन एक मंदिर है। इस मंदिर को मकरध्वज मंदिर कहते हैं। समीपवर्ती गांवों में यह प्रचलित मान्यता है कि मंदिर से सटी गुफा में लंका युद्ध के दौरान अहिरावण ने राम और लक्ष्मण का अपहरण कर बंधक बनाया था। ऐसी भी मान्यता है कि हनुमान ने अपने रक्त से उत्पन्न हुए पुत्र मकरध्वज की मदद से पाताल लोक के राजा अहिरावण को मार कर राम और लक्ष्मण को इस गुफा से मुक्त कराया था। कालांतर में यहां का शासक मकरध्वज को बना दिया था।

चित्रकूट गुफा

चित्रकूट की गुफा रामायण काल की मानी जाती है। यह गुफा लगभग 20 फीट चौड़ी है। यह गुफा चित्रकूट की गुप्त गोदावरी नदी के समीप है।

जोगीमारा गुफाएं, छत्तीसगढ़

छत्तीसगढ़ के घने जंगलों में स्थित जोगीमारा गुफाएँ भारत की प्राचीन गुफाओं में से एक है। यह गुफा रायगढ़ जिले में रामगिरि पर्वत पर सीताबेंगरा गुफा के निकट स्थित है। स्थानीय लोकमान्यताओं के अनुसार माना जाता है कि जोगीमारा की इस गुफा में राम ने अपनी पत्नी सीता और भाई लक्ष्मण के साथ वनवास के दौरान कुछ समय व्यतीत किया था। इस गुफा में शिलालेख तथा प्राचीन चित्र मिले हैं। गुफा की छत पर रंग बिरंगें चित्र, पतती-पुष्प, पशु-पक्षी, नर-नारी, देवी- देवताओं दानव, योधूदा, वृक्ष, हाथी के चित्र अंकित है। यह सुरंग अपने नाम के अनुसार इतनी चौड़ी है की हाथी भी सुरंग से गुजरने में सक्षम हैं। इन गुफाओं तक हाथीपोल नामक एक प्राकृतिक सुरंग के माध्यम से पहुँचा जा सकता है।

रामगढ़ गुफा, सरगुजा

रामगढ़ गुफा सरगुजा जिला मुख्यालय अंबिकापुर के दक्षिण में लगभग 45 किलोमीटर की दूरी पर रामगिरी या रामगढ़ नाम का प्रसिद्ध पुरातात्विक अवशेष स्थित है। यह गुफा विंध्याचल पर्वत श्रृंखला का एक अंग है। इतिहासकारों के अनुसार यहां विश्व की प्राचीनतम नाट्यशाला है। इसे सीता बेंगरा के नाम से जाना जाता है। लोकमान्यताओं के अनुसार राम ने वनवास के समय कुछ समय यहां व्यतीत किया था।

सीता गुफा, बुरहानपुर

बुरहानपुर का अस्तित्व अतिप्राचीन युगों है। प्रचलित किंवदंतियों के अनुसार बुरहानपुर का अस्तित्व त्रेता युग में भी था। बुरहानपुर में राम वनवास के समय ठहरे थे। बुरहानपुर से करीब 15 किलोमीटर दूर बलड़ी गांव के पास भी ठहरे थे। यहां सीता गुफा है। रामायण में ब्रह्मपुर नामक स्थान का उल्लेख मिलता है। इतिहासकारों के अनुसार बुरहानपुर ही ब्रह्मपुर है। ताप्ती और उतावदी नदी के संगम पर राम अपने पिता दशरथ का श्राद्ध किया था। यहां सीता गुफा है।

सीताबेंगरा गुफा, अंबिकापुर

सर्गुजा जिले में अंबिकापुर के पास रामगढ़ पहाड़ियों पर स्थित सीताबेंग गुफा। किंवदंतियों के अनुसार इन गुफाओं में राम, सीता और लक्ष्मण रहे थे। सीताबेंगरा यानि "सीता का निवास"।

ऋक्षद्विला गुफा, विंध्य पर्वत

हनुमान और उनके साथियों का ऋक्षद्विला गुफा में प्रवेश का उल्लेख रामायण के किष्किंधा-कांड के सर्ग 50 मिलता है। विंध्य पर्वतमाला के गहरे जंगलों और बीहड़ों में यह गुफा हुआ करती थी। हनुमान अपने साथियों के साथ पर्वत के दक्षिण-पश्चिमी शिखर पर आये और वहाँ विश्राम करते-करते समय बीत गया। आज तक यह गुफा पुरातत्वविदों को भारत में नहीं मिला है।

ऋष्यमूक पर्वत : सुग्रीव गुफा, हम्पी

ऐसा माना जाता है कि रामायण में वर्णित ऋष्यमूक पर्वत कर्नाटक प्रदेश का हम्पी ही है। हम्पी में वानरराज सुग्रीव और बाली की राजधानी किष्किन्धा नगरी बसी थी। यहां स्थित ऋष्यमूक पर्वत पर आज भी वह गुफा विद्यमान है, जहां वानरराज सुग्रीव अपने मंत्रियों सहित रहते थे। इतिहासकारों का मानना है कि ऋष्यमूक पर्वत पर ऋषि मातंग का आश्रम था। ऋषि मातंग ने आश्रम को अपवित्र करने के कारण बाली को शाप दिया था। उस शाप के अनुसार बाली जैसे ही इस क्षेत्र में प्रवेश करेगा, उसकी मृत्यु हो जाएगी। यही कारण था कि सुग्रीव के लिए छिपने के दृष्टिकोण से यह स्थान सबसे उपयुक्त था।

सुग्रीव जिस गुफा में रहे, वहां आज उनका एक विग्रह स्थापित है, जिसकी पूजा की जाती है। तुंगभद्रा नदी के तट पर बसा यह क्षेत्र बहुत ही मनोरम है। गुफा के अन्दर की साइन बोर्ड है जिस पर लिखा हुआ है - यह गुफा सुग्रीव की गुफा है। गुफाओं के विषय में विस्तृत जानकारी के लिए मेरी पुस्तक 'भारतीय गुफाओं का ऐतिहासिक एवं धार्मिक इतिहास' पढ़ें।

*

रोचक तथ्य

1. सन् 1528-1529 में मुगल बादशाह बाबर के शासन काल में राम मंदिर ध्वस्त करके मस्जिद बनाई गई। उसे बाबरी मस्जिद कहा गया।
2. सन् 1850 के दशक में जमीन को लेकर सांप्रदायिक हिंसा शुरू हुई।
3. सन् 1949 में मस्जिद के अंदर राम की एक मूर्ति मिली। इससे हालात और भी बदतर हो गए।
4. सन् 1950 में फैजाबाद सिविल कोर्ट में मूर्ति पूजा की अनुमति के लिए दो मुकदमे दायर किए गए थे। 5.सन् 1961 में उत्तर प्रदेश सुन्नी सेंट्रल वक्फ बोर्ड ने मूर्ति को हटाने की मांग की।
5. सन् 1986 में जिला न्यायालय ने हिंदू उपासकों के लिए साइट खोल दी।
6. 1986 में प्रधानमंत्री राजीव गांधी ने उत्तरप्रदेश के तत्कालीन मुख्यमंत्री बीर बहादुर सिंह को मनाया और राम जन्मभूमि मंदिर के ताले खुलवाए। तभी तो हिंदुओं को भगवान श्रीराम के दर्शन का अवसर मिला।
7. राम मंदिर के लिए मूल डिजाइन सन् 1988 में अहमदाबाद के सोमपुरा परिवार द्वारा तैयार किया गया था।
8. नवंबर, 1989 में प्रधानमंत्री राजीव गांधी ने विश्व हिंदू परिषद को राम मंदिर के शिलान्यास की अनुमति दी। प्रधानमंत्री राजीव गांधी ने तत्कालीन गृह मंत्री बूटा सिंह को शिलान्यास में भाग लेने के लिए भेजा था।
9. 9 नवम्बर, 1989 को, विश्व हिंदू परिषद के नेताओं और साधुओं के एक समूह ने विवादित भूमि पर 7 घन फुट गड्ढे खोदकर आधारशिला रखी।
10. बाबरी मस्जिद को 6 दिसंबर, 1992 को नष्ट कर दिया गया था।
11. बाबरी विध्वंस की चार्जशीट में इन 13 नेताओं के नाम हैं। इसमें मुख्य रूप से लाल कृष्ण आडवाणी, मुरली मनोहर जोशी, अशोक सिंघल, गिरिराज किशोर, विनय कटियार, उमा भारती, विष्णु हरि डालमिया और साध्वी ऋतंभरा के नाम शामिल थे।
12. सन् 2003 में भारतीय पुरातत्व सर्वेक्षण विभाग ने अयोध्या में उत्खनन किया।
13. सर्वोच्च न्यायालय के निर्देश पर भारतीय पुरातत्व सर्वेक्षण विभाग ने 5 मार्च, 2023 को रामजन्मभूमि परिसर की खुदाई शुरू की थी। पांच माह तक उत्खनन कार्य चला।

14. भारतीय पुरातत्व सर्वेक्षण विभाग ने 22 अगस्त, 2023 को न्यायालय को अपनी रिपोर्ट सौंपी थी। रिपोर्ट में संबंधित स्थल पर जमीन के नीचे एक विशाल हिंदू धार्मिक ढांचा यानि मंदिर होने का उल्लेख है।
15. सन् 2011 में उच्चतम न्यायालय ने इलाहाबाद उच्च न्यायालय के आदेश पर रोक लगाई।
16. सन् 2016 में सुब्रमण्यम स्वामी ने सर्वोच्च न्यायालय में याचिका दायर की। वह चाहते हैं कि राम मंदिर बने।
17. सन् 2019 में सर्वोच्च न्यायालय ने माना कि अयोध्या वह जगह है जहां भगवान राम का जन्म हुआ था।
18. राम मंदिर के लिए एक नया डिजाइन, मूल डिज़ाइन से कुछ बदलावों के साथ, सन् 2020 में सोमपुरवासियों द्वारा तैयार किया गया था।
19. सर्वोच्च न्यायालय ने 2.77 एकड़ विवादित भूमि राम मंदिर ट्रस्ट को दे दी।
20. सर्वोच्च न्यायालय ने सरकार को वैकल्पिक स्थल के रूप में सुन्नी वक्फ बोर्ड को 5 एकड़ जमीन देने का आदेश दिया।
21. जून 2022 तक जनता ने ट्रस्ट को 3,400 करोड़ रुपए दान के रूप में दिए थे।
22. अगस्त 5, 2022 को प्रधानमंत्री नरेंद्र मोदी ने अयोध्या में भूमि पूजन कर मंदिर का शिलान्यास किया।
23. राम मंदिर के लिए 2,100 किलो का घंटा एटा से आया है। इस घंटे की कीमत 21 लाख रुपए होगी और यह घंटा 6 फीट लंबी और 5 फीट चौड़ा होगा।
24. सन् 2024 के जनवरी 22 को अयोध्या में नवीन राम मंदिर राष्ट्र को समर्पित होना निश्चित हुआ है।

*

संदर्भ स्रोत

ग्रंथ

1. वाल्मीकि कृत रामायण
2. तुलसीदास कृत श्रीरामचरितमानस
3. श्रीमद्वाल्मीकीय रामायण, प्रथम एवं द्वितीय खंड, गीता प्रेस गोरखपुर
4. श्रीमद्भगवद्गीता
5. नाट्यशास्त्र
6. काणे, डॉ. पांडुरंग वामन : धर्म शास्त्र का इतिहास पांच खंड

पुस्तक

1. अवतार, डॉ. राम : वनवासी राम और लोक संस्कृति,
2. पंतप्रतिनिधि, भवानराव बाळासाहेब : रावण-वध,
3. सक्सेना, शैल : फादर कामिल बुल्के : भारतीय संस्कृति के अन्वेषक,
4. वर्मा, सुधा : आग्नेय एशिया में रामकथा,
5. स्वामी, सुब्रमणियन : रामसेतु राष्ट्रीय एकता का प्रतीक
6. रानम, कमला : लाओस में राकथा,
7. बुल्के, कामिल : आग्नेय एशिया में रामकथा,
8. बुल्के, कामिल : रामकथा,
9. पालीवाल, चंद्रदत्त : रामायण काकावीन,
10. आर्य, डॉ. रमेश कुमार : सांस्कृतिक राष्ट्रवाद के पुरोधा भगवान श्री राम
11. गौतम, देवकी नंदन : श्रीराम की आत्मकथा
12. शर्मा, पंडित मुल्कराज 'आनंद'ो : धनुर्धारी राम
13. महाराज, स्वामी कृष्णानंद : मेरे राम
14. खैरा, रमानाथ : राम चरितामृत
15. व्यास, लल्लन प्रसाद : राम के पथ पर
16. दत्तात्रेय, प्रदीप शर्मा : राम के खैरो है कौन
17. जोगी, डॉ सुनील : मैनेजमेंट गुरु श्रीराम

18. भाटिया, सुदर्शन : राम की अयोध्या
19. कोहली, नरेंद्र : राम कथा
20. प्रकाश, प्रियदर्शी : रामायण
21. पाराशर, अश्विनी, मर्यादा पुरुषोत्तम श्री राम
22. कुमार, अरविंद : सीता निष्कासन
23. गुप्ता, डॉ. सरोज : विश्व भाषा साहित्य और रामकथा, अंतरराष्ट्रीय शोध-संगोष्ठी का कार्यवृत्त (संपादित)
24. शेचनर, रिचर्ड : रामनगर की रामलीला
25. एनसाइक्लोपीडिया ब्रिटानिका 2015।
26. रामलीला - रामायण का पारंपरिक प्रदर्शन - भाग दो, इंदिरा गांधी राष्ट्रीय कला केंद्र
27. डेविड किंसले : हिंदू देवी : हिंदू धार्मिक परंपरा में दिव्य स्त्री के दर्शन

अंग्रेजी पुस्तकें

1. Chatterjee, B.R., History of Indonesia,
2. Chatterji, B.R., Indian Cultural Influence in Cambodia,
3. Raghavan, V., The Ramayana in Greater India,
4. Sarkar, H.B., The Ramayana Tradition in Asia,
5. Iyer, K.B., The Ramayana in Burma, Triveni,
6. Sahai, Sachchidanand, The Ramayana in Laos,
7. Sweems Amin, The Ramayana Tradition in Asia,
8. Iyengar, K.R Srinivas, Asian Variation in Ramayana
9. Majumdar, R.C. Inscriptions of Kambuj,
10. Asian Variations in Ramayana,
11. Stutterheim, W. Rama legend and Rama Reliefs in Indonesia
12. Raghavan, V., The Ramayana in Greater India

साक्षात्कार

1. डॉ. शिवशंकर अवस्थी, पूर्व प्रवक्ता राजनीति विज्ञान, दिल्ली विश्वविद्यालय
2. डॉ. अवनिजेश अवस्थी, हिंदी प्रवक्ता, पीजी डीएवी महाविद्यालय, दिल्ली

लेख

1. एहतशाम खान, न्यूज 18
2. गुरुदेव श्री श्री रविशंकर जी की ज्ञान वार्ता से संकलित
3. पवन

4. राहुल कुमार
5. डॉ. सत्यपाल सिंह, महाराष्ट्र में पुलिस आयुक्त
6. श्रीमती नर्वदा खेदना
7. अभिलाष राजेंद्रन
8. डॉ. दिनेश्वर प्रसाद
9. उषा राजे सक्सेना
10. डॉ. धीरेन्द्र शर्मा
11. डॉ. दिनेश्वर प्रसाद
12. देवेंद्र नाथ ठाकुर
13. डॉ. राम अवतार की वेबसाइट
14. फ्यूचर समाचार की वेबसाइट
15. राधेश्याम मालवीय
16. चंदन तिवारी (बिहार की लोकगायिका हैं)
17. रामलीला संग्रहीत 4 जुलाई, 2008 में वेबैक मशीन पर्यटन विभाग, उत्तर प्रदेश सरकार,

समाचार पत्र एवं पत्रिका

1. हिन्दी चेतना, डॉ. कामिल बुल्के विशेषांक, जुलाई 2009
2. दैनिक पंजाब केसरी
3. दैनिक हिंदुस्तान
4. दैनिक जनसत्ता

वेबसाइट

1. उत्तर प्रदेश में रामलीला www.bharatonline.com
2. रामलीला, रामनगर वाराणसी आधिकारिक वेबसाइट।
3. वाराणसी की रामलीला bharatonline.com

***